教育部人文社会科学研究一般项目资助

河北师范大学博士（后）科研启动基金资助

1931年前

李 君 著

郑孝胥

中华书局

图书在版编目（CIP）数据

1931年前郑孝胥/李君著. —北京：中华书局，2018.9
ISBN 978-7-101-13409-4

Ⅰ.1… Ⅱ.李… Ⅲ.郑孝胥（1860~1938）-传记
Ⅳ.K827＝6

中国版本图书馆 CIP 数据核字（2018）第 195943 号

书　　名	1931年前郑孝胥
著　　者	李　君
责任编辑	罗华彤
出版发行	中华书局
	（北京市丰台区太平桥西里38号　100073）
	http://www.zhbc.com.cn
	E-mail：zhbc@zhbc.com.cn
印　　刷	北京瑞古冠中印刷厂
版　　次	2018年9月北京第1版
	2018年9月北京第1次印刷
规　　格	开本/700×1000毫米　1/16
	印张24¼　插页2　字数350千字
印　　数	1-6000册
国际书号	ISBN 978-7-101-13409-4
定　　价	56.00元

目　录

序　言

郑孝胥是在晚清和民国的历史上都留下印记的人物,并且是在文化与政治两方面皆有显眼之处的"双料"人物。文化方面,他尤以诗作和书法扬名于世;政治方面,在晚清他曾为大员幕僚,自身也做到布政使级的官员,民国年间则以前清遗老自居,晚年还做过伪满洲国的国务总理大臣,留下了一生最大的污点。李君的这部著作,就是专门研究郑孝胥其人的。而在时段的侧重上有着精心的斟酌、选择,即将 1931 年前的郑孝胥作为审视的着重点。当然,对他以后与伪满洲国牵系的生涯阶段,也并未完全摒弃,而是与其前边大半生有机地联系起来,主要从他这一归宿的因由上予以概要地把握和阐释,并以此作为全书收束,可谓"点到为止",未再详细展开。据了解,这倒不是因为对此"敏感阶段"的故意回避,而是鉴于其人在伪满洲国的角色负面性昭然若揭,也"盖棺论定"(当然并不是说他那段历史就没有具体研究的余地),故而对他的学术关注主要是置于前此若干年间。

作者此著的原初形态,是其博士学位论文。后申请获批教育部人文社会科学研究项目,在博士论文的基础上又做了较大修改,有了进一步提高。作为作者的博士生导师,我知道此题的选取先是缘于作者对前清遗老群体的关注。随着对这一群体相关情况了解的逐渐增多和深入,遂产生选取一个"标本"性人物作具体研究对象的想法,而经过反复筛选,最终落定在郑孝胥。郑氏的"遗老"角色自然是进入民国后才可能"自选"和亮相的,那么,他何以有这种选择或者说归宿? 显然不仅仅是他当时的表现本身所能解释得了的,必须追寻"前缘",于是便有了对他在晚清的历史做细致审视和思考的必要。而当一系列"工序"完成之后,做总体归拢,作者便觉得内容不再是单一的"遗老"选点所及范畴所能够容纳的,于是,在仍把"遗老"作为重点问题之一的同时,进一步扩及其他诸多问题,对其人1931年前的大半生,从特定角度和方面予以较为具体的剖析和解读。这就是其选题运思和落定的大致过程及逻辑步骤。而就成果的体裁形式而言,原学位论文自不同于通常的人物传记,而因出版所置丛书体裁上的需要,经改稿后的此最终成书,显然可归之于学术性传记之列了。

郑孝胥的"文业"本身,书中虽不无相关交代,但并非着重点所在,而是更注重于对其"人文"方面(这自和"文业"本身不同)的发掘,譬如关于他的文人情怀、他的文化品格、他的相关思想观点等。而这些,又是与其人的政治方面密切联系的,书中注意并较好地把握了此点,避免将其机械、生硬地割裂开来。而就通篇最主要和凸显的线索而言,还是在其人的政治生涯方面。对郑孝胥在晚清为幕、为官的状况予以节点性揭示,对其人面对革命风潮的微妙表现以及清朝灭亡后的"遗老"情态,予以较细地观照和分析。总之,是将"政治"与"人文"内容有机结合起来,着力探寻郑氏人生历程中诸多现象的"存在之由"及"变迁之故",实现由表及里的深入发掘。在这中间,又能将郑氏置于其与他人、与相关群体、与社会联系的网络中审视,防止了孤立地就人论人、就事论事的偏弊。

就研究方法而言,立基于史、"文史结合"可谓该书的突出特色。该书所研究的对象是一个复杂多面且颇具争议的历史人物,要对其作出尽量符合历史真实的揭示,当然须于"实证"立基,以对相关多方面、多类别材料的广泛搜集、正确鉴别、妥适选择、合理运用为保障。而所涉资料,"政治"品类之外,"文化"品类者亦多,特别是郑氏本人诗文体裁的篇什。这除了反映"文事"本身之外,也成为体现主人公心志、品格、诉求的重要载体。书中对此类资料注意充分利用,较好地处理了"以诗入史"、"以文入史"的问题。作者本科、硕士是中文专业,博士转读历史,操作技能上自有"文史结合"的优长。而将诗文与其他多类文献资料的利用有机结合起来,收到相得益彰之效。作者除了多方搜求各类文献资料之外,还曾到郑孝胥故乡及其寓居之地实地考察探访,寻踪觅迹,体察感知,这对提升写作意境自有助益。从"意境"的高层面观之,该书也能体现出"文史结合"的操作优势,这在对史料的解读、对史实的阐释、对人物神韵的把握上都能得到印证,并自觉不自觉地在一定程度上透出"新文化史"的韵味,起码在"深度描述"的行文方式上较为明显(不管是"有意"还是"暗合")。语言表述方面,也有其特点,除学术之作要求的准确之外,也显出简洁洗练、不拖泥带水的文风。

当然,存在不足和值得进一步斟酌之处也是难免的。因所研究的人物本身颇为复杂,社会联系面又广,且动态变化颇大,全面、恰当地把握和揭示实属不易,书中对其人从细节的钩沉到面貌的整合摹画上,都有着进一步致力的空间。在显示"文史结合"优长的同时,也有进一步强化历史学科意识的需要。作者有着对学术的真诚热爱和追求,有着不蹈虚浮、踏实认真的态度,相信她会努力进取,不断有新的学术创获。

前　言

　　郑孝胥是近代历史上一位复杂的人物。他弱冠魁于乡,早年就有文名,尤工诗,特擅七律,入民国,更屹为一宗,尚宋诗者,莫不趋骛,有"同光体"领袖之称。他又能书,书法家沙孟海评价他的字,"既有精悍之色,又有松秀之趣"①,世震其名,而争宝之。在晚清时期,他历游张之洞、刘坤一、盛宣怀、岑春煊、端方、锡良等疆臣大吏幕,参与变法,鼓吹宪政,是朝廷的能员干吏,辛亥革命爆发之际,已位至湖南布政使。时人陈灏一称,"郑孝胥之得名也,不以书,复不以诗,世独以善书工诗称之,斯固然矣。而于清季政事之起伏,固数数预谋,实一政客也"②,诚然是言。民国以后,郑孝胥隐居沪上,以遗老自处,累却弓招,颇以高节见重于世,时人李详诗云"一世风流魏晋人,诛茅穿径自藏身"③,但实际上,却于时事极其关切,预闻复辟,绝不类希心隐逸之魏晋人。1924年,他入职废帝溥仪的小朝廷,先后任总理内务府大臣、懋勤殿行走、清室驻津办事处顾问兼总务处任事,为溥仪整顿内务,处理外事。1932年,在他的唆使、斡旋下,溥仪与日本人合作,在东北建立了

①沙孟海:《近三百年的书学》,见徐建融、刘毅强主编《海派书画文献汇编》第一辑,上海辞书出版社,2013年,第132页。
②陈灏一:《郑孝胥》,《睇向斋逞臆谈》,见《睇向斋秘录(附二种)》,中华书局,2007年,第115页。
③王揖唐著,张金耀校点:《今传是楼诗话》,辽宁教育出版社,2003年,第255页。

傀儡政权伪满洲国。在傀儡政权中,他出任国务总理,第二年,伪满洲国行帝制,他改任为国务总理大臣。《郑孝胥日记》的整理者劳祖德先生评价他:"终则以贞事一人为节操,以逆时代潮流而动为卓特,由遗老沦为国贼,助桀为暴,身败名裂。"①

郑孝胥的复杂性,表现在他的生平经历、社会形象上,也表现在他的性格气质和精神思想上。他这一生,既自标高格,矫矫不群,又干谒竞进,宦游俯仰,趋就功名。他是诗人,是书家,有文人本色,清高萧散,连他的诗,也都有清苍峭秀的风格,不流时俗。他又怀抱绝大,胸有建功立名、安世济民的志向,自负盛气,愈老弥坚。在 1911 年前,他是负时望者;民国后 1931 年前,他高调标榜,贞风凌俗,为硕学,为耆旧;1931 年后,则附逆而成大奸、败类。时人对他,基本有两种态度:一种以他为愚忠,或尚可恕;一种以他为"急功名而昧于去就","自托殷顽,而不知受庇倭人,于清室为不忠,于民族为不孝"②,"殷顽犹可恕,托命外族不可恕"③,绝无恕辞。

他的思想旨趣,毋庸置疑,未出儒家范围。他幼承家学,接受的是系统的经学教育。他的叔祖经学深湛,他的父亲"抚接后进,必诱之轨范于儒"④,他少年时背诵十三经,即已"如泻瓶水"⑤。他一生推崇孟子,1895年,在日记中,他发表过这样一段议论:"有不慕膏粱、不愿文绣之识,而后有万钟弗顾、千驷弗视之概。虽负雄才豪气而常以礼自克,不傲慢于臧获,不堕行于冥漠。处事以勤,御心以简,行己以敬,接人以诚。见义必为,则修名自立。知过必改,则盛德日新。笃于孝弟,则离于不祥。精于义利,则远于流俗。使吾遵蓬蒿而处,何异揭日月而行也。"⑥全可见孟子气概。他对汉宋诸儒别有体会,并力践行之,在广西督办边防时,就试图提倡"信义"之学,实行"保民"措施,虽未了了,却也反映出他的思想渊源。但到伪满时

①劳祖德:《郑孝胥日记·整理说明》,中国国家博物馆编,劳祖德整理《郑孝胥日记》,中华书局,1993 年,第 4 页。

②汪辟疆著,王培军笺证:《光宣诗坛点将录笺证》(上册),中华书局,2008 年,第 26 页。

③汪辟疆:《光宣以来诗坛旁记》,辽宁教育出版社,1998 年,第 84 页。

④陈宝琛:《郑苏龛布政六十寿序》,陈宝琛著,刘永翔、许全胜校《沧趣楼诗文集》(上册),上海古籍出版社,2006 年,第 339 页。

⑤陈宝琛:《郑苏龛布政六十寿序》,《沧趣楼诗文集》(上册),第 339 页。

⑥《郑孝胥日记》,第 472 页。

期,他提倡"王道",宣传内圣外王,在"王道"已成为日本推行殖民统治的理论武器后,他的"王道"讲义,还能有什么学理的发挥?他宣讲"王道"之施行,"惟有专求保民之策,以避当世之竞争。国内则提倡勤俭,务使贫富相安;国外则不分种类,务使常居平等"①。1934年,他接受美国人采访,称青年人"今居满洲,度必思各守本分、安居乐业而已"②,维护殖民秩序的宗旨及目的,不言自明。他壮年的伉爽豪健,生平对孟子"以德行仁"与"养吾浩然之气"的尊崇与信奉,在侵略者的威逼、监视下,都痛苦地丧失了,他以圣人王道自任,实藉"王道"自保、自存。在这样的情势下,所谓"亡国"与"亡天下"的辨析,也就没什么意义了。

2003年上海古籍出版社出版了《海藏楼诗集》,2014年又出增订本。该著《前言》道:郑孝胥是一位"具有两面性"并"表现得尤其突出"的历史人物。"在中国近代文学史上,郑孝胥是一个享有盛誉的诗人,是晚清同光体闽派的领军人物;而在中国现代史上,他却沦为汉奸,充当了伪满洲国的总理大臣,因玷污民族气节而为世人所不齿。"③作者提到郑孝胥作为政治人物所表现出的"两截现象":"辛亥革命前,他尚能关注现实,参与革新活动,所言所行,不乏可观之处;辛亥革命后,则顽固不化,至死不悟,从前清遗老沦为民族罪人。"即使是在他的政治生涯前期,"也存在着心口不一、言行不一、前后不一、内外不一的现象",认为,"这种种两面性,在郑孝胥的诗中充分反映出来,便呈现出一种杂乱的条理、矛盾的真实——作品所写前后很不一致,但和其一生的行事相合,和其当时的心态相符"。④

综观郑孝胥的一生行事,确存在着上述"心口不一、言行不一、前后不一、内外不一"的现象,但这种种的"不一",却并非杂乱、矛盾。在这种种的"不一"当中,存在着他一以贯之的气质秉性、思想学问、人生追求,他的复杂,他的"具有两面性",不过是他丰富人生在诸多方面的反映。在龙州,他

---

① 郑孝胥:《王道书院第一次公开讲演会讲演》,叶参、陈邦直、党庠周合编《郑孝胥传》,民国丛书第一编第88册,上海书店,1989年,第75页。
② 《郑孝胥日记》,第2555页。
③ 《海藏楼诗集·前言》,郑孝胥著,黄珅、杨晓波校点《海藏楼诗集》(增订本),上海古籍出版社,2014年,第1页。
④ 《海藏楼诗集·前言》,《海藏楼诗集》(增订本),第1页。

曾对知交孟森说道，"出处之故，情随境变，未可执也，独负气不自疗耳"①，正可以说明这一点。而这一点，则确实是"亦不乏警示与教育作用"，"为后世的研究者提供了多种解读的可能"②。

长期以来，学界对历史人物的关注，习惯在那些被主流价值肯定的人物上，而对那些保守的、没落的、反动的人物，较少细致、深入的研究。在《辞海》中，"郑孝胥"词条释文："汉奸。"这一高度概括的定论，使得郑孝胥失去了大半生的荣光，成为反动的、落后的历史人物。罗志田教授在讨论近代中国可能存在着多个世界时，曾经指出，"既存研究中的失语群体"，"更多体现了近代中国不变（或传统延续）的一面"，对他们的"更深入的了解"，"必能强化我们对近代中国的整体认识"③。郑孝胥无疑是既存研究中的失语者，他在不同时期呈现出来的面貌、变化的社会身份，以及他不同于主流的政治"活动愿望"和实践，实需我们深入认知。清室复辟是近代历史上的一件大事，复辟力量作为一种政治势力，从 1912 年清朝覆亡，到 1945 年伪满覆灭，前后历时三十余年，对政局产生了重要影响，如果考虑到余英时先生提到的，"儒家思想与传统建制分手以后，则尚未找到现代的传播方式"④，郑孝胥在他的时代语境下所表现出的"秉道赴义，兴不可遏"⑤，与他"枕戈待旦"⑥、"日夜某之祷"⑦的姿态，就尤其引发我们深思。

另外，即使作为一位历史人物，从"人"的角度观照，郑孝胥也充满了探究的意味。历史研究，首先是人的研究。郑孝胥才识俱佳，胸次过人，济时用世，高抱群言，在 1931 年前，享有很高的社会地位和声誉，在时人眼中，他"平生极抱奋发有为之志，而遭际不偶，郁郁不得志"⑧。一生多次提携他的

①孟森：《海藏楼近刻诗序》，《海藏楼诗集》（增订本），第 7 页。
②《海藏楼诗集·前言》，《海藏楼诗集》（增订本），第 2 页。
③罗志田：《新旧之间：近代中国的多个世界及"失语"群体》，《四川大学学报》（哲学社会科学版），1999 年第 6 期。
④余英时：《儒家思想与日常人生》，《现代儒学的回顾与展望》，生活·读书·新知三联书店，2004 年，第 255 页。
⑤《郑孝胥日记》，第 724 页。
⑥《十月二十八日夜起》，《海藏楼诗集》（增订本），第 222 页。
⑦《六十感愤诗》，《海藏楼诗集》（增订本），第 290 页。
⑧鲁云奇编：《古今名人家庭小史》，中华图书集成公司，1918 年，第 45 页。

陈宝琛,固然指他"英气能为病"①,但也承认,"世之待君者或犹无穷也","即予之凤心,亦岂望君老于诗人"②? 然他矜才使气,晚年行迹,脱逸寻常,一局棋枰,终未能定,沦落而不能道,多半生的清名,尽毁于一生所负之气。深入了解这样一个富有个性的人,剖析他的内心世界,并理解他一生的经验与教训,之于彼辈群体的普遍及特殊意义,感受"人"在历史条件下的丰富性与复杂性,不惟学术的获得,亦别有一番人生的体味。

在诗、书两界,向来有关于人品与诗品、书品的关系的讨论。郑孝胥附逆后,片楮寸简都以为宝的书法作品遭到鄙弃。1932 年,上海的《生活周刊》登出一则编者按,称专栏所用郑孝胥手笔,"自郑助逆后,屡有读者建议更换,我们最初以为郑的助逆行为固可恨,但他的书法似可无须并为一谈","近来责备的信愈多","决意更换一个手笔"③,甚能说明当时的社会舆论。时人汪辟疆虽然就诗论诗,不以人废言,"兹仍旧录"④,但也是首先将郑孝胥置于严厉的"不忠"、"不孝"的痛斥之下。不过,在这样的舆论情境里,亦有别一种表现,1932 年,《论语》半月刊在上海创刊,林语堂认为郑孝胥的字有古风,邵洵美便用了一个法子,集了郑的"论"、"语"二字做刊名,不署姓名,对外则称乃林语堂字,例虽少见,也可见社会心理的一斑。

目下,一般研究都认为,郑孝胥晚年虽沦落,但不掩其诗、书成就。《海藏楼诗集》的校点者认为,"他的诗,是一个已被唾弃的政治诗人及其仍能在文学史上占据一席之地的诗歌创作"⑤。主编《中国书法全集》近现代部分的王澄亦坦言,"研究书史、书论、书家很少涉及郑孝胥,原因是显见的,在民族存亡的关键时刻,附逆于侵略者,其人品自然不齿于国人",同时又说道,"而就其书法成就看,不作一介绍,总觉是个缺憾"⑥。"苏堪为诗,一

①陈宝琛:《沪上晤苏龛出视新刊考功词并海藏楼诗卷感赋留赠》,《沧趣楼诗文集》(上册),第 59 页。
②陈宝琛:《郑苏龛布政六十寿序》,《沧趣楼诗文集》(上册),第 340 页。
③白珊:《郑孝胥的手笔》,《生活周刊》,1932 年第 7 卷第 17 期。
④汪辟疆著,王培军笺证:《光宣诗坛点将录笺证》(上册),第 26 页。
⑤《海藏楼诗集·前言》,《海藏楼诗集》(增订本),第 2 页。
⑥王澄:《郑孝胥的书法艺术》,王澄主编、李义兴副主编《中国书法全集》第 78 卷,荣宝斋出版社,1993 年,第 22 页。

成则不改","骨头有生所具,任其支离突兀"①,"苏戡诗如人,志洁旨弥夐"②,"然君诗,年谱也,语录也,亦史料也,可以鼓人才、厚人道、正人纪。盖必如是始可以为诗人,夫亦有所受之也"③。"他的作品,既有精悍之色,又有松秀之趣。活像他的诗,于冲夷之中,带有激宕之气"④,"孝胥能书,气足骨露;晚年忽变瘦体,有时率意漫涂,惯作斜形,而笔划不整"⑤,诸如此类、比比皆是的评价,或许提醒我们,关于海藏诗与郑书的评价、认识,对郑孝胥研究的帮助和启发,或有可能超出预期。

目前,对郑孝胥的研究成果,主要有徐临江的著作《郑孝胥前半生评传》⑥,以及一些论文,如汤志钧的《戊戌时期的郑孝胥及其〈日记〉》⑦,李侃的《郑孝胥与伪满洲国初期傀儡政权》⑧,傅道彬、王秀臣的《郑孝胥和晚清文人的文化遗民情结》⑨、《海藏楼内外的郑孝胥》⑩,马陵合的《借款可以救国?——郑孝胥铁路外债观述评》⑪,王鸿志的《论郑孝胥与晚清商务局之创设》⑫,邹金喜的《从"此邦俗亦偷"到"今日日光辉万国":郑孝胥日本观的转变历程》⑬,胡迎建的《郑孝胥与陈三立交游考》⑭,等等。台湾学者林志宏的著作《民国乃敌国也:政治文化转型下的清遗民》⑮中亦有一章,专门讨论郑孝胥。这些研究,给予本书诸多可以利用的写作基础。徐临江对郑孝胥1911年以前的事实勾沉,为本书的撰写提供了宝贵经验。林志宏有关清遗民政治认同的探讨,对作者理解晚年郑孝胥,帮助尤大。林先生视清遗

---

①陈衍著,郑朝宗、石文英校点:《石遗室诗话》,人民文学出版社,2004年,第11页。

②陈宝琛:《沪上晤苏戡出视新刊考功词并海藏楼诗卷感赋留赠》,《沧趣楼诗文集》(上册),第59页。

③陈宝琛:《郑苏戡布政六十寿序》,《沧趣楼诗文集》(上册),第340页。

④沙孟海:《近三百年的书学》,徐建融、刘毅强主编《海派书画文献汇编》第一辑,第132页。

⑤陈灨一:《郑孝胥》,《睇向斋逞臆谈》,见《睇向斋秘录(附二种)》,第117页。

⑥徐临江:《郑孝胥前半生评传》,学林出版社,2003年。

⑦《近代史研究》,1996年第1期。

⑧《抗日战争研究》,1995年第4期。

⑨《北方论丛》,2002年第1期。

⑩《北方论丛》,2005年第1期。

⑪《清史研究》,2012年第2期。

⑫《求索》,2008年第10期。

⑬台湾清华大学硕士学位论文,2009年。

⑭《闽江学院学报》,2007年第6期。

⑮林志宏:《民国乃敌国也:政治文化转型下的清遗民》,台北联经出版事业股份有限公司,2009年。

民建立伪满洲国，为"中国民众(特别系清遗民)在对民主政治抉择里，另一发展出来的面向"，"是在帝制到共和之途上，寻求理想国度的表现"①，颇开研究一路。

就目前已有成果言，对郑孝胥的研究，虽在某些方面已比较深入，但仍不够丰富，不足以形成全面、完整、成熟的认识体系，部分的观点和论断，也还需要继续探讨。他的生平，仍有有待考证处。他的人生面相，诸种盘桓、考量，亦需进一步拨开重重迷雾，作出合理解释和评判。他造成的历史结果及其影响，尤其需要我们认真考据，慎重分析。

本书试图呈现郑孝胥的复杂面貌，努力把握他在时代环境下的个人遭际，并考虑他的个性气质、心态情感、学问思想等，在其中产生的影响和作用。郑孝胥才学深厚，际遇复杂，在近代历史上深具争议，对他"所以存在之由"与"变迁之故"的理解及把握，实不容易。在搜集资料和选题的过程中，我发现，较比历史事件的来龙去脉，我对内中人物的面貌与发展，有着更浓烈的兴趣。我的视线常常穿越层层事实，落在那一个"他"的身上。"颂其诗，读其书，不知其人，可乎?"我曾试图校正这种倾向，直到有一天，读到赵园先生的一段话："对于人事的敏感，不消说是在文学研究中养成的"②，"对于'人'的兴趣，始终是我做上述课题的动力：那一时期士人的心态，他们的诸种精神体验，以至我所涉及的人物的性情，由这些极具体的人交织而成的那一时期复杂的关系网络。即使对事件的研究，吸引了我的往往也是'心理'的方面，尽管我并非有意于'心态史'"③。深以为同！史实固然构成历史研究的基础，史实中的人物，尤属学术研究的基本范畴。发自内心的真实倾向，乃是本书完成的重要保障，由此出发，亦是寻找选题的最好办法。如果伴随本书的展开，读者能够对一个充满"人"之意义与生存经验的"郑孝胥"，有所了解，那么于我而言，这些文字，就算有了意义。

---

① 林志宏：《民国乃敌国也：政治文化转型下的清遗民》，第 31 页。
② 赵园：《明清之际士大夫研究》，北京大学出版社，1999 年，第 548 页。
③ 赵园：《明清之际士大夫研究》，第 549 页。

第一章　家世与科第

郑孝胥,字苏戡(龛、堪、盦),号太夷,别号海藏,晚年亦有号夜起,福建闽县人。咸丰十年闰三月十二日(1860年5月2日)出生于苏州胥门,1938年3月28日,逝于长春柳条路寓所。郑家数代仕宦,居今福州市鼓楼区衣锦坊洗银营巷,位城西南。这里向有“三坊七巷”之称,坊巷内多缙绅第宅,世家攒聚,人才辈出。清代以来,从这片规模整饬的坊巷内,走出了众多的历史人物,郑孝胥是其中一位。家世与早年的交游,对他日后的人生经历,产生了不能忽视的影响。

一　家世

有关郑孝胥的家世,在陈寿祺撰写的《诰封朝议大夫郑公合葬墓志铭》,叶参、陈邦直、党庠周合编的《郑孝胥传》,朱景星修、郑祖庚编纂的《闽县乡土志》,陈衍编纂的《闽侯县志》,顾廷龙主编的《清代朱卷集成》(其中收录郑孝胥堂叔“郑守孟”五代家族谱系),以及梁章钜的《闽川闺秀诗话》、谢章铤的《赌棋山庄词话续集》、陈宝琛的《沧趣楼诗文集》、陈衍的《石遗室诗话》、周家禄的《寿恺堂集》等时人诗话、文集中,均有详略不一的记载。综合这些资料,可以得知郑孝胥家世的大致情况。

郑孝胥先世居今福清市,初为大族,世业农。"至五世祖君临,始迁省治"。四世祖廷相,善治生,慷慨好施。高祖楠,字志星,一字苍林,少沉潜好学,累试不售,充国子监生,"家故素封,既中落,独持介节,虽甚贫,不肯称贷于人"。高祖姚何氏,名玉瑛,字梅邻,父崇,直隶安州、晋州知州,兄邦彦,番禺县丞。何玉瑛"少明慧,习书史,善为诗,通弈画、音律,性严正,知大义",教子以礼法①。郑氏姻亲梁章钜记述:

> 何玉瑛,字梅邻,余姻郑松谷太守鹏程之母也。有《疏影轩遗草》,太史校梓以行。山阳汪文端公为之序云:"何太恭人女兄弟三人,皆工吟咏。独太恭人尤好史氏书,旁通绘弈音律。其在任也,兄邦彦为丞于粤,以解饷赴滇,道卒。时母老矣,太恭人恐其惊痛而伤生也,凶耗至不以闻,托言以目疾解官。进则怡颜慰亲,退则雪涕襄事,经画周至,心力殚竭,卒能归旅榇,返细累,立嗣子。诸大事以定,素旐将抵里,乃以实告,老母得无恙。于归后,家计中落,支持竭蹶,节缩衣食,不令贻夫子忧。教二子,手授经史,衣服进退,稍不合度,必督戒之。盖明大义,有识略,非徒以诗见者也……"②

何玉瑛著有《疏影轩诗集》二卷,集中有黄世发撰序云:"(何玉瑛)迨归我封翁,寒士也,乃尽屏衣饰,谢艺事,躬亲操作,且劝习贸迁,《寄远》诗所云'儒者治生原急务,古人随地有师资',是其事也。"③与梁章钜所言"明大义,有识略,非徒以诗见者",甚是相合。

郑孝胥的曾祖鹏程,字登衢,又字松谷,乾隆五十九年(1794)举人,嘉庆元年(1796)进士。《闽县乡土志》有"名臣郑鹏程"条,记述他的事功。郑鹏程由进士官户部员外郎,后出守江西临江,历袁州诸府,皆有名绩,以外艰归,又补湖南常德知府,为百姓爱戴,著有《聊以补拙斋全集》④。陈寿祺

---

① 陈寿祺:《诰封朝议大夫郑公合葬墓志铭》,《左海文集》卷九。叶参、陈邦直、党庠周合编《郑孝胥传》,有"三世祖以官起家,始迁于闽侯"之说,陈寿祺与郑孝胥曾祖郑鹏程"同朝数岁",又为姻亲,当从陈说。
② 梁章钜:《闽川闺秀诗话》,见王英志主编《清代闺秀诗话丛刊》(1),凤凰出版社,2010 年,第 241 页。
③ 杨晓波:《郑孝胥的家学渊源》,《淮北煤炭师范学院学报》(哲学社会科学版),2003 年第 6 期。
④ 见朱景星修,郑祖庚纂,福州市地方志编纂委员会整理《闽县乡土志》,海风出版社,2001 年,第136 页。

与郑鹏程同朝数岁,述之最详:"君天性友爱,少有声,文场未壮,释褐任户曹,未强出典郡,先后守袁州、常德,虽无赫赫名,然经再踬,不肯诣事大吏以取容,论君者,宜不专以诗传,然即专以诗,而亦洒然有以自异于人若是也。"①在今福清市港头镇南郑村的郑氏老宅,门额上还悬挂着郑鹏程的钦命"进士"牌匾。

位于福州福清市港头镇南郑村的郑氏老宅

郑鹏程与林则徐识。在林则徐嘉庆十八年(1813)的日记中,记有林则徐为其代写请训折一事。时,郑鹏程简放湖南常德府,在京请训②。郑孝胥的曾祖母裴氏,享年一百零三岁,同治皇帝赐立"贞寿之门"牌坊,就立在当年洗银营巷的巷口。现牌坊已毁,仅存部分石构件,堆垛于今洗银营巷8号住宅的院内③。其中两方青石,一方青石匾额,刻有"贞寿之门"四字,另一方青石,两面刻字,一面字"闽县故朝议大夫郑鹏程妻裴氏年一百零三岁",另一面字"同治七年十月由翰林院奏请旌表礼部咨行"。

①陈寿祺:《郑松谷聊以拙斋诗序》,《左海文集》卷七。
②林则徐全集编辑委员会编:《林则徐全集》第九册,海峡文艺出版社,2002年,第4212页。
③据洗银营8号主人讲,1968年福州发洪水,街衢尽淹,家人响应政府号召,拆牌坊抗洪,拆下的牌坊后因故并未填入水中,又捡回部分。今洗银营8号是郑氏老宅的东花厅。

现存洗银营巷8号宅院中的"贞寿之门"匾额

郑氏门庭,自郑鹏程后开始光大。郑鹏程四子郑世光(倌)、郑世祺、郑世平、郑世恭,皆有所成。根据郑孝胥堂叔郑守孟在科考试卷上填写的五代家族谱系,郑世光,即郑孝胥的祖父,字稼庵,为嘉庆二十四年(1819)举人,"道光丙戌(1826)大挑一等,分发南河候补知县,敕赠儒林郎,翰林院编修,诰赠奉直大夫,工部营缮司主事"。他的叔祖父郑世祺,号芝生,道光五年(1825)举人,"乙未(1835)大挑一等,分发江西候补知县,署理广信府弋阳县知县,敕授文林郎,叠封奉直大夫"。郑世平,江苏候补县丞,曾署河南商城、虞城等县管河主簿。郑世恭,道光二十三年(1843)举人,咸丰二年(1852)恩科二甲五名进士,户部浙江司主事[1]。郑世恭尤知名,"狷介绝俗,经学湛深,书法自成一家"[2],现在福州市鼓楼区东街少年儿童图书馆东侧,仍保存有郑世恭书写的"正谊书院"匾额。沈瑜庆、陈衍编纂的《福建通志》,收有他的小传,云:

> 郑世恭,字虞臣,闽县人。咸丰壬子成进士,工书,殿试卷在前十名,朝考以一字笔误,抑二等,不得词林,用户部主事。时部曹岁入至微,不足糊一人之口,事畜无论矣。坐曹非二十年不得外放,惟有资者能守待之。世恭家至贫,则假归授徒,失馆,至效女功络丝,日得百十钱

---

① 顾廷龙主编:《清代朱卷集成》(27),台北成文出版社,1992年,第199—200页。
② 朱景星修,郑祖庚纂,福州市地方志编纂委员会整理:《闽县乡土志》,第137页。

以自活,如是者有年。主事冠六品冠,顶用白车渠,世恭遇有庆吊当冠,则往往怒摔其顶。左宗棠督闽,闻其介而优于学,聘为凤池书院山长,十年。王凯泰抚闽,改聘为致用书院山长,亦十年。最后主正谊书院讲席,数年卒。世恭工制举文,然能背诵十三经及注疏。教人循序渐进,致用书院课经史,治一经毕乃易一经,治史、治小学命题皆按卷第,择其有疑义者,以为教者、学者由此可以相长。饰智惊愚者或诮之,弗恤也。毕生布衣疏食,枯坐一室如老僧,出则徒步。能言诗,绝不自作,他著述亦谦让,不存一字。书法近闲邪公,晚年参以篆、隶。卒,私谥"介节"云。①

郑孝胥的父亲郑守廉,字仲濂,咸丰二年(1852)恩科进士,翰林院庶吉士,散馆用主事,历官工部营缮司、吏部稽勋司、考功司主事。《福建通志》亦有小传,云:

> 守廉,字仲濂,世恭同榜进士,选翰林院庶吉士,散馆改部主事,补吏部考功司主事。少工诗,有《夕阳》七言绝句传诵一时。中岁悼亡,续娶林氏,知书,其弟葵以折枝联吟,集朋辈,使林氏定甲乙,首选守廉句,遂订婚。生二子,长孝胥,光绪壬午解元,官至湖南布政使;次孝柽,光绪辛卯举人,官至道尹。孝胥幼时,守廉日到部坐曹,敝车羸马,携就车中,使背诵所读书,且口授诗词与讲解。嗣林氏又卒,守廉哀悼甚,一用长短句写悲,今所传《考功词》一卷是也。②

郑守廉与谢章铤为友,在谢章铤的《赌棋山庄词话》中,我们还能看到郑守廉的另外一些情况:

> 郑仲濂家世清华,妙才自喜,亦余己酉同谱。由翰林改官工部,遭乱归来,十年不出。予时多远游,与君踪迹不甚密。及戊辰入都,君闻之,夜半走访。自后,余无聊辄就君,君亦三日不见余不乐也。字画诗词皆工,而词尤宛转入情。丙子余复入都,则君亡矣。索其遗书,得

①沈瑜庆、陈衍纂:《福建通志》卷28,江苏广陵古籍刻印社,1986年,第13页a下。
②沈瑜庆、陈衍纂:《福建通志》卷28,第13页a下-b上。

《螗道人词草》一卷。或有题无调，或调题俱无。盖君自中年以后，多伤心之故，虽有所作，亦付之丛残，不自珍惜。然君为朝士三十年，未尝得行其志，其所藉以存君者，亦止此矣。况以词论，固海内一作者也。……仲濂继配林四娘，能诗，伉俪极笃。逝后，君终日有泪痕，其无题诸调，大抵悼亡之作，奉倩神伤，不寿未必不由此耳。①

郑守廉的继配林四娘，即是郑孝胥的生母。郑孝胥舅林葵，字怡庵，亦是闽中名士，入《福建通志》文苑传：

> 林葵，字怡庵，侯官人。年少，长身朱颜，能诗善饮，一时知名士多折辈行与交。闽中吟社，坐无怡庵不乐也，闽中酒人，无怡庵其醉酒楼不乐也。不工制举文，二十余岁始为邑诸生，又屡困乡闱，家贫出为两江总督沈葆桢掌书记。沈薨，提督吴长庆统军驻镇朝鲜，幕府延揽文人，葵与通州张謇、泰兴朱铭盘、海门周家禄诸人同入幕。远客异国，吟情益复凄惋。长庆卒于军，葵归，旅食建溪，郁郁憔悴死。诗境清真，长于白战，工绝句，得力于放翁、后村，有《鸳鸯藤馆集》。②

小传文字，与林葵的实际情形略有一些出入。据吴长庆幕僚周家禄称，"光绪庚辰、辛巳间，从庐江吴公防海登州者，曰通州张謇季直，泰兴朱铭盘曼君，江都束纶畏皇，侯官林葵怡庵，与家禄凡五人"③，可知林、张、朱、周等人，入幕在吴长庆驻镇朝鲜之前。林葵能画，好赋诗，有《鸳鸯藤馆诗钞》，然不肯竟学，独于酒嗜之不已，周家禄称其"饮则醉，醉则歌呼乌乌"④。

郑孝胥与林葵感情亲密，在里时，日与往还。以林葵为藉，郑孝胥识张謇、周家禄，特别是与张謇，日后成为至交。光绪二十一年（1895），林葵卒于建宁，郑孝胥作述哀诗，诗云："考功携伴爱乌山，晚入京尘泪有斑。寄画虚传书尾意，填词苦说梦中还。已孤兼抱离群恨，别舅长怀被酒颜。今日西

①《赌棋山庄词话》，谢章铤著，陈庆元主编，陈庆元、陈昌强、陈炜点校《谢章铤集》，吉林文史出版社，2009 年，第 627-628 页。
②沈瑜庆、陈衍纂：《福建通志》卷 28，第 17 页 a。
③周家禄：《林葵四十岁序》，《寿恺堂集》，沈云龙主编《近代中国史料丛刊》第 1 辑，台北文海出版社，1966 年，第 508 页。
④周家禄：《寿恺堂集》，第 509 页。

州凭一恸,几生并在廿年间。"诗中有注:"怡舅写兰寄先考功于京师,题句云:'早知气味难谐俗,却悔当年浪出山。'先考功尝有《金缕曲》二阕述乌山梦归以寄怡舅。"①"考功",即郑孝胥的父亲郑守廉。

郑孝胥的胞伯郑守诚,字传善,号小研,又号笃斋。道光三十年(1850)进士,选庶吉士,散馆改编修。堂叔郑守孟,叔祖郑世祺子,字传恂,号海驹,同治四年(1865)进士,选庶吉士,散馆授编修。二人皆工书法。

从上述情况看,郑氏家世治经,科第相望,着实可谓为诗书仕宦大家。只是到光绪九年(1883),郑孝胥首次赴京应礼部试时,郑守廉、郑守诚、郑守孟都已辞世,族中已无近亲在京为官,为郑孝胥提供荫蔽。不过,郑家虽然过了显盛时期,但在老家闽侯的影响,仍然能够使他承续祖上余荫。

二 科第

郑孝胥"幼而英异",四岁时,从叔祖郑世恭学习,"授《尔雅》,辄能上口",七岁时,侍母赴京,与弟郑孝柽(字稚辛)从福建士子李兆珍"授读经史"。父亲郑守廉督责甚严,"日课皆有定程"。同治六年(1867)九月,郑孝胥八岁时,母亲去世。郑孝胥"十三岁毕经书,文辞英迈"。② 对此,他亦有诗自称,"由来《文选》是家学,父子授受善与邕"③,"吾年十二熟《仪礼》,暗诵全部色不挠。《尔雅》、《急就》亦宿读,当时恚渠云等道"④。陈宝琛曾谓,郑守廉"萧然外名利","所为诗词,幽峭凄厉,晚乃自被以内典。然抚接后进,必诱之轨范于儒",郑孝胥"卯角背诵十三经,如泻瓶水",皆郑守廉所亲授也⑤。

---

① 《怡舅卒于建宁闻耗述哀》,郑孝胥著,黄珅、杨晓波校点:《海藏楼诗集》(增订本),上海古籍出版社,2014 年,第 50 页。
② 参见叶参、陈邦直、党庠周合编《郑孝胥传》,第 1 页。
③ 《徐进斋观察属题李北海古诗十九首墨迹》,《海藏楼诗集》(增订本),第 69 页。
④ 《黎受生遗郑子尹书四种及巢经巢诗钞》,《海藏楼诗集》(增订本),第 22 页。
⑤ 《郑苏龛布政六十寿序》,陈宝琛著,刘永翔、许全胜校《沧趣楼诗文集》(上册),上海古籍出版社,2006 年,第 339 页。

陈宝琛(1848—1935),字伯潜,号弢庵,闽县螺洲人。他长郑孝胥十二岁,尝从游郑守廉,"以年家子,时就请业,预读书会,每游名园古刹,未尝不从"[1]。在郑孝胥的人生当中,陈宝琛是一位重要的角色,每每由于他的引荐,郑孝胥的人生便走进一个新阶段。

郑孝胥十七岁时,父亲郑守廉去世。郑孝胥遂归闽,开始跟从叔祖郑世恭"习举业,未冠,补博士弟子员,文名藉甚"[2]。他早年日记里的一些描述,能够充分显现他的文才:

> 光绪八年(1882)三月十四日:早,送文于叔祖处,因纵论诗家短长。叔祖曰:"我于诗家各体中,独不喜排律、七律,谓此二体只可作应酬文字用。若除去此二体,当不染时习。"余云:"近代罕解古诗者。五古尚偶有佳者,长短句直无其人。往时窃谓长短句高于五古,五古至汉始有,古所传者俱是长短句。《毛诗》且勿论,即《离骚》、《天问》,体已大具,至《汉书》中乐府铙歌之辞,正是长短句正宗。后代学作长短句者,受青莲之毒最深,缘无脱其窠臼、无出其范围者耳。究之两汉乐府而后,作者惟明远、青莲;下至晚唐、宋、元、明诸老所作,则直是近体气力音节,只袭其貌尔。最不解'君不见'调头始于何人,青莲偶用之,遂令千古作古风者,除'君不见'无可开口,令人生厌。杜老不多作此体,却纯是汉人神理气骨。然则学诗者定须套调乎?"叔祖莞然是之。余复谓:"黄涪翁诗,功深才富,亦是绝精之作,特门面小耳。此譬如富翁十万家私,只做三五万生意,自然气力有余,此正是山谷乖处。"叔祖击节曰:"此论极允! 自有评山谷以来,无此精当者。"
>
> 六月十四日:早,录文呈叔祖。叔祖谓余文"有玄度,风骨高骞,笔势尤峭拔万仞。闽中省垣所见,恐无此好笔气。然更须放笔透写,则是'梁栋既构,施以丹垩',能不令有目共赏耶!"但余胭脂牡丹,终不耐画,是一劣也。沈文肃祠建于乌山之麓,沈爱村求叔祖为作楹联,叔祖

①陈宝琛:《郑苏龛布政六十寿序》,《沧趣楼诗文集》(上册),第339页。
②叶参、陈邦直、党庠周合编:《郑孝胥传》,第1页。

命余代作,属思殊不易就。傍晚爱村来,适叔祖已出,爱村为余诵郭嵩焘、林颖叔、李次青等所作文肃祠中楹联,皆俗。

十五日:早,拟就文肃祠联云:"乡曲说平生,用世能完不朽事;岩阿此终古,入山犹近故人祠。"祠在乌山之麓,与致用书院隔邻,叔祖时主书院讲席。录示叔祖,叔祖大赞赏之,谓不仅压〔倒〕祠中一切联语,复有大手笔,亦无可措辞矣。

十八日:是日诗题为"赏雨茅屋,得茅字",归后取纸立成一首:"老屋三椽在,浮生此系匏。故交谁下榻?风雨旧诛茅。竹影侵书幌,苔痕上砚坳。窗明容我坐,门静几人敲。剑古心俱冷,尘红梦暂抛。眼前无广厦,身外有云巢。况味堪谋醉,生涯费解嘲。秋风愁欲破,池水起潜蛟。"姑即景写吾意尔。叔祖谓余曰:"今日此文题专为尔出也。若出全句,恐尔文境又过高古。今视此艺,才华绝盛,闱中可用矣。"批云:"入后二比,昂首高歌,气象万千,直俯视熊、刘以下。"[1]

郑孝胥深受郑世恭的影响。陈衍称,"苏堪十余岁丁外艰后,惟师介节公一人"[2]。从上述文字可以看到,郑世恭对郑孝胥的评价很高,期待也高。

六月十四、十五日的日记,均提到"沈文肃",即两江总督沈葆桢。沈葆桢(1820—1879),字幼丹,福州人,林则徐婿。郑世恭与沈葆桢相交深厚,光绪十八年(1892),郑世恭去世,郑孝胥时在日本,曾作一首《冬日杂诗》,抒发怀念之情,诗中有句,"虽然异出处,知己配文肃"[3],即谓二人交情。郑家与沈葆桢的关系很密切,郑舅林葵在赴吴长庆幕前,亦曾是沈葆桢的幕僚。

"沈爱村",即爱苍,沈葆桢的四子沈瑜庆,"爱村"乃"爱苍"谐音。沈瑜庆(1858—1918),字志雨,号爱苍,又以营沈葆桢赐祠于乌石山,购故许友涛园,而号涛园。沈瑜庆与郑孝胥交往终生,乃"数十年亲爱之交也"[4]。

---

①中国国家博物馆编,劳祖德整理:《郑孝胥日记》,中华书局,1993年,第5、17、18页。
②陈衍:《石遗室诗话》,人民文学出版社,2004年,第212页。
③《冬日杂诗》其七,《海藏楼诗集》(增订本),第25页。
④《郑孝胥日记》,第1747页。

　　郑孝胥丧父以后,"家贫,以就馆为活"①,曾入沈葆桢幕府。光绪五年(1879),他二十岁,《郑传》称,"九月,就婚于庐江吴氏,为吴光禄赞诚次女。初光禄欲试先生之才,命为言志赋,先生操笔构思,数千言一挥而就,光禄大奇之"②。他曾称,"己卯之秋,春帅乞假到宁就医,时文肃疾犹未剧,某在文肃署中,亲侍两公晤谈,知其相得也"③。己卯正是光绪五年,吴赞诚于是年归南京,可以推测,"试才"一幕,可能就发生在两江总督署内。

　　郑孝胥的岳父吴赞诚(1823—1884),字存甫,号春帆,安徽庐江人,与李鸿章同乡。道光二十九年(1849)拔贡,咸丰元年(1851),以拔贡朝考知县,分发广东,署永安县,以后补德庆州、顺德、虎门同知,与太平军攻战累年,事平,以功擢惠潮嘉道。同治九年(1870),李鸿章任直隶总督,奏调他至天津机器局,补直隶天津道。光绪元年(1875),擢升为顺天府府尹。光绪二年,吴赞诚奉旨督办福建船政事宜,兼理台湾海防。四年,以光禄寺卿

郑孝胥撰并书《吴光禄家传》

①叶参、陈邦直、党庠周合编:《郑孝胥传》,第1-2页。
②叶参、陈邦直、党庠周合编:《郑孝胥传》,第16页。
③《郑孝胥日记》,第185页。

署福建巡抚,十月,补授光禄寺卿,仍署福建巡抚,兼督办船政大臣。是年九月,吴赞诚赴台抚番,历时月余,行程数千里,为当地瘴气所侵染,自是以后,病体支离。五年夏,吴赞诚寓居南京,就医调养。六年,身体渐复,由李鸿章奏调,主持筹办天津水师学堂事宜。七年冬,以瘁劳触发旧疾,重返南京。十年,吴赞诚病故。是年九月,枢归庐江,安葬在李氏家族的庄田内。吴赞诚与李鸿章的长兄李瀚章同年考取拔贡,又同朝考一等,两家子女叠姻架亲,关系紧密。

郑孝胥在沈幕的时间只有数月,沈葆桢逝后,就离开总督衙署。光绪八年(1882),他自南京回福州,参加乡试,中了第一名举人。同榜题名,有陈衍、林纾、高凤岐,"皆一时知名之士"①。主考官宝廷,在当时名重海内,为清流一派领袖,对郑孝胥尤其器重。

在叶参等人撰写的《郑孝胥传》中,保存有郑孝胥得中解元的原文与试帖诗。第一场八股文章及试帖诗,批云:"首艺精力弥满,万象在旁,次三如挽强弩,气力不见疲薾,诗逋峭。"第二场经文,批云:"不事夸多斗靡,落落写来,都有意境,真文中逸品也。"第三场对策,批云:"前二场犹拘于体裁,观三场五作,知用力古文深矣。"②

第二年春,郑孝胥北上,参加礼部试,报罢,归南京。是年,"岁暮受鉴泉聘,授二子读。自春徂夏,或月许日未尝出户"③。鉴泉,名学廉,吴赞诚的长子。吴学廉(1853—1931),功名较晚,光绪十七年(1891)方中举人,娶李鸿章六弟李昭庆的长女为妻,与李鸿章关系颇密。其子女,亦与李家联姻。

十年(1884)五月,吴赞诚去世,九月枢归,十月至十二月间,郑孝胥以丧事在庐江。民国年间流传的《南冈听水记》,就写在这个时候。《南冈听水记》曾发表在梁启超任主笔的 1913 年的《庸言》④,后在民国的中学语文教材中也有出现,如中华书局 1932 年出版的《新中华国文》、上海大东书局

①叶参、陈邦直、党庠周合编:《郑孝胥传》,第 1 页。
②叶参、陈邦直、党庠周合编:《郑孝胥传》,第 86 页。
③《郑孝胥日记》,第 46 页。
④《庸言》第一卷第九号,1913 年。

1935 年出版的《近代文读本》①。

十二月,郑孝胥自庐江抵福州。这一年,陈宝琛丁母忧亦在福州。丁忧期间,他以举人失当,被朝廷降五级使用。十一年(1885)四月,郑孝胥谋求出路,"将去家",与陈宝琛商议良久后,决定赴津。他在日记中记述,"余往伯潜处,谈久之始返","余将去家,伯潜欲荐之张香帅。余愿北行,伯潜亦以为可,拟修书往谒合肥","赴津之计遂决"②。张香帅,即张之洞,时督两广,在广州。合肥,即李鸿章,时督直隶,在天津。陈宝琛与张之洞同为京中清流,交章论劾,可谓战友,直到九年(1883),中法交战,两人先后离开京城。郑孝胥选择李鸿章,应是出于吴家与李鸿章交密的考虑,另外,这时张之洞的声名也还逊于李鸿章。

五月,郑孝胥来到天津。在李鸿章的幕府,他随办营务,月领三十六金。他在日记里这样记述他与李鸿章的初次见面:

> 复谒,得进见。初问春帅家事,次问学问文字,次问闽事,既而曰:"陈伯潜盛称吾子,予亦久闻子贤。有著作否?"对曰:"方学,而未敢自信也。"辞出,中堂曰:"子无事,可常来谈。"余唯唯。中堂颀然,赤面白髭,望之甚伟,声亮而和,谈吐颇有条理。雨甚,既归而晴。晚,稷臣往谒中堂,因言及余,中堂意令余数日移入行台。③

吴赞诚号春帆,故称"春帅"。"稷臣",即罗丰禄,亦福州人,出身沈葆桢创办的求是堂艺局,毕业后,被派往英国学习,归国,入李鸿章幕,时以道员在北洋水师营务处,兼办洋务。以后,郑孝胥又在日记中记道:

> 五月二十二日:稷臣入督署,中堂因言及余曰:"我方治屋,数日后可邀之来。"索余所为文,稷臣以《祭吴光禄文》进,中堂阅之甚喜。

> 六月初八日……同稷臣便服谒中堂,坐语久之。中堂自言虚心爱

---

①沈颐编、喻璞等注:《新中华国文》第 3 册,中华书局,1932 年,第 88—89 页。张廷华评注:《近代文读本》,上海大东书局,1935 年,第 100—103 页。

②《郑孝胥日记》,第 56 页。张允侨撰《闽县陈公宝琛年谱》云光绪十六年"十一月,郑孝胥(苏戡)应李鸿章辟,将有北行,来听水斋与公同坐玩月",以 1885 年郑孝胥入李鸿章幕事系于 1890 年,误。见张允侨撰《闽县陈公宝琛年谱》,《沧趣楼诗文集》(下册),第 723 页。

③《郑孝胥日记》,第 59—60 页。

才,所以日益未已,语甚多。又曰:"姑寄居营务处。伯潜书已手复矣。"

十二日:是日,稷臣入谒中堂,批"令郑某以随办洋务,于支应局月领三十六金"。

七月十四日:同稷臣入谒中堂,中堂问剑泉家事,意甚挚。曰:"昨吴老三与我书,称不能即赴南京,欲辞机器局之事。此儿亦大拘矣。子之来津,想渠处未知,我已书告之矣。子家眷犹在安徽,乃无家信来耶?"对曰:"庐江,道甚左,寄书不易到。"曰:"然。"

八月十二日:十点同稷臣入谒中堂,余以大卷呈阅。中堂方临《圣教序》,取卷披阅,曰:"好,有别致矣。"俄笑曰:"劲气直达矣。"翻复数四,乃笑谓余曰:"此岂非二甲高等卷乎,我平生不以鼎甲许人,为其系于运气;可以二甲,即可以鼎甲矣。"稷臣起语,顷之,德璀琳禀见,余与稷臣将辞出,中堂谓余曰:"欲入都乎?"对曰:"此间无所事,惟中堂命。"中堂曰:"我行,且告子。惟不必多带行李耳。"遂出。[1]

从这几次记述看,吴家与李鸿章的关系,以及陈宝琛的"盛称"推介,确实让郑孝胥受到了李鸿章的优遇。自然,郑孝胥的才气,是让"虚心爱才"的李鸿章欢喜的更主要原因。郑孝胥在幕中,并不办理具体事务,他的事情便是读书,作大卷,作文,以待三月赴闱。

在天津,还可一述的是郑孝胥与严复、罗丰禄、罗臻禄的交往。严复与罗氏兄弟都是福州人,与郑孝胥同乡,皆于少年时考入沈葆桢创办的求是堂艺局,且是"同舍生"。求是堂艺局后搬至马尾,改名为马尾船政学堂,即福州船政学堂,这是中国的第一所海军学堂。严复与罗丰禄以出色的成绩毕业后,在光绪三年(1877),同被派往英国学习。五年,福州船政学堂缺少教习,严复较罗丰禄提前一年回国,赴福州船政学堂任职。一年后,李鸿章奏请在天津创建水师学堂,严复又被调往水师学堂,任洋文总教习。罗丰禄则在这一年回国,直接进入水师学堂,任驾驶学堂委员兼教习。七年,罗丰禄又被派办营务处,兼办洋务。罗臻禄是丰禄的五兄,亦于三年赴欧洲留学,不过他去的是法国,学习的是矿务。郑孝胥在津时,适逢臻禄在丰禄处。

---

[1]《郑孝胥日记》,第60、62、66、71页。

郑孝胥与严复虽同乡,但在郑到天津之前,两人并不相识。严复后曾有诗云,"早岁天津桥,长揖识公始。与公俱少年,双眸对秋水"①,说明甚清。与罗丰禄,从日记记载的情形看,之前似相识,而不密。郑孝胥初至津,"登岸,入春元栈。剃发已,至水师营务处见吕秋樵、罗稷臣。稷臣邀余移行李来,从之。稷臣意甚殷,所居洋楼临大河,极轩豁,设榻焉。夜,月明,与稷臣剧谈至三鼓始寝"②,并描述罗丰禄,"其人好沉思,可与诣古,视严幼陵气不如而思路过之"③。罗氏亦是福州大族,罗丰禄又出身船政,与同在福州城、与船政系统内官员沈葆桢、吴赞诚有密切关系的郑孝胥,是有着比较熟便的认识的客观环境的。

郑孝胥对严复、罗丰禄的评价很高。他称严复"天资绝高"④,作诗赠严复,有句道:"慷慨怀大志,平生行自哀。嗟君有奇骨,况复负通才。时事多荆棘,吾侪今草莱。天津桥上见,为我惜风裁。"⑤视罗丰禄则为清交素友,谓罗丰禄"沉深好书",亦以一诗相赠,诗道:"弦匏吾素友,对我说生平。知己唯吾子,相期共令名。壮心付歧路,愁眼看神京。语罢同三叹,苍茫百感并。"⑥

郑孝胥在津的这半年里,严复曾经归闽赴秋闱,故拢总算起,两人的交往也就月余左右。罗丰禄则总办营务,一直在幕,与郑孝胥多纵谈快论,交往更深契一些。年轻的郑孝胥对罗丰禄甚是敬重,他在日记中道:"稷臣自上海买《皇清经解》及《汉魏六朝百三家集》,以大篋致之。发篋陈书,烂然满几,顾之拊髀甚欢。史公言'荆轲之为人,沉深好书',稷臣近焉。"⑦他与罗丰禄甚投合,称"余知之而能言,稷臣闻之而满意,其会心一也"⑧。与罗臻禄,郑孝胥亦"谈甚洽",谓"醒尘天资绝高,怀抱旷如,可重也"⑨。

---

①严复:《苏戡五十初度,而所营海藏楼适成,敬述奉祝》,严复著,王栻主编《严复集》第二册,中华
　书局,1986 年,第 376 页。
②《郑孝胥日记》,第 59 页。
③《郑孝胥日记》,第 60 页。
④《郑孝胥日记》,第 60 页。
⑤《郑孝胥日记》,第 61 页。
⑥《郑孝胥日记》,第 61 页。
⑦《郑孝胥日记》,第 66 页。
⑧《郑孝胥日记》,第 67 页。
⑨《郑孝胥日记》,第 66 员。

罗丰禄、罗臻禄均年长郑孝胥,对他实有兄长宽爱。兄弟二人对他的期许,尤让他感念:"醒臣兄弟皆期余志之遂,而忧余体之赢,意皆非私好于余者。余亦深重其怀抱,而非私感其惠我。"①当然,郑孝胥的高言清行也给罗氏兄弟留下深刻印象。当李鸿章在营务处的公事房夜宴中外政要时,郑孝胥在楼上,罗丰禄邀其下楼入座,郑孝胥笑拒道:"在楼上犹是太夷,入坐中,直是三十余金随员耳,君何取焉!"令罗氏兄弟怎不感叹! 臻禄道:"某阅世在外,垂二十年,如君者,千万人之一也。"②

光绪十六年(1890),郑孝胥致书严复,信中有这样一段话:"噫,入世既深,则摅情多阙,良足咎矣。然足下、弦竟之于我,相得之意,非泛然交游之列,相重之雅,又非山川之所能疏也。纵暌违老大,阻隔泥云,宁改故时之尔我哉!"③虽然从郑孝胥的一生来看,暌违老大,阻隔泥云,还是改变了故时之"尔我",但彼时,初步仕宦社会的郑孝胥,说出的确实是心中的深情厚谊。

光绪十二年(1886),郑孝胥二赴会试,再不中。四月底,自京回津,随即南归。这次会试不举,对他的生活和心情影响很大。其后两年,他在宁、沪两地奔波,深觉没有安身立命之所,十分愁闷。十三年的八月十五中秋夜,他在沪,"引三爵,对烛独坐,繁忧四集",心中发出感念,"前岁客天津,去岁客庐江,今年乃至于此,身事潦倒,不知所归,仰视碧天,帝安置我"④?

十五年(1889),郑孝胥第三次参加会试,仍未获。他的诗、文、书法基础俱厚,然不料科名蹇涩,竟至于此。幸好,在这一年,他考得了汉内阁中书,典试官是李鸿藻、汪鸣銮、翁同龢。大约在六月,郑孝胥奉朱笔圈出记名,到阁赴任。秋天,他以中书改官同知,分发江南,回到南京。十一月,他又北上入阁,兼充镶红旗官学堂教习,并领事于方略馆。

十六年(1890)三月,郑孝胥最后一次参加会试,报罢,遂以举人终身,自此不复科试,结束了以读书习举为主的生活。

①《郑孝胥日记》,第68页。
②《郑孝胥日记》,第71页。
③《与严幼陵书》(1890年7月5日),见《郑孝胥日记》,第183页。
④《郑孝胥日记》,第120页。

第二章　清末仕宦（上）

　　清代的内阁中书，官阶是从七品，负责缮书诰敕。光绪十五年（1889），郑孝胥考得内阁中书，有了官阶，虽不算高，但自此可以拾阶而上了。《海藏楼诗》起卷第一首《春归》，就写于这一年，诗云："正是春归却送归，斜街长日见花飞。茶能破睡人终倦，诗与排愁事已微。三十不官宁有道，一生负气恐全非。昨宵索共红裙醉，酒泪无端欲满衣。"①论诗者都认为，这一安排，存有深意焉。

　　郑孝胥在晚清的半生政历，十分芜杂。自这一年起，到宣统三年（1911）补授湖南布政使，二十二年间，他大半是以幕僚的身份，在疆臣大吏的幕府中度过，这使得他虽然"于清季政事之起伏""数数预谋"②，却很难系统展现他的政治主张和实践活动。不过，我们仍能总其主要经历，做一个大致的分而述之。本章时段，即自郑孝胥光绪十五年（1889）入仕起，至二十九年（1903）初赴两广总督岑春煊幕府。在这一时段，郑孝胥还未获得仕途上的显名。

---

①《春归》，《海藏楼诗集》（增订本），第 1 页。
②陈灙一：《郑孝胥》，《睇向斋逞臆谈》，《睇向斋秘录（附二种）》，中华书局，2007 年，第 115 页。

一　辇下微官

光绪十五年(1889)五月,郑孝胥考取内阁中书,成为京城里的一介微官,他以中书改官同知,分发江南,归南京。十一月份,又回到北京,开始入值内阁。从他日记的记述情况看,他的工作比较清闲。十二月初三日,似乎是第一次入阁,他在日记中记述道:"晨,入值中班,道逢希实,同入,晤许拔盦、王幼遐、陈兰史诸前辈,刘伯崇福姚同年。出顺治门归。"[1]转年二月,郑孝胥又就官学教习之馆。初六日的日记记道:"午后,同旭庄入城,至镶红旗官学,晤杨康侯刑部,亦壬午同年。为学生立佩背《尔雅》。"[2]初八日,又记道:"遂入官学,晤管账者锡禹言,教习七人:湖北陈笙陔,四川廖春珊,江苏丁味荃,四川杨曦谷,山东陈孜园,山东郭芸樵,同乡永春苏景生。旭庄择学生中俊者十一人属余查课:继昌、立佩、荣桂、玉权、玉彬、广秀、延年、陈海明、荣岳、景桂、崇立也,皆来见。复益绪昌,为十二人。"[3]这大约就是他的全部学生,和他的工作内容了。

郑孝胥的京官生涯很短,只一年有余。从他留下的文字看,他的心情并不是很愉快。特别是十六年春"报罢,归计未成,婆娑城南,聊以永日"[4]。作于这一年的《官学杂诗》,描述了他的生活和感受。其一诗云:

> 家孥寄人食,一身居都门。
>
> 谁言不易居,寝处长苦闲。
>
> 昼倦俄欲觉,诸生诵已繁。
>
> 取书与相和,梦我卝角年。
>
> 从嘲先生痴,涸辙枯微官。
>
> 尚憎凤皇池,今为鹅鸭喧。
>
> 岂知无巢者,暮雨鸦飞翻。
>
> 十旬沉我书,方寸丛忧患。

[1]《郑孝胥日记》,第 150–151 页。
[2]《郑孝胥日记》,第 161 页。
[3]《郑孝胥日记》,第 162 页。
[4]郑孝胥致严复书。见《郑孝胥日记》,第 183 页。

耐闲特不易,所学诚空言。①

他的《家书至却寄》与《寄栗生兄》,表现出他在京师生活的孤寂和对亲人的想念。《家书至却寄》其一云:

书来意万千,隔此纸一重。
持剪手自发,尚恐读易穷。
向来喜夜书,灯花剔幢幢。
墨淡字断续,体势殊未工。
实亦无所语,但道无恙侬。
欲知许时事,丁宁寻欢悰。
生理本可笑,日对蓬发憧。
甚思逐春游,出门成孤踪。
正月月圆时,斜街鼓冬冬。
二月月圆时,我在官学中。
诗就还独吟,书史颇亦攻。
署中时来云,某日当趋公。
赁车便应去,车声何玲珑。
友朋有几人,旬馀或相逢。
笑谈破无俚,神情终匆匆。
说归渐可厌,画饼饥岂充。
回头看庭树,谁能送飞鸿?

其二云:

大七點可怜,岁暮甫断乳。
孟冬我行时,识字已百许。
渠姊强解事,笑语颇楚楚。
见舅肆顽痴,娅姹聒大母。
小七虽未周,神气溢阿堵。

_____

①《官学杂诗》,《海藏楼诗集》(增订本),第5页。

汝身尚抱疾，课读底须苦。

十三毕经书，那不见渠父。

今年过三十，偃蹇困尘土。

微官羁莘下，剧似搬姜鼠。

更无旁人嘲，餐饭讲训诂。

昨朝值无事，出城日当午。

道傍见笼雀，倾囊唤买取。

开笼瞥四散，幸未伤翅羽。

追飞似公姝，啾唧上邻宇。

放生事大好，愿力庇儿女。

更求得暂归，归时汝应愈。①

《寄栗生兄》云：

鏖盐未了持家事，灯火惟馀课弟编。

料理儿曹聊晚计，浮湛闾里忽中年。

好乘佳日舒心眼，莫遣新霜拂鬓边。

准拟江淮乞郡倅，为兄先办杖头钱。②

从"准拟江淮乞郡倅"一句看，郑孝胥并不打算在京久滞。他向好友陈宗瀛③倾诉："到都后，闽中兄弟数有告急，心绪破碎，百忧来侵。独居深念，已迫中年，而一家衣食，不能担荷，愤与惭并。曩时欢悰，久已绝迹。"④微官莘下，独居深念，他已到而立之年，有了一女二子。沈瑜庆对他讲："子苟作当京官之计，家眷必当移来。百岁夫妇，盛年曾有几时，讵可轻弃耶？"他只能无奈地笑答："如人家母子何？"入夜，郑孝胥"灯下独坐，念爱苍言，颇为之动"，惟无奈，感叹"人世别离之恨多矣"！"去闽四年，弟兄睽隔，未能归视，

---

①《家书至却寄》，《海藏楼诗集》（增订本），第 7 页。

②《寄栗生兄》，《海藏楼诗集》（增订本），第 8 页。

③陈宗瀛，字幼莲，闽县人，同治十年（1871）进士。曾在沈葆桢两江节署，1891 年被张之洞札调至鄂，任两湖书院首任提调。陈宗瀛父陈诒远，字莲庭，郑孝胥在日记中呼为"太亲家"、"姻伯"。

④《郑孝胥日记》，第 158 页。

敢念及此耶"?!①

这一年多的时间,郑孝胥日"作白折"、"写大卷",勤勉不辍。屡试不中,生活困窘,给他带来的压力,今日依然能从他愈发简练的日记中感受得到。他似乎惟有努力考取进士,才能一改命运。他的妻子吴学芳在南京,也期待着他。

郑孝胥的京官生活并不丰富,除入值内阁和到官学外,读书,作诗,临帖,习举文。此外,与友人晤谈,出游,听戏,诗酬往来。他七岁入京生活,十七岁归福州,从二十四岁开始,数赴春闱,在京城已有了一批知交。他先居宣武门外下斜街的王仁堪家中,就官学教习馆后,移寓官学。王仁堪(1848—1893),字可庄,闽县人,光绪三年(1877)进士,成进士前,亦以举人身份考取内阁中书,三年后取得状元,授翰林院修撰。其弟王仁东(1852—1918),字旭庄,时与郑孝胥同官中书内阁。兄弟俩人敦责郑孝胥甚切,王仁东曾于十一年(1885)底郑孝胥入京时,在室内悬"苏龛"二字以候。他对郑道:"为君悬榻久矣。"②十五年底,王仁堪则致书郑孝胥,"责北行之约",郑孝胥乃"怅然有行意",决定北上③。王氏兄弟与郑孝胥应有亲谊,在下斜街王宅中,郑孝胥有呼"王三婶"者。

因王仁堪的关系,郑孝胥与黄绍箕开始来往。黄绍箕(1854—1908),字仲弢,浙江瑞安人。光绪六年(1880)进士,改翰林院庶吉士,授编修,时任武英殿暨国史馆纂修。其父黄体芳(1832—1899),字漱兰,同治二年(1863)进士,选庶吉士,授编修,累迁侍读学士。七年,黄体芳迁内阁学士,督江苏学政,第二年,授兵部左侍郎,十一年回京,以劾李鸿章治兵无效,左迁通政使,两署左副都御史。黄体芳与张佩纶、张之洞、宝廷,时被称为"翰林四谏",每有大政事,必具疏论是非,是朝中"清流"中的重要人物。

王仁堪与黄绍箕关系密切,二人同时受业陆尔熙。陆尔熙(1835—1871),字广敷,江苏阳湖人,与黄体芳同年进士,官编修,居京师,课徒自给,人静讷,颇持守。陆尔熙逝后,王仁堪转从黄体芳,他的《留别春明诸

①《郑孝胥日记》,第173页。
②《郑孝胥日记》,第80页。
③《郑孝胥日记》,第149页。

友》诗中有一句自注,云:"瑞安师有卜邻约,丙戌始得僦居对门。"①瑞安师
即黄体芳,丙戌年即光绪十二年(1886),十五年郑孝胥暂寓王家时,黄体芳
已合家迁居下斜街,与王仁堪卜邻而居。故王仁堪还有诗云:"自君过我停
高轩,斗室一夕生春温。同游诸子尽豪俊,更爱黄滔居对门。"②说的正是当
日情景。

除王、黄以外,与郑孝胥日相往还者,还有张謇,沈曾植、曾桐兄弟,陈与
冏、与同兄弟,丁立钧,林开謩,冯煦,袁昶等人。

据《啬翁自订年谱》,光绪六年(1880),张謇"始识闽县郑苏戡孝胥,与
为友"③。张謇这一年的日记内容有缺失,郑孝胥的日记亦始自于八年,故
两人相识的经过,不能详知。这一年,张謇二十八岁,郑孝胥二十岁。张謇
跟随吴长庆帮办山东防务,驻防登州黄县,与郑孝胥舅氏林葵同僚,并友善。
在郑孝胥日记中,最早出现张謇的时间是光绪八年七月初九日那天,他记
道:"张树人(即季直)亦有书与怡舅。余往为集杜句寿树人三十初度云:
'雄剑四五动,才名三十年。'树人来书,谦不敢当,且云'愧甚,以出自苏龛
之言,则可喜也'。"④怡舅,即林葵。看来,应是林葵引介了双方。十年,郑
孝胥与张謇同在南京,张謇日记中有二人"久谈"、"纵谈竟夕"的记载⑤。
十一年八月,郑孝胥跟随李鸿章进京,时张謇在京参加顺天乡试。十二、十
五、十六年,两人皆以科试流连在京,倾心相交,互期互许,"定元白结邻之
约,为皮陆倡和之诗"⑥。十六年四月,张謇离京,登车时,语郑孝胥道:"善
自爱! 江海之志,岁寒之交,勿忘此心矣。"⑦两人已有深挚的友情。

沈曾植(1850—1922),字子培,号乙盦,晚号寐叟,浙江嘉兴人。光绪
六年(1880)进士,以部属用签分刑部主事。弟沈曾桐(1853—1921),字子

---

①王仁堪:《叔衡同年以百韵赠行依韵赋此留别春明诸友》,《王苏州(仁堪)遗书》,沈云龙主编《近
　代中国史料丛刊》第14辑,台北文海出版社,1973年,第1065页。
②王仁堪:《燕九日再答苏龛并柬同社诸君子》,《王苏州(仁堪)遗书》,第1063页。
③张謇研究中心、南通市图书馆编:《张謇全集》第六卷,江苏古籍出版社,1994年,第843页。
④《郑孝胥日记》,第21页。
⑤《张謇全集》第六卷,第236、237页。
⑥《张謇全集》第六卷,第310页。
⑦《郑孝胥日记》,第179页。

封,十二年中式进士前,曾在李鸿章幕①,故郑孝胥与沈曾桐相识,先于沈曾植。陈衍曾在二十七年时回忆:"癸未、丙戌间,闻可庄、苏堪诵君诗,相与叹赏,以为同光体之魁杰也。"②癸未、丙戌间,即光绪九、十二年间。郑孝胥九年日记自四月发榜后缺失,至十年十二月始复记,检所存二月到四月间文字,无与沈曾植相关者。从一般的情形推断,郑孝胥"癸未"年仅是对沈曾植有所耳闻,还不曾有实际交往,至十一年年间,才开始来往。后世所称"同光体"之诗派,此时开始发萌。

陈与冏(1850—1891),字弼宸,号缄斋,福州侯官人。光绪六年(1880)会试中式,官翰林院编修,充国史馆协修、八旗官学考校官,有《缄斋诗存》。陈与同(1845—1890),字煦万,号可斋,陈与冏兄。同治十二年(1873)举人,官江苏宜兴知县。陈衍《石遗室诗话》记述:"陈可斋与同缄斋与冏兄弟,少日贫苦相依,力学逾恒,友爱至笃。稍长,各登乙科,薄游南北。中年缄斋入词林,典试山左,陆沉金马者有年;可斋归里理盐笑,入资为选人,选宜兴县令,未之官,殁于京师缄斋所。缄斋本悼亡善病,悲痛伤肺腑,送梓归,遇于沪上,憔悴支离,深恐其不能久。未几,复入都,遂卒于京邸矣。"③

郑孝胥在光绪十一(1885)、十二年,与陈与冏、陈与同先后相识,相交笃厚。十五、十六年间,"与弼宸踪迹最密,数日不相见,皆若有所失"④。十六年,陈与同病逝,郑孝胥时在京,帮助陈与冏料理丧事。十七年陈与冏逝时,郑孝胥已离京到日本,闻信"惊怆陨涕,不能自已"⑤。陈与冏有《送郑苏堪南归》一诗,诗云:"白头为此别,青眼向谁边。刻苦伤春意,沉吟中酒天。沧波容浩荡,歌管自清妍。难遣春风思,应知倦未怜。"⑥诗情真挚。

丁立钧(1854—1902),字叔衡,亦作叔珩,号恒斋。江苏丹徒人,生于

---

①李慈铭日记1884年5月5日条记载:"沈子封曾桐自都门来,余荐之合肥相国司笔札也。得子培书。……子封来,言合肥属其今日即入幕。"李慈铭《越缦堂日记》第14册,《荀学斋日记》己集上,广陵书社,2004年,第10272页。

②陈衍:《沈乙盦诗序》,沈曾植著,钱仲联校注《沈曾植集校注》(上册),中华书局,2001年,第12页。

③陈衍:《石遗室诗话》,第163页。

④《郑孝胥日记》,第397页。

⑤《郑孝胥日记》,第252页。

⑥陈支平、林晓峰、林彬名誉主编,萧庆伟、邓文金、施榆生主编:《闽南涉台族谱汇编》024,福建人民出版社,2014年,第450页。

东台城。光绪六年(1880)进士,选翰林院庶吉士,散馆授职编修,历任武英殿协修、纂修、总纂、提调,国史馆协修,会典馆图上详校。郑孝胥考取内阁中书时,丁立钧已出京,官沂州知府,不久因病辞,旋受聘江苏南菁书院任院长。光绪二十七年(1901),南菁书院改江苏省南菁高等文科学堂,丁立钧担任总教习,主持组建工作,不堪辛劳,在第二年病逝。光绪二十一年,丁立钧推助郑孝胥营进,不遗余力。

林开暮(1863—1937),字贻书,号放庵,福州长乐人,是郑孝胥的表弟,王仁堪、王仁东的妹夫,陈宝琛的连襟。光绪二十一年(1895)进士,以二甲前列选庶常,散馆授编修。父亲林天龄(1830—1878),字锡三,咸丰十年(1860)进士,官至翰林院侍读学士。有兄林开章,字廉孙,光绪元年举人,户部郎中。林开棻,光绪五年举人,官内阁中书。下有弟林开祐、林开淦,林开祐字季鸿,林开淦字绍勤(琴),皆好戏曲。林季鸿曾为梅兰芳创《玉堂春》新腔,林绍勤亦善唱。郑孝胥日记中有林季鸿"操二弦,唱南曲"、"弹琵琶数阕"的记载①。诸林表兄弟皆与郑孝胥交游欢洽,是郑孝胥在京最亲密的亲朋。

冯煦(1843—1927),字梦华,号蒿庵,江苏金坛人。冯煦少年就有"江南通儒"之称,然累举不第,久寓南京,与顾云②齐名。光绪十二年(1886),始中探花,授翰林院编修,已四十五岁。冯煦与顾云皆肄业南京钟山、惜阴书院,同为薛时雨、林寿图高足,二人同学友善,以学问相砥砺。冯煦工诗、词、骈文,尤其以词名。冯煦与郑孝胥相识,当在郑居南京时候。民国后,两人同寓上海,来往仍密。

袁昶(1846—1900),字爽秋,浙江桐庐人。光绪二年(1876)进士。袁昶乃薛时雨的侄婿。九年,郑孝胥与冯煦、薛时雨侄薛慕淮皆赴京应试,得识袁昶。袁昶时官户部主事。庚子年事变,袁昶以言拳民不可恃,外衅不可启,忤载漪、刚毅,被诛,年仅五十五,赐谥忠节。

郑孝胥出京后,时常回忆起这段光阴,"城西朋好谁相忆?定是丁陈与

①《郑孝胥日记》,第82、172页。
②顾云,字子鹏,号石公,为郑孝胥在南京挚友。

沈黄。海上昨逢润州守,一时回望奉先坊"①、"往年都城盛朋友,缄斋忍盦
情相亲。激扬掩抑性虽异,用意沉著不可言"②。奉先坊,即王仁堪居住的
下斜街。"丁陈",指丁立钧、陈与冏,"沈黄",指沈曾植、黄绍箕,"缄斋忍
盦",即陈与冏和王仁堪。

　　杨国强教授在讨论晚清的名士时,曾指出,"彼时之名士曾因清流而联
结成群"③。这一"联结成群"的现象,在当事人的记叙中,也多有呈现。
《王仁堪年谱》称,光绪十年(1884),王仁堪与"李莼客(李慈铭)、樊云门
(樊增祥)、盛伯希(盛昱)、黄仲弢(黄绍箕)、梁节庵(梁鼎芬)、袁爽秋(袁
昶)、王莲生(王懿荣)、陈缄斋(陈与冏)、沈子培(沈曾植)诸先生,往还极
契洽"④。张謇《啬翁自订年谱》记述,十一年,"识黄仲弢绍基(箕)、王可庄
仁堪、旭庄仁东、梁节庵鼎芬、沈子培曾植、宗室伯熙盛昱、濮子潜子潼、王芾
卿颂蔚、张伯纪云官、丁恒斋立钧,与为友"⑤。袁昶十三年日记中云,"予六
七年中,颇得三益友,鼎甫直,蒿隐谅,子培多闻,各有专长,可资取法。今鼎
甫既去国,乃取仲弢补之"⑥,可见其交游。"鼎甫",乃朱一新,字蓉生,浙江
义乌人,光绪二年进士,选庶吉士,散馆授编修,十一年,转御史,十二年,以
直言受责,乞终养归。"蒿",即冯煦。"子培",沈曾植。"仲弢",黄绍箕。
袁昶特与沈曾植意气相入,称"子培出入儒佛"⑦、"可引为辅仁攻瘱之友,而
导吾正路,勿入歧趣者也"⑧。连旁观者陈衍,也有"缄斋(陈与冏)在都,与
伯希(盛昱)、可庄(王仁堪)、子培(沈曾植)、仲弢(黄绍箕)、叔衡(丁立
钧)、苏堪(郑孝胥)最善"之语⑨。

　　杨国强认为,"《清史稿》罗举了为清流先开风气的一群人,而在时人的

①《杂诗》,《海藏楼诗集》(增订本),第13页。
②《感旧示李君芝楣》,《海藏楼诗集》(增订本),第33页。
③杨国强:《晚清的士人与世相》,生活·读书·新知三联书店,2008年,第195页。
④王孝缉编:《先公年谱》,民国二十三年铅印《王苏州遗书》本,《北京图书馆藏珍本年谱丛刊》第
　176册,北京图书馆出版社,1999年,第758页。
⑤《张謇全集》第六卷,第846页。
⑥《袁昶日记》光绪十三年二月四日条,见许全胜撰《沈曾植年谱长编》,中华书局,2007年,第56页。
⑦《袁昶日记》光绪十年正月一日条,见许全胜撰《沈曾植年谱长编》,第52页。
⑧《袁昶日记》光绪十年七月十一日条,见许全胜撰《沈曾植年谱长编》,第55-56页。
⑨陈衍:《石遗室诗话》,第164页。

论述和后人的追述中,可以同他们归入一类的,至少还有刘恩溥、盛昱、文廷式、王仁堪、丁立钧、黄绍箕、王懿荣、陈启泰、孔宪谷、周德仁、何金寿、李慈铭、李盛铎,以及朱一新、屠仁守、王鹏运等等"①。其中的盛昱、文廷式、王仁堪、丁立钧、黄绍箕,都与郑孝胥有密切交往,而他未列入其中的好友,如张謇、袁昶、陈与冏、陈与同、沈曾植,又均与上列"清流"交往密切。郑孝胥固然少年才俊,风姿清飒,但"同游诸子尽豪俊"②,城西朋好的揄扬,乃是他声誉日盛的重要原因。这时期,郑孝胥与他的宣南诸友气谊相孚,他们都还未在政治舞台上有充分的展现,郑孝胥也要在数年以后,从日本归来,方有显现。

光绪十六年(1890)九月,郑孝胥出京。诗云:

> 坐看林叶黄,已有难留意。
> 秋阴积离色,送我以寒吹。
> 亲朋裁三五,念别数相诣。
> 去来自细事,所叹迫生计。
> 翻然狥微念,赴之颇沉鸷。
> 宁辞长徒劳,聊免他时悔。
> 海波千万叠,适志即平地。
> 驱车出东门,眇默身如寄。③

眼前情景,使人怅怀。

二　东渡日本

光绪十七年(1891),郑孝胥由出使日本钦差大臣李经方奏调,以同知身份充任随员,东渡日本。李经方(1855—1934),字伯行,李鸿章嗣子。十一年(1885)曾随从刘瑞芬出使英、法等国。十六年冬,以候补道出使日本。

---

①杨国强:《晚清的士人与世相》,第153页。
②王仁堪:《燕九日再答苏龛并柬同社诸君子》,《王苏州(仁堪)遗书》,第1063页。
③《出京》,《海藏楼诗集》(增订本),第9页。

俸钱虚愧对流亡

四月底,郑孝胥抵日。李经方六月初五日迟发的奏片称,"候补内阁中书郑孝胥平日留心时务,于交涉事宜颇有讲录,而学问淹雅,尤足副国文"①。郑孝胥在日本,初任筑地、大坂副理事官。十七年(1891)六月,李经方丁母忧,出使大臣由汪凤藻暂署。是月,李鸿章致函李经方,指示道:"郑苏龛文笔入古,人亦清挺,奏留襄助亦佳。"②"理事于随员中盖优差也"③,郑孝胥认为"此间公事实不错","得唠饭处不易",甚是珍惜④。十九年五月,郑孝胥升任驻扎神户兼管大坂正理事官,汪凤藻的奏片称:"臣署随员兼筑地副理事官、内阁中书郑孝胥,通达和平,留心交涉,堪以派令接充。"⑤

郑孝胥充任筑地、大坂副理事时,驻地就在东京使署,帮同横滨正理事官办理事务,工作不算多。出任神户兼管大坂正理事以后,便显得忙碌起来,联络外交事宜,调解侨民、华商纠纷,日无虚暇。文人向习辞藻,不谈经济时务,郑孝胥却难得既写一手好文章,又实心任事,一丝不苟。他以乡贤自励,称"闽中伟人,道、咸以来海内所推服者",惟林则徐与沈葆桢,林则徐"恢杰综博",沈葆桢"简远峭深"⑥。二十年(1894),他处理侨民擅设烟馆、吸食鸦片一事,颇有仿效"侯官文忠"之意,"焚鸦片十五篓及吸烟器具百余件于园之东隅,仍划其灰,洒水坎中以灭迹"⑦,并作七言长诗以纪之:

> 嗟嗟中原今何地,惰民亿万天弃之。

> 我生不辰遭睹此,醒毒流染宁可医?

---

① 李经方:《奏为委派候补内阁中书郑孝胥署理筑地大坂副理事官事》(光绪十七年六月初五日),档号:03-5280-011,缩微号:400-0596,国家清史工程数字资源总库。

② 李鸿章:《致李经方》(光绪十七年六月初八日),顾廷龙、戴逸主编《李鸿章全集》35,信函(七),安徽教育出版社,2008 年,第 218 页。

③《郑孝胥日记》,第 203 页。

④《郑孝胥日记》,第 230 页。

⑤ 汪凤藻:《奏为派令郑孝胥接充驻扎神户兼管大坂正理事官刘庆汾兼充筑地副理事官事》(光绪十九年五月二十一日),档号:04-01-12-0559-138,缩微号:04-01-12-106-3353,国家清史工程数字资源总库。

⑥《郑孝胥日记》,第 288 页。

⑦《郑孝胥日记》,第 409 页。

> 朋亲故旧无免者,白昼枯骷行累累。
>
> 九州沃野不播种,益艺淫药戕子遗。
>
> 国家又从征其利,漏酒鸩脯取疗饥。
>
> 四邻揶揄幸吾祸,君相纵省吁已迟。
>
> 戾时天道定深嫉,投死志业终难恢。
>
> 我今何者不自量,仇视妖物忘倾危。
>
> 畀炎扬灰聊泄怒,旁观震悚颤且趋。
>
> 背后岂免竞嗤点,我实儿戏而毋讥。
>
> 九原死友尚不谅,眼前佻巧谁吾知?①

全诗充满对国事的愤忧与痛慨。"我今何者不自量,仇视妖物忘倾危","背后岂免竞嗤点,我实儿戏而毋讥。九原死友尚不谅,眼前佻巧谁吾知?"一个特立独行、胸有深意的自画形象,跃然纸上。

郑孝胥早年就沈葆桢馆,故对沈葆桢尤深情敬重。他曾有诗,句云:"一见斯人怅永藏,病中犹自意堂堂。流风可但兴吾党,后起谁当望雁行?"②表达追随的愿望。沈葆桢喜爱金银花,在南京,"誓归田时,植此半亩,作亭其间,榜曰夜识,取杜子美不贪之意"③。光绪十八年(1892),郑孝胥应沈瑜庆请,为福州沈祠所建的夜识亭作《夜识亭记》,云:

> 沈文肃公晚在金陵,常有退志,从容语僚属曰:士君子之操行,惟以不贪为主,则所持者简而易全,所取者淡而易置。以吾所见,当世功名之士,类皆嗜多务进,莫知所止,其于事为行止之间,坐是溃决而不竟、歧出而不收者,众矣。某之去江西,行李囊橐一如始来时,非矫以取名也,亦聊以检制吾心使不得放云尔。见今世卿大夫家居,率得有园林亭榭之乐,使某遂得请归,亦欲买小园,葺木为亭,植忍冬覆之,而取杜诗"不贪夜识金银气"之语,题之曰"夜识",庶以粗完平生之意。……公

---

①《郑孝胥日记》,第 409-410 页。

②《二月廿七日集沈祠文肃公生日》,《海藏楼诗集》(增订本),第 19 页。

③沈瑜庆:《涛园集》,沈龙云主编《近代中国史料丛刊》第 6 辑,台北文海出版社,1967 年,第 217 页。

以不贪为旨,则于世俗所趋尚者遗弃不务,专以扩其坚刚之气,兹乃所以成其大也。世之巨公,或纵滥无制,或纷扰无度,自谓宏廓,迹其所营者,裁取惊悦流俗耳目,斯不亦猥琐也哉。味公"夜识"之义,其足愧夫日暮途远、钟鸣漏尽之徒,又足以悟君子晚节"戒之在得"之道……①

郑孝胥就沈馆的时间很短,但这段经历,对他的影响很大。

二十年(1894),郑孝胥驻日期满三年,七月,经汪凤藻奏请留委原差。奏请留差折称:

> 派驻神户兼管大阪正理事官指分江苏试用同知内阁中书郑孝胥,经前任使臣李经方于光绪十七年六月二十日奏调到洋之日起,连闰扣至本年五月十九日已届三年期满。据禀请予销差回国前来。臣查神户、大阪两口华商,以租界僻远,不便贸易,向皆土客杂处,最易滋生事端,弹压防维极关紧要。现值朝鲜内讧,日本派兵,多事之秋,尤宜镇定。该员郑孝胥于一切交涉词讼案件均能慎持大体,经理得宜,自应仍留原差,以资熟手。②

郑孝胥就任神户领事后,有一诗,题《七月七日官舍风雨中作》,云:

> 四围山海一身藏,历落嵚崎自笑狂。
> 天际云涛秋益壮,楼头风雨昼初凉。
> 操心稍悟安心诀,更事翻思忍事方。
> 独有韦郎言可念,俸钱虚愧对流亡。③

官舍,即神户理事官署。"俸钱虚愧对流亡"一句,语出韦应物《寄李儋元锡》,"身多疾病思田里,邑有流亡愧俸钱",故云"独有韦郎言可念"。尽日操心,方悟安心,经历世事,才知耐事。日记载此诗,诗后有注云:"华人来者,半皆流亡之户也。"④这首诗,反映着郑孝胥的现实心境。

---

① 《郑孝胥日记》,第288页。
② 《驻日使臣汪凤藻奏派驻神户兼管大阪正理事官郑孝胥请留原差片》(光绪二十年七月十四日),戚其章主编《中日战争》(第一册),中华书局,1989年,第81—82页。
③ 《七月七日官舍风雨中作》,《海藏楼诗集》(增订本),第28页。
④ 《郑孝胥日记》,第366页。

对日本新政的认识

郑孝胥驻日时,正是日本完成明治维新不久。十九世纪中期,日本还是幕府统治下的封建国家。五十年代以后,美、俄、荷、英、法等列强,相继与日本签订不平等条约。在武力打击与威胁下,日本开始采取对外开放的政策。国内政治势力重组,明治政府推翻德川幕府,大政归于天皇,并实施了政治、法律、经济、宗教、文化等各方面的改革,日本成为东亚最早的具有西洋文明特征的、国民主义的近代国家。日本幕府结束在 1867 年,是中国的同治皇帝统治时期。两国都经历了近代历史上的险窘风云,却因不同的应对态度,分别有了不同的国家和民族命运。作为驻日的外交官员,特别是在甲午战争前夕,郑孝胥的经历和思想,无疑值得我们去了解。

郑孝胥到日本后,很快就进入角色。他购、借了不少有关日本国情、历史的书籍,日记里提到过海舟胜安芳的《外交余势》、《断肠记》,渡边修次郎的《明治开化史》,赖襄子成的《通议》三册、《新政》十六卷、《新策》六卷、《日本外史》,铃木贞治郎的《江户政记》六卷,藤斋馨子德的《读史赘议》二卷、《逸编》一卷,以及《明治时势史》(作者不考)等。不过,这些书名出现以后,没有再被郑孝胥提起,对他是否产生过影响,不得而知。他还接受使署译员李维格的建议,开始学习英语,并且坚持得很好。

日本"文明开化",风气所及,颇开生面。郑孝胥接触到许多新鲜事物:油画院"买票而入。有数大厅事,悉挂画镜,约百许面,大小不一,山水、人物、花草悉备,皆望之如生"①;劝工场"百工云集,所业皆精,使人叹息,有《周官》之遗意而私憾中原之不讲也"②;"火车之尤速者曰急行车,日四发,皆有定刻",可"驰归如飞"③,等等。他对西洋文明的观察和理解,即使是在今日也不算落后。他批评"中国风气,懒而无恒,所以不振","但学欧人之勤与信与知大体,则为得其大矣。世习洋务,惟得其脱帽、执手、啖洋菜、吕

---

① 《郑孝胥日记》,第 204 页。
② 《郑孝胥日记》,第 209 页。
③ 《郑孝胥日记》,第 211 页。

宋烟耳,宜其为欧人所轻也"①。

不过,这并不说明读了几本日本文明开化史的郑孝胥,在思想上就接受了文明开化。他对日本的明治维新并不抱好感。"岛族滔新法,宾僚蹁腐儒"②,在他的心目中,日本仍是那个"蕞尔小国"。这个"蕞尔小国",在西风凌厉的气势下,正用夷变夏,发生着动基摇本的变荡。光绪十八年(1892),他在日记里发表了这样一段议论:

> 谈及日本政府近事,袖海、子贞皆曰:"国主未能和其民,乱将作矣。"明治改用西法之初,与国人立约五条,曰"俟我为之二十年,而后议其得失"。今已二十余年,不得不立国会议院。既而议员欲节国费,与政府不合,于是罢议员之至者数百人,遣大臣布告国中,约以五月后更举议员。民间大哗,益欲与政府为难,党人相持,从而煽动。其党之名则有改进党、开化党、中立不倚党、利权党、自由党之类。自由党最盛,每会至千余人,其意欲倾覆国政更为民主者也。国中之得民望者,副岛种臣、谷干城等不过数人,皆不主西法者。如此数人执政,而乱可弭,犹为幸也,但恐一动而难遏耳。余曰:"天败之以为学西法者之戒,未可知也。"③

"袖海"、"子贞",即张滋防、刘庆汾,皆郑孝胥署中同僚。他们都认为,日本维新,"乱将作"也。这段话,倾向很明显,甚能反映郑孝胥对日本学习西法的态度。他写于这一年的《冬日杂诗》,也是这种认识和态度的反映。其一云:

> 运会今何世,更霸起西方。
> 谁能安士农?唯闻逐工商。
> 贾胡合千百,其国旋富强。
> 此风既东来,凌厉世莫当。
> 日本类儿戏,变化如风狂。

---

① 《郑孝胥日记》,第206页。
② 《答袁爽秋》,《海藏楼诗集》(增订本),第22页。
③ 《郑孝胥日记》,第260-261页。

> 天机已可见,人心奈披猖。
>
> 诚恐时无人,礼义坐销亡。
>
> 豪杰皆安在,俗佞空张皇。①

但同时,郑孝胥也体察到,"霸起西方"是世界发展的大势,西风东来,凌厉莫挡。天机虽现,然究竟如何? 他亦不得而知,"俗佞空张皇",豪杰又在何方?

他在对外交往中,时刻保持着上国尊严。十八年底,他不厌其烦,在日记中记载了这样一件事:

> 光绪十八年(1892)十一月二十日:日人森大来题《鸡林诗选》绝句八首,颇清晰,中一首曰:"乾嘉诗格已颓残,降及咸同不耐观。如此中原无愧否,辽东属国旧衣冠。"意轻中原之无作者,使人笑怒。乃作书与之曰:"阅新闻纸,见足下绝句八首。虽未相识,意在贵国人中必自命翘楚者。其诗句诚颇清颖,似可以从事于此道。惜口角佻达,甚染上海申报馆习气,此为病痛亦颇不浅耳。贵国自改学西法以来,蒸蒸日上,渐即富强,极为可喜;然汉学益衰,时务之士恨不举而废之。足下独解为诗歌,此在今日可谓硕果仅存,深可爱惜。今观所诣,知足下之于汉学,诵其诗,读其书,已非一朝一夕之功所能至此。但欲作诗人,亦贵先立根本。根本者何? 惟曰敦厚而已。敦厚之反,谓之浮薄。使人读吾诗如见其人,曰'此人端直清正,蔼然可亲者也',则吾诗必近于敦厚矣。使人读吾诗如见其人,曰'此人儇巧轻躁,嚣然不靖者也',则吾诗必近于浮薄矣。诗即甚工,使人望而憎之,虽工何益? 又况于未工者乎! 时务之士之轻汉学久矣,亦由吾党学者多浮薄自喜之徒有以召侮也。足下自今以往,如能立身于敦厚,益为有体有用之学,勿徒以一得自矜,则贵国之汉学或可振于既绝,一洗时俗之诟病,固大善矣;不然,一知半解,沾沾自鸣,徒博下愚无知者一日之称誉,于足下平生学术德业,恐皆无益而有损也。吾所云根本之论,近人盖鲜可语者;今不惜以语足下,度足下真积日久,将有所得,或能秘奉吾言以为心法乎。平心

①《冬日杂诗》其一,《海藏楼诗集》(增订本),第24页。

静气,试三复于此,吾所以觇足下者,亦将以观足下之深浅焉。吾诚爱才而乐其成就,足下聪慧,当解此意。光绪壬辰十一月二十日书遗森大来足下。"末又细书云:"顷询之于人,知足下专学作诗,不为他文。此书文义浅显,当可通晓。如有未达,宜就素为汉学如重野成斋之流看之,令细为解说,勿但卤莽一读为要。"书毕持示秋樵、子贞共看,笑噱久之。子贞知森方随伊藤养病于大矶,因封寄之。①

森大来(1863—1911),字公泰,号槐南小史,汉学家,善诗词。其父森鲁直是日本著名的汉诗人。是年,森大来为日本内阁秘书,随侍总理大臣伊藤博文。郑孝胥的这番训诫,与其说是教训森大来,不如说是发泄对日本"时务之士""轻汉学久矣"的不满。所谓"如能立身于敦厚,益为有体有用之学","则贵国之汉学或可振于既绝,一洗时俗之诟病",十足表现出一个天朝上国的优秀文人居高临下的信念和心态。而他现在说到的"有体有用之学",在数年以后,将与张之洞提出的"中学为体,西学为用",走到一起去。这封信,真是一则生动的史料。

十九年(1893),郑孝胥对日本的观察,进一步深入。他写信给福建将军希元,议论日本变法的利弊:

> 窃谓泰西之势,如日方中,虽盈而必昃;中国之机,如弓既榇,可弛而更张。即日本变法利害所呈,得神州因时缓急所在。其自通商以来,特以劝工为重。人材拔于乡校,则各有专长;农商讲于学堂,则别立一部。集会社以厚贾人之力,则利权悉归;设赏牌以课杂艺之长,则游民益鲜。铁道周于国内,则呼应皆通;巡捕遍于民间,则盗窃敛迹。其务营外饰,而府藏足支,实自取法欧人,而体段粗具,利固验矣,害亦随之。租税太重,则民弗克堪也。刑法太轻,则下无所畏也。党会愈盛,则奸人得以煽其徒也。议院既开,则政府莫能安其位也。有练兵之名,而非常养之额,则士卒无固志也。为共主之说,而失可持之柄,则君上如具

---

① 《郑孝胥日记》,第334–335页。

文也。①

信中述及日本新政各方面,教育、商业、铁路、警察、法律、政治、军事,等等,利弊分析,简要而清楚。要意所在,自是中国何以能够"不堕日本变法之弊者",而"于开化之中存守旧之意"②。他笃认,"君臣上下乃数千年相承之礼。中国以亿兆人而奉一人,皇帝之贵,不亦宜乎"③。他对西学对儒家礼教的侵犯,表现出士大夫的隐忧,"诚恐时无人,礼义坐销亡"④。

甲午战争前夕

光绪二十年(1894),朝鲜发生变乱。五月,清廷应朝鲜邀请,派兵赴朝,日本亦随即派兵登陆仁川。六月,日本在朝鲜牙山口外丰岛海面袭击清军船队,发生海战。七月初一日,中、日同时宣战,近代历史上影响深刻的甲午战争全面爆发。有关甲午战争的研究,已十分全面和丰富,不过历史的叙述,总需要细节的不断补充与体会。作为政府驻日外交人员的郑孝胥,在交战前夕的所作所为,所思所念,或可略补史实。

五月中旬后,在日本的郑孝胥感到"朝鲜乱益炽",舆论开始显得慌乱,"各国人皆言可虑,商家始耸惧",报纸传言,"中国理事已饬众商预备归国",神户的华商董事数次来与郑孝胥夜谈,俄国的领事也来询问情况⑤。二十五日,郑孝胥自法国领事处得知,有"日船八艘赴马关者",他判断,"必载兵赴朝鲜者也"⑥。二十六日,东京使署汪凤瀛来函,"言大局似不至决

---

① 郑孝胥致福建军宪希元书。见黄庆澄著,陈庆念点校《东游日记》,上海古籍出版社,2005 年,第 37 页。

② 光绪十八年七月十一日(1892 年 9 月 1 日),《时报》刊载一文《上高丽王策强书》,认为"通商足以富国,亦足以贫国;练兵足以保民,亦足以疲民",其目略云:"正朔不可轻改也,陆军宜先练而水师可缓也,衣冠不宜轻易也,卿大夫可使游历各国也,亲党不可偏任也,兵船铁甲不必购买也,门第不可太重也,电报须先开办也,火车尚可缓图也,税关利权不可尽授西人也,鸦片必宜痛绝也,各国不可遽遣使臣也,子弟讲求西学宜自பண馆不宜使远从日本也,刑法宜酌改从轻也。"郑孝胥评论:"其所论略皆中务,于开化之中存守旧之意,是能不堕日本变法之弊者。"见《郑孝胥日记》,第 318 页。

③《郑孝胥日记》,第 252 页。

④《冬日杂诗》其一,《海藏楼诗集》(增订本),第 24 页。

⑤《郑孝胥日记》,第 422 页。

⑥《郑孝胥日记》,第 423 页。

裂",但郑孝胥观察到,"十日以来,日本新闻狂詈不绝"①。汪凤瀛(1854-1925),字荃台,是驻日大臣汪凤藻的弟弟,光绪十一年(1885)拔贡,于十七年跟随汪凤藻出使到日本。

五月二十九日,情形似乎变得紧张。入夜,郑孝胥得到汪凤瀛的指示:"得津电,和局恐有变。已电商总署筹保护商民之策。横滨商人或已押财产于西人,神户绸缪于未雨亦好。"②他立即通知大阪众商,次日,又致函汪凤瀛,询问公署案卷、关防的处理办法,并取出他在银行的存款一千三十元,这一日,距七月初一日中日宣战,恰一个月。此后,郑孝胥还接到汪凤瀛的函电数件,兹摘出如下:

> 六月初五日:夜,得荃台书,言总署商保护,迄无回电。韩事尚未决裂,调停亦恐无济,事急必当飞电云云。日本号外报言:自东京电传,我师二千入韩京。

> 十一日:得荃台来信,云"东报言神、阪商民多去,以致滨、崎惊扰。请饬商民安堵无恐,韩事总可了结"云云。即刻作书复之。俄复得电报,云"闻倭已允撤兵"。余初不信,姑以语诸董。……是日,有号外报,言英、米、俄三国调停韩事,中国已拒绝云。

> 十四日:阅《日本新闻》,言韩廷主"事大"之党甚多。又言,中国兵至韩,有迎宾官出迎,日本大鸟公使即欲诘问"何以不迎日兵"。又言,如果开战,中国陆师将佣德国兵官,海军将用英国兵官。又言,韩官徐相乔,即驻天津者,电报言俄皇亦劝日本撤兵,且云,日本当自然乞归,只坚持以待之耳。……夜,得荃台书,言前密探知大鸟以"朝鲜愿从所请朝政改革诸条,可否撤兵"为请,伊藤、川上皆欲罢,井上、陆奥、山县皆主自由党之说,以为兵退则前功尽弃,不若逼朝鲜告绝于中国,观中国之举动而后应之。然则必将出于一战也。美公使奉其政府之意,自愿保辅在日之华商,使宪已电请于总署云云。

> 十六日:晨,得荃台信,言"此次会议,推车撞壁,无可转湾(弯)。

①《郑孝胥日记》,第423页。
②《郑孝胥日记》,第423页。

已电请总署美公使愿任保护之说,尚未复电"。……《日本新闻》亦言会议后事益决,桦山资纪者任海军大臣。又闻俄国亦将发兵赴韩云。在韩各国公使议以仁川为中立地,日人甚不便之。阅《申》、《沪》报。《沪报》言:接粤东电,南澳镇总兵刘永福上书天津,请效力于战事。(此信不确。)

十八日:夜,得荃台信,云"总署已允托美国保护在倭华民,宪意即可传谕众商,去留听之。仍缮户口册及衙署器具清单,以俟撤回之日照会交代。语诸友可略检装,以免促迫。得确信,即电闻并汇川资"云云。

二十日:得荃台书,议留西翻译一人。

二十一日:夜,复得荃台信,云"不必留西翻译,仍于商家中公举通英文及汉文一人,月给三四十元,作为通事"。

七月初一日:得荃台信,兑来八月分(份)薪水。又得电,云"使署初四上船"。①

如上函文,应是作为基层外交官员的郑孝胥,在战前接收到的全部指示。我们能看到,他得到的官方信息并不丰富,也不具体。他得知的消息,基本来自传闻和日本的新闻报纸。这大约是因为李鸿章与总署的方针,都在注重列国调处,从而迟误了战事准备。在两国开战前,驻对方国家的外交官员竟表现得如此茫然,一无所知,可见这一场战争的被动与仓促。

在撤离的最后几天里,郑孝胥恪守职责,善后事宜,做得颇有条不紊。他按照东京使署的指示,向美国领事署移交了华商户口牌册以及应保各产业清单,安排妥驻美署通事。他为理署办理了保险,"理署保四千五百元,器具保五百元",署中器具清单,交给留守商会董事,理署保险单,"即交汇丰暂存"。他还记得"令花匠出,嘱令看守理署"。临行前,他带着理署译员,"遍诣各国领事"②。他甚至在七月初一日,中日断交的这一天,向日本外交人员提出:"吾欲走别诸公,可乎?"他留下一首《留别日本神户各官》,

---

①《郑孝胥日记》,第 424、425、426、428、430 页。
②《郑孝胥日记》,第 429、430、431 页。

诗云:

> 吾侪自尊俎,世事奈干戈。
>
> 元老悔殊晚,苍生误已多。
>
> 热肠愁浩劫,青眼动高歌。
>
> 犹冀诸君子,交期义不磨。①

七月十三日,郑孝胥离开神户。二十二日,他回到南京。

居敬存养

郑孝胥在日三年,任事勤勉。他的言行,明显带有理学的影响。闽地向为理学浸淫,清代学者李清馥著有《闽中理学渊源考》一书,认为:"闽学开自有唐,欧阳四门倡起,彼时人文未著也。宋初所谓海滨四先生者与安定、泰山、徂徕同时,其学已有近里之功,彼时朋类未孚也。至龟山先生得中州正学之的,上肩周、程统绪,下启罗、李、朱历代相传之奥,于是圣学彰明较著,而邹鲁濂洛之微言大义萃于闽山海峤矣。"②杨时一派,由罗、李而及于朱子,师承传衍,辗转相受,多在闽中,故闽地诸儒辈出。郑氏家世治经,郑孝胥自幼承海家教,自然有深厚的熏陶。

从日记记载情况看,郑孝胥驻日时期,是他一生中最重修养的一个阶段。他说:"人生三十至五十,此诚力学之候,正宜澡练精神,增广学识,不可忽也。而乃颓然自放,惮于致力,以逍遥为得计,以惰慢为无伤,愒日玩时,销磨岁月,志既坠矣,老将及之,不亦惜哉。"③光绪二十年(1894),他由副理事官升任正理事官,汪凤瀛建议他,"牌费有馀,盍酌分三四成遗大阪副理事,使彼知感",郑孝胥严辞拒绝,他复书答称,"事出无名,迹近行赂以固位""惭于此举",并声明,"进退之际,理宜皎然""独至行己本末,识力未定,何敢屈伸?固当揭日月而行,宁以正败,不以偷全"④。连日来,他阅

---

① 《海藏楼诗集》(增订本),第 450 页。
② 李清馥:《闽中理学渊源考》,冯天瑜、彭池、邓建华编《中国学术流变——论著辑要》,湖北人民出版社,1991 年,第 358 页。
③ 《郑孝胥日记》,第 514 页。
④ 《郑孝胥日记》,第 401 页。

读《孟子》,检点思想,自我反省。他在日记中写道:"《孟子》曰:'非礼之礼,非义之义,大人弗为。'若荃台所云,欲使余以不取之财与人以为德,此之谓也","牌费者,公家之款,正理事不得私为己有,副理事独可以私为己有乎?且此款向须报销,副理事向不办事,将令其漫作报销乎,抑不作报销乎?此皆不思之过,实亦有利己之意,而巧以攘之已矣"①。他思有所悟,"夫见贤而不以其道,犹欲其入而闭之门也。夫义,路也;礼,门也。惟君子能由是路,出入是门也",继而感慨,"世人孰解此理?吾又何责耳矣"。②

无论是外交场所,还是嬉娱之地,郑孝胥无不身心收敛,他端庄严肃,气宇轩昂。他教育他的弟弟郑孝柽:"今人自幼无应对进退小学之教,是以至长不知威仪容止之切于日用。惰慢邪辟之气缠于身体,欲道德之集于其躬,岂不难哉。凡威仪容止,虽有涵养自然,实亦勉强可致。闲居时须于头容、手容、足容、目容、口容、声容、气容、色容、坐容、行容随时加意,细自检点,久之渐熟,则盛气颠实,使人望而敬之,即而爱之。至于平日养静习劳,皆不可阙也。"③这种说法,理学中人是再熟悉不过的了。

他与幕友讨论"宋儒之学",认为:"然宋儒最精究者,喜怒哀乐、已发未发数语耳,往往坠入杳茫。余则谓学问验于性情,不从喜怒哀乐观之,则人人可谈矣。且学问将以治难办之事,处难安之境,虽刻苦皆乐地。徒谈无益,要似演戏者以身演之而已,久乃安为自然,而后真乐可见也。"④至于朱熹区分"未发"与"已发",强调"于已发之际观之,则其具于未发之前者",他有他的理解:"戒慎恐惧,须臾不离,此施功于未发也。发而中节,则非临时所能主矣,由其养之熟也。不观其发,何从知其真伪乎?"⑤对此,他又解释:"吾人用力处,全须结其神明,令常在形骸之外。神明既与道合,则形骸犹吾器尔,役使行道,何至反为所役乎?夫性情理义之用,联于神明者深,联于形骸者浅,吾身之内,神明用事则形骸不得肆,斯形骸虽敝而神明固

---

① 《郑孝胥日记》,第 401–402 页。
② 《郑孝胥日记》,第 402 页。
③ 《郑孝胥日记》,第 399–400 页。
④ 《郑孝胥日记》,第 219 页。
⑤ 《郑孝胥日记》,第 256 页。

存矣。"①

程颐讲,"涵养须用敬,进学则在致知",所谓"敬","主一无适"也。"主一无适","敬以直内",人就有浩然之气,存此涵养,久之则"自然天理明"。朱熹亦讲,"'敬'之一字,真圣门之纲领,存养之要法","敬者,一心之主宰,而万事之本根也"。他更进一步强调,"主敬、穷理虽二端,其实一本",习于诚敬,方能格物致知,持敬乃穷理之本,"学者工夫,唯在居敬、穷理二事。此二事互相发。能穷理,则居敬工夫日益进;能居敬,则穷理工夫日益密"②。郑孝胥深明此义,躬行践实,诚敬涵养,日勤不怠。"夫骄则不能容己,吝则不能忘物。不能容己则暗于见事,不能忘物则忽于知远。二者蔽之,于平日纵未至偾事,而其器量之鄙陋,旁观者固甚明矣。将何以接人,何以处事?贤智之士未有不达于此而可有为者也"③。"圣贤之业,不外养气。即功名富贵之途,非养气足者亦不克荷也"④,儒家贤者,是他的追求。光绪二十一年(1895),他回国后不久,在日记里写下这样一段话:

> 有不慕膏粱、不愿文绣之识,而后有万钟弗顾、千驷弗视之概。虽负雄才豪气而常以礼自克,不傲慢于臧获,不堕行于冥漠。处事以勤,御心以简,行己以敬,接人以诚。见义必为,则修名自立。知过必改,则盛德日新。笃于孝弟,则离于不祥。精于义利,则远于流俗。使吾遵蓬蒿而处,何异揭日月而行也。⑤

这是他心目中的儒家贤者,亦是他个人的自我期许。

三 在张之洞幕

郑孝胥回南京后,仍寄寓吴宅。他拒绝了李鸿章父子的邀请,选择了张之洞。中日开战以后,清廷召两江总督刘坤一北上,命为钦差大臣,关内外

---

①《郑孝胥日记》,第256页。
②《朱子语类》卷第十二、第九。
③《郑孝胥日记》,第336页。
④《郑孝胥日记》,第296页。
⑤《郑孝胥日记》,第472页。

防剿各军统归其节制,调派湖广总督张之洞署理两江,兼署南洋大臣、江南将军,负责筹备南方防务。光绪二十年(1894)十月,张之洞到南京。在沈瑜庆的引介下,郑孝胥以江苏试用同知的身份,拜会了张之洞。是时,沈瑜庆在两江总督署内出任总文案。张之洞亦"急欲一见"郑孝胥,及见,张之洞"先询文学,后讯倭情,将一时许"①。数日后,郑孝胥接到督署来札,他以熟谙洋务被委办理洋务文案,成为张之洞的僚属。这时的郑孝胥,已小有社会名气。他的日记里记述过这样一件小事,他在街上茶室,听到"隔座有二士人谈当世四士者,即文、郑、张、朱是也"②。孟森日记曾记述:"京卿出《戏拟疏自劾稿》,云:'奏为边帅纵情诗酒,不谙军事,请予罢退,以重防务事。窃见督办广西边防候补京堂郑孝胥本以浮华之才,谬窃时望,从前与张謇、文廷式、朱铭盘相偕入都,号四大公车,逞其雌黄,京华侧目。'"③由是可知,"文、郑、张、朱",乃指文廷式、郑孝胥、张謇、朱铭盘。

郑孝胥投奔过的李鸿章父子,愿招郑孝胥入幕。八月,他回国不久,李经方就致函他的内弟吴学庄,询其"保案未出,其出处若何,能北来一叙阔惊否"④。郑孝胥十一年(1885)赴津与十七年(1891)东渡,均得李氏父子优遇,但此时已非彼时。甲午战后,李鸿章的声誉已落千丈,李经方亦大受牵连。时人笔记中记载,"李文忠以洋务为世诟病,嗣子伯行侍郎尤被其祸,甚至谓其婚于日本皇族。袁爽秋太常先与有儿女姻亲之约,甲午之后,至绝其婚,其为众口所不齿如此"⑤。郑孝胥现在对李鸿章嗤之以鼻:"北洋之用人,如以鼠驾辕、使豚犁田耳,此岂能致豪杰者哉!"⑥

主战与反割台

在初入张之洞幕府的半年多时间里,郑孝胥参议的政务不多,他似乎更

①《郑孝胥日记》,第 446 页。

②《郑孝胥日记》,第 439 页。

③孟森著,孙家红整理:《粤行随笔》,全国高等学院古籍整理研究工作委员会、《中国典籍与文化》编辑部《中国典籍与文化论丛》第十三辑,凤凰出版社,2009 年,第 231–232 页。

④《郑孝胥日记》,第 434 页。

⑤刘体智:《异辞录》,中华书局,1988 年,第 139 页。

⑥《郑孝胥日记》,第 434 页。

以诗人的身份活动,直到光绪二十一年(1895)三月。这月,李鸿章代表清政府,与日本签订了《马关条约》。郑孝胥"入署,闻和议已成,割台湾及辽东,偿兵费三百兆,内地悉许贸易","心胆欲腐",悲愤"举朝皆亡国之臣,天下事岂可复问,惨哉"![1] 是月二十七日,张之洞命他"往观和议各电,不妨发议"[2]。郑孝胥随即上说帖,献言建策:"计惟有迁都毁约,亟伸天下之气,遴派公正通达之大臣,速赴英国,订立密约,与之同利害,图富强,而以直省兴造铁路为先务,以赂日者赂英,则英必从。如朝廷果为此图,挽救全局,或犹未晚。"[3]第二日,他再作说帖,发表主战议论:"窃念和议之发,特以京师受逼而已。不知欲全京师而弃辽东,则奉省先被其害,国家根本似以奉天为尤重,陵寝所在,岂不更重于都邑乎?今即与决战,亦未必遽失京师,而容忍求和,使彼立脚既牢,京师及东三省必相继受逼而不能守,他日之弃乃真弃也。……故须暂请西巡,与将帅以用武之地。"[4]并称,"各国轻侮中国已极,有不屑与言交情之势,非上意决出于战、先毁和议,徐择同利害之国与之密议,断无望其助我明矣",建议张之洞,"曲陈"此意于朝廷[5]。

郑孝胥"徐择同利害之国与之密议"的建议,与张之洞的主张大抵是一致的。此前一天,张之洞已经致电总理衙门,请代奏阻止和议。只是,张氏虽痛愤和约条件"贪苛太甚",务要朝廷"设法补救",但也实在想不出什么好法子,"此时总须乞援,方易措手"。他提出,"惟有速向英、俄、德诸国力恳切商,优予利益,订立密约,恳其实力〔相助〕,重谢绝不吝惜。无论英、俄、德酬谢若何,其去中国较远,总较倭患为轻。此时先恳各国公〔使〕同告倭,令其停战议〔和〕,以便从容筹办,尤为紧要"[6]。

四月初二日,张之洞再次电奏,坚持"此时欲废倭约、保京城、安中国,惟有乞援强国一策"。三国干涉还辽成功,强化了他依靠列强抵制日本的

<hr />

[1]《郑孝胥日记》,第482页。
[2]《郑孝胥日记》,第483页。
[3]《郑孝胥日记》,第485页。
[4]《郑孝胥日记》,第486页。
[5]《郑孝胥日记》,第486页。
[6]张之洞:《为电和议各条要挟太重请速与英俄德筹商制敌事》(光绪二十一年三月二十七日),台湾史料集成编辑委员会编《明清台湾档案汇编》第5辑,第105册,台湾历史博物馆、远流出版事业股份有限公司、台湾大学图书馆,2009年,第44-45页。

幻想,"俄国已邀法、德阻倭占地,正可乘机恳之,乞援非可空言,必须予以界务、商务实利",他根据"外洋通例,若此两国有联盟密约,有战事即可相助,不在局外之例",具体提出,"威、旅乃北洋门户,台湾乃南洋咽喉,今朝廷既肯割此两处与倭,何不即以此赂倭者转而赂俄、英乎?所失不及其半,即可转败为功。惟有恳请敕总署及出使大臣急与俄国商订立密约,如肯助我攻倭,胁倭尽废全约,即酌量划分新疆之地,或南路回疆数城,或北路数城以酬之,并许以推广商务。如英肯助我,则酌量划分西藏之后藏一带地,让与若干以酬之,亦许以推广商务","俄现有兵舰三十余艘在中国海面,英有兵舰二十余艘在中国海面,俄、英两国只须有一国允助,其兵船已足制倭而有余",等等①。

张之洞对和约危害的认识是深刻的,但对俄、英"以重利酬之,于彼有益"②,彼即帮助中国抵制日本的判断,却是失误的。在这个问题上,郑孝胥的看法倒是很清醒。他在署内参加讨论时,"观南皮谈论,意在明和战之害以悟上意,和则不可为国,战虽不胜,犹未至于不国。其意识度越诸辈。惟言'或割西藏以与英,或割新疆以与俄,则兵事可以立息',余于末坐乃微言其未必成。南皮颇护己说,盖各国之情事固不能谙悉也"③。他此时入幕不久,资历尚浅,"末坐""微言",张之洞并不以为意。

关于台湾,张之洞在二月初时,听闻传言,"倭有索台湾、开矿十年等语",并见"近日倭有数轮游弋澎湖",就已意识到,日人"显系意在台湾",台湾"甚属孤危可虑"。他以"外洋各国艳羡重视台湾之至",设想了一个权宜救急的办法,"即向英借款二三千万,以台湾作保,台湾既以保借款,英必不肯任倭人盗踞,英必自以兵轮保卫台湾,台防可纾。借款还清,英自无从觊觎,台湾其权在我。如照此办法,英尚不肯为我保台,则更有一策:除借巨款外,并许英在台开矿一二十年。此乃于英国家有大益之事,必肯保台湾

①《致总署》(光绪二十一年四月初二日辰刻发),苑书义、孙华峰、李秉新主编《张之洞全集》第三册,河北人民出版社,1998 年,第 2061 页。
②《致总署》(光绪二十一年四月初二日辰刻发),苑书义、孙华峰、李秉新主编《张之洞全集》第三册,第 2061 页。
③《郑孝胥日记》,第 486 页。

矣"，而"我有巨款，即可速购各小国现成兵轮，于战事必有大益，而既许英以矿利，则保台必所乐从"①。

尽管张之洞苦心擘画，积极运筹，但"押款保台"的想法，终是一厢情愿。不久他就认识到，"英人袖手，实欲倭强，藉倭拒俄，非持盈保泰也"②。总署态度亦不积极，张之洞叠次电奏，均不上报。四月初四日，他致电台抚唐景崧，称："仆素为要人深恶，半年来筹画战守之电奏太多，嫉恶尤甚，事事为难。仆三次电奏，力阻和议，第一次被合肥奏驳，第二、第三奏尚无消息，若联贱名，必谓全由仆主使，万难望成。"③在苦心争取外援的过程中，张之洞又采纳出使俄、法钦差大臣王之春的建议，提示唐景崧，"若台、闽、粤民变，何以处之"④，希望他不妨从民变着想，"速自行电奏，沥陈台民万不愿归倭，即日必致大乱"，"或可冀朝廷垂恩悯念，设法商英"⑤。四月初四日，唐景崧向总理衙门电陈情形，称台"绅民血书呈称，万民誓不从倭，割亦死，拒亦死，宁先死于乱民手，不愿死于倭人手"，恳求朝廷废约，"请诸国公议，派兵轮相助"⑥。

张之洞的各种努力均未奏效。四月十四日，中日双方如期在烟台换约，割台成为定局。消息传出，台民愤然。二十一日，全台绅民电禀总署、南北洋大臣、闽浙总督、福建藩台暨全台官宪，电文声称：

> 台湾属倭，万姓不服，迭请唐抚院代奏台民下情，而事难挽回，如赤子之失父母，悲惨曷极！伏查台湾为朝廷弃地，百姓无依，惟有死守，据为岛国，遥戴皇灵，为南洋屏蔽。惟须有人统率，众议坚留唐抚台，仍理台事，并请刘镇永福镇守台南。一面恳请各国查照割地绅民不服公法，从公剖断，台湾应作何处置，再送唐抚入京，刘镇回任。台民此举，无非

①《致总署》（光绪二十一年二月初四日亥刻发），《张之洞全集》第三册，第2041页。
②《致台北唐抚台》（光绪二十一年四月初六日申刻发），《张之洞全集》第八册，第6322页。
③《致台北唐抚台》（光绪二十一年四月初四日午刻发），《张之洞全集》第八册，第6317页。
④《致台北唐抚台》（光绪二十一年四月初六日申刻发），《张之洞全集》第八册，第6322页。
⑤《致台北唐抚台》（光绪二十一年四月初四日午刻发），《张之洞全集》第八册，第6317页。
⑥唐景崧：《为电台民汹汹恳请废约等事》（光绪二十一年四月初四日），台湾史料集成编辑委员会编《明清台湾档案汇编》第5辑，第105册，第242页。

恋戴皇清,图固守以待转机,情急万紧,伏乞代奏。①

二十二日,朝廷电谕李鸿章,"台湾难交情形,已可概见",命他"熟筹办法,以问伊藤"。二十四日,李鸿章电复总署,谓得伊藤回电,日本接收台湾大员已于二十二日启程,请速筹备交割,伊电"词意甚为决绝","日既不肯会议,俄法德亦不过问,孰为剖断",并道,"此事恐开衅端,并连累他处,务祈慎重筹办"②。

二十六日,朝廷电谕唐景崧,着即开缺,来京陛见,并饬令台省大小文武各员,陆续内渡。至是,台民放弃希望,决定自立,五月初二日,台民宣告自主,成立"台湾民主国"。

戚其章先生认为,台湾民主国方案是台湾省的内外官绅共同酝酿而成③。付祥喜则考证,首倡"台民自主"的人是张之洞④。历史发展的线头往往不是单一的,细究起来,起着重要作用的人物,也未必确凿就一定是首倡。检视郑孝胥日记,在这个问题上,或可作一些补充性的说明。

郑孝胥日记四月二十二日条记:"唐台抚来电云,闻俄电总署,将假道伐倭。余尝言,为台湾计,必急立民会为自守计,而后求庇于英。徐次舟(即徐赓陛)以言于南皮,南皮深然之。次舟因言,愿得五千快枪,与郑丞俱赴台湾之难。"⑤所谓"余尝言"、"徐次舟以言于南皮,南皮深然之",简言之,即"立民会"及与英结盟。其实"深然之"的张之洞,早在初五日就已见到了唐景崧的设想:"台民自主,可请各国保护,或许以利益为租界,台存则可借债,随后自另有办法。"⑥

二十五日,郑孝胥又记道:"台民请姚观察文栋入都叩阍,是日,来见南皮。既退,诣爱苍,爱苍道余,姚即请见。谈数语,姚遽曰:'能明早同行试渡台一察其可为与否乎?'余曰:'君告唐中丞商之南皮,然后可往。苟不用

①王芸生编著:《六十年来中国与日本》第三卷,生活·读书·新知三联书店,1980年,第31页。

②王芸生编著:《六十年来中国与日本》第三卷,第32、33页。

③参见戚其章《论乙未割台的历史背景》,《历史研究》,1994年第6期。

④付祥喜:《乙未"台民自主"首倡者考辨》,《广东教育学院学报》,2007年第6期。

⑤《郑孝胥日记》,第492页。

⑥《唐抚台来电》(光绪二十一年四月初五日申刻到),《张之洞全集》第八册,第6323页。

吾谋，则徒劳跋涉何为哉！’”①

姚文栋（1852—1927），字子梁，郑孝胥日记中亦作子良，上海南翔人。光绪七年（1881）九月，奉黎庶昌奏请，随出使日本。十三年赴欧，又为俄、德、英、法等国使馆随员，保荐直隶候补道加二品衔。十七年，姚文栋随薛福成考察印度、缅甸商务，勘察滇缅边界，归国后，应云贵总督王文韶邀留，在云南办理边务。二十年，归南翔。甲午战时，被张之洞延入幕，随后被派赴台湾，为唐景崧襄理军务。姚文栋著述甚丰，在日本六年，著有《日本国志》、《日本地理兵要》、《日本通商始末》、《日本海陆驿程考》等书，薛福成序其《日本国志》，称“其论疆域形势、沿革建制，纲举而目张，条分而体系，了然如示诸掌，至维新政事，尤必备载之以征风气”，又称《日本地理兵要》，“所述中国往来海道，至详且悉，可以见之施行。自来兵法与舆地相为表里，一旦海上有事，当必有取于此”。② 其时，姚文栋由唐景崧委派“入都叩阍”，过南京“趋谒”张之洞，“请授机宜再北上”③。

可以推断，这条日记所记述的郑与姚所“谈数语”，及郑所言“苟不用吾谋”之“谋”，应当是他的“急立民会为自守计”之计策。从姚“谈数语”，“遽”请郑“明早同行试渡台一察其可为与否”，可以判断，郑“谋”与唐、姚的设想，应当是一致的。

此时的张之洞，“旬日来反覆筹思，只有一下策：倭归辽、旅，索加费一万万，大可援此成案，恳朝廷加费赎回”，“托俄、法、德三国公评价值”，“若索回此地，即可指台作押，以借巨款。此次兵费两万万及赎辽、赎台之费，皆有所出，但抽出金矿、煤矿数处卖与各国，即可得银数千万”④。不过，“赎台、押台是两事，先须朝廷向倭商，允加费抵台，倭允后则台仍属我，方能从容议押。果索回，巨款不难。此时惟战守为急，三战后尚能相持，方有办

①《郑孝胥日记》，第 493 页。
②姚明辉编撰，戴海斌整理：《姚文栋年谱》，《近代史资料》总 125 号，第 149 页。参见薛福成著《庸庵随笔》，中共中央党校出版社，1998 年，第 190 页。
③《唐抚台来电》（光绪二十一年四月十七日戌刻到），《张之洞全集》第八册，第 6361 页。
④《致台北唐抚台》（光绪二十一年四月二十七日午刻发），《张之洞全集》第八册，第 6390 页。

法"①。故,他又重提"前与王之春议聘琅威里募兵购船之策"②,"王使之春已购定十舰,船皆坚好,炮械齐全,洋兵三千,议定三月到华,专为攻倭,共需一千四百万两一年饷在内。款已借妥,五厘息,朝廷因和议已成未允购,十分可惜。此船三个月可到,三个月内倭断不能夺踞全台,若彼时台民坚守,而我船已到,再与另议办法,加赔款以赎台,倭必允矣"③。

　　郑孝胥也主张押台,但对张之洞"恳朝廷加费赎回"不以为然。他认为,募兵购船之"议已久停,若欲再商,必急电王钦使,讯其能否复集;望朝廷暗助,乃必无之事,惟有由台民将台作押,息借此款办理",他向张之洞强调,"非台民能自拒守,使彼不能吞并,则日本岂肯听我取赎也"④。二十七日,张之洞接到唐景崧请派郑孝胥与徐赓陛渡台以资襄助的电报⑤,张之洞询郑"能往否",郑答以"素未至台湾,复未见薇帅,如大帅差往,即不敢辞。得借一他事姑往视之,旬日得返为便"⑥。二十八日,郑孝胥在日记中全文抄录了唐景崧二十三日的一份电文,这份电文希望,"能得朝廷赐一便宜从事,准改立名目不加责问之密据","台能自成一国,即自请各国保护,以及借债、开矿、造轮、购械,次第举行,始有生机。否则死守绝地,接济几何,终归于尽也","先将台自主一层造到,再由台民自推主者"。对此,郑孝胥称赞道:"此诚当务之急,与余速立民会之说合。唐帅腹中居然有此稿,固非寻常中国大吏之流辈也。"⑦

　　二十九日,郑孝胥拿到赴台札、咨,但张之洞"旋遣人追取","以手简来云:'阁下务须缓行,明早必入署,有要语面谈'"。郑孝胥当即入署,张之洞"已寝"。郑孝胥认为,"帅之致疑,特以台已有自主之形,公牍或多未便耳。某自请假诣沪,一观情形,则于帅无害也"。第二日情形,日记叙述甚详:"南皮飞骑邀入署,既入,邹元辨出示唐薇帅电,云'台已自立为民主之国,

---

①《致台北唐抚台》(光绪二十一年五月初一日午刻发),《张之洞全集》第八册,第6400-6401页。
②《郑孝胥日记》,第493页。
③《致台北唐抚台》(光绪二十一年四月二十六日卯刻发),《张之洞全集》第八册,第6387页。
④《郑孝胥日记》,第493-494页。
⑤《唐抚台来电》(光绪二十一年四月二十七日寅刻到),《张之洞全集》第八册,第6388页。
⑥《郑孝胥日记》,第494页。
⑦《郑孝胥日记》,第494页。

帅意可毋行矣'。余坚乞假,将到沪晤稚星,固请久之。南皮自出,于东花厅见余,王(秉恩)、沈(瑜庆)、徐(赓陛)皆在坐。南皮深言毋行之便,余意甚决,南皮乃曰:'子可在上海候信,我将奏之。'余乃起谢而行。南皮送至门,曰:'当立奇功也!'"①

是日卯时(凌晨5时至7时),唐景崧致电张之洞,告以朝廷已令"台省大小文武各员""陆续内渡","日内台民即立为民主国,只可随民去做,无可奈何矣"②。午时(11时至13时),已允郑孝胥赴沪的张之洞致电唐景崧,切切叮嘱:"同知郑孝胥公如愿调,须电奏言该员曾充东洋参赞领事官,熟悉洋情,办交涉事宜必有益,请旨敕南洋令速赴台。如奉旨准,始可派往。此时在台文武且令内渡,若内地官员不便擅令赴台也。"③此乃"帅意毋行"之缘故也。

五月初三日,郑孝胥抵上海。初五日,得张之洞来电,云:"台已自为民政之国。唐中丞电奏调该丞之电尚未到,该丞务须候奏准奉旨方可前往,切要!"郑孝胥"独沉吟久之",仍"决意东渡"。是日日记,还记述有一句,姚文栋"云唐中丞电来催讯,且属专轮送往,勿装军械"④。不过,在唐景崧卯时(5时至7时)致张之洞的电文中却道:"此时不便调员,郑不能至,奈何?"⑤

郑孝胥虽然决意东渡,但计划初六日所乘的"益达"不行。"传上海道得南皮电,留船一日,装饷赴台"⑥。次日,郑孝胥候至午十一点,犹未有消息,遂搬行李上"江永"。午后,"益达"可行,但郑孝胥"怒","固不往矣",夜登"江永"而归南京,赴台未成⑦。同日,李经方则往台湾,交接割让事宜,随行顾问福士达、道员马建忠、翻译伍光建。上年十一月,李经方曾通过吴学廉密语郑孝胥,议和之行,"恐不能免。果行,愿以子为介"。郑孝胥复函吴学廉,道:"使吾从军,往死日本可也。朝事如此,吾何颜复见日人乎。君

---

① 《郑孝胥日记》,第495页。
② 《唐抚台来电》(光绪二十一年五月初一日卯刻到),《张之洞全集》第八册,第6397页。
③ 《致台北唐抚台》(光绪二十一年五月初一日午刻发),《张之洞全集》第八册,第6400页。
④ 《郑孝胥日记》,第496页。
⑤ 《唐抚台来电》(光绪二十一年五月初五日寅刻到),《张之洞全集》第八册,第6413页。
⑥ 《郑孝胥日记》,第496页。
⑦ 《郑孝胥日记》,第496-497页。

善为我谢伯行可矣。"①郑孝胥倘随往议和,料亦如马建忠,将再度随往台湾。若是,此时赴台之身份,便大不相同了。

郑孝胥在割台事件上的表现十分突出。事虽未成,但坚执的态度,令人印象深刻。这或与他的岳丈吴赞诚有关系。台湾在光绪十一年(1885)建省,巡抚设置之先,吴赞诚以福建船政大臣与福建巡抚身份,曾经两度巡台。光绪三年,吴赞诚以船政大臣奉诏赴台,筹办防务。凡安内御外诸事,身体力行,不辞劳瘁,时值节候炎蒸,触冒瘴疠,吴赞诚卧病月余。四年,台湾发生土著叛乱,吴赞诚再度赴台,全力督剿。蕃事平,吴赞诚复往各社慰抚,又历月余,足迹几遍台岛全境,巡防阅兵,筑垒建堡,一一措置,方返福建。随后,授光禄寺卿,署福建巡抚,兼督办船政大臣。五年,郑孝胥寄寓吴家,受知老岳翁,当亲闻老岳翁一二年前之见闻。

吁请修备储才折

闰五月,张之洞上《吁请修备储才折》。折称"此次和约,其割地、驻兵之害,如猛虎在门,动思吞噬;赔款之害,如人受重伤,气血大损;通商之害,如鸩酒止渴,毒在脏腑。及今力图补救,夜以继日,犹恐失之。若再因循游移,以后大局何堪设想? 此臣之所以痛心疾首不能不披沥迫切上陈于圣主之前者也"②,指出"朝廷虽有守约之信,窃料倭人断无永好之心。且西洋各大国,从此尽窥中国虚实,更将肆意要挟,事事曲从则无以立国,稍一枝梧则立见决裂,是日本之和不可恃,各国之和亦不可恃矣"③。

《吁请修备储才折》条陈九事,分别为亟练陆军,亟治海军,亟造铁路,分设枪炮厂,广开学堂,速讲商务,讲求工政,多派游历人员,豫备巡幸之所。全文九千余字,每一条陈,均作详细说明,是张之洞对自强要务最早的系统阐述。这篇奏折,今存稿三种:一为《吁请修备储才折》,存《张文襄公全集·奏议》第三十七卷,1928 年北平文华斋雕版印行,为奏折底本,1998 年河北人民出版社出版的《张之洞全集》(苑书义等主编)即据此稿;一为《署

---

① 《郑孝胥日记》,第 451 页。
② 《吁请修备储才折》(光绪二十一年闰五月二十七日),《张之洞全集》第二册,第 989 页。
③ 《吁请修备储才折》(光绪二十一年闰五月二十七日),《张之洞全集》第二册,第 990 页。

南洋大臣张之洞奏时事日急万难姑安请修备储才急图补救折》,1991 年中华书局出版之中国近代史资料丛编《中日战争》第三册(戚其章主编),据军机处原折编录;一为《代鄂督条陈立国自强疏》,存于《张季子九录·政闻录》,1931 年中华书局出版,1994 年江苏古籍出版社出版《张謇全集》收录。

该折的拟写过程,在郑孝胥日记中记载得很清楚:

> 光绪二十一年(1895)五月十六日:夜,爱苍邀饮,观所拟《请翻约图强敬陈五事》奏稿。五事者,练陆军,买船械,造铁路,制枪炮,选使才。

> 闰五月初二日:晚,甫归寓,署中来请入,有公事。既入,王雪澂传南皮语,请拟翻约折稿。即属草,陈八事:一、巡幸,二、铁路,三、陆军,四、海军,五、商务,六、学堂,七、制造,八、游历。十二点而脱稿,约二千余言。

> 初三日:自书呈之。

> 初六日:入署。南皮令爱苍将前折改稿,不必请毁约,仍用余所列八条而增易其语气。

> 十一日:入署,南皮传见,与爱苍俱入,谈久之。……言已,出前陈全局八事及江南应办四事折,授意令余及爱苍再加增改。自言神疲不能用心,故欲自改而不能就。退出,余即专改全局稿。晚,归寓,删增至三鼓,甫脱稿,……爱苍来,携稿去。

> 十二日:南皮来促,入署,爱苍二折稿已缮讫,即呈缴之。

> 二十日:南皮示所定折稿,增改十之五。以工政为专条,请设局。共九条。①

由此可知,《吁请修备储才折》初交沈瑜庆拟写。沈稿题名《请翻约图强敬陈五事》,包括废约、图强两方面内容,陈五事,为练陆军、买船械、造铁路、制枪炮、选使才。半月后,郑孝胥亦接到任务,“请拟翻约折稿”。郑孝胥陈八事,为巡幸、铁路、陆军、海军、商务、学堂、制造、游历,总二千余字,相较沈稿,内容更广泛,郑孝胥称之为“全局八事”。张之洞阅郑稿后,令沈瑜

---

① 《郑孝胥日记》,第 498、499、500、501、502、503 页。

庆"将前折改稿,不必请毁约",即删去请废约内容,用郑稿"所列八条",并"增易其语气"。数日后,又传见沈、郑,布置郑专改"前陈全局八事",沈专改"江南应办四事折"。郑改全局稿,"增删至三鼓"而定。张之洞"所定折稿",在郑稿基础上,又"增改十之五",并从"商务"条中拿出"工政",专为一条,总成九条。显然,郑稿交出后,张之洞改变了初衷,由请废约图强,而专讲图强,并由郑孝胥专门负责。

该折经沈、郑、张三人之手,历时月余。因以《代鄂督条陈立国自强疏》为题,编入《张季子九录》,曾被认为是张謇代拟①。该疏文本第四段末句,为"谨呈八事,愿圣明决而行之",所陈亦是八事:宜练陆军、亟治海军、各省宜分设枪炮厂、宜广开学堂、宜速讲商务、宜讲求工政、宜多派游历人员、宜预备巡幸之所,与郑孝胥日记"即属草,陈八事"相吻合。惟疏文所陈八事,实为九事,"铁路"一事,无专条而有内容,置于"亟治海军"一事之后。疏文倒数第三段首句,则为"以上九条,非特远虑,实属近忧"。此"以上九条",而非前谓"八事",自是包括了"铁路"一条。从这些情况看,《代鄂督条陈立国自强疏》应是张謇抄录的张之洞"增改十之五"之后的草稿,部分字、句还未调整。六月十八日至七月初八日,张謇在武昌,正是奏折成稿、誊缮、上奏的时间,他与郑孝胥、张之洞都有过长谈②。

《吁请修备储才折》是郑孝胥到张幕后为张之洞办理的第一件奏章,不仅体现着张之洞的思想,也反映着郑孝胥的识论。从郑孝胥以后的经历看,《吁请修备储才折》为他施展经世抱负,作了很重要的准备。

进　京

光绪二十一年(1895)九月,郑孝胥进京。进京的途中,有诗《天津入都车中》,其一云:"风雪晚可惧,去京犹百里。局促辕下驹,潦倒车中士。"其二云:"国势决难挽,将相岂足为。幸此无人知,岁暮吾将归。"其三云:"六

---

①参见顾怡生《跋啬庵师通州师范学校始建记》,陆文蔚、顾乃健、邢家璜等搜集整理《教育家顾怡生诗文选集》,江苏古籍出版社,1991年,第158页。

②参见《郑孝胥日记》,第498—503页;《张謇全集》第一卷,第29—41页;《张之洞全集》,第989—1003页。

年复此来,停车聊一望。指点畿内山,只汝色无恙。"其四云:"举朝议变法,不动犹拔山。道傍穷措大,缩手入袖间。"①四首诗,充满家国忧危之感。

郑孝胥此行,有研究者以为,是受张之洞委派,作为张之洞的"代言人",去与以"翁同龢为首的帝党官僚""接触",是张之洞"对公车上书引发的变法维新潮流的积极回应",是"推行他自己的变法事业的一部分"②。此说或可商榷。郑孝胥进京前后的情形,日记里有详细记载。进京前,郑孝胥"托邹元辨请假入都"③,"元辨已代请假"④,显非受命而去。入署禀辞,张之洞"见于园中,留饭毕,拜辞乃出"⑤,亦不似有所密授,或有所授而日记不载。自京回后,又迟迟半月后才被传见,见面所谈,不过三五数语,不是对待所"派"探员的态度。更何况,张之洞与翁同龢的关系并不亲密,派郑孝胥与之"接触",尤不可能。郑孝胥虽在京面见了翁同龢,并给翁留下"通达非常"⑥的好印象,但那是因为好友丁立钧、沈曾植的引荐。

郑孝胥进京,实不过是循例赴吏部领照。当然,也借此机会,挟策奔营。战后朝廷变法需人,谕令中外大臣保荐人才。郑孝胥在京两月,拜谒显要,希冀一用。他的宣南老友,时任翰林院编修的丁立钧和总理各国事务衙门郎中的沈曾植,均是京中维新人物,积极为他引荐,日记云"叔衡(丁立钧)来,谈至二鼓乃去,言子培极言余于常熟"⑦,可见一斑。十月初十日,郑孝胥向翁同龢建言,"今日之务四,曰:明赏罚,收利权,劝工商,务战守",得到翁同龢的很高评价:"能见其大,亦为透辟。"⑧是日,翁在日记中,称郑"在日本长崎充领事,其人识力议论皆好,较叔衡、子培为优爽"⑨。

在沈曾植的建议下,郑孝胥撰写了《当务论急》,"书所见以待时用"⑩。

---

①《天津入都车中》,《海藏楼诗集》(增订本),第 52 页。
②徐临江:《郑孝胥前半生评传》,第 108、113 页。
③《郑孝胥日记》,第 517 页。
④《郑孝胥日记》,第 517 页。
⑤《郑孝胥日记》,第 517 页。
⑥《郑孝胥日记》,第 528 页。
⑦《郑孝胥日记》,第 534 页。
⑧《郑孝胥日记》,第 526 页。
⑨翁同龢著,陈义杰整理:《翁同龢日记》,中华书局,2006 年,第 2582 页。
⑩《郑孝胥日记》,第 528 页。

他曾"过翁尚书,以《急论》投谒"①,但未得见。在京期间,他还草写了几道奏折:《创立陆军学堂》,由丁立钧联络翰林院同人,以《请练陆军折》上,但"高阳(即李鸿藻)首驳之,群公雷同"②;《请派大员查办船政疏》和《印税疏》,代礼部铸印司员外郎陈璧拟;《论商务疏》,"请设立商务局、整顿招商局二事"③,则以《外患日深请讲求商务折》,由礼部给事中王鹏运奏上。

但郑孝胥一无所遇。吏部领照的事情甫毕,他就返南京了。新下谕旨,张之洞着回湖广总督本任,刘坤一回任两江总督。

郑孝胥到南京后,发现他在北京的活动,引发张之洞的不满。张、翁本交恶,时人已多有议论。日记中相关记述道:

> 光绪二十一年十二月十五日(1986 年 1 月 29 日):爱苍言,都中有作书与黄漱兰者,言余在都颇谤南皮。余笑曰:岂以吾为诣常熟者耶?

> 十九日:傍晚,子朋来,邀同过爱苍作东坡生日,坐中有钱念劬(名恂)、宝子年(名丰)、鉴泉、希杜。子年告余,念劬语以南皮言,常熟闻南洋各兵轮改派之事,出于苏龛,我用粤人,不用闽人,是以致此。念劬甚愕而退。余笑曰:此由南皮于旅顺调防一节,中怀疑惧,小人造蜚语以乘之,能无入乎?将散,钱、宝皆谓余曰:君可毋入署,我二人当设策解之,然后遣告。

> 二十日:归寓,饭后,作简与念劬、子年:"昨夕所谈,二君颇为不平,辱见爱之挚,诚怀感激。然此事于胥何损?可不烦辩论也。胥初至都,足未尝至大第,沈子培、丁叔衡二友强胥一诣常熟,重违其意,是以入谒。是日,与叔衡同见,所言皆天下公论,叔衡可为吾证。不虞常熟枉有所誉,由此忌者猜胥必抑南皮以诣常熟。以小人腹中所度,何所不至,此固常态,不足道耳。胥年来绝意进取,委迹下吏,寄兴野鹿,吾岂能效贾竖争言,以乞谅于流俗哉。二君知我,然宜爱我以德,勿为热肠所激,使胥反失容物之量。幸甚。"④

---

① 《郑孝胥日记》,第 532 页。
② 《郑孝胥日记》,第 533、534 页。《翁同龢日记》,第 2862 页。
③ 《郑孝胥日记》,第 534 页。
④ 《郑孝胥日记》,第 540、541 页。

张之洞对郑孝胥攀结翁同龢，甚是不快，郑孝胥归后请谒，他以"公事忙极"①不见，故有幕中同僚钱恂、宝丰"设策解之"。

郑孝胥在京到底有无"谤"张？郑孝胥致钱恂、宝丰信中，虽然辩言，"南皮于旅顺调防一节，中怀疑惧，小人造蜚语以乘之"，但二十年(1894)十二月，张之洞令沈瑜庆"开列(筹防)局中各员籍贯观之"，郑孝胥曾对沈瑜庆道："子慎之，此必有言闽人太盛者，南皮有惑志矣。"②二十一年一月，他记述王秉恩入幕，"亦南皮从粤调来者"，"甫至宁，立派营务处及筹防局会同总办"③。郑孝胥不满张之洞"用粤人，不用闽人"，显见得不是"小人造蜚语"。不过，郑孝胥在翁同龢面前，是否表露过此意，则不得而知了。郑孝胥对张之洞无好感，他在日记里曾评价张，称："有为之士，意气豁远，岂有琐琐于案牍者哉！案牍责之幕吏足矣。斤斤以此为重要，吾知其无能为也。"④当然，这也说明，张之洞也不以郑为然。

至于郑孝胥对钱恂说，"胥初至都，足未尝至大第，沈子培、丁叔衡二友强胥一诣常熟，重违其意，是以入谒"，就是逞言强辩了。日记中明明记载，郑孝胥"至二条胡同谒常熟，车马盈门，而阍者以'未归'告⑤，入门不得，转而藉丁立钧，与翁同龢定约入晤，并由丁立钧陪同，方得谒见，怎是丁、沈"强"其"一诣"。又，"胥年来绝意进取，委迹下吏，寄兴野鹿，吾岂能效贾竖争言，以乞谅于流俗哉"，更是虚言。本为干进，偏道是"采薇人"。

在同僚的帮助下，郑孝胥得与张之洞"晤谈"。张之洞"略讯都中事，且及合肥之状"，郑孝胥"但言强学会及丁、沈、高、王诸人"，"每道及常熟，南皮辄不快"，言"常熟可谓有权，然其老谋深算，吾未能测也"⑥。看来，仍未释嫌。不过，张之洞在离开南京前，还是对郑孝胥做了安排，他被札委洋务局提调及商务局差。

二十二年(1896)一月，张之洞乘坐"楚材"号离开南京。郑孝胥应邀从

①《郑孝胥日记》，第544页。
②《郑孝胥日记》，第457、458页。
③《郑孝胥日记》，第467页。
④《郑孝胥日记》，第459页。
⑤《郑孝胥日记》，第525页。
⑥《郑孝胥日记》，第544页。

游匡山,一路跟随张之洞登采石矶,游彭杨祠,过大冶,至武昌,共览山水。
樽酒论诗中,张之洞称许郑孝胥,"子诗外清而内厚,气力雄浑,真佳制
也"①。一年后,张之洞荐举人才,郑孝胥列名其中。荐语有云:"臣前在江
南,备知其才,委充商务局委员,其时初拟筹办商务,尚无端绪,尚未能尽展
其才。"②

四 从刘坤一幕到盛宣怀幕

郑孝胥对回任的两江总督刘坤一印象不佳。他以洋务局提调及商务局
委员,在幕中办事,仅一年有余。光绪二十三年(1897)五月,经盛宣怀向刘
坤一咨调,郑孝胥来到上海,初任商会公所参赞,后又充任铁路总公司购料
处与造册处总办。二十四年七月初,郑孝胥以张之洞特保召见,擢用道员,
充总理各国事务衙门章京上行走。戊戌事变后,乞假南归。九月到上海,十
月赴武昌,复入张之洞幕府。

在刘幕

郑孝胥对刘坤一的反感,在光绪二十一年(1895)就有反映。他曾在日
记中记述过这样一件事:

> 沈爱苍尝谒新宁,有所关白。陈叙未讫,新宁忽顾客他语。俄而侍
> 者举茶送客。沈既忍怒,徐戟其手曰:"且止,我须与而主更语。"新宁
> 遽眴其仆曰:"且止!"举座悚然。沈遂卒其说而起。③

郑孝胥接着议论其事,道:"近制军体制尊重,司道入谒,卑下愈甚。莫
观察仲武以面争被劾,刘观察佐禹亦以诘难被斥,皆新宁事也。然不自举茶
而委仆代之,亦可谓傲矣。"④

这时候的郑孝胥,与刘坤一还无直接接触。二十二年二月,刘坤一入

---

①《郑孝胥日记》,第546页。
②《荐举人才折并清单》(光绪二十三年七月二十九日),《张之洞全集》第二册,第1256页。
③《郑孝胥日记》,第485页。
④《郑孝胥日记》,第485页。

署,郑孝胥的态度一如从前。是月日记,他频频表现出对刘的不屑:

> 二十二年(1896)二月初九日:新宁今日入署,沿途设香案甚多,列队伍,自南院至于北院,旗帜飘扬,数里不绝。既入署,众僚上谒,并谢不见。官场习气务以相率为伪,安知无识者冷眼看之也!

> 十二日:(与赵香浦)谈及岘帅夫人廿三作寿,官场公送寿屏,使徐定生树锷为之文,使何诗孙维朴书之;何已赴苏,且言设不及追何来宁,将畀余书。余曰:某肝木春至而动,臂痛不能书也。

> 二月廿三日:是日,新宁夫人生辰,贺客甚盛,江宁文武毕往祝寿,唯郑孝胥不至。①

郑孝胥在刘幕,初表现一般。五月末,与幕中程仪洛议论契合,经由程仪洛,他对印花税、银行的建策,获得刘坤一的重视。特别是他的一份论银行旧折,刘坤一极称其善,谓之"简便切实",果能如其所陈,"可以起而行矣"②。不过,这并未使郑孝胥改变他的态度。十月,他接到老友罗丰禄的赴英邀请。罗丰禄甫结束跟随李鸿章的赴俄之行,以二品顶戴赏四品京卿衔,出任使英、意、比大臣,郑孝胥愿行,奏调亦允。尽管刘坤一在十二月奏保郑孝胥,称他"气宇清华,才具明敏","于开银行、铸钞币、行印税,极力讲求,冀收实效","以方盛之年,务有用之学,蔚成令器,实为国家干济之才"③,他仍然预备好了离幕。

次年正月,郑孝胥应罗丰禄约,来到上海,然在欧行即始之时,却因一顿饭局,前途又发生变化。

到盛幕

二十一年(1895)闰五月,清廷颁布"因时制宜"上谕,令各直省将军、督抚就"修铁路、铸钞币、造机器、开矿产、折南漕、减兵额、创邮政、练陆军、整海军、立学堂"等事宜,"悉心筹画,酌度办法","以蠲除痼习,力行实政为

---

① 《郑孝胥日记》,第 550、551、553 页。
② 《郑孝胥日记》,第 566 页。
③ 刘坤一:《奏为保荐江苏候补同知郑孝胥才具明敏请量为择用事》(光绪二十二年十二月十三日),档号:03-5349-050,缩微号:404-1424,国家清史工程数字资源总库。

先"。七月,王文韶、张之洞联名上奏,建议设立铁路总公司,官督商办,一面招股,一面借款,并推荐盛宣怀担任铁路总公司督办。清廷接纳了王、张的建议,批准设立铁路总公司,并任命盛宣怀为督办,同时命王、张"督率兴作"。十二月,盛宣怀正式启用铁路总公司关防。

二十三年(1897)正月,郑孝胥在沪。二十五日夜,他参加盛宣怀召集的宴饮,同席者有汪康年、张焕纶、何嗣焜。何嗣焜,字梅生,与盛宣怀同为江苏武进人,二十二年盛宣怀创办南洋公学,亲至其家,邀任主持,乃为南洋公学总理。汪、张、何三人,时均在南洋公学。两日后,何嗣焜来访,对郑孝胥道:"盛太常极相倾倒,屡促来沮英伦之行。如能见留,当于二月初入宁,言之岘帅,先咨调来沪,经理商会公所事宜,然后入奏。君能为强留乎?"郑孝胥自道,本"不乐欧洲之行,且家累颇重,三年在外,若非所堪。踌躇久之,遂应其请"①。

当时,盛宣怀"督办铁路总公司,兼管银行、钱厂、轮电、纺织各公司,事务殷繁",方欲"设立商会公所,期于联商情之涣散,兴商学之权舆,庶几下维命脉,上保国权,经纬百端",以"兹事体大,非得闳达相与参谋,任重道远",正在物色合适的人选②,故有一见郑孝胥之下,"极相倾倒"。"极相倾倒"的话,自然是带了夸张的成分,郑孝胥自我感觉,盛宣怀"辞气举止圆转轻便,只有赡给之姿,而乏沉实之度"③。

是年五月,经盛宣怀奏调,郑孝胥来到上海铁路总公司。六月,正式得到札委,派充商会公所参赞。盛宣怀称他"端亮明通,兼优谋断,于中外商学本末识远洞微,堪以派赴公所参赞庶务,藉资长策,以应机宜"④。

郑孝胥参赞商会公所,办理最有成效的一件差事是通、沪分机。此事还需上溯到张之洞署理两江时期。二十一年(1895)《马关条约》签订后,日人得以在中国各通商口岸城邑任便从事各项工艺制造。当年,清廷通饬各地

①《郑孝胥日记》,第590页。
②《盛致张(振荣)、陈(名侃)照会》(光绪二十三年六月十四日),上海图书馆藏盛宣怀档案,107358号。
③《郑孝胥日记》,第590页。
④《盛致张(振荣)、陈(名侃)照会》(光绪二十三年六月十四日),上海图书馆藏盛宣怀档案,107358号。

筹设商务局,以期"官商一气,力顾利权",设厂自救。张之洞奏派陆润庠、
丁立瀛、张謇分别经理苏州、镇江、通州商务局,酌量地方情形,增设纱、丝各
厂,以堵塞日本渗透,即如张謇所言,"策中国者,首曰救贫。救贫之方,首
在塞漏"①。年末,张謇又受张之洞委任,总理通海一带商务。

通海位于长江下游北岸,沙洲成陆,适宜种棉,通棉的产量和质量都高,
棉纱销路好,张謇决定创设纱厂,以堵洋纱这一"漏卮大宗"。初意"官招商
办",但费尽周折,集股不成。二十三年(1897),改为"官商合办",与江宁商
务局定下合同,通过时已回任的两江总督刘坤一,将张之洞留在上海的一批
积压纱机,总共 40800 锭,作价 50 万两入股,是为官股,张謇另招商股 50 万
两,合为 100 万两,官商合办。之后,商股集资仍不顺利。盛宣怀时在上海
办华盛纱厂,亦需购机,遂与张謇对分了这批纱机,各得 20400 锭。张謇将
这 20400 锭官机,作价 25 万两官股,官股不计盈亏,只按年取官利,此外,再
集 25 万两商股,纱厂又成为"绅领商办"。

二十一年(1895)六月,张謇应张之洞召见,到南京谈商务。郑孝胥时
在张幕,两人久别重逢,夜雨长谈,郑有诗云:"一听秋堂雨,知君病渐苏。
欲论十年事,庭树已模糊。"②两年后,张謇与刘坤一签订合办合同,这时,郑
孝胥已从京城南归,以张之洞委任之商务局委员身份,留在南京。待张謇与
盛宣怀议商分领官机,签订《通沪纱厂合办约款》时,郑孝胥又恰进入盛幕,
被盛宣怀札委办理通、沪分机事宜。郑孝胥公差而外,更兼以挚友身份,为
张謇出谋划策。日记记载:

> 光绪二十二年(1896)十月十九日:纱机合同,季直请余属稿。第
> 二条议以五年之内按开锭若干报纳官息。桂道不可,季直遽删此条。
> 余曰:允之太易,恐多生枝节矣。
> 二十二日:季直来邀过谈其纱机事,日内果抵牾甚苦。桂芗亭称
> "无款",不肯包运到厂,欲令商人自往取之。谈次,邓熙之来,言桂
> 以公中难于筹款,商如垫出,将来官利中可扣此款。余曰:"公等皆未

---

①《大生纱厂章程书后》,《张謇全集》第三卷,第 42 页。
②《郑孝胥日记》,第 510 页。

知此事之难,纱机巨细千余件,商运固难,官运亦非易事。惟有仍令瑞记包送,将来运费归商垫给,再于官利扣还,则事稳办矣。"张、邓皆曰善。

十一月初一日:季直示岷帅所改纱机合同稿,余乃辞官董之举。

二十三年四月初二日:季直以纱厂章程五本来。①

日记中"桂道"、"桂芗亭",皆指江苏候补道、江宁商务局总办桂嵩庆,"岷帅"即刘坤一。盛、张初议通、沪合办,又改通、沪二厂同时并举,过程亦十分曲折。议成定约后,报两江总督。刘坤一"极怂恿纱厂之成约,而桂颇挠之"②,又"欲另立合同而不置官董"③。桂嵩庆办理此事,态度左右不定,且食言自肥,本为尽早卖出官机,"许协助集股六七万"④,但直到纱厂开工,资金告急,他的许诺也依然屡催无应。

张謇在纱厂第一次股东大会上倾诉:"一再求助于江鄂二督及桂道及凡相识之人"⑤,"上海之慰惜者独何梅孙、郑苏堪二君。每夕相与徘徊于大马路泥城桥电光之下,仰天俯地,一筹莫展"⑥。通、沪分机,终成妥议。十月,郑孝胥连日往杨树浦督视机器分运。待纱机分讫,已到十一月末,郑孝胥随即被张之洞、盛宣怀以"有重大紧要事奉商",招往湖北。

"重大紧要事",乃盛宣怀与比利时银行团正在签订卢汉铁路的借款草约,因胶州之役情势变迁,比方欲翻前议。郑孝胥献策,"比国废约必不可从,今宜虚与委蛇,一面向美国急商卢汉、粤汉一气呵成之办法,虽重利亦可许","俟议将成,然后电奏,并告南皮、嘉定及总署,则彼孰敢败垂成之局哉"⑦。盛宣怀果用此意,抵制比方,几经磋磨,终成定约。

郑孝胥的办事能力,得到盛宣怀的认可。他又相继奉到札委,充任铁路总公司购料处与造册处的总办。造册处乃二十四年(1898)正月盛宣怀仿

---

①《郑孝胥日记》,第 578、579、598 页。

②《郑孝胥日记》,第 613 页。

③《郑孝胥日记》,第 613 页。

④《大生纱厂第一次股东会之报告》,《张謇全集》第三卷,第 81 页。

⑤《大生纱厂第一次股东会之报告》,《张謇全集》第三卷,第 83 页。

⑥《大生纱厂第一次股东会之报告》,《张謇全集》第三卷,第 86 页。

⑦《郑孝胥日记》,第 643 页。

照海关造册处设立,郑孝胥设章程六条,定工程、存料、员役、开支式样四项,通饬各分局依式造送总册,岁会月计,汇册刊印,以昭核实。运行当中,工程、存料两项,难于清晰,故办理清册,亦有诸多窒碍。

另外,郑孝胥在上海,尚有两件可以提及的事情。一是他与《时务报》的往来,一是他与亚细亚协会的关系。

二十三年(1897),郑孝胥与《时务报》报馆的汪康年、梁启超、经元善等人有所来往。其时《时务报》创办不久,由汪康年主持,梁启超担任总主笔,议论时政,颇有声名。秋,梁启超接受湖南巡抚陈宝箴的延聘,离沪入湘,担任长沙时务学堂中文总教习,精力难济《时务报》稿,汪康年遂于次年一月邀请郑孝胥担任《时务报》总主笔,"主选外来文字登之报首"①。不过,郑孝胥幕事亦繁,特别是这一年又北上,主笔只做了几个月。期间,发生四明公所事件,郑孝胥还撰写了一篇议论文章,名《愤言》,以"海藏楼蒿目居士来稿"登载在《时务报》上。

《愤言》全文一千三百余字,分四层次论述,第一层论"西人之待华人者",再一层论"华官之所以待华人者",第三层论"华人之所以待华人者",第四层论"华人之所以自待者",层层递进,自"西人客于中国者,其视华人如畜类,不复以人理待之",至"吾至今日,而后知华人性命之贱之至于此极也,其所以贱至于此者,由华官之自贱之也",再至"吾至今日,而后知华人之所以贱至于此者,非徒西人与华官之贱之也,即华人之自贱之也",终至"吾乃至今日,而后知华人之贱至于此极也,非徒西人贱之,华官贱之,由于华人相待之贱,与自待之贱,而后其贱至于此极也"。虽起首即揭露西人"视华人如畜类",立意却在怒"华官"、"华人"之不争,所愤言者,"华官"、"华人"之"相待之贱"与"自待之贱"也②。郑孝胥早期的文章留存不多,这篇《愤言》,对了解他前期的思想,很有帮助。

另外,郑孝胥光绪二十三年(1897)的日记中有三条记载,有关《时务报》馆内部的纷争,可作补证史实之用。日记云:

---

① 《郑孝胥日记》,第643页。
② 日记中题为《论西人擅杀华人》。《时务报》,1898年,第六十八册,第6-8页。《郑孝胥日记》,第667页。

　　四月初二日:傍晚,谭复生来,谈《时务报》馆中黄公度欲逐汪穰卿。汪所引章枚叔者与粤党麦孟华等不合,章颇诋康有为,康门人共驱章,狼狈而遁。

　　七月初四日:午后,梁卓如、汪穰卿、李一琴来,汪与黄公度有隙,余为排解久之,乃以明日大会报馆诸人以饯公度。

　　初五日:午后,卓如来字,云晚间九点钟在万年春与公度叙别,邀余必往。夜往,梁、汪未至,公度已先在。余语之曰:"湖南者,人才学问之矿,国家遣公往开此矿耳。欲收罗人才者,必以持正论、容众人为主;众人所与,则才杰必归之矣。"众皆诣船送公度,余未往。①

　　二十四年(1898),郑孝胥还参与了上海亚细亚协会的一些活动。他在日记里记述,是年三月十五日,文廷式来"谈久之,且言郑陶斋欲见"②,二十一日,又"来谈久之"③,闰三月初二日,"文芸阁来,议立亚西亚协会,欲以初五日为第一会,而以余及文、何及郑陶斋出名召客,勉诺之"④。第一会并未开在初五日,而改于初六日。这一日"午后",郑孝胥"诣公司,季直、芸阁来,遂同过郑陶斋。是夜,来会者二十余人,日人来者四人"⑤。

　　《新闻报》与《大公报》对这一日会议有详细报道,信息十分丰富,兹照录全文如下:

　　　　兴亚会创于日本榎本梁川子爵武扬,合亚洲各国显宦名流,讲求振兴之策,而以渡边子爵洪基副之。继又改称亚细亚协会。今驻沪日本小田切总领事,睹中国民智未开,义关唇齿,复创办于沪上。曾商上海道蔡和甫观察、盛杏荪京卿,均谓甚愿其成,惟公忙不能兼顾,邀文芸阁学士、郑苏龛部郎、何梅生太守、郑陶斋观察主席。因郑观察病尚未痊,不能出门,假座于广福里待鹤书屋。会小田切领事偕翻译官先到,继则江建霞太史,三井洋行总办,三菱公司总办,志仲鲁观察,张季直殿撰,

<hr>

①《郑孝胥日记》,第598、610页。
②《郑孝胥日记》,第650页。
③《郑孝胥日记》,第651页。
④《郑孝胥日记》,第652页。
⑤《郑孝胥日记》,第653页。

严小舫、薛次升、施子英、唐杰臣四观察,汪穰卿、姚稷臣两太史,盛揆臣孝廉,陈敬如军门,经莲珊太守,曾敬诒部郎,李洛才、吴翰涛、李谷生三大令。自五点钟起,谈至六点钟入席,各主席起而言曰:"设会之义,已载诸公启章程。倚鹤山人歌中,创办之初,大旨不过三端,举人、筹款、办事,愿诸君子明以教我。俟日本细章寄到,再行集众商定。"同席者佥谓,是会群而不党,友以辅仁之义,极应早成,自当踊跃捐助。郑部郎又云:"我亦日本亚洲协会中人。"出示其所刊日本协会人名。郑观察又云:"是会惜倚鹤书屋浅狭,不能大张筵坐,同志者多未邀入,甚为抱歉,日后集议,须假张园,不论捐款有无,均可入会。"江太史向小田切领事曰:"协会取义甚大,包括甚广,创办之始,最难着手,鄙意当从极浅极易之学,为兴会之始。会中宜分别各地兴办之事,譬如余苏州人也,当认定兴办苏州之法。开宗明义,不离于'学'之一字。创学会为第一义,广学会为第二义,设学报为第三义。开办之始,确守协字之义,宜求日东之名师,为我邦之先导。贵领事志切兴亚,不知肯以极浅极易之事,为当务之急否? 鄙人不才,愿闻协兴之义。"小田切领事云:"凡有关于协会之事者,无不竭力相助。现已函致我政府亚洲协会,钞列细章寄来,俾悉竟委。"严小舫观察并托领事钞示其国之钞票章程,俾覆户部等语。诸君子皆各抒所见,笔诸日记,酌至九点钟后始散。①

这篇报道,详细介绍了上海亚细亚协会的发起、成员以及宗旨,并提供了一个细节:"设会之义,已载诸公启章程。倚鹤山人歌中,创办之初,大旨不过三端,举人、筹款、办事,愿诸君子明以教我。俟日本细章寄到,再行集众商定。"据此可知,在初六日协会召开第一次大会时,还无正式的章程,只在"公启章程"内,提到"设会之义",尚需"俟日本细章寄到,再行集众商定"。

文中提到"倚鹤山人歌",应是指郑观应的《亚细亚协会歌》。郑观应,号陶斋,有别号倚鹤山人,时在轮船招商局会同办理。此歌有六十句,其中云:

———————————

①新闻报、大公报:《亚细亚协会》,陈念护编《集成报》(下),中华书局,1991 年影印本,第 1863-1864 页。

……

> 吾侪深抱杞人忧,弭患广求多士助。
>
> 日本早缔兴亚会,通达名流皆得与。
>
> 中华仿立更推广,联合东洋互眷顾。
>
> 弃嫌结好共良图,此是当今最急务。
>
> 凡属亚洲有志者,皆准入会姓名署。
>
> 同声相应同气求,惟直则举枉则错。
>
> 内政外交悉讲求,官山府海有余裕。
>
> 同舟共济仗忠义,众志成城戒犹豫。
>
> 悉泯畛域资匡襄,不使旁观讥孤注。
>
> 非常经济迈古今,从此亚洲延国祚。[1]

中日"弃嫌结好",同声相应,同气相求,同舟共济,是为亚细亚协会"设会之义"。

此后,拟写协会章程与大旨,其过程,颇有一点曲折。《集成报》登载之《亚细亚协会章程》[2],计有十五条内容,郑观应《盛世危言后编》所收入,则《亚细亚协会创办大旨》五条,附《协会创办章程》十六条,《协会创办章程》后,又注有"立会宗旨及应办各事已详创办大旨及日本协会章程"[3]。比较《章程》、《创办大旨》与《创办章程》,似是先出一稿《章程》,为十五条,内容包括协会宗旨、人员组织、应办善举等,并一一罗举。后又就立会组织、应办事宜与人员组织,分别为《创办大旨》五条,及《创办章程》十六条。郑孝胥日记记载了这个过程:

> 闰三月二十四日:遂诣公司,拟亚西亚协会章程稿。
>
> 四月十三日:郑陶斋来,议协会章程。
>
> 十四日:午后,诣公司,拟协会大旨六条,送与郑陶斋。小田切来。
>
> 十八日:郑陶斋来字,云所拟第六条协会大旨,日本领事小田切欲

---

①郑观应:《亚细亚协会歌》,郑观应著,夏东元编《郑观应集》下,上海人民出版社,1988 年,第 1312-1313 页。

②《亚细亚协会章程》,陈念护编《集成报》(下),中华书局,1991 年影印本,第 1912-1914 页。

③郑观应:《亚细亚协会创办大旨》附录《协会创办章程》,《郑观应集》下,第 218 页。

删去。其文曰："本会或遇同洲有失和之事,在会中人皆宜极力排解,使归亲睦。"余曰："此不可去;必去此条,仆当辞会。"陶斋复商之小田切,遂请注其下曰:"日本会员有不欲存此条者"云云,余遂听之。①

由此,大体可以推言,协会章程及创办大旨的主要商拟人员,是郑孝胥、郑观应和日本驻沪领事小田切万寿之助。闰三月协会第一次大会后,郑孝胥先拟定章程稿,当不如协会意,需另拟,并别拟《章程》与《创办大旨》。郑观应自称的"十六条章程,系光绪戊戌年四月朔日徛鹤山人所拟"②,应是郑观应所拟,并在是月十三日与郑孝胥商议之"章程",创办大旨由郑孝胥草拟,则无疑。

　　小田切对郑孝胥草拟的《创办大旨》第六条内容,即"本会或遇同洲有失和之事,在会中人皆宜极力排解,使归亲睦",提出异议,"欲删去",郑孝胥坚持"不可去",以"辞会"相拒。双方商议后,此条保存,不过在其下附注"日本会员有不欲存此条者"③,是语在郑观应《盛世危言后编》中,为"日本会员有不愿厮[斯]条者"④。另外,郑孝胥所"拟协会大旨六条",在《盛世危言后编》中变成五条,未知删去了哪一条。

　　从日记中看,郑孝胥对亚细亚协会的事务并不热心。如文廷式请其"出名召客,勉诺之"⑤;郑观应示宴单,"客多不识,余辞主人"⑥;欲其为协会编报监督,则"固辞",并称"除编报员十人外,可不设监督"⑦。以郑孝胥驻日三年的经历,且"亦日本亚洲协会中人",何以对亚细亚协会不表兴趣?光绪十七年(1891),郑孝胥在日本东京使署时,曾经随从李经方参加协会活动,并交纳会费。但十八年九月,郑孝胥"作书与亚细亚协会,请退会"⑧,对这一举动,日记未作说明。郑孝胥冷淡之态度,或与此有关? 又或其时,

----

①《郑孝胥日记》,第 655、658、659 页。
②郑观应:《亚细亚协会创办大旨》附录《协会创办章程》,《郑观应集》下,第 220 页。
③《郑孝胥日记》,第 659 页。
④郑观应:《亚细亚协会创办大旨》附录《协会创办章程》,《郑观应集》下,第 218 页。
⑤《郑孝胥日记》,第 652 页。
⑥《郑孝胥日记》,第 658 页。
⑦《郑孝胥日记》,第 664、665 页。
⑧《郑孝胥日记》,第 328 页。

他对协会提出的"同舟共济"、"众志成城",并不以为然？他对他所拟的协会大旨第六条内容的坚持,至少反映出,他对郑观应提出的"悉泯畛域资匡襄",并不信任。

郑孝胥在盛幕,虽然不到两年,但被盛宣怀称许"真能断大事"①。同时,他又获得了老幕主张之洞的重视。二十三年(1897)七月,张之洞荐举人才,开具清单内包括郑孝胥。他给郑孝胥的评语很高:"该员学识清超,志趣坚定,曾充出洋随员,讲求洋务,赅通透彻,能见本源,于商务尤为考求详实。臣前在江南,备知其才,委充商务局委员,其时初拟筹办商务,尚无端绪,尚未能尽展其才。今日时艰方亟,讲求富强要政,如该员之才,实不易觏,可否恳恩敕令送部引见,以备录用。"②

十二月,张之洞急电召郑孝胥赴鄂,"所言日本使人来劝联英拒德事"③。《张文襄公年谱》是年十一月条云:"十七日,出省勘京山县唐心口堤工","日将神尾光臣来,公方出省,令关道及知府钱恂接待。神尾密示修好之意,是时俄谋占大连、旅顺,德踞胶州,英欲擅长江之利,各国军舰云集海口,日本怵于大势,故遣使来。嗣神尾又遣其参谋部员宇宫都太郎来密告,奉政府命,劝中国结好英、日,派学生赴日本学习陆军。派学生赴日造意于此"④。张之洞召见郑孝胥,即希望他"偕日人川上者赴日一行"⑤。"日人川上者",即派神尾到鄂的日"陆军二等提督川上操六"⑥。

张之洞电召郑孝胥,自是对郑寄以殷切期待。但郑的态度并不积极,他似乎对张联日的计划不甚赞同。他对张道:"日人既有此意,胡不言之于总署？宜令彼公使自言,而我公助之乃可尔。"⑦而数日后,总理衙门对张的电奏,反馈也果然冷淡,称"中国受害之深,实缘日本。近以德事,各国环伺,

---

①《郑孝胥日记》,第 643 页。

②《荐举人才折并清单》(光绪二十三年七月二十九日),《张之洞全集》第二册,第 1256 页。

③《郑孝胥日记》,第 636 页。

④胡钧撰:《张文襄公年谱》,沈云龙主编《近代中国史料丛刊》第 5 辑,台北文海出版社,1966 年,第 149 页。

⑤《郑孝胥日记》,第 635、636 页。

⑥《张之洞致总署》(光绪二十三年十二月初十日),清华大学历史系编《戊戌变法文献资料系日》,上海书店出版社,1998,第 458 页。

⑦《郑孝胥日记》,第 636 页。

机局危迫,东方太平之局几不可保。日、英求联,皆游士兵官之言,该使从不稍露端倪,联之一事甚不易言"①。

二十四年六月,郑孝胥将入京,张之洞再召其入鄂,"有要语面谂"②。及赴鄂,张之洞询问:"送学生赴日本,子能为我一行乎?"③据孔祥吉查阅的日本外务省档案,在张之洞拟与日人合作的计划里,"湖北拟派学生二百人,趣日本游学。内大约武备学生五十名,教导团五十名,枪炮厂学生,经理科、军医科学生共五十名,工艺、农务、商务五十名"④,这二百名学生,即张之洞对郑孝胥提到的赴日本游学之学生。对张之洞的询问,郑孝胥答以"请南归日来鄂议之"⑤。张之洞的僚属、湖北自强学堂的提调钱恂,与郑孝胥同被保荐入京,在京时亦与郑议论过此事,钱问郑道:"如有使日之命,亦可去否?"郑回答:"某或不可,公去何疑哉。"明显有回避的意思⑥。二十五年(1899),确是钱恂为张之洞"一行",出任湖北留日学生监督。在联日这件事上,郑孝胥并未投合张之洞,但张之洞两召郑孝胥,表现出他对郑与日俱增的倚重。

是年(1898)的闰三月,还有一事,可显示张之洞对郑孝胥的优遇。张之洞奉旨进京陛见,电邀郑孝胥,称"此次入都拟请足下同行,庶随时可领教益"⑦。只是适逢沙市案发,张之洞甫乘"楚材"号到上海,旋即接电旨,命回本任,俟办案完后再行入都。据茅海建教授考证认为,张之洞进京,乃大学士徐桐上奏建议,此举有请张之洞主持朝政之意。徐桐奏称,俄、德两国日益恣横,英、法各国群起效尤,势处万难,目前艰危,当"求贤共治",张之洞来京,可"面询机宜",朝廷"多一洞悉洋情之人,庶于折冲御侮之方,不无

---

①《张之洞接总署电》(光绪二十三年十二月二十九日),清华大学历史系编《戊戌变法文献资料系日》,第476页。

②《郑孝胥日记》,第669页。

③《郑孝胥日记》,第671页。

④日本外务省档案:《清国兵制改革》,第1卷,编号511—14,第98页。转引自孔祥吉、(日)村田雄二郎著《为人知的中日结盟及其他:晚清中日关系史新探》,巴蜀书社,2004年,第88页。

⑤《郑孝胥日记》,第671页。

⑥《郑孝胥日记》,第678页。

⑦《致上海郑丞孝胥》(光绪二十四年闰三月十九日亥刻发),《张之洞全集》第九册,第7580页。

小补"。但到沙市事件平息,中枢调整亦已结束,张之洞进京之事不了了之①。相跟随着,郑孝胥也失去一次机会。

不过,郑孝胥的机会随即又来。六月,张之洞再次密保他。此前四月朝廷上谕,方今各国交通,使才为当务之急,命各直省督抚酌保,以备朝廷任使。郑孝胥以"才识坚定,学问湛深,办事沉挚有力。前充出使日本大臣随员,于东、西洋形势、政术均能得其要领,确有见地",与陈宝琛、黄遵宪、傅云龙、钱恂,一并被张之洞保荐为"能考求邻政,慎固邦交,不仅以宾介酬酢、坛坫周旋遂谓克尽厥职者"②。这次保举,使郑孝胥得以江苏候补同知的身份,奉旨进京召见。

北上入都

光绪二十四年(1898)七月初,郑孝胥北上入都。入都前,他赴鄂,在抱冰堂,与张之洞侃侃而论,"宜及时破蠲积习以作天下之志气","举世方共保护积弊,非变法之世也。今京师元黄颠沛,是非溷淆,观朝中士夫皆不足有成;两湖,天下之中,亟当养士、劝商、兴工、励吏,以待北方之变",此言论可谓大胆③。在归沪的轮船上,郑孝胥闻夜半江岸鸡声甚厉,起赋二绝:

> 江中闻鸡鸣,音响极抗烈。
> 坐念祖豫州,要为天下杰。

> 此去谒吾主,惊人须一鸣。
> 难忘晋公语,霜鬓为论兵。④

两首五言,辞简意赅。当召见的谕旨奉达时,郑孝胥满怀豪气,自然风发,江岸闻鸡,而念起舞,欲效祖逖,"为天下杰"。此一北行,郑孝胥预备着谒主论兵,惊人一鸣也。

---

①茅海建:《戊戌年徐桐荐张之洞及杨锐、刘光第之密谋》,《中华文史论丛》,2007 年第 4 期。
②《保荐使才折》(光绪二十四年六月初一日),《张之洞全集》第二册,第 1317 页。
③《郑孝胥日记》,第 671 页。
④《六月廿八夜半舟下大通闻江岸鸡声口占二绝》,《海藏楼诗集》(增订本),第 86 页。

　　二十日,郑孝胥召对于乾清宫。具体情形,可以根据日记及五言诗《七月二十日召对纪恩》了解。日记的内容比较简单:"日初,召入,奏对约二刻,并呈说帖,上色甚霁。圣躬似颇瘦弱。余对时音吐稍响。上谦挹异常,呈说帖尚未及案,上引手受之,略披览,即欠身曰:'可留览之。'余乃起退下。"①纪恩诗则铺陈二百余字,云:

> 皇帝破资格,不忽一士微。
>
> 何来江南丞,是日登丹墀。
>
> 晓色丽禁闼,流光度罘罳。
>
> 内官肃前导,屏气当帘帷。
>
> 大哉本朝法,独对无所疑。
>
> 榻前咫尺地,君臣义在兹。
>
> 天容何清耸,尧额高巍巍。
>
> 咨汝宜尽言,惄然闻累欷。
>
> 于时实忘身,长跽纷陈辞。
>
> 臣闻立国本,有备乃不危。
>
> 积弱非一朝,无兵决难支。
>
> 愿言示所急,举国知所归。
>
> 以我亿兆人,溃此千万围。
>
> 致死而后生,其端自毫厘。
>
> 士夫躬为倡,事实不可迟。
>
> 祸来侔丘山,甫去皆燕嬉。
>
> 初无忧患情,何从振其衰?
>
> 所陈第一义,舍是非臣知。
>
> 忠愤见声色,封章出诸怀。
>
> 上意为之动,引手受所赍。
>
> 再拜奉身退,踟蹰独含凄。

①《郑孝胥日记》,第 675-676 页。

耿耿宫烛光，摇摇在心脾。①

奏对的内容，从"积弱非一朝，无兵决难支"、"所陈第一义，舍是非臣知"，可知有关练兵。这一日，"榻前咫尺地，君臣义在兹"，十年后，郑孝胥犹深在怀。三十四年（1908），光绪皇帝离世，郑孝胥曾作《哀辞》，深情道："大行皇帝尝误以国士遇之，而此人孤负圣恩，曾无毫发之报，眼枯心腐，何以自明。今当谨告诸公，人生世间，知己难得，欲报知遇者，愿各及时自效，且以孝胥之负我大行皇帝终身抱恨欲报无及之哀，引为大戒可也。"②

二十四日，郑孝胥奉旨，以道员候补，在总理衙门章京上行走。在署期间，郑孝胥上过两道奏折。一为《敬陈变法大要》，疏云：

> 总理衙门章京候补道臣郑孝胥跪奏，为敬陈变法大要，仰祈圣鉴事。窃臣自蒙恩召入都以来，默观京师大局，深感我皇上振厉奋发，以身率下之至意。而环顾诸臣，其老成者既苦于素无学术，其新进者又苦于未经历练。故于奏对之次，颇怀有君无臣之忧。今上下之意，皆专主于变法。变法是矣，而用意则有不同。何则，法之为用，其先后缓急，当视其所遇之时。时安则局缓，不妨从事于立本，如开民智、立制度、培人才、兴艺术之类，皆所谓立本是也。时危则局急，必求致力于当务，如讲武备、除积习、结民心、息外患之类，皆所谓当务是也。今天下为危为安，时局为急为缓，此不待智者而知之矣。而中外风气，号为讲求时务者，皆务搜求新异之说，以为迎合上意之具。夫风气既开，固欲各献所知，以备朝廷之采择。然好奇者多无当于求实，求实者又无当于好奇。臣下以好奇为务，其弊犹小，君上以好奇为务，其弊甚大。臣愿我皇上于广开言路之下，必持一安危缓急之定见，如权衡之量物，必以求实为先，勿为好奇所动。
>
> 近数月来，诏书所发，条绪至繁，有实效者尚难遽见，而愚臣之意，究以练兵造械为至急之图。夫练兵造械，言者必已甚众，终以举国讲兵学、习陆操、仿行美利坚之义团会，及速议添厂、赶造枪炮数端，最为有

---

①《七月二十日召对纪恩》，《海藏楼诗集》（增订本），第 88-89 页。
②郑孝胥：《哀辞》，《东方杂志》，1908 年第 11 期，第 19 页。

力。此在好奇者论之，必忽为老生常谈，而自求实者观之，则扶危救急之策，断无逾于此者矣。臣恐未变法之日，既溺于苟安，既变法之日，又失于纷扰，有负我皇上励精图治之苦心。万一外侮复乘，无可抵御，反为守旧者之所藉口，虽有智者不能善其后矣。目下交涉之务，已为极敝。我苟能战，则彼或犹有惮；我苟不能战，而欲以学问教化之事折其凌侮之心，此必不可恃者也。臣谨以求实好奇二端，备皇上别择先后缓急之鉴，干渎宸严，不胜焦忧迫切之至，伏乞圣鉴。谨奏。①

在《敬陈变法大要》中，郑孝胥很坦率地批评道："号为讲求时务者，皆务搜求新异之说，以为迎合上意之具"，"好奇者多无当于求实，求实者又无当于好奇。臣下以好奇为务，其弊犹小，君上以好奇为务，其弊甚大"。他认为，"法之为用"，有"先后缓急"，"先后缓急"，则"视其所遇之时"，"皇上于广开言路之下，必持一安危缓急之定见，如权衡之量物，必以求实为先，勿为好奇所动"，指出，"近数月来，诏书所发，条绪至繁，有实效者尚难遽见"，提出建议，"究以练兵造械为至急之图"，"以举国讲兵学、习陆操、仿行美利坚之义团会，及速议添厂、赶造枪炮数端，最为有力"。

另一疏为《破除习气并举萨镇冰疏》，疏文如下：

总理衙门章京候补道臣郑孝胥跪奏，为敬陈破除习气，以救积弊缘由，恭折仰祈圣鉴事。窃臣伏见我皇上广求人才，破格录用，深得变法之纲领。此诚千载一时之运会，凡为大清臣子者，孰不扼腕而起，思效力于今日者哉。夫天下未尝无才，但一染习气，则其才不能自用，既染之后，求其破除习气实为至难。如不能破除习气，是特有才无行之士，苟用之于今日，习气最深之际，望其有裨于变法之务，此必不可信者矣。

中国习气之最恶者，一曰骄，一曰惰，一曰滑。骄则浮浅易盈，使之理人而众不亲附。惰则嗜好日甚，使之任事而心不精专。滑则营私苟且，无论理人任事，终无一毫之实际。此三病者，所谓今日官场之通弊，

① 《总理衙门章京郑孝胥折》（军）（光绪二十四年七月二十八日），国家档案局明清档案馆编《戊戌变法档案史料》，中华书局，1958 年，第 11－12 页。

中外大小臣工能免此者鲜矣。虽有良法，若付之素染习气之人，使之执行破除习气之法，则必反为良法之蠹，孟子所谓"徒法不能以自行"，正谓此也。此种习气虽如空中楼阁，而相沿日久，视若固然。为中国害，深入膏肓。为今之计，惟有请于谕旨中，时时指出习气之弊，责令痛除。遇有臣下素染习气者，指明谴斥，以警其余。一面物色不染习气之人才，破格拔擢，以为众人表率。若使圣意专注于此，行之年余，积习通弊，必可一洗矣。

臣恭读八月初一日上谕：有当此时局艰难，修明武备，实为第一要务等语。揭明宗旨，以示天下。窃幸中国从此自强有日，感佩激奋，不能自胜。惟近年以来，营伍中积习尤深，为将帅者骄慢自大，不恤士卒。至营哨各官，专以降迎谄媚为务，其待兵士皆同奴隶。夫古之名将必与士卒同甘苦，然后能用其众，今于平日以奴隶畜之，彼虽忍受，固已退有怨言，一旦有事，望其效死，岂可得乎？此营伍积习等于官场通弊，尤宜急为扫除者也。

臣窃见有现充北洋通济练船管带官参将萨镇冰者，该员船政学生，出洋练习海军，在英国日已为英国海军提督所激赏，称其坚忍勤能，堪胜将帅之任。该员归国后，历充兵轮管驾，前此积习方深，该员无以自见。后充吴淞炮台官，于所管之事，一毫不肯苟且，凡应办者，公费不足，辄以薪水继之，同官皆笑其愚。又经德员来春石泰举为江南自强军帮统带。该员本习水师，及到自强军后，复习陆战，其精进勤学，非寻常所及。凡水师学生升擢至为管驾，莫不渐骄渐惰，旧学多荒，如上桅凫水诸项技艺，身为将领而犹能者，唯萨镇冰一人而已。大抵该员操守第一，勤能忠勇，亦罕其匹。臣与该员虽不甚熟习，而察其所为，参诸众论，实为非常有志之士，谓之不染习气，庶无愧色。且该员平日声名，西人多相敬重，国家养士多年，方当用人之际，水陆师中有才如此，安忍置之。若蒙我皇上询之海军诸臣，亦必不能没其操行。使该员得以及时自效，则其出死力为国家破除习气，以为天下表率，必有可观。

近日滥保之风甚炽，臣常疾之，断不敢效尤，以渎天听。窃为习气宜除、军务尤急起见，伏乞皇上圣鉴，不胜屏营之至。臣谨奏。①

此疏亦先务虚，指出"中国习气之最恶者"，乃"骄"、"惰"、"滑"。"骄则浮浅易盈，使之理人而众不亲附。惰则嗜好日甚，使之任事而心不精专。滑则营私苟且，无论理人任事，终无一毫之实际。此三病者，所谓今日官场之通弊"。习气相沿日久，视若固然，虽有良法，亦不能自行，必痛除积习通弊，方有裨于变法。随后，举荐萨镇冰，"不染习气"，可"以为天下表率"。萨镇冰，字鼎铭，亦福州人。

两疏的写法，很有共同点，都是先议论，后具陈，虚实结合，紧扣郑孝胥的变法总旨。郑孝胥的变法总旨为何？"三事"也。二十四年（1898）七月二十一日，盛宣怀致电张之洞，云："苏堪二十日召见，条陈炼兵、炼官、炼圣躬三事，属为转禀。"②郑孝胥两天后日记记载，"得盛督办复电云：'三事切要之至，第三尤紧，已转电南皮'云"③，与盛电内容相合。盛电中"炼"字，应是"练"字别写。寓目所及，"三练"尚在严复《送郑太夷南下》一诗中出现过。诗"长策虚三练，殊恩剩一官"句下，有注语："君有练官练兵练圣躬之疏。"④时，戊戌政变不久，郑孝胥南归，严复致书与此诗。

"三事"高度概括了郑孝胥的变法要义：第一，练兵造械，为至急之图，即所谓"练兵"；第二，痛除官吏习气，否则法不得行，即所谓"练官"；第三，皇帝务以平实为要，持安危缓急定见，即所谓"练圣躬"。两疏所云，变法"失于纷扰"，需避"以好奇为务"之趋，又"滥保之风甚炽"，是为盛宣怀称之尤紧要者，郑孝胥亦无所讳避，直陈其辞。郑孝胥北上前，有诗句"冲寒不觉衣裘薄，为带忧时热泪来"⑤。及将入都时，又有"待与官家区画了，秋风鲈脍是归期"⑥，正可反映他疏请时的心态。

郑孝胥赞成变法，但对康有为一派"新进之朝士"，深不以为然。他在日记中曾经大段议论：

①《总理衙门章京郑孝胥折》（军）（光绪二十四年八月初五日），《戊戌变法档案史料》，第202-203页。
②《盛京堂来电》（光绪二十四年七月二十一日到），《张之洞全集》第八册，第7651页。
③《郑孝胥日记》，第678页。
④严复：《送郑太夷南下》，《严复集》第二册，第363页。
⑤《南皮尚书急召入鄂雪中过芜湖》，《海藏楼诗集》（增订本），第80页。
⑥《七月初三日雨时将入都》，《海藏楼诗集》（增订本），第86页。

梦与人论新进之朝士:"以荡检逾闲为才气,以奔竞招摇为作用。试之以事,则敛怨纷腾;假之以权,则营私狼藉。迹其心术,则借本朝之荣宠以为号召徒党之资;按其学术,则袭西国之皮毛以开空疏剽窃之习。小人量浅,易致骄盈;躁进不已,必至覆悚。涓涓不塞,将成江河;因噎废食,祸延贤者。此大局之患也。"余语仲弢曰:"今有数学子,视纲常名教为迂阔,裂冠毁冕,悍然不顾,究其实际,毫无根柢,可笑人也。此曹不能成气候,而兴乱则有余。君其待之,胥当不幸而言中矣。"……林暾谷昨谓余曰:"仲弢咎我,谓礼部堂官之去,实我于上前讦之。岂有是乎!"暾谷退,余乃哂曰:"阴若辩解,意实招摇,此之谓矣。"①

"暾谷",即林旭,福州人,沈瑜庆婿。林旭新近被召见,赏四品卿衔,在军机处章京上行走,参预新政事宜,郑孝胥在京时,曾警诫他"慎口勿泄枢廷事"②。

时局风云,变化莫测。八月初三日,上谕着康有为速赴沪。初五日,郑孝胥见林旭,闻林旭言,"上势甚危,太后命新章京所签诸件,自今日悉呈太后览之",又言"杨崇伊纠合数人请太后再亲政,且以'清君侧'说合肥,又以说荣禄"。郑孝胥当即意识到,事态紧急。初六日,郑孝胥得知康有为弟康广仁被拿获,并从报纸上看到朝廷发布的两道谕旨,一谕御史宋伯鲁滥保匪人,即行革职,一谕皇帝吁恳太后训政。他将谕文抄录到日记里,他敏感地意识到,"但恐乱作于日内,奈何"③。

郑孝胥打算南归。九月初八日,他告假得允。初九日,作七律一首,云:"九日宣南昼闭门,幽花相对更无言。残秋去国人如醉,晚照横窗雀自喧。坐觉宫廷成怨府,仍愁江海有羁魂。孤臣泪眼摩还暗,争忍登高望帝阍。"④十五日,郑孝胥离京。一场政变,"从此又是偷生世界,亡可立待"⑤。他在

---

①《郑孝胥日记》,第 677 页。
②《郑孝胥日记》,第 678 页。
③《郑孝胥日记》,第 681 页。
④《九日虎坊桥新馆独坐偶成》,《海藏楼诗集》(增订本),第 89 页。
⑤《郑孝胥日记》,第 683 页。

京时曾言:"今日人尚以被累为耻,将来恐将有以不被累为耻者。"①南归后,他又以一律寄答严复,诗云:"江汉汤汤首重回,北书函泪湿初开。忧天已分身将压,感逝还期骨易灰。阙下惊魂飘落日,车中残梦带奔雷。吾侪未死才难尽,歌哭行看老更哀。"②

归沪后,郑孝胥仍在盛宣怀幕下。不久,他赴武昌,总办卢汉铁路南段。尽管国事不堪闻问,但他个人的前景仍渐开阔。光绪二十四年(1898)十月二十日,他在日记中郑重记下他的一个梦:"予数于梦中踊身蹑空而起,初如室中环翔,略与案平,俄至庭除,渐腾益上,稍出檐际,越于高屋之脊止焉。初颇艰辛,既而意殊自得。若此者非一经矣。"③这个梦,与其说是梦境,莫如说是夫子自道,道的是他的处境和心境。

①《郑孝胥日记》,第687页。
②《汉口得严又陵书却寄》,《海藏楼诗集》(增订本),第90页。
③《郑孝胥日记》,第698页。

第三章　清末仕宦(下)

本章时段,起自郑孝胥光绪二十四年十二月(1899年1月)总办卢汉铁路南段,止至宣统三年(1911)革命。在这一时段,郑孝胥已经有长期仕宦历练,从"向来盛负气"[1]的一介名士,成长为一名纵横捭阖、老于谋划的政客。新政中,他虽名位不重,却隐然影响大局。宣统三年,以借债造路之策,得授湖南布政使,不久又获川汉、粤汉铁路总参赞任命。这时候的郑孝胥,"论全国财政情形,诚大可为训,而其审度国势之后,归本于铁路之在国家实具有军事上之重要,斯真简明翔实之论也",他"抵掌而谈,发挥所见,聆其议论",已然"洵不愧为优美、为明达、为政治家也"[2]。

一　总办汉局

光绪二十四年十二月(1899年1月),郑孝胥来到汉口,总办汉口至黄河南岸铁路,凡汉口至黄河南岸铁路造路、勘路一切大小事宜,均归办理。盛宣怀虽为铁路总公司的督办,但铁路经过地方,又归当地督抚管理。卢汉

---

①《送梓弟入都》,《海藏楼诗集》(增订本),第18页。
②《郑孝胥日记》,第1332页。

铁路延长二千四百里,以黄河为界,作南北两路。郑孝胥总办南段,在湖广总督辖境内。郑孝胥居汉口,再入老幕主张之洞幕,总督衙署与铁路局一江之隔,在武昌。

再入张之洞幕

光绪十五年(1889),张之洞督两广时,曾经奏请缓修津通铁路,改筑"自京城外卢沟桥起,经河南达湖北汉口镇",即卢汉铁路。朝廷采用其议,定为"自强要策,通筹全局,次第推行",并调张之洞督湖广,与直隶总督李鸿章,会同海军衙门,筹建卢汉铁路。但十七年初,俄国开始修建西伯利亚大铁路,东北显受威胁,李鸿章提议修建关东铁路,以抵制俄国势力下侵,朝廷遂又决定,缓建卢汉,先筑关东,每年拟拨的卢汉铁路经费,移为关东铁路专款。

甲午战后,卢汉铁路再度被张之洞提上日程。二十一年(1895),张之洞上奏《吁请修备储才折》,重申修筑卢汉的重要性:"中国应开铁路之地甚多,当以卢汉一路为先务。此路南北东西皆处适中,便于通引分布,实为诸路纲领,较之他路之地处一偏、利止一事者,轻重缓急,大有区别。若巨款大举而不先造此路,以后物力愈绌,恐难再举。伏愿圣明深维时局,锐意创造,此事需款虽巨,可使洋商垫款包办,卢汉一路限以三年必成,成后准其分利几成,年限满后,悉归中国。如此则费不另筹而成功可速,弊端浮费亦少。至干路成后,枝路尤宜多造。"[1]对这段议论,郑孝胥是熟悉的,他是这道奏折的草拟者之一。

随后,张之洞致电总署,提出卢汉铁路修建的具体措施。二十二年(1896)七月,在王文韶、张之洞的联合奏请下,朝廷准设铁路总公司,令盛宣怀督办,先从卢汉办起,苏沪、粤汉次第扩充,经费则由公司招商股七百万两,借洋款二千万两,商借商还,并提拨借款一千万两,南北洋存款三百万两,官、商并举[2]。十二月初,铁路总公司在上海成立。二十三年(1897)一

---

① 《吁请修备储才折》(光绪二十一年闰五月二十七日),《张之洞全集》第二册,第994页。
② 《卢汉铁路商办难成另筹办法折》(光绪二十二年七月二十五日),《张之洞全集》第二册,第1183页。

月,郑孝胥到上海进入盛宣怀的商会公所时,铁路总公司成立仅月余。

这一年,自山东发起的义和团正打着"扶清灭洋"的旗帜,在山东巡抚毓贤的支持下,声势渐猛。在一月份,郑孝胥就向张之洞上说帖,请调德安府练勇十名,驻武胜关南段,保护路工。张之洞的札饬行文中引有原文,可以看到郑孝胥的考虑:

> 窃铁路开工已至信阳,均系立定合同,克期趱办。其间最难之工,即武胜关山洞,现在亦已开工。惟此处系鄂、豫接界之区,巨役既兴,人夫麇集者不下数千人,诚恐匪徒出没,藉端生事。目下虽已由局选派委员驻工弹压,尚恐有不及预防之虞。拟恳宪台札饬德安营迅派哨弁一员、兵丁十名,赴应山县边界与武胜关相接之处,会商路局委员,择要驻扎,仍令日诣工次,随同弹压,以防意外,于大工实有裨益……①

三月初,郑孝胥再上说帖,请调派营哨,并成立铁路护营,归汉口铁路局调遣。所调派营哨,"南哨驻扎孝感中段,北哨驻扎武胜关关口,由南哨拨勇一棚驻丹水池铁路马头,由北哨拨勇一棚驻武信中段,其应山县界内南北两哨交会之处,由南北两哨各派一棚驻扎,仍各派马匹逐日梭巡,至交界之处为止"②。铁路护营防护鄂、豫境内路工,郑孝胥在他亲拟的《护军铁路营驻工章程》内,详细条列了各项巡防事宜③。

尽管在各路段均布置下防护,但随着北方事态的发展,形势仍趋紧张。四月,武胜关发现"乱人揭帖,云哥老会定以四月十五日起事"④。五月初,郑孝胥"闻北方拳匪大乱,毁铁路百余里。各国遣兵入京"⑤,急忙与张之洞商议,加派护军营,保护路工。是月十九日,"北方警报益恶",又听闻"日本副参赞为董(福祥)军所戕,董军亦伤五六百人","焚使馆二,戕公使,惟未

---

①《札德安营前往武胜关铁路梭巡弹压》(光绪二十六年正月十二日),《张之洞全集》第五册,第3954页。

②《札张彪派营勇二哨归铁路汉局调遣,名曰铁路护营分派驻扎》(光绪二十六年三月初四日),《张之洞全集》第五册,第3987—3988页。

③《札发铁路护营驻工章程(附单)》(光绪二十六年四月初四日),《张之洞全集》第五册,第4006—4007页。

④《郑孝胥日记》,第757页。

⑤《郑孝胥日记》,第759页。

审何国"①。铁路局聘雇的洋员发生恐慌,比利时公司"以北路警耗",向铁路督办盛宣怀声明,"倘至西本月廿四号,汉口工程处未能领得洋枪一百杆,每杆配子弹一百粒,汉局照发官价,即日停工,将路工人员,俱召回汉"②。二十八日,清朝向八国宣战。两天后,汉局在工洋员配发枪支,用以自卫。六月初,郑孝胥得到盛宣怀指示,"工次如有乱耗,即可径行停工,将洋人调回"③。

郑孝胥总办卢汉铁路南段,并未坚持到铁路修成。三十二年(1906),卢汉铁路正式全线通车时,郑孝胥已早离开汉口。

清廷宣战以后,湖广督署的军务愈加繁急。七月,郑孝胥充任湖北省营务处总办。清末督抚多增募军队,因设营务处,以道、府文官充任总办、会办等,负责军营行政。郑孝胥日记称,"局中已有三总办,皆不常来"④,看来营务处的事务,主要由他处理。八月末,郑孝胥又接到札委,任武建军监操官。

张之洞暂署两江时,曾经组建自强军,待调湖广总督本任,上奏请以护军营五百人调赴湖北,得到朝廷允准。回任以后,张之洞就营中熟练勇丁,分为前后两营,募勇添足两营额数,转相传习,并遴选张彪充任前营管带官,岳嗣仪充任后营管带官,督率操练,成为湖北新军。武建军有左右二旗,步队八营,皆新募者,营哨官则从山东新建军调来。

从郑孝胥日记记述的情形看,武建军最初军纪很不严整,第一次会操,就令郑孝胥"甚怒"。日记云:"凌晨,至工程队,与张彪约期观武建营第一期右旗合操,久之不至。第一营杨汝钦称病,遣卒来请改期。余甚怒,未言,张彪乃曰:'今日第一期,已约定,不可改。'其卒走去,有顷,第一营派二哨长、第二营邱玉昆、第三营叶芳林带队至操场,略操而罢,第四营竟不至。"⑤次日,郑孝胥即"与张彪书,使严责武建营期会后至之咎"⑥。数日后,日记

①《郑孝胥日记》,第 760 页。
②《盛京堂来电并致汉口郑总办》(光绪二十六年五月二十四日亥刻到),《张之洞全集》第十册,第 8011 页。
③《郑孝胥日记》,第 762 页。
④《郑孝胥日记》,第 766 页。
⑤《郑孝胥日记》,第 771 页。
⑥《郑孝胥日记》,第 771 页。

又记述了一次督操经过："午后,渡江观武建左旗会操于护军左旗营中,操方半而雨至,余立雨中,不持盖,久之,雨益大,乃令暂息。小顷复操,至四点半乃罢。"①当时,郑孝胥有《渡江观武建军合操》诗,抒其心志。诗云:

> 妄人轻召兵,败绩坐不教。
>
> 十年未可复,士气太凋耗。
>
> 此军何所用,身手好年少。
>
> 谁能结以恩,汤火岂难蹈?
>
> 凄伤就步伐,悲愤入腾趫。
>
> 庶几哀者徒,免为敌人笑。
>
> 尚书气不馁,勋略被将校。
>
> 胡为致诗客,戎幕议增灶。
>
> 何当出短歌,传诵遍营哨。
>
> 居然怀国耻,收取毛锥效。
>
> 角声尚盈耳,旗影山椒绕。
>
> 水落舟更迟,横江怜晚照。②

郑孝胥督操甚勤,治军亦甚严明。除武建八营外,张之洞又建武防四营,亦归郑孝胥监管。二十九年(1903),郑孝胥以道员四品京堂督办边防,率领的便是这武建八营,开赴广西。

庚子年,郑孝胥参预了著名的东南互保事件。五月二十九日,他受张之洞委派,与江汉关海道岑春蓂、署中同僚梁鼎芬"诣英、美、日领事署商保护长江事"③。次日,上海道余联沅即与各国驻上海领事在上海签订了《东南互保约款》。其时,郑孝胥有一条日记颇可注意,六月十三日,郑孝胥云:"子益来,言税务司述英领事意,云如南省张、刘二公能正拳匪之罪,则保两宫、全中国、改传教章程皆可办到,求予为之言于南皮。即复渡江。风雨大至,袍为雨湿,不可着,乃烘半干,服之以往。极谈不可失机之状,至五鼓,南

---

① 《郑孝胥日记》,第772页。
② 《渡江观武建军合操》,《海藏楼诗集》(增订本),第112–113页。
③ 《郑孝胥日记》,第761页。

皮终畏葸不决而罢。"①子益,即高而谦,时亦在张幕。这条日记不仅补充了英国游说张之洞、刘坤一东南独立的事实细节,且状彼时张之洞之"畏葸不决"与郑孝胥行险急切之情态,惟妙惟肖,堪为历史研究的好材料。

这一年,郑孝胥身心俱疲惫。张之洞日常"起居无节,号令不时"②,生活习性与常人大异,郑孝胥深以为苦。除夕之夜,他在日记中总结道:"余不喜武汉,久居颇郁郁。五六月间路工仅第一段未停。广雅数有咨询之务,夜谈或至日高乃出。既使与闻营务,又令监操武建军,累言以兵事相属。余固辞之,恐久羁难脱也。季直、梅生来书,要共经营通海垦荒事,意可践东海牧长之言,此事亦可乐耳。然余所神往者,固久在于洞庭、具区之间矣。"③

张謇时正筹办通海垦牧公司,准备开垦通州沿海滩地,种植棉花,为他的大生纱厂提供原料。年末回顾之际,张謇的邀请颇让郑孝胥心生感慨,然虽"神往"一番"洞庭、具区之间",郑孝胥仍将继续在幕,惟所办理差事,已名之为"新政"。

新　政

庚子事变后,清政府开始推行"新政"。"新政"以光绪二十六年十二月(1901 年 1 月)发布的变法上谕为开始。上谕称,"世有万古不易之常经,无一成不变之致法。穷变通久,见于大《易》。损益可知,著于《论语》","盖不易者三纲五常,昭然如日星之照世。而可变者令甲令乙,不妨如琴瑟之改弦","现在议和,一切政事尤须切实整顿,以期渐图富强",着督抚以上大臣参酌中西政要,就朝章国政、吏治民生、学校科举、军制财政等问题详细议奏。随即设立督办政务处,以庆亲王奕劻,大学士李鸿章、荣禄、昆冈、王文韶,户部尚书鹿传霖为督办政务大臣,两江总督刘坤一与湖广总督张之洞"遥为参预",筹划推行一切"新政"事宜。

六月间,刘坤一和张之洞联衔会奏,连上三折,时称《江楚会奏变法三折》。第一折提出兴学育才办法,第二折提出整顿变通办法,第三折提出采

①《郑孝胥日记》,第 762 页。
②刘成禺:《徐致祥奏参张之洞》,刘成禺著《世载堂杂忆》,辽宁教育出版社,1997 年,第 55 页。
③《郑孝胥日记》,第 784 页。

用西法的具体措施。这"去中采西"二十余条建议,得到慈禧太后的认可,八月,慈禧发布懿旨,"据刘坤一、张之洞会奏,整顿中法、仿行西法各条,事多可行;即当按照所陈,随时设法择要举办。各省疆吏,亦应一律通筹,切实举行。大要不外言归于实,用得其人"①。《三折》成为清末新政的核心内容。

郑孝胥在张幕,参与了《江楚会奏变法三折》的商讨。据李细珠先生考证,《三折》起草经过,乃刘坤一、张之洞决定联衔上奏,由张之洞建议,二方各先草拟一稿,再互参照商议。在刘坤一处,参与者有张謇、沈曾植、汤寿潜,在张之洞处,则有郑孝胥、梁鼎芬、黄绍箕。张之洞征集多方意见,最后做主稿工作,至五月初,主持完成初稿起草②。这一段时期的郑孝胥日记,不乏张、郑、梁、黄于督署晤谈的记载:

> 二十七年(1901)三月初十日:渡江谒南皮,语余欲举贤才,余对以萨镇冰、张季直。复言:"子宜为举首。"余又谢曰:"请缓之。俟回銮事定,固愿出任驱策耳。"饭讫而出,……夜复同仲弢入署,谈至月落乃出,即返局。

> 十七日:渡江谒南皮,留饭,示议赔款各电,又示张、沈、汤、汪(穰卿)、吴(挹清)各条议袁、陶二奏稿。夜,复入署,与仲弢同见,至四鼓乃返局。

> 二十四日:夜复入署,谈至四鼓,以《原富》献南皮。返局已将曙。

> 二十八日:偕叔伊渡江,入谒广雅,与仲弢同留饭。闻政务处已派陈邦瑞、郭曾炘、樊增祥、孙宝琦、徐世昌五员为专办讨论各省条奏新政事宜之员。日斜返局。

> 四月十六日:渡江谒南皮,与仲弢同留饭。叔伊托为请假两月。……夜,复入署,南皮言:"新政有三等办法。第一等办法五条:一,去徽号,下诏罪己;二,废大阿哥;三,除满汉界限;四,除内监;五,罢科举。其第二等办法,则决断切实。第三等办法,则和平敷衍是也。"

---

① 朱寿朋辑:《光绪朝东华录》第4册,中华书局,1984年,第4771页。
② 参见李细珠《张之洞与清末新政研究》,上海书店出版社,2009年,第91-95页。

夜,渡江,返局已四鼓。

　　五月初八日:渡江谒南皮,仲弢、星海皆在座。夜,返局。

　　十二日:夜,复入署,星海、仲弢皆在座,谈至昧爽乃出。

　　七月十四日:南皮送江楚会奏折十本。①

"仲弢"即黄绍箕,"星海"即梁鼎芬。时梁鼎芬署武昌知府,黄绍箕主持两湖书院,皆在张幕。揆诸当时情形,督署内所讨论大抵为《三折》内容无疑。此外,日记三月十三日云"得劳玉初复电,称病不来",及二十七日、二十八日云"叔伊(陈衍)来","偕叔伊渡江,入谒广雅,与仲弢同留饭"②,亦可为补证。据李细珠考证,时劳乃宣远在浙江,虽张之洞一再电召,但终以病不能成行,日记与此相符③。又陈衍曾在《石遗室师友诗录》中称,张、刘会奏变法条陈,曾采其《变法权议》④。三月二十八日,郑孝胥"偕叔伊渡江,入谒广雅",并黄绍箕同在,故陈衍献策变法,很有可能,只是陈衍的献策,张之洞有否采择,如何采择,则不得而知。

　　新政开办后,郑孝胥协助张之洞推行新政,直接主理学务、练兵事宜。二十七年(1901)七月,张之洞创立学务处,以为学务总汇之所,这是清末新政中成立最早的地方学务机构,郑孝胥与湖北候补道赵滨彦会同总办。后学务处改称湖北全省学务处,总管全省公私立大、中、小学堂及留学事宜,职掌范围扩大,郑、赵之外,又添派两湖大学堂监督王同愈、湖北试用道黄绍第为总办,梁鼎芬、黄以霖为文、武学堂总提调,分掌文、武学堂学务。新添派人员皆各学堂具体主持者,郑孝胥大抵只备张之洞咨询,并不参与实际事务。

　　营务方面,根据日记记载的内容分析,郑孝胥主要的职事在稽查考核武建、武防两军。二十八年(1902)十月初,张之洞由湖广总督调任两江总督,郑孝胥随赴南京,奉札委总办两江营务处,继续担任营务事。不过,未及一

①《郑孝胥日记》,第 792、793、794、796、800、806 页。

②《郑孝胥日记》,第 793、794 页。

③李细珠:《张之洞与清末新政研究》,第 91-92 页。

④陈衍:《石遗室师友诗录》,周骏富辑《清代传记丛刊·学林类》39,台北明文书局,1986 年影印版,第 828 页。

月,郑孝胥即被委任江南制造局总办,旋又被四川总督岑春煊奏调,川行未启,岑春煊调赴两广,郑孝胥亦被改派广西。故两江营务事务,郑孝胥实际并未参与多少。

1902年中英商约大臣及随员等合影,左一为郑孝胥

再入张之洞幕府的郑孝胥,已是清末有名的能员了。较其在南京两江总督署,郑孝胥在汉口,深得老幕主的赏识。他在二十七年(1901)十一月初五日的日记中记道:

> 渡江至学务处,与仲弢同在抱冰堂饭,南皮从容言曰:"今欲行新政,得数人亦可举耳:陈璧、张百熙、李盛铎、钱恂,及座间郑、黄二君。用此六人,可成小贞观矣。"①

二十八年(1902)九月初九日,张之洞已调署两江,尚未启程赴南京。这一日,郑孝胥日记云:

> 南皮邀至黄鹤楼登高,座有仲弢、星海、松生、荃台。未刻始散。座

————————

① 《郑孝胥日记》,第817页。

间,南皮讽余同至南京,出示南京官场单,使余举所知者,又询下手办法。余对曰:"去宁久,官场中人皆生人,不能举也。江宁习气极重,宫保既至,自令旌旗变色。似宜先理筹防、洋务诸局,次之以财政。安徽道员有许鼎霖者,曾至欧美,素闻其贤。惟许籍江苏,不适于用耳。"黄、梁、汪皆言闻许甚贤。南皮乃笑曰:"吾至江宁,外政用许、郑,内政用程、朱,不足忧矣。"程谓仪洛,朱谓苏州道员字竹石者也。①

十月初九日,日记又云:

> 南皮邀午饭,坐间言曰:"吾至江南,欲不办一事,亦不迁就一人,苏堪以为何如?"余对曰:"公在武昌,十余年来虽事变百端,而有进无退,殆有万骑奔腾,冲锋陷阵之势;今江南风气甚散,若能勒马审顾,扼要出奇,则意思优裕而力量转增,此胜著也。"仲弢曰:"不迁就须从下手时明示宗旨乃可。"南皮颔之。是日申刻,接两江督印。②

这几段记述,已足能表现出张之洞对郑孝胥的器重。时人陈灏一曾言,"孝胥之佐之洞也,百政无不预,军事亦参赞机密",湖北官场"言必称郑总文案",乃不误也③。

郑孝胥言新旧,曾谓:"所谓'守旧'者,皆苟且因循之宗旨,其说甚浅,不足穷也。中国政教中自有不可磨灭者,非考求当世之学,则此理亦不得伸耳。"④他对新政的认识,及办理具体事务的能力,堪为张之洞在二十七年(1901)三月《保荐人才折》中所称"间出之才"。是折中,张之洞荐举九员,虽未如其所言,举郑孝胥为首,但对他的评价很高,要非虚语:

> 奏留铁路差委记名道郑孝胥 该员学通守洁,识定才长,办事核实,能谋能断,于中外交涉机宜,能见其大,实为间出之才。该员现在汉口总办铁路局,路工洋人多至百余,该员操纵得宜,作事切实敏速,洋工程司极为信服。拟恳恩送部引见,优予录用。惟鄂省路工吃紧,该员为

①《郑孝胥日记》,第 846 页。
②《郑孝胥日记》,第 849 页。
③陈灏一:《郑孝胥》,《睇向斋逞臆谈》,《睇向斋秘录(附二种)》,第 116 页。
④《郑孝胥日记》,第 794 页。

洋人信服，一时断难离开湖北，合并声明，如蒙俞允，拟俟铁路接替有人，再令赴部。①

郑孝胥在汉口时期，正是清廷经历一场国难后，宣布实施新政并开始逐步推行。郑孝胥本有远志，当草议《江楚会奏变法三折》时，曾作五言两首，借以表达，一云："怀才不自胜，儿戏引一粲。及此未老闲，余春勤把玩。"一云："志欲俟河清，岁月稍见夺。吴越有具区，兴发不可遏。"②自二十四年十二月（1899 年 1 月）至二十九年（1903）初，这四年，郑孝胥作为"遥为参预"新政的张之洞的核心幕僚，切身经历了清末新政的发端与初起。

郑、张交谊与诗缘

郑孝胥两度辅佐张之洞，幕下时间长达八年。最早延揽，是以当世名士身份，兼其使日经历。中日战争交涉之际，张之洞急需了解日本国情的幕僚，郑孝胥甫从日本归国，自是极好的人选。光绪二十四年（1898），张之洞以使才保荐，并有意派遣郑孝胥赴日监督留学生，俱从此意出发。但在二十年入幕初，郑孝胥不堪吏牍，亦不得张之洞的重视，多所郁抑感喟，有盛年不偶之叹。期间北上挟策，亦营进无果。二十二年，张之洞回任湖广，留郑孝胥于南京，时最困闷。

至二十三年（1897），郑孝胥由盛宣怀奏调，离两江，赴上海，为盛宣怀办理事务，重新获得张之洞的认可。张之洞承认，"前在江南，备知其才，委充商务局委员，其时初拟筹办商务，尚无端绪，尚未能尽展其才"③。待二十四年再入幕府，郑孝胥已备受张之洞的重视，成为张幕中的核心幕僚。

郑孝胥跟随张之洞，经历了甲午中日战争、戊戌维新、庚子国变东南互保，以及新政筹划推行，虽非封疆大臣可予定夺，但参佐军政，筹谋划策，草拟章规，对时政亦有所裨益。

一般而言，幕宾对幕主的"恩遇"都心存感激。但郑孝胥在张之洞的提

①《保荐人才折》（光绪二十七年三月二十五日），《张之洞全集》第二册，第 1389-1390 页。
②《三月十二日作》，《海藏楼诗集》（增订本），第 116 页。
③《荐举人才折并清单》（光绪二十三年七月二十九日），《张之洞全集》第二册，第 1256 页。

携下小有政名,却与张之洞不亲,亦是事实,个中原因,似与个性有关。郑孝胥抱负远大,不乏超人之想,但张之洞性情谨慎,为官小心,从不弄险,二人本属气类不合。郑孝胥二十四年入京前,对张之洞言,"举世方共保护积弊,非变法之世也。今京师元黄颠沛,是非溷淆,观朝中士夫皆不足有成;两湖,天下之中,亟当养士、劝商、兴工、励吏,以待北方之变",张之洞"甚震其论而不能用"①。二十六年(1900)庚子之变,郑孝胥渡江策说张之洞,"袍为雨湿,不可着,乃烘半干,服之以往。极谈不可失机之状,至五鼓",张之洞则报以"畏葸不决"②。

胡思敬比较刘坤一与张之洞,曾说:"香涛见小事勇,见大事怯,姑留其身以俟后图。"③可谓一针见血。故好奇计、敢于弄险的郑孝胥,不能为张之洞引以为心腹,必矣。张之洞平素不喜为人推毂援手,胡思敬所谓,"之洞自领封圻,以至入参枢政,推毂人卒不过道府丞参而止,故小人有才者不甚附之"④,尤为郑孝胥语。同时,张之洞在郑孝胥内心中,亦非其诗所言,"深心逾少壮,浩气贯生平",如启明星那般,光辉照耀天际⑤。与同时期在幕的梁鼎芬相较,郑孝胥虽然与梁同参幕事,为张倚重,却不能比梁更为张尽其所能。要言之,郑不过张幕府中的骨干,梁乃为心腹。

不过,别需一提的是,张之洞督两江时,"方以陶侃自命"⑥,崇尚风雅,以诗相鸣。郑孝胥有诗名,文学出身的张之洞,对其诗"实有偏嗜,极称赏者甚多"⑦。他曾评价郑诗,"外清而内厚,气力雄浑"⑧,又谓,"自明以来皆不能及也"⑨。郑孝胥对"达官兼名士"⑩的张之洞,亦以诗称颂。此类诗在《海藏楼诗集》中收录不少,如:"门外大江横,翻觉诗难好。吟就武昌花,寄

---

① 《郑孝胥日记》,第 671 页。
② 《郑孝胥日记》,第 762 页。
③ 胡思敬:《国闻备乘》,中华书局,2007 年,第 92 页。
④ 胡思敬:《国闻备乘》,第 115-116 页。
⑤ 南皮制军六十生日二首》,《海藏楼诗集》(增订本),第 66 页。
⑥ 陈衍:《石遗室诗话》,第 72 页。
⑦ 陈衍:《石遗室诗话》,第 282 页。
⑧ 《郑孝胥日记》,第 546 页。
⑨ 《郑孝胥日记》,第 752 页。
⑩ 《答樊云门冬雨剧谈之作》,《海藏楼诗集》(增订本),第 228 页。

与南皮老。"①此诗亲切、有趣,情、景俱佳,张之洞"极称赏"之。陈衍评论:
"门外横一大江,诗应好而转不好,然则无诗可吟乎?适买有武昌花,聊复
吟之,吟成谁寄?隔江有南皮老者,虽黄发番番,不妨以咏花之诗寄之。若
咏花必寄与年少风流者,则转索然寡味矣。"②光绪二十五年(1899),郑孝胥
有诗《广雅尚书生日以诗为寿》,诗云:"莫道希文穷塞主,却教礨砾敌清贫。
垂天斗柄诸方见,入海江流半壁振。忧患老来身自扞,须髯白尽气逾新。闲
鸥不为诗翁恋,浩荡烟波恐未驯。"③近人庞俊点评,"清俊绝俗,最合身
份"④。

宣统元年(1909),张之洞在北京去世,郑孝胥时寓上海,写下三诗忆悼:

> 汤赵走相语,南皮昨已薨。
>
> 郁郁此老翁,其意宁乐生。
>
> 一生抱忠节,旧学颇殚精。
>
> 惜哉如纨扇,秋至难施行。
>
> 公常称我诗,谓非世士能。
>
> 江湖虽浩荡,隐愧知己情。
>
> 年年泥忆云,今日殊幽明。
>
> 病中必见恨,此恨终冥冥。

> 抱冰堂中饭,余味犹在腹。
>
> 别时恐遂绝,所欠惟一哭。
>
> 弃官如弃世,用意固已毒。
>
> 知公疾我去,积愤亦殊酷。
>
> 偶然见其诗,失叹不自觉。
>
> 却求爪雪卷,感念定何触。
>
> 功名果灭性,并世迷九曲。

---

① 《续杂诗》,《海藏楼诗集》(增订本),第96页。
② 陈衍:《石遗室诗话》,第282页。
③ 《广雅尚书生日以诗为寿》,《海藏楼诗集》(增订本),第99页。
④ 《〈海藏楼诗〉庞石帚先生评语辑钞》,见张晖《朝歌集》,浙江大学出版社,2014年,第234页。

　　　　　　子期既云亡,高山欲谁属?①

　　　　　　南皮往论诗,颇亦执偏见。
　　　　　　素轻王右丞,于诗乃尤讪。
　　　　　　诗人陈子言,所学最矜炼。
　　　　　　以余比摩诘,境静诗愈远。
　　　　　　辋川有奇兴,真味不容乱。
　　　　　　君其追裴迪,和我竹里馆。②

细味三诗,郑孝胥的追思中也不乏"知己"伤叹,"子期既云亡,高山欲谁
属"。只是"知己"之情,不以政治,却以诗歌,"公常称我诗,谓非世士能"。
从"知公疾我去,积愤亦殊酷"一句看,郑孝胥当年离幕,曾经招致张之洞的
强烈不满。

　　郑孝胥还是承认张之洞的恩遇与识拔的。光绪三十年(1904),他曾戏
拟疏自劾,有云"后为前户部尚书翁同龢、两湖督臣张之洞揄扬标榜,助成
其名"③。其实,他的一面之师翁同龢,并未对他有什么实际帮助,张之洞则
是真的"助成其名",他两保郑孝胥,使郑孝胥得以接受光绪皇帝的召见,在
京城亲历了戊戌变法的险谲风云。郑孝胥只是抵不过他胸中的大抱负,愿
长袖起舞,往更高广的舞台去罢了。

二　龙州三年

　　光绪二十八年(1902)十月,四川总督岑春煊荐举郑孝胥"志虑忠纯,学
术精博,操履端介,才识闳深","实足以当人才之目"④。十二月,岑春煊又

---

①诗后注:"南皮见余《题郑子尹爪雪山樊》诗,乃属乔茂萱求其图卷看之。此邹怀西告杨寿彤语也。"
②《海藏楼杂诗》其十九、二十、二十一,《海藏楼诗集》(增订本),第192-193页。
③孟森著、孙家红整理:《粤行随笔》,全国高等院校古籍整理研究工作委员会、《中国典籍与文化》
　编辑部《中国典籍与文化论丛》第十三辑,第232页。
④岑春煊:《奏为保荐江苏特用道郑孝胥才识闳深请擢用事》(光绪二十八年十月二十八日),档号:
　04-01-12-0620-074,缩微号:04-01-12-117-2656。国家清史工程数字资源总库。

奏请派郑孝胥充川省商矿大臣,强调郑孝胥"谙悉交涉,志虑忠纯","确为今日难得之才"①。二十九年(1903)一月,谕令未允岑春煊所请,仍责成岑春煊督办川省商、矿各务,但令郑孝胥仅以道员随同办理。岑春煊未及赴川,又调补两广,五月,郑孝胥仍由岑春煊奏调,从岑往广西。

岑春煊(1861-1933),字云阶,广西西林人,云贵总督岑毓英之子。庚子事变中,岑春煊率部"勤王"有功,成为西太后的宠臣。郑孝胥得闻于岑春煊,应与岑春煊的弟弟岑春蓂有关。岑春蓂(1868-1944),字尧阶,时任汉黄德兵备道、江汉关署监督,负责处理华洋通商交涉事务。郑孝胥在汉口,与岑春蓂来往渐多,过从日密。时办新政,凡疆吏欲有所作为,莫不大力搜揽能办事者。二十八年(1902)七月,岑春蓂与郑孝胥有过一段对话,郑日记云:

> 岑尧阶来谈,忽谓余将来或简放至边僻省份将若何,余笑答曰:"使朝廷果能变法,胥必在京师或洋务紧要处,固无望于简放;使不变法,吾方逃窜之不暇,谁肯以闲地位置之乎?"岑又言,其兄云阶今署川督,恨不能多得贤者以助之。遂及冯梦华放河东道,盖云阶所保。旋询余曾经密保几次。余解其言外之意,乃乱以他语而罢。②

被皇帝召见过的郑孝胥,这时已有了身价。

岑春煊谋调郑孝胥很尽心力,但不顺利。奏调过程中,恰逢江南制造局总办毛庆藩赴津,张之洞准备委派郑孝胥接办局务。岑春蓂就此与郑孝胥商论:"制造局果属君,则(张之洞)必争留。若何?"郑孝胥认为,"南皮无坚锐之气,此举恐不能成。吾乐与爽直者共事。若反复不断者,终老无成,必矣"③。郑孝胥这两句话,颇能说明他对张之洞的真实看法。不过隔日,出郑孝胥预料的是,他果真拿到了制造局总办的札委。

相较四川"边僻"省份,郑孝胥当然更中意上海的江南制造局。江南制造局可谓他自认为的"洋务紧要处",他与张之洞商量,速赴上海接差,并向

---

①岑春煊:《奏请特派郑孝胥充川省商矿大臣事》(光绪二十八年十二月十八日),档号:04-01-12-0622-016,缩微号:04-01-12-118-0434。国家清史工程数字资源总库。
②《郑孝胥日记》,第841页。
③《郑孝胥日记》,第857页。

张之洞保证,全力办理新差,"宫保果力任此事,胥请以五年精力为中国成第一制造厂,亦自强之捷径也"①。

郑孝胥到局后,岑春煊的保奏也有了结果。原拟就的督办商矿大臣,朝廷未肯允准,仅着郑孝胥发往四川,随同办理。张之洞奏留制造局,亦不准。郑孝胥非但没当上川省的商矿督办,还失去了到手的江南制造局总办,着实懊恼。雨夜难寐,他作诗自遣,云:"缘尽亦无梦,劳人意未穷。蹉跎五年所,辗转一宵中。欲老来残世,安归此寓公。灯昏江渐白,楚雨莫翻空。"②但就在他打算"诣宁请委人接办沪局后,不往四川,移家居海门暂息二年"③之时,事情又有了变化。三月,岑春煊调补两广,郑孝胥蜀行可罢。不过,岑春煊犹对郑孝胥奏调不已,朝旨下来,郑被命随往广西。

其时,"广西匪乱日炽,朝廷旰食南顾"④。广西匪乱滋生情状,边兵难脱干系。郑孝胥在龙州的幕僚孟森,在《广西边事旁记》中,厘其原由,称:

> 法越事后,始议边防,一切倚元春为重。元春故嗜鸦片,及绾大任,益侈自奉。……方其盛时,恣挥霍,博中朝大官誉,内侈声色,外结权要,费无纪极,白日偃卧,非有事故不起,军中罕睹其面。遇法国官吏,厚馈遗以为礼,一如结朝贵状。章程每勇月给饷银三两余,递减为番银一圆,米三十觔,犹不能给,将士各自为计。有获交元春门下狎客厮养之尤昵者,则能诇其盖藏之窖否,乘时乞居间道地,随多寡有所获,获即各恤己私。弁勇以贩私、纵赌、售枪弹为业。元春因盖屋为赌馆,分博进利,高台一间,每日收银十圆,中台一张,每日收银一圆三角。据二十九年八月册报,是月收银一千三百四十五圆三角。民以赌倾家,多试为盗,盗久益众,军中枪弹益售,将弁以下,时有缓急,不免时一为盗。盗与军合,民被掠夺,诉之官不应,即生致盗。官必毒民纵盗,盗又仇民而殃之,民不附盗者仅矣。元春在边久,边乱益急。二十五年,朝廷练武卫军,元春方以宿将应召。明年,拳匪祸作,武卫军毁,元春复回防,边

---

① 《郑孝胥日记》,第 858 页。
② 《正月廿七日夜雨竟夕不寐明日遂去汉口》,《海藏楼诗集》(增订本),第 130 页。
③ 《郑孝胥日记》,第 865 页。
④ 岑春煊:《乐斋漫笔》,中华书局,2007 年,第 23 页。

人已匪多于民数倍，地小不足供剽夺，骎骎移疾腹地，天下始大哗，曰广西乱广西乱矣。①

二十九年（1903），郑孝胥随同岑春煊入桂时，边防军民"什八九皆匪"，已是"白昼杀人公取之，无忌，商货不通，行旅道绝"的地步②。

郑孝胥（左）与孟森（中）、吴学愉（右）在龙州

岑春煊到桂后的治理方针，在他后来的回忆中，是这样总结的："余抵任后，审察地方情形，棼如乱丝，真有不能下手之概。乃具疏详细奏明桂省致乱之由，必须从根本施治，先将贪婪不职纵匪成患之抚臣王之春、提督苏元春，劾奏褫职。一面调集得力军队，定四路包围剿抚兼施之计；一面选用贤员，整饬吏治，为正本清源之图。务使民得安居，绅知自爱，官吏以廉隅为重，一革往时五匪迭乘之弊。然后简精锐之师，取乌合之寇，期以岁月，庶可集事。"③这基本都是郑孝胥的主张。

作为岑春煊倾心借重的"人才"，郑孝胥初入幕的建策，如"当速赴广西，直抵柳州、庆远察看匪势、灾情及吏治、军务之状，然后劾巡抚、臬司，责成藩司整顿吏治，举地方官之清能者三数人，奏请以冯子材任剿匪、丁槐任

①孟森：《广西边事旁记》，商务印书馆，1905 年，第 2—4 页。
②孟森：《广西边事旁记》，第 4 页。
③岑春煊：《乐斋漫笔》，第 23 页。

边防,而选广西绅士之有时望者令举办各州县乡团"①等,都被落实。闰五月,岑春煊奏劾广西巡抚王之春、布政使汤寿铭、按察使希贤以及道黄仁济、镇申道发,称:"现探悉浔州以上贼匪纵横,道路梗阻,煊拟逐节扫荡,除道而前。但官邪壅塞,民气愤郁,'豺狼当道,安问狐狸!'若薰莸杂处,则官吏各怀观望,办事断难应手,惟有先除贪墨,一快人心,庶广西乱事早见转机。"②数日后,又电奏:"自梧至浔,目击村镇萧条,商旅断绝,皆言官吏废弛,匪类纵横,民不聊生,伤心惨目。察酌情形,惟有精选州县,振刷吏治,专意注重团保,使土匪得以归农,则游匪掳掠之区渐束渐窄,然后断其粮食、军械之路,将稔恶之渠聚而歼之,庶几事平兵撤之后,余焰不至再炽,此正本清源之办法也。"提出,"目下非将致乱诸员悉予显黜,使僚属震悚,改弦更张,别无下手之处",请朝廷授权,准其"不拘资格,无论候选、丁忧、奏调、咨调各人员,但使才堪胜任,即行委署"③。

这两道电奏,均是郑孝胥代拟。他在日记里全文誊录,并记述了电奏发出后岑春煊的情绪变化。前一电拟于初七日,后一电拟于十一日,两电发出后,旨未奉到,岑春煊颇有疑虑,郑孝胥慰以"如上意不决,则当力争,何疑之有"④。待电奉到,岑春煊乃"至是始快"⑤,郑孝胥贺称,"大捷矣!擒贼擒王,广西非此不可救也"。郑孝胥又云:"此次劾抚、藩、臬,幕中官僚皆以为不可,周孝怀请俟至南宁时再议,张坚伯亦电言宜缓,独余力持必劾。"⑥周、张皆岑春煊幕中老僚。看来,岑春煊在广西的第一把火,是在郑孝胥力促的情形下烧起的。胡思敬在《国闻备乘》中曾说:"春煊每至一省,必大肆纠弹,上下皆股栗失色。"⑦岑春煊有"官屠"之称,未知此称是始于督川还是督粤,但他督粤的吏治整肃,一定巩固了他成为"官屠"的形象。而郑孝胥的这些文字,让我们看到了这位在历史记载中不惧权贵的"官屠",在"待旨

①《郑孝胥日记》,第 881–882 页。
②《郑孝胥日记》,第 886 页。
③《郑孝胥日记》,第 886 页。
④《郑孝胥日记》,第 887 页。
⑤《郑孝胥日记》,第 888 页。
⑥《郑孝胥日记》,第 888 页。
⑦胡思敬:《国闻备乘》,第 23 页。

未下"时"颇惧"的小细节。

　　大手笔地整顿官场,效果自不待言,向有大言之好的郑孝胥称,旨下犹"如火山崩裂,地球震动"①。他推荐的冯子材、丁槐,都得到任用,冯子材会办广西军务,丁槐署广西提督。"整顿团保、精选州县"的想法,也得到朝廷的认可,下谕"务将团保一切事宜严饬各府州县认真办理,以清乱源;至委署各缺,着准其不拘资格,暂行酌量变通,总期有裨地方"②。

　　闰五月底,岑春煊奏请准调湖北武建军来桂助剿。六月,郑孝胥奉委任武建军统领。是月,武建两旗八营,共二千余人,自武昌出发。郑孝胥前往广州接统,月末,率军自广州启程。

　　奏调武建军,得到张之洞的支持。他致电岑春煊,称:"承调武建营,谊应助剿,已由端午帅饬往。惟现充督带两员,尚非独当一面之才。若以郑道孝胥为统领,必能得力。缘苏㑗向来讲求西操,此军初成时,督教练,造营房,苏㑗皆与其事,与此军颇浃洽。统领必须得人,军队方能尽其所长。此为粤事计,非仅为武建军计。"③他又致电武建两位督带,"沿途务须严行约束兵丁,勿任滋事,并剀切训勉,努力同心,立功报国","诸事听郑道孝胥节制调遣。如有为难之处,可禀商郑道,转陈岑帅",并叮嘱,"该营勇丁,北人居多。粤地湿热,易染病疫,诸须防慎,善为调护,药料必宜多带。军械药弹及一切应需各物,尤须预筹齐备,以免临时无措。即传知各营官弁、勇丁,一体知照,期不负多年训练苦心",甚是细致④。张之洞的积极态度,除出于"腾出此饷,另练新兵,于鄂有益"外,可能还有另外一层考虑。他对端方讲,"派郑道为统领,茇筹精当,与鄙意合"⑤。前番郑孝胥失去局差,张之洞"意若不安"⑥,此时或有弥补之意?

　　武建军"由西江取道左江,溯丽江,入龙江,水陆依护而行",一路还算

①《郑孝胥日记》,第891页。
②《郑孝胥日记》,第890-891页。
③《致浔州岑制台》(光绪二十九年六月初六日亥刻发),《张之洞全集》第十一册,第9076页。
④《致武建统带武建等营张镇彪、刘督带承恩、钟督带麟同》(光绪二十九年六月初九日),《张之洞全集》第十一册,第9077页。
⑤《致武昌端署制台》(光绪二十九年六月初六日),《张之洞全集》第十一册,第9076页。
⑥《郑孝胥日记》,第865页。

顺利。沿途"匪闻大军来,辄旁匿",待"军过",则"即复出","行千里不遇一贼"。郑孝胥甚需一战,小试一下身手。抵太平府驮卢镇时,下游新宁州之"匪匪复扰",郑孝胥率军立返,布置围堵。"匪在围中",相持一昼夜,匪"稍窘惰,争窜匿,其势已散,陆续搜捕,又一昼夜"。郑"抚慰居民,得七十余户,户给银三圆","民诧兵不居功恣取求,反有所给,以为奇,争导兵就山岩石隙",乃"获余匪甚多"。郑孝胥称,"是役虽小试,然军不浪战、以兵卫民、民自缚贼之旨,定于此矣"。[1]

七月在道中,郑孝胥奉到上谕,加恩着以四品京堂候补,督办广西边防事务,并准专折奏事。八月末,武建军抵驻连城。

连城位于广西龙州南,凭祥市北,中法战后,苏元春在这里建行台。《清史稿》称,连城向"西四十里即关,崇山相釜,一道中达",苏元春"相形胜,筑炮台百三十所","凿险径,辟市场,民、僮欢忭。复自关外达龙州,创建铁路百余里,增兵勇,设制造局",乃"屹然为西南重镇"[2]。苏元春任边事,以龙州为中心,进行了大规模的边防建设,他修筑大、小连城,改善军运,移民实边,于西南巩固,实有贡献焉。然"前后镇边凡十九年,阅时久,师律渐弛,兵与盗合而为一,蔓滋广",苏元春以"克饷纵寇",受到御史弹劾,又以岑春煊"不斩元春无以严戎备"之按覆,诏戍新疆。苏"躯干雄硕","轻财好士",在狱时,法国公使为谋缓颊,苏道:"法,吾仇也。死则死耳,藉仇以乞生,是重辱也。"可见为人[3]。世之常谓整顿吏治,虽下手痛快,却未必是好办法,吏制可能更关要。

自九月至十一月,郑孝胥皆驻连城,周视防地,分布对汛。光绪九年(1883)中法战前,中越边界广西一段,虽分疆界,但不设边防,战后,越南成为法国殖民地,十二年二月,中法两方开始会勘桂越边界,至十三年三月勘界完竣,五月,中法双方签订了《界务专条》,又称《续议界务专条》。强邻逼境,清廷开始筹划广西边防,十二年,设立了广西边防督办,派提督苏元春兼任督办,统率边防军,负责边防事务,提督衙署亦自柳州移驻龙州。二十二

①孟森:《广西边事旁记》,第5-6页。
②《清史稿》(下),中国文史出版社,2003年,第2190页。
③《清史稿》(下),第2190页。

年三月,中法又签订《边界会巡章程》,按照《章程》,开办对汛,中法每处对汛,皆设于边界通衢、中越两边相望之处。清廷相应设立了广西全边对汛督办。督办一职,由驻边最高官员兼任,另设职员专理对汛和外交事务,署址设龙州,首任对汛督办即苏元春兼任,后对汛督办与边防督办合并,称广西边防对汛督办。郑孝胥乃第二任督办。

郑孝胥很快遇到困难。他率领的武建军,入桂后尚不及有所施展,即水土不服,感染时疫,病亡接踵。郑孝胥一面应付军心动摇,一面向岑春煊请示,得岑电指示,"分起资遣,募补土著",但郑意"资遣不若调使还鄂",如何布置,一时难以决定①。武建军既不敷使用,岑、郑遂拟留用部分原边防旧军,即陆荣廷所统五营。郑孝胥"量水土所宜,与军之能事",安排布置,荣军旧习瘴疠,遂"乘边之责,什八九委荣军"②。其时情形,他随伺身边的长子郑垂,在给母亲吴夫人的信中写道:"因武建军水土不服,遂电云帅奏请将武建军撤回湖北,并奏请收回成命,云帅不肯,但云将武建军收驻龙州,另拨旧营分布对汛,仍归父亲大人总统,并罢湖北招兵之议等云。时病者甚众,人心皇皇,不得已只好将武建撤回龙州,另拨前边防分统陆荣廷之所统

郑孝胥(前排中)在广西与边防文武官员

① 《郑孝胥日记》,第914页。
② 孟森:《广西边事旁记》,第10页。

五营,每营五百人,计二千五百人分布对汛而已。"①至十一月底,对汛部署方略定,郑孝胥得率武建军,自连城退驻龙州。

龙州位广西西南,与越南接壤。郑孝胥在龙州的活动,大致可自以下几个方面认识。

军 务

军务是督边要事。武建军初抵桂,舆论尚好,《中外日报》称,"随郑苏龛京卿来桂之武建八营,计四千人,军容整肃,人亦精壮,诚非桂省各军所能及"。但边隅气候恶劣,中原子弟远戍,遭逢瘟疫,疾病流行,全军病者大半,且"桂匪皆匿迹深山,剿办不易,非生长于蛮烟瘴雨之地者,未必能习服水土而越岭如夷也"②。郑孝胥"量水土所宜,与军之能事,武建善保完善,荣军旧习瘴疠,乘边之责,什八九委荣军",孟森称之,"以边防言,武建军为主,荣军为辅;以战事言,荣军有功,武建军无功。以全边靖乱言,无功之功大,有功之功小"。③

但舆论似乎并不这样以为。仍是《中外日报》,指出"武建军到边以来,已将三月,并未见过大仗,亦无戮匪至百名以外,生擒在十名以上之事"④。三十年(1904)二月,又报道,"刻下上思州地面,遍地皆乱,攻掠之报,每日多至十数起。州牧遣人赴宁请兵,余道又苦于不敷分布,且以该州城原有武建军驻扎,是以不再派兵前往。州牧以武建军历来见党皆不敢交锋,该军虽有如无,讵可恃以为用,特于初二早,带同亲兵数十名到宁请兵,未悉余道如何调遣也"⑤。同月,岑春煊致电郑孝胥,亦直陈"武建军病故甚多,实因在鄂时太过娇养所致。柯抚迭次措饷,想必以为武建军无用"⑥。舆论如孟森

---

① 郑垂致母亲吴夫人书(光绪二十九年十月二十三日),郑孝胥家信,中国社会科学院近代史研究所藏,甲 102。

②《粤西军务志要》,刘萍、王学通主编《辛亥革命资料选编》第六卷(下册),社会科学出版社,2012年,第 1389 页。

③ 孟森:《广西边事旁记》,第 9 页。

④《桂省各官趋避剿匪》,刘萍、王学通主编《辛亥革命资料选编》第六卷(下册),第 1392 页。

⑤《西省乱耗》,刘萍、王学通主编《辛亥革命资料选编》第六卷(下册),第 1394 页。"余道",即广西按察使余诚格。

⑥《郑孝胥日记》,第 934 页。"柯抚",即广西巡抚柯逢时。

所描述,"边军之内徙者,争言武建不足用,艰巨皆荣军任之,陆荣廷之名日噪,省中大吏,意疑武建军果不堪战"①。

对此,郑孝胥复长电向岑春煊解释。电文称:

> 武建军不通匪,所至匪皆窜避,屡出击贼,而不遇一贼,故宜于巡哨。荣字军,匪不甚避,使之狙击,间能挫匪,故宜于追剿。果遇大敌,则非武建军不能当。因其短长而用之,兵事甚深,似不能为浅夫道。边帅以镇静为称职,纵火而救之,自以为功,不若不失火者之无功。且守旧者尤嫉洋操之兵,往往诋为无用。胥声名不足惜,然到边以来,自谓尽心,不负知己,恐公尚未必深信之耳。如公之忠勤,天下亦不能尽知,胥实鄙陋,岂能求谅于庸妄之辈哉。昨电奏想已由局呈览,得咎以去,亦所甘心。事久,则公论见矣。②

郑孝胥坚持认为,"戡乱与定乱手段不同",当"以信义为主"。这一思想,在处理三十年柳州兵变时,体现最为明显。是年,柳州降兵陆亚发招降编营,以勒令缴枪而致变,分党四窜,广西防剿诸军俱失利,岑春煊进驻桂林,电招边防军荣字营往剿。郑孝胥以分防各隘,无兵填换,边防万不可掣空,反对岑春煊调边防兵救内乱。虽终允调荣军,但反复声明,"叛兵宜速招抚解散,操之急则铤而走险,将不可收拾"③,"击匪非难,溃散之后蔓延隐伏,收拾为难耳",并强调,"戡乱与定乱手段不同",当"以信义为主",而非"能运辣手"④。他致电岑春煊,云:

> 细读敬电,觉我公因匪乱蔓延,致有憎嫉百姓之意,遂改其办团卫民之法,欲以辣手从事。胥之愚见,终不谓然。盖不能收拾民心,断不足肃清匪乱,如当事者不为民作主,则被匪逼胁之民何怪其日多乎。我公本以保民为宗旨,任事者或不能实行此义,今事虽棘手,但宜择人求救,未可以猜疑峻酷为策,自变其初心也。边防东路匪党最多,胥联络

---

① 孟森:《广西边事旁记》,第 11 页。
② 《郑孝胥日记》,第 934 页。
③ 《郑孝胥日记》,第 947 页。
④ 《郑孝胥日记》,第 948 页。

> 各团,结以恩信,现在迁、龙运煤来往均由团练护送,不必派兵,商货亦渐见通行。以此证之,谓百姓皆不足信,不亦冤乎? 公责任至重,朝野倚赖,惟在我公,方寸之间,愿养其太和,勿过行肃杀之令,则桂民幸甚,国事幸甚! 胥辱蒙识拔,不敢不尽其忠言,乞公少留意焉。①

不过此时,岑幕的方针正与郑孝胥相左,以为"招抚非计,宜急击之",叛兵致变,已难再讲"信义"。更何况游匪、会党聚众万余,蔓延数百里,有酿大患之势,岑春煊顾不上郑孝胥讲究的"办团卫民之法"了,他对叛兵恨之入骨,陆亚发被诱擒后,在桂林凌迟处死,岑春煊以酒啖其血,足见痛恨程度。

到龙州后的郑孝胥,与岑春煊的分歧已越来越大。岑春煊以"辣手"办匪,郑孝胥则强调"信义",两种思路,当然是各有考虑。疆场之上、政治之中,有关长久与当下的效果与取舍,向难一言以概之,此处姑且不做细论,但以一观郑孝胥的思想。

交 涉

龙州边防,军务而兼交涉。郑孝胥到边后,即考定中法军官等级,参酌旧制,规定与法人外交的礼仪程序。孟森的《广西边事旁记》,详载其细则:

> 武建军到边,既数月,考定中法军官相当之等,刺取彼之所以待我,与我旧制相参,定相见礼。凡法官军衣,以七画为最尊,越南总督代政府行一方事,始用七画,大帅六画,统领五画,分统四画,营官三画,哨官二画,哨长一画。边军以督办大员当六画,无统领故无五画,武建军两督带、荣军分统,均视四画,营官以下以次差。敌以上,升炮站队。敌,不升炮。敌以下公服来者,亦公服延见。因公奉上命,礼之加一等。不预订期,任便通谒者,不公服。升炮,有七声、五声、三声及三地炮或三排空枪之别,极尊用七炮,余递减。排队多至两棚,递减至十名、四名。敌以上,迎有远近,迎送皆出门外。敌,出门送,不出门迎。敌以下,二等者送不出门。凡预订来谒者,款以烟茶酒饼,便谒者无酒饼。预约接

---

① 《郑孝胥日记》,第 962—963 页。

待,有故须改期者,先告之。预约往会,有故不如约,亦然。①

自服色,到迎来送往,都在规定范围内。这段文字,令人立时想到郑孝胥的外交官经历。倘无三年驻日的经验,这份完备的外交条规可能会打一点折扣。

他又加强了桂越边境的管理,同样制定了一些规章。此前,中国人进入越南境,需出示法国护照。护照有两类,一年长期者,照费银三圆,两月短期者,费五毫,而法、越人进入中国境,则无如是规定。郑孝胥规定,法、越人入边者,亦行给照收费,一如法例。这项规定,因中国警察未备,不能察验照之有无,越南人又多杂居境内,难以落实,故又更为暂缓收费,但仍需持照通行。此后"法人入关,则多持照矣",不过"越人无照者,亦未加诘"②。

郑孝胥对外交涉的态度与观点,综而言之,可以归纳成四点:一,凡教案,无论大小,皆以民事论,教士如"阑及政界,则直斥以越分妄为,照会该国领事,分别约束驱逐"③。二,交涉需讲应付办法,辩驳无益,"凡一事自始至终,已界某段,应作某办法,有一定交涉步骤",交涉时,但酌"情理之短长,势力之强弱","言我将作何办法"④。三,事理确有把握,即放手先办,"待彼奔波控诉,勉力自解其围",其气焰已杀,"义所必伸,我自伸之","待其控告,我恒为被告可也,一欲为原告,则失机矣"⑤。四,办交涉,不应藉言顾全大局,而巽懦从事。

他在日记里详载过一件茴油案。《广西边事旁记》中亦有记述。茴油即八角所成油,为桂边大宗土物,销路很广。茴油贸易设保卫局经理,以禁私制,局收保护费用,散商货色,则由经纪行负责,别抽行用,保护费由经纪行缴纳。三十年(1904)秋,散商时利、广生祥、祥聚三号,凭恃洋商的三联

①孟森:《广西边事旁记》,第30-31页。
②孟森:《广西边事旁记》,第31页。
③孟森著,孙家红整理:《粤行随笔》,全国高等院校古籍整理研究工作委员会、《中国典籍与文化》编辑部《中国典籍与文化》第十三辑,第241页。
④孟森著,孙家红整理:《粤行随笔》,全国高等院校古籍整理研究工作委员会、《中国典籍与文化》编辑部《中国典籍与文化》第十三辑,第242页。
⑤孟森著,孙家红整理:《粤行随笔》,全国高等院校古籍整理研究工作委员会、《中国典籍与文化》编辑部《中国典籍与文化论丛》第十三辑,第230页。

货单,抗缴行用经费,被经纪总商控告。此案的处理经过,孟森描述道:

> (郑孝胥)派武建军队偕龙州厅莅封讫,梧州英领事致电孝胥势汹汹,称洋单已完正税,出口时照章完半税,电有郑督办违约强抽字。孝胥覆言此项经费,有光绪二十三年商家公请开办旧案,本督办照章保护,照章收费,并非创办,并非加抽,贵领事失言,或缮译错误,即查明见覆。英领来电,仍执正税、半税约。又覆云:查此项乃保护茴油经费,商家得有利益,不得认为货税,与三联单无干。如众商公议不要保护,请销旧案,须于前一年声明,再候核办。英领执称保护费宜抽山主,不应抽贩货之商,抽之商即为税。又覆云:查保卫局设于西历一千八百九十七年,因此地匪乱情形,与前不同,若不保护,必至无油可购,且广生祥等所购,乃已受保护之货,此货既由该商经手,自应责成该商,照现行章程完纳经费。英领无可措词,乃多方恫吓,往扰巡抚李经羲。经羲电询颠末,即亦据孝胥所持者驳英领,最后劝孝胥所争者小,略通融,图速结。孝胥复电云:胥照案办理,碍难通融。英领不从,应请听其所为。于是经羲亦谢不敏。英领又往扰总督岑春煊,言三家久封,受亏应偿。孝胥言三家咎有应得,无与为偿者。英领称三家因领洋单受窘,必索洋行偿。孝胥言:他商亦领洋单,仍缴经费,三家独顽抗累洋行,华官可据理断令不向洋行滋扰。以后无可言,惟称受亏几千金矣,逾时又称增亏几千金矣,孝胥以无所事于英领,置不理。至十二月,英领由春煊所转圜,言三家罪案究未定,郑督办所责经费百七两,令缴存梧州关,候缓断曲直定缴局与否,先行揭封。春煊亦劝省事,乃于十二月二十日揭封,作不了之局。①

茴油案的办理过程,一如孟森的总结,"孝胥平生持论,办交涉视理直,即应争先着,放手自办,待其百计营救而后脱,已受苦累,足杀其焰,欲声我罪则理曲,穷其伎俩,不过嗾政府易其人而已,若理直而气不壮,先遍恳外人求公论,外人于彼国无诘责之权,于我国无保护之责,事机落后,以我求彼,所得

---

①孟森:《广西边事旁记》,第35—36 页。

者仅矣"①。

不过,晚清对外交涉,以国衰势微,"理直"多半不能气壮,所谓"应付办法",并无力量。茼油案最终亦是含糊了结,三号既未罚办,所缴一百零七两经费又暂存至梧关,未交经纪行商,以致商情观望,经纪总商赔累四千余金,无人承允接办,保卫局裁撤了事。但就郑孝胥个人而言,他的态度和表现,显见得铮然、硬朗。

边　策

光绪三十年(1904)春,边军部署稍定,郑孝胥退驻龙州,开始边务经营。他强调治本之计,在兴教化民,培养元气,正本清源,即"长策犹须教耕战"②。

广西匪乱滋生,与边兵大有干系,孟森对此有所考察,他在《粤行随笔》中记述:

> 边地之不为穷荒,自有边防始。而边防之兵不训不练、不养不恤,日力既闲,饷额又经克扣(苏军发饷,月止洋乙圆,米三十斤,又不能定期,有钱则稍敷衍,无则停待。偶值有钱,管带与督师内幕有线索者,可以捷足先得。无线索者,又多向隅矣),始以纵赌为生计,而民无恒业,一出于赌矣。苏乃特盖大赌馆,抽头自饱其橐。久之,民穷为盗,兵又纵盗为利薮。枪械子弹,在逍遥河上之兵,本无大用,而济匪则可索高价。久之而兵亦为盗,弁亦为盗,将亦为盗,一片粘连,蔓延内地,遂成今日之乱。③

兴教化民,正本清源,首在复苏民生。而复苏民生,郑孝胥实施的最有力措施,乃设立通力局与新龙银号。

龙州水道交通发达,航运直达南宁,但多滩河,水浅不能容大船。十九

---

① 孟森:《广西边事旁记》,第 36 页。
② 《述意》,《海藏楼诗集》(增订本),第 152 页。
③ 孟森著,孙家红整理:《粤行随笔》,全国高等院校古籍整理研究工作委员会、《中国典籍与文化》编辑部《中国典籍与文化论丛》第十三辑,第 226 页。

年（1893），前任广西提督兼广西边防督办苏元春筹办邕龙车渡公司，后改为邕龙利济局，在广州定制扒船，扒船有轮，以足踏行，入水虽浅，但承载颇多，附搭人客，极其快便，只是已废不行。郑孝胥复设车渡，名之通力局，资金一半由商筹，一半由官助，主持则归商，官不过问，但任保护，亦不取费用。邕、龙一线，为边产外输及边地取给必经之路，道途一通，市况立盛，商货利市三倍，墟市尽兴，武建军则行护运道，驻护墟市。

墟市兴起，边民交易，又出现银钱汇兑的需求。郑孝胥又商议设立银号，名之"新龙"。新龙银号的筹资办法，亦同通力局，本银由官助一半，商筹一半，设专号于龙州，设分号于广州，兑款可通上海。郑孝胥为新龙银号撰写了门联："金币为本位，商战以自强。"银号设立后，邕、龙间财力得以灌输，商货愈发活跃，民聚墟肆日盛，近墟而居者日众，昔日被匪裹挟入会之民，有所依恃，安居乐业，开始自疏于匪，民、匪之界，渐趋廓然。

两件事情，按照孟森所言，都极有成效，"荣军能捕匪，武建军能销匪，其合多数之匪以受销，余少数之匪以受捕，则得力于车渡、银号二事"[1]，"民既乐业，军中专就完善保之，勤放哨，数打靶，振刷士气，日日俨对大敌，以此坐镇两年，市肆无被盗者，诘其办匪之力，始终无麈战，无穷追，晏然坐致之"[2]。不过，孟森所描述的"匪胁拜台入会之民，有所倚以自远于匪，于是边人什八九皆匪者，数月间乃止千百之一二"[3]，更像是理想中景象。实际的情形，可能并不如此，或如忻城理苗，为会党所据，"居民大半'归洪'"[4]，或如前述《中外日报》所言，"刻下上思州地面，遍地皆乱，攻掠之报，每日多至十数起"[5]，无怪岑春煊所部各路剿匪军，皆"遇人便杀"。不过，"靖边之功，无军尤大"，作为治边的理念，还是有其深刻之处的。

所谓教化，教行于上，化成于下也。广西地处边僻，民气塞陋，复兴民生而外，教育亦在所重。早在二十一年（1895），郑孝胥为张之洞代拟《吁请修

①孟森：《广西边事旁记》，第 13 页。
②孟森：《广西边事旁记》，第 8 页。
③孟森：《广西边事旁记》，第 15 页。
④《晚清广西大事记》，广西区政协文史资料委员会编《广西文史资料选辑》第 38 辑，广西政协文史资料编辑部，1993 年，第 50 页。
⑤《西省乱耗》，刘萍、王学通主编《辛亥革命资料选编》第六卷（下册），第 1394 页。

备储才折》，就提出"广开学堂"，"多派游历人员"。三十一年（1905）春，郑孝胥在龙州创办学社，资助经费千元，自任社长，"结二千里士人为社，以学问友朋光天化日之会，易其狐鸣篝火暮夜歃血啸聚之俗"①。学社成立时，郑孝胥"送三十年各报纸及各种新学书五十余册于学社"②。不久，又为学社采购《外交报》、《大陆报》、《国粹报》、《东方杂志》、《万国公报》、《中外日报》各种"③，"书六箱"④。又在龙州办蒙学堂，蒙学堂"悉用国文、笔算、习画三种教科书为课本，而尽屏他书不用"⑤。时清廷废科举、兴学校的诏令还没有下颁，郑孝胥做过湖广学务处的总办，对于办学章程、功课年限、考课题目等等的处置，自有条理。

　　二十九（1903）、三十年，郑孝胥分别遣送边地子弟曾汝璟、曾彦到日本法政大学速成科、日本中央大学法律科学习。三十一年，广西学使汪诒书拨同风书院存款，做专门经费，用以留学资助，留学规模遂得扩大。同风书院创建于十九年，次年冬，由太平思顺道蔡希邠规划经营，意举边区汉土之庞杂风气一归于大同，故名曰"同风"。汪诒书曾致电郑孝胥，商议改同风书院为师范讲习社，择选优秀学生入社，以便"事易而效速"。郑孝胥认为，莫如送优秀学生赴日本学习师范更为切实，两人乃议定，以书院存款为专门遣学费用，第一批学生，由郑孝胥亲加考验后，咨送八人，赴日本各文武学校，另有十二人，送往广东附学。

　　倡学兴利，边策也。无论是汪诒书称颂郑孝胥开办将弁学堂，"多收此邦人士，用意极为深远。将来存广西者，在此一举"⑥，还是郑孝胥自谓，"虽在极陋之区，但有出洋游学者数人，此地即未可轻视"⑦，汪、郑二人的着眼处，均在边防的经画久远。如果说郑孝胥之"守边有上策，兴学以平乱。三叹登斯堂，弥天待童冠"⑧，说得尚不够透彻，那么孟森明白讲道：强邻咫尺，

———————

①孟森：《龙州学社开社记文》，《广西边事旁记》，第51页。
②《郑孝胥日记》，第985页。
③《郑孝胥日记》，第995页。《国粹报》即《国粹学报》。
④《郑孝胥日记》，第998页。
⑤《郑孝胥日记》，第999页。
⑥《郑孝胥日记》，第977页。
⑦《郑孝胥日记》，第977页。
⑧《题龙州小学堂》，《海藏楼诗集》（增订本），第153页。

"虽欲糜烂是民,而顾其士之莘莘,学之彬彬,游学而负笈,及数年后学成,
而充公私之用者,其人且遍天下,有不怵然敛迹者乎"①,便是教化之用
意了。

在龙州,郑孝胥还办医院、修浮桥。医院原为受疫侵染之武建军开设,
他军或非军人亦可入院,但付伙食,就诊不住,不取费用。孟森称之,"意思
周挚,足为法式"②。三十年(1904),郑孝胥又建造了一座浮桥,取名"利
民",为广西开关以来首倡。

边饷问题

边饷问题,是郑孝胥在广西面临的最大问题,也是导致他辞去边防督办
任职的主要原因。

中法战争以后,广西设立边防,每年需饷五十万两。广西瘠苦,向为受
协省份,边饷原由广西、广东、湖南、湖北四省合筹,广东、湖南、湖北各十二
万,其所不足,悉取广西定额,岁饷四十九万余两,继减为月三万七千两。郑
孝胥到边,岑春煊指此三万七千两为的饷。然各省协饷,向以各种理由,长
期少解或者不解,欠解协款渐积日多。计自奉准协拨以来,三省应解之数均
未解足,据孟森所称,"湖南欠协饷百五十余万,湖北欠百七十余万,广东欠
十八万余,此三百数十万之欠,皆取足于广西,搜括早尽净"③,广西力难独
支,所谓三万七千两的饷,实不能足。

二十九年(1903),柯逢时补授广西巡抚。柯逢时在赣抚任时,即以"理
财之学"而知名,到广西后,亦采取了一系列的财政改革措施。二十九年十
一月,柯逢时在桂林成立广西官银钱局,收发省司局官款。在南宁、梧州、柳
州、浔州设立分号,各府州县的公款均由分号入支。三十年一月,又废厘金,
行统税。所谓统税,即将厘金所征收的各种土货过境税,统计一次缴清。四
月,筹订全省行统税、废厘金办法,改并厘金局卡为统税局卡。

柯逢时外甥殷应庚撰其年谱称,柯逢时在江西时,"以商贾行役,每因

①孟森:《广西边事旁记》,第51页。
②孟森:《广西边事旁记》,第43页。
③孟森:《广西边事旁记》,第27页。

税收不齐，致羁时日，奏改江西厘金举办统捐定章，一次办理将不再收税，以苏商困，蒙俞允施行，士民称便。时赣民多不纳赋税，历有延欠，公意统捐遍行后，再行奏改田赋科则，以利斯民。翌年移抚桂疆，志不果行，公常引为憾事"。到广西后，柯逢时依江西经验，"整顿土税"，"奏改归包办，厘定两广土膏统捐约言"，实施"统捐之法"，又"推行其法于厘金盐税"。是年，统税收入比厘金增加百分之七十，"岁收大裕"①。然柯逢时的财政改革，并不便及于民，行统税后，商民大哗，罢市月余。全省行统税、废厘金办法，亦因商民反对甚烈，由岑春煊奏请暂停②。

这样一个"财政精密"的人，在广西军需窘匮的情况下，与边防督办郑孝胥的冲突，自然就产生了。九月初，柯逢时抵桂，中旬，即"有裁减边饷之意"③，十月，冲突表面化。过程大致如下：

十月十一日，柯逢时欲停边饷。是日夜，郑孝胥致电柯逢时，索边防全饷。他在家书中称，"柯欲减边饷，处处掣肘，日来正与岑帅商此事，心极烦扰，便觉如坐囚牢，万分苦恼"④。十三日，郑孝胥致电外务部，请代奏"到防日期及善后局减饷一万五千余两、武建军水土不服各情形"，提出，广西既不供饷，则"请收回成命并撤回武建军"⑤。十九日，郑孝胥得电旨，称"广西边防紧要，所请将武健（建）军拨回湖北之处，着不准行"，"仍责成郑孝胥认真筹办，毋许推诿。所有边防月饷，毋庸减发，着岑春煊会商柯逢时妥筹办理"⑥。

郑孝胥为边饷牵掣，"担忧呕气，几二十日"⑦。他曾抄录十三日电奏稿，寄示其弟郑孝柽，他在信中倾诉道："寄去电奏稿，阅之可知办事之难，

①殷应庚原著，黄健整理：《柯逢时年谱》，《江汉考古》，1989年第1期。

②《晚清广西大事记》，《广西文史资料选辑》第38辑，第43、45页。

③《郑孝胥日记》，第912页。

④郑孝胥致吴夫人书（光绪二十九年十月十一日），郑孝胥家信，中国社会科学院近代史研究所藏，甲102。《郑孝胥日记》，第916页。

⑤郑孝胥：《广西边防督办郑孝胥以军饷无着撤回湖北电》（光绪二十九年十月十五日），庾裕良等编《广西会党资料汇编》，广西人民出版社，1989年，第468页。

⑥《郑孝胥日记》，第917页。

⑦郑孝胥致吴夫人书（光绪二十九年十月十九日），郑孝胥家信，中国社会科学院近代史研究所藏，甲102。

吾自度不能苟且将就,且此饷一减,不能复增,将来广西边防扫地,不过年余,必为法人所侵轶。疆吏不知边防,立召大衅,若徒与争饷,彼将诋我为争利,故不能辞,以明无私耳。"①并言,"果能脱身,即当归沪,再作打算"②,开始有了去意。

尽管旨谕边饷"毋许推诿",但情形并没好转。柯逢时虽勉应命,不敢减饷,而力实不逮,郑孝胥仍须口舌之争,"十月之饷至今只解到二万一千,尚有一万六千余两仍未解来,柯但云无款欲推,与云帅互相推让不已"③。十二月初八日,郑孝胥会同岑春煊、柯逢时,奏请"协拨各省自明年为始,按月如数径解梧关,转解龙州",并各省酌量力所能及,分年拨还积欠之款④。但收效甚微,朝廷转发催解奏折,仍解决不了实际问题。湖南巡抚在复奏中,声称"湘省库款奇绌,奉派岁协广西边饷久已停解,积欠甚巨,委系无力筹解"⑤。

户部饬催之外,无如之何。至次年二月,非但三省协款不到,广西应行拨补之款,亦被柯逢时停拨。彼时情形,孟森形容道:"至明年春,窘益不可耐,彼此所争执,所号叫,几于无理取闹。"⑥郑孝胥焦迫之下,遍电岑、柯,以及湖广总督张之洞、湖南巡抚端方等诸人,又电外务部,奏陈边饷停解,请销差,以边防归桂抚兼管。电奏云:

> 边防二月营饷,广西现已停解,令各营专候三省协饷。缓不济
> 〔急〕,恐致哗溃之变。查边防督办有防边之责,无筹饷之权,饷项掣
> 肘,必至偾事,关系重大,何堪设想。体察情形,如以督办边防之任责成

①郑孝胥致弟郑孝柽书(光绪二十九年十月十三日),郑孝胥家信,中国社会科学院近代史研究所藏,甲102。
②郑孝胥致弟郑孝柽书(光绪二十九年十月十三日),郑孝胥家信,中国社会科学院近代史研究所藏,甲102。
③郑垂致母亲吴夫人书(光绪二十九年十月二十三日),郑孝胥家信,中国社会科学院近代史研究所藏,甲102。
④岑春煊、郑孝胥、柯逢时:《奏请严饬各省按期筹解广西协饷事》(光绪二十九年十二月初八日),档号:04-01-01-1062-042,缩微号:04-01-01-161-1626,国家清史工程数字资源总库。
⑤《协款收入》,广西壮族自治区地方志编纂委员会编《广西通志·财政志》,广西人民出版社,1995年,第29页。
⑥孟森:《广西边事旁记》,第28页。

本省督抚,则筹饷防边合为一气,庶将来边事可望振作。孝胥蒙恩特擢,并奉旨认真筹办,万不敢自外生成。今边饷既不应手,实属无从办理。惟有仰恳天恩,准其销去督办边防差使,以免贻误,不胜悚切待命之至。请代奏。①

郑孝胥电奏的结果,便是促使了边饷改章。往复协商之后,重新制定四省分别之饷额,即孟森所称"四省合筹之议"②。

不过,催饷的任务,仍委边防,郑孝胥仍觉厄抑。不久,柯逢时以督抚不协,调授贵州巡抚,据殷应庚撰年谱,时在七月。即便掣肘的柯逢时他调了,郑孝胥依然无法释怀,他对现实大失所望,锐志消磨殆尽。他在诗中表达:"丈夫行藏不自主,坐使儿女悲别离。心知世事决难挽,拂衣当去何迟迟。"③十月,他再请开督办边防差。他的辞官诗,刊登在上海的《时报》上,诗云:"辞官聊自慰心魂,谵语还怜世议喧。愦愦宁馨难了事,断断贾竖枉争言。中朝不省筹边策,志士空惭食禄恩。抵掌谈兵有人在,故山容我闭柴门。"④

三十一年(1905)九月,郑孝胥终于力辞得去。他辞广西督办后,力请的"事权统一"实现。广西边防督办一职自此以后撤销,对汛督办则保留,由太平思顺兵备道兼任,办理边防交涉事务,直辖于巡抚,由广西巡抚每隔一年,巡边一次,考察交涉事宜以及民间疾苦,随时整顿,巩固边疆。郑孝胥去前,又上了一道奏折,详陈桂省边防应行分年筹办各事宜。折称:"蒙恩特擢,守边二年,虽竭其驽钝,悉心经营,而限于财力,志所欲为,迄不能办,上负委任,抚衷滋愧。惟阅历稍深,权其缓急,有可就目前饷力所及分年办理之务,谨举其尤要者三事。"⑤

"要者三事",一是"电线不可不设也"。"边防单薄,势不能处处分扎。土匪窃发,各营无从得信,飞檄堵截,贼已远遁","目前筹款诚难,若能就边

①《郑孝胥日记》,第933—934页。
②孟森:《广西边事旁记》,第28页。
③《子嗟》,《海藏楼诗集》(增订本),第148页。
④《十九日又作》,《海藏楼诗集》(增订本),第142页。
⑤郑孝胥:《奏为沥陈广西边防需设电线宜练炮队及兴办农工各情形事》(光绪三十一年三月十五日),档号:03-6039-050,缩微号:451-2910,国家清史工程数字资源总库。

饷五十万两内极力设法节省,每岁划出一二万两,逐段安设,分年办理,不过数年可以竣事。此线果成,则声息相闻,沿边联为一气,虽兵止五千,可抵万人之用,使边防全局俱振,关系实为重要。如蒙饬部另行指款开办,则一年之内,便可告成。筹边之务似无更急于此者,此电线宜设之情形也"。二是"炮队不可不练也"。"守边利器,首重炮台","将来通盘筹划,择其要隘,另购巨炮,另造暗台,万不可少,然非备有二三百万之的款不能举办",目下"惟有先练陆路炮队及过山炮队数营,以备攻守之用,但炮队之饷重于步队,目前无款可筹,或俟电线既设之后,抽出步队一二营改练炮队,先立根基以为推广之地"。三是"农工不可不兴也"。边防协饷项下,可"每年指拨银五千两专为资遣出洋学习农务工艺之经费","使沿边千余里竞趋于农工之途,技艺大兴,荒芜尽辟,僻陋朴鄙之地,一变而为富庶礼义之乡","守边之计,守之以兵,未若守之以民,果民智大开,人人有厚生利用之能,有忠君爱国之悃,则虽强邻密迩,无从施其窥伺"①。这道奏折,以《广西边防大臣郑奏桂省边防应行分年筹办各事宜折》为题,登载在上海的《东方杂志》上②。

郑孝胥督办广西边防之前,在张之洞幕府,"百政无不预,军事亦参赞机密"③。张之洞曾与他的众幕僚道:"今欲行新政,得数人亦可举耳:陈璧、张百熙、李盛铎、钱恂,及座间郑、黄二君。用此六人,可成小贞观矣。"④又曾道:"吾至江宁,外政用许、郑,内政用程、朱,不足忧矣。"⑤两处"郑",皆指郑孝胥。郑孝胥亦自视甚高,"使朝廷果能变法,胥必在京师或洋务紧要处"⑥,俨然以变法人才居,故岑春煊有语,"请以此局为学问实地试验如何"⑦。但一试身手的结果并不佳,郑孝胥以诗人而为边帅的豪迈没过多久就烟消云散,武建军不服水土,桂匪匿迹深山,剿抚两难,边防督办但有防边

①郑孝胥:《奏为沥陈广西边防需设电线宜练炮队及兴办农工各情形事》(光绪三十一年三月十五日),档号:03-6039-050,缩微号:451-2910,国家清史工程数字资源总库。
②见《东方杂志》,1905 年第 2 卷第 6 期,第 265-267 页。"逐段安设"之"逐",误为"远";"不过数年可以竣事"之"年",误为"批"。
③陈灨一:《郑孝胥》,《睇向斋逞臆谈》,《睇向斋秘录(附二种)》,第 116 页。
④《郑孝胥日记》,第 817 页。
⑤《郑孝胥日记》,第 846 页。
⑥《郑孝胥日记》,第 841 页。
⑦《郑孝胥日记》,第 921 页。

之责,而无筹饷之权,饷项掣肘,志有所欲为,然不能尽情抒发,郑孝胥着实"百倍近来情绪恶"①,以卸此钜肩为愿。三年治边,不过孟森所总结的一句话,"士生今日欲自试于世事之艰者,其所更历不至于尽失,平生之才智殆犹未尽"②也。是三年,又在清廷推行"新政"期间,郑孝胥这一变法人才的这一段不太愉快的经历,或可使我们一窥"新政"在地方上的具体实施,究竟是个怎样情形。

三　寓居上海

　　光绪三十一年(1905)十月,郑孝胥回到上海。这年的除夕夜,他在日记中总结道:"四十六岁称疾致仕,去家十六年","平生轻世肆志之学,至此施行"③。"轻世肆志"一词,出自《史记》。齐人鲁仲连急难好施,好持高节,立奇功而不受禄,不居仕,道:"吾与富贵而诎于人,宁贫贱而轻世肆志焉。"④郑孝胥自称的"轻世肆志",应包含着较此更丰富的内容。他对吴夫人道:"吾今年四十六,得弃官归田,便可作一生收束,列传、行状皆可预作。从此以后,若中国迄无振兴之日,则终老山林,不失为洁身去乱之士;倘竟有豪杰再起,必将求我。虽埋头十年,至五十六岁出任天下大事,依然如初日方升,照耀一世。是吾以一世之人作两世之事,岂不绰然有余裕哉!"⑤倘有豪杰再起,再出任天下大事,这才是他"轻世肆志"的真正内容。

　　他在上海南阳路上修筑了海藏楼。海藏楼与赵凤昌⑥的惜阴堂相望,占地大约三亩,门前植有数株大柳,楼三层,纯是西式,花木环莳,小且精雅,院中有花园草径,松、竹而外,兼植樱花,楼前广场,春樱秋菊发荣时,主客常游赏其间。海藏楼的樱花号称"海上樱林之冠",购自东瀛,粉白黛绿,凡数

①《枕上》,《海藏楼诗集》(增订本),第 136 页。
②孟森:《广西边事旁记书后》,《广西边事旁记》。
③《郑孝胥日记》,第 1025 页。
④《史记·鲁仲连邹阳列传》。
⑤《郑孝胥日记》,第 975 页。
⑥赵凤昌(1856—1938),字竹君,江苏武进人,光绪十年(1884)入张之洞幕,十五年随张之洞移督湖广,任总文案。敏勉强记,得张之洞信任,一切要事皆与秘商。十九年张之洞被劾,赵凤昌受连累,遭革职永不叙用,定居上海,在张之洞的托顾下,于湖北电报局挂名支薪。

十株,盛开时,海藏楼内排日张宴,先后旬日。菊则数百盆,海上秋有赛菊会,必登上选。广场东南,后又增添盟鸥榭,乃友周达移拆自家日本茶屋相赠,为饮酒论诗之处。场西则有一小亭,署名思鹤。

海藏楼名,取意苏东坡诗,"惟有王城最堪隐,万人如海一身藏"。郑孝胥每有居,必题名,每题名,又必发其心志。驻日时,他有临海一室,破壁施窗,加以改造,取"君子以独立不惧,遁世无闷"意,名为无闷斋,又自号无闷道人,赋诗云:"闲来一据案,意气与天逸。滔天自横流,而我方抱膝。窗闲独偃蹇,万象绕诗笔。竖儒奋清狂,作事众犹栗。前身疑幼安,遁世送日月。"[1]回南京后,在绵侠营筑屋,水木明瑟,可眺钟山,用庄、惠游濠梁典故,颜其屋为"濠堂"。濠堂落成时,郑孝胥作五律,感慨"惜哉此江山,与我俱不偶"[2]。到汉口总办铁路局务时,他又筑盟鸥榭,所谓与鸥为盟,超然独燕。在龙州,则有饵薏堂。"饵薏",取自《后汉书·马援传》:"初,援在交址,常饵薏苡实,用能轻身省欲,以胜瘴气。"郑孝胥正以南征交趾的伏波将军马援自比,故名"饵薏"。

关于海藏楼,似乎还要做一点考证。海藏楼到底建于何时?"海藏楼"一名,又始于何时?《海藏楼诗集》(增订本)开篇第一首诗,就题名为《海藏楼试笔》。一般来说,是先有海藏楼,再有海藏楼诗,故有学者认为,"海藏楼至迟应该建在 1898 年(光绪二十四年)之前"[3],即写作试笔诗的那一年之前。劳祖德先生在《郑孝胥日记》整理说明中说,郑孝胥"三十一年(1905),自求解职去,在上海筑'海藏楼'以居",与郑孝胥熟识的夏敬观则称,"苏堪自苏州还,终慈禧垂帘之日,遂不复出。于海上筑海藏楼,有终焉之志。前此虽有海藏之名,而未尝有楼也"[4]。

劳祖德先生所说大致不误。三十一年(1905)十月,郑孝胥回到上海,修筑海藏楼,在第二年之后。建筑海藏楼的过程,日记里记载得十分清楚。

---

[1]《决壁施窗豁然见海题之曰无闷》,《海藏楼诗集》(增订本),第 34 页。

[2]"偶",遇合,得到赏识。《海藏楼诗集》(增订本),第 68 页。

[3]傅道彬、王秀臣:《海藏楼内外的郑孝胥》,《北方论丛》,2005 年第 1 期。

[4]夏敬观撰,张寅彭校点:《学山诗话》,张寅彭主编《民国诗话丛编》第 3 册,上海书店出版社,2002 年,第 65 页。

三十二年(1906)四月,郑孝胥购地,十一日日记载:"赵竹君来邀同至爱文牛路看新购地基,每亩价三千两。其侧尚有余地,余托竹君代购三亩。"①爱文牛路即爱文义路(Avenue Road),今北京西路,其南是南阳路(Nanyang Road),即今南阳路。惜阴堂在今北京西路南、南阳路北,海藏楼位其侧,两建筑今均已无痕。三十四年六月,郑孝胥"至南阳路视工程,已造至第三层,登板梯望之,四面楼阁插林木间"②。十二月,工程基本结束,主体已"嵌'海藏楼'三字"。《郑孝胥传》称,郑孝胥三十三年"筑海藏楼于上海",三十三年,正是海藏楼建成的时间。

　　夏敬观所说,此前虽有海藏之名,而无海藏之楼,则有误矣。"至迟应该建在 1898 年之前"的海藏楼,确实是有的。这一海藏楼,乃位于上海虹口寿椿里一楼,非郑孝胥自造。二十三年,即 1897 年,郑孝胥赴上海盛宣怀幕,准备租屋以迎家眷,八月,闻人言,"虹口寿春(椿)里有空屋,自往观之","三楼三底,有自来水,巷极修净,去河才十余步,租二十二元,又看门人每月半元",并于九月,搬入此楼③。二十五年(1899)二月十七日,郑孝胥"得稚星书,十二到沪,禅奴表弟及炳侄同出,并居海藏楼下"④,这条日记,最能说明在南阳路海藏楼之前,早有一处海藏楼。夏敬观所谓"未尝有楼",实未尝有南阳路上海藏楼也。自二十三年(1897)始,郑孝胥就已命其所居为海藏楼,只是这一海藏楼,非彼闻名之南阳路上海藏楼,而乃寿椿里租赁之海藏楼。故他在二十四年(1898)作七律《海藏楼试笔》,同年致书江标署"海藏楼笺上"⑤,二十八年在武昌出版《海藏楼诗》,都是自然的事情。三十一年,尚在龙州的郑孝胥,有诗云:"行歌具区薮,归隐海藏楼。"⑥亦不是虚言了。

　　此外,郑孝胥名以海藏楼的住处,似也非仅上述两处。其日记三十二年(1906)正月十五日条云:"与凤雏约,母女同至苏州,就海藏楼文案之馆,余

①《郑孝胥日记》,第 1040 页。
②《郑孝胥日记》,第 1150 页。
③《郑孝胥日记》,第 618、624 页。
④《郑孝胥日记》,第 719 页。
⑤《郑孝胥日记》,第 643 页。
⑥《题孟莼孙新著广西边事旁记》,《海藏楼诗集》(增订本),第 148 页。

以幕友待之。"①凤雏，即郑孝胥外室金月梅。郑孝胥在苏州有房产，看来，亦称海藏楼。1935 年，郑孝胥在北京西直门买房，由其三子郑何居住，此宅便是称作海藏楼。揆诸上述，可以论定的是，自光绪二十三年（1897）前后，在郑孝胥的生活与思想里，就有了"万人如海一身藏"的追求，并且这一追求，终持一生，与他的待时夜起，在他的精神深处，形成极富张力的对峙。

郑孝胥到沪后，受到张謇、张元济等老朋友的欢迎。他迅速成为沪上名流，带着他在汉口、龙州集聚起的财富，顺利介入到商、学两界，并先后进入两江总督端方、东三省总督锡良幕府中。

与早期中国公学

在郑孝胥日记中，与中国公学相关的最早记载，出现在光绪三十一年（1905）。是年十一月十七日夜，郑孝胥"应麦鸿钧惠农之约于一家春，与菊生、季直议电询日本学生罢学事"②。数日后，郑孝胥在福州，陈宝琛又"钞示江督、闽督三电，为日本留学生事"③。陈宝琛时在福州，任全闽师范学堂监督。

清末，朝廷为广励人才，讲求时务，提倡出洋游历、游学，日本以地近费省，游学者众。日记中提到的"日本学生罢学事"，即留日学生反对日本政府"取缔规则"罢学归国一事。三十一年十月，日本文部省为配合清政府整顿留日教育，颁布《关于准许清国学生入学之公私立学校之规程》，引发留日学生抗议风潮。风潮至年底渐止，罢课的学生复课，已归国的学生大部分返回原籍，或者返日，余者则以刘棟英、朱剑、吴勋、王敬芳等人为主，在上海筹划自办学校。

郑孝胥很快与留日学生有了直接接触。三十一年十二月（1906 年 1 月），"日本学生总会事务所湖南刘棟英郁芝、江苏朱剑梅僧来见，曾嗲同来，述东京罢学始末。归沪各生欲公立学堂，问策于余。余使调查同志人数

---

①《郑孝胥日记》，第 1028 页。
②《郑孝胥日记》，第 1020 页。
③《郑孝胥日记》，第 1020 页。

及能筹款若干,再议办法"①。同来之曾嗲,应是三十年郑孝胥送往日本中央大学学习法律的、在日记中曾出现过的广西子弟曾彦。"日本学生总会事务所",即留日学生总会事务所,办公地点在派克路东升里,刘、朱分别为总会正、副干事。其时,这一部分归国学生已议定"兴学",并决议校名为"中国公学",亦即日记中所言"归沪各生欲公立学堂"。

数天后,刘棣英再度拜访郑孝胥,代表公学学生邀请郑孝胥担任校长。郑孝胥以"不愿与官府往来"为由拒绝,不过,"捐助一千元,以表赞成之意"②。二月初十日,中国公学举行开校典礼,郑孝胥前往,并作了演说。

中国公学初办时,实行共和自治办法,经费匮乏,人事亦不顺利。据公学创办人王敬芳1932年回忆:"这种共和制度实行了九个月(自丙午二月至丙午十一月),即行修改。"当时共和制度修改,有三个原因:一是由于"原发起公学的留日学生有一部分仍回日本","一部分江苏学生退出公学,另办健行公学","原发起时的学生日少,而各省新考入的学生日益加多。学生内部的情况,与初发起时完全不同";二是"当时政治上及社会上的人,均不以公学共和制度为然";三是"当时公学既无校舍,又无基金","经济困难,岌岌可危。故欲求公学存在,非向各省请求补助不可。公学之共和制度,既为政界及社会所诟病,若不修改,必为筹款最大障碍"。"根据以上三个理由,乃延请郑苏戡、张季直、熊秉三等数十人为董事,修改章程,而学生主体的学校遂变为董事会主体的学校。董事会根据新章公举郑苏戡孝胥为监督。一年后,郑君辞职,董事会又举夏剑丞敬观为监督,至辛亥鼎革始解职"③。

三十三年(1907)二月,郑孝胥正式担任中国公学监督,至三十四年三月夏敬观接任,主持公学一年有余,为公学的发展多有贡献。由于公学创办者与同盟会的密切关系,公学向为后人凸显的是它的革命性一面,早期创办的具体情形,往往被忽略,尤对首任校长郑孝胥,几无提及。在当时"均不

①《郑孝胥日记》,第1024页。
②《郑孝胥日记》,第1025页。
③《阙名致胡适(残)》,胡适著,中国社会科学院近代史研究所、中华民国史组编《胡适来往书信选》(中册),中华书局,1979年,第150-151页。

以公学共和制度为然"的社会舆论下,郑孝胥却认为,中国公学可"以为天下学界自治之表率"。他对公学给予了深远期望,他在开校典礼上演讲道:

> 中国各省皆办学堂,纯用官场办事,毫无法度,遂成上下相贼之景象。有志之士既为官府所逼,故溃散而之日本;然在日本者八千人,毫无预备,劳神伤财以学无用之日语、初级之蒙学,日人又加以无礼之约束,于是又溃散而归。呜呼,内为政府所虐,外为异族所凌,吾恐天下志士必将心摧骨折,无向学之地,无出头之日矣。今观此公学,居万死一生之地位,而能茹苦含辛,坚持不屈,吾甚哀诸君之遇,甚敬诸君之志,窃愿诸公力守目下共和之法,就平等中选举办事之员,授以权限,明其义务,相率服从,以为天下学界自治之表率,庶几可以内执谗慝之口,外夺强梁之气。诸君勉之![1]

十二月,他为《中国公学第一次报告书》作序,序文云:

> 自日俄之战,中国士子,始相率求学于日本。三年之间,国事舆论,翻然一变,乃学者之效也。学生甫至日本,志气激昂,不可抑遏,几自忘其为专制国之民。及取缔事作,负气而返者,三千余人。麇集上海,呼号求援,自谋兴学,既无应者,公使复促之归学,于是靦颜东渡者大半,穷蹙四散者又半之。此负气之党,遂大为天下之所揶揄。其事殆近于儿戏,伤心短气,噫,可哀也。独不意犹有溃散之余,守死不去,处千风万浪之中、众嘲群詈之下,越春而夏,经秋而冬,而中国公学之名,终莫得而破坏之,则有王子敬芳、张子邦杰、黄子兆祥者,实为之长,噫嘻!之数子者,其尤可哀也。任天下之事,虽各有其经营计划,要其所经营计划者,未必尽当而无失,必成而无败。惟善用民气者不然,失而有道,败而可救。观于公学之成立,则士气之可用,信矣!日本既败俄,雄长亚洲,中国其禁脔也。当国者犹不知振民气以自保,方从而摧残之,呜呼!瓜剖豆分之期,旦夕间事耳。《诗》曰"哀今之人,胡为虺蜴",又曰"若此无罪,沦胥以铺",世有以悲哀罪我者,吾其奚辞。[2]

---

①《郑孝胥日记》,第 1032 页。
②郑孝胥:《〈中国公学第一次报告书〉序》,《中国公学第一次报告书》,商务印书馆,1907 年。

郑孝胥书《中国公学第一次报告书》

在序文中,郑孝胥要强调的,是任天下事者需"善用民气","当国者犹不知振民气以自保,方从而摧残之","瓜剖豆分之期,旦夕间事耳"。他是在借公学"士气之可用",指陈时弊。

郑孝胥主持早期中国公学的经历,以及张謇、熊希龄等江南士绅与端方、程德全等清廷官员与早期中国公学的往来,对全面认识被视为"革命大本营"的中国公学,当不能缺。

预备立宪

光绪三十一年(1905)日俄战争,立宪的日本国战胜了专制的俄国,使得中国舆论顿时倾向宪政,变法呼声无论朝野,日益高涨。十二月,载泽、戴鸿慈、端方等五大臣奉旨分赴东西洋各国,考察一切政治,以期择善而从。三十二年七月,清廷宣示预备立宪。三十四年八月,颁布《钦定宪法大纲》,基本确认了君主立宪制的政治改革方向。

预备立宪谕下后,举国一派欢呼。时在上海的郑孝胥,应时而动。他与刘垣、沈同芳、王清穆、张謇等人,一同发起、创办了预备立宪公会。

预备立宪公会原动议于郑孝胥在广西的老幕主岑春煊。三十一年（1905），时任两广总督的岑春煊曾奏请举行立宪，称"欲图自强，必先变法，欲变法，必先改革政体。为今之计，惟有举行立宪，方可救亡"①。三十二年，朝廷一宣谕预备立宪，他就与张謇联系，并派幕僚陆尔奎往上海，运动立宪。郑孝胥日记记述，七月二十二日，在何嗣焜婿刘垣的邀宴上，陆尔奎称："云帅有信与季直，欲立法政研究会，愿助开办费一万元，仍筹常费岁壹千。"②郑孝胥即席倡议："上海宜立国民会，会中集股，设科学高等讲习所及大报馆一区，而设法政、交涉、财政、工商各研究所隶于报馆，其宗旨以研治实业、主持清议为主。"同席诸人"皆赞成"，"愿先立会以谋此事"③。

八月初六日，在上海商学公会，郑孝胥、刘垣、沈同芳、王清穆、张謇、王同愈、曾铸、李钟钰、陆尔奎诸人，成立起宪政研究公会。除曾、李外，在会者"皆署名入会为发起人，各捐入会费五十元"④。九月初四日，宪政研究公会以上谕"使绅民明晰国政，以预备立宪基础"意，改名为"预备立宪公会"。十一月初一日，预备立宪公会召开第一次会议，郑孝胥被选举为会长，张謇、汤寿潜为副会长。

公会"撮集几许有智识之民，以发愤为学合群进化之旨"⑤，提倡立宪。据方平统计、研究，公会因立会宗旨明确，会员入会条件宽松，且无名额限制，规模扩大迅速。1907 年题名会员 235 人，1908 年 333 人，至 1909 年已达 371 人。⑥ 会长有总理全会事务的权利，每年选举一次。郑孝胥被选举为第一任会长后，又连任两年。宣统元年（1909），他"声言不能再任正副会长"，辞去会长，由朱福诜继任，为第四任会长，张謇、孟昭常任副会长。二年，预备立宪公会在北京设立事务所，孟昭常赴北京，主持北京事务所的日常工作，副会长以张謇、汤寿潜充任。三年初，张謇任第五任会长，郑孝胥再

①《中外日报》，光绪三十一年七月初三日。
②《郑孝胥日记》，第 1056-1057 页。
③《郑孝胥日记》，第 1057 页。
④《郑孝胥日记》，第 1058 页。
⑤《郑孝胥张謇等为在上海设预备立宪公会致民政禀》（光绪三十三年九月初十日），中国第二历史档案馆编《中华民国史档案资料汇编》第一辑，江苏古籍出版社，1979 年，第 100-101 页。
⑥方平：《晚清上海的公共领域（1895-1911）》，上海人民出版社，2007 年，第 210 页。

度就职,与张元济同任副会长。

郑孝胥在上海学、商两界兼职颇多,如中国公学监督、预备立宪公会会长、福建同乡会会长、大生有限公司董事、江宁劝业会总理,等等,但对预备立宪公会的工作,最为重视。公会建设之初,郑孝胥草拟《暂行章程》,定制收据、证券,规定公会的规章制度,发展会员。公会办有出版物《预备立宪公会报》、《宪政日刊》,并出版、发行书籍,介绍西方宪政制度,如孟昭常编《公民必读初编》、《公民必读二编》、《城镇乡地方自治宣讲书》,汤一鄂译《选举法要论》,邵曦译《日本宪法解》等,为提倡、宣传宪政,做了大量工作。随着时势、风气的发展,公会开始筹商国会研究,请开国会。

请开国会,始于三十三年(1907)十月,日本留学生来与郑孝胥"言国会期成会事","商请开国会办法"①。三十四年三月,郑孝胥在公会召开的会议上,"提议联合各会,公呈求开国会"②,又在公会常会上提出"议设国会研究所,合有志之士共编《速成国会草案》,俟《草案》成,合各省上书进呈《草案》,请政府实行"③。对请开国会,他这时候个人的态度,是"专以速成为主义,非独破坏腐烂专制之政府,兼欲删改列国完全之法度"④。在他的推动下,四月,国会研究所依议成立,召开第一次会议。

国会研究所章程第一条即说明,"以研究开设国会之顺序、拟定草案"为目的,即"开设国会之顺序,按其节目作为草案,上之政府,以期切实可行","邀集旅沪各团体,各揣度其本省情形,共同研究,然后可以推行尽利"。章程规定,成员由旅沪各团体推举,会议数次后推定三人或三人以上为起草员,编订草案,自四月十四日第一次会议始,三个月后,终止活动⑤。

国会研究所每星期一次会议。在以后的会议上,郑孝胥议请会员中曾学习法政者,"提出各国议会制度报告,再由会员研究,各表意见,归于一是,即为(速成国会)草案之底稿;今宜先提国会院制及国会召集法二端为

①《郑孝胥日记》,第1116、1117页。
②《郑孝胥日记》,第1137页。
③《郑孝胥日记》,第1138页。
④《郑孝胥日记》,第1138页。
⑤《附录:附国会研究所简章》,《预备立宪公会报》,1908年第一卷第6期,第17、18页。

研究入手之题目"①。其主张,有国会院制"定为请开下议院,其上议院制度
待下议院成立后再由众议承认"②,选举权"宜普及、宜宽,被选举者立格宜
稍严,审查之法宜稍密"③,等。

六月上旬,郑孝胥以立宪公会的名义,两次致电宪政编查馆。第一封电
文全文云:

> 北京宪政编查馆王爷、中堂大人钧鉴:近日各省人民请开国会者相
> 继而起,外间传言,枢馆将以六年为限,众情疑惧,以为太缓。窃谓今日
> 时局,外忧内患乘机并发,必有旋乾转坤之举,使举国之人,心思耳目皆
> 受摄以归于一途,则忧患可以潜弭,富强可以徐图。目前宗旨未定,四
> 海观望,祸端隐伏,移步换形,所有国家预定之计画,执行之力量,断无
> 一气贯注能及于三年之外者。若限期太远,则中间之变态百出,万一外
> 忧内患从而乘之,所期之事必成虚语。纵秉钧诸老心贯日月,亦惧负荷
> 太重,不能取信于国人,欲求践言,诚非易易,脱有中变,悔之何及。某
> 等切愿王爷、中堂大人上念朝事之艰,下顺兆民之望,乘此上下同心之
> 际,奋其毅力,一鼓作气,决开国会,以二年为限,庶民气固结,并力兼
> 营。势急则难阻,期短则易达,措天下于泰山之安,其策莫善于此。现
> 上海绅商联合研究,拟将开设国会之法,按其次序编具草案,俟脱稿后,
> 即当缮呈。区区忧国之愚,不避冒渎之罪。伏候钧裁。④

十日后,郑孝胥发第二封电文。电文称:

> 前电意有未尽,谨披沥再陈,冀获动听。开国会者,特利用国民之
> 策而已。中国之国会与万国不同,无论何国之政治家,究其学识,无足
> 以裁决中国国会适当之办法者。何则? 以我之国大俗殊,为历史所无
> 故也。今欲集中国之学者裁决此事,虽虚拟年限,要皆随意揣测,不足
> 以为定论。但问朝廷欲开国会否耳,果欲为之,则宜决然为之,直以最

---

①《郑孝胥日记》,第 1141 页。
②《郑孝胥日记》,第 1142 页。
③《郑孝胥日记》,第 1147 页。
④《郑孝胥日记》,第 1147-1148 页。参见《预备立宪公会报》,1908 年第 10 期,第 16-17 页。

捷之法选举,召集固非甚难,胥等所谓二年即立与施行之谓。如以二年为太简率,则虽五六年至七八年,亦与二年略等,未见其遂为完密也。迟疑顾虑,终于无成,实中国积弱之痼习;必先除去此习,乃有图存之望。当世雄杰,或韪斯言。不胜忧愤,伏祈荩察。①

两封电文,语意变化甚大。前电"切愿王爷、中堂大人""决开国会,以二年为限",势急难阻,期短易达,乃安天下之最善策,一如从前之主张,"专以速成为主义"。后电则称,"如以二年为太简率,则虽五六年至七八年,亦与二年略等"。前后不过十天,语意陡转。突然变化的态度,似与六月初的一条消息有关。

六月初三日,郑孝胥在日记中记载:"是日《中外日报》言:'得专电,闻廷意有擢用郑苏庵京卿消息。'《神州日报》亦云:'初二日酉刻北京电,言政府议奏保郑孝胥襄办宪政。'"②次日,又道:"国会之电,昨日计已到京,政府纵有推荐之意,得此电必中止。无心适凑,可谓巧也,不知者疑为臧武仲对齐侯抑君似鼠之智矣。"③"国会之电",即指致宪政编查馆第一封电文。"臧武仲对齐侯抑君似鼠"故事,出自《左传》。《左传·襄公二十三年》记述:"齐侯将为臧纥田。臧孙闻之,见齐侯,与之言伐晋。对曰:'多则多矣!抑君似鼠。夫鼠昼伏夜动,不穴于寝庙,畏人故也。今君闻晋之乱而后作焉。宁将事之,非鼠如何?'乃弗与田。"臧武仲,春秋时鲁国大夫,姬姓,臧氏,名纥,谥"武"。孔子评价他:"知之难也。有臧武仲之知,而不容于鲁国,抑有由也。作不顺而施不恕也。《夏书》曰:'念兹在兹。'顺事、恕施也。"第二封电文,或是郑孝胥"顺事"而为哉?"披沥再陈"者,充满转圜之意,是为委曲弥缝前电之激切耶?

在清廷颁布规定,令各省着手筹办咨议局之前,预备立宪公会的影响力很大,但各省开始筹设咨议局后,公会的组织能力降低,部分成员逐渐疏远公会,转而投向咨议局,特别是领导人张謇,致力江苏省咨议局的筹备工作,

①《郑孝胥日记》,第1149页。参见《预备立宪公会报》,1908年第11期,第16页。
②《郑孝胥日记》,第1148页。
③《郑孝胥日记》,第1148页。

并在宣统元年,被推举为议长,基本未再参与公会后期事务。郑孝胥则始终与公会相始终,尽管中有曲折,一度有所放弃。

在整个东南地方立宪运动的过程中,预备立宪公会实起到一个过渡的作用,为政府正式成立地方咨议局,做了舆论宣传、组织建设、人员培育等方面的准备,大多的立宪派人,在咨议局成立后,都进入到了咨议局。如果没有郑孝胥对公会的领导坚持,这一点,可能会显示得更充分、明显。他在公会中的活动,所处的位置,以及发生的影响,既要放在清末立宪的大背景下考述,也要自他个人的心理活动中观照。

在"丁未政潮"中

三十三年(1907)的"丁未政潮",实乃清末统治集团内部的一场政治斗争。郑孝胥以当时的身份、社会地位,固不可能成为这场政争中的前台要角,但与局内要员岑春煊、端方等人的密切关系,使他成为一个值得注意的幕后涉局人。这个岑、端都冀以一用的"真自负"的人,虽然没有立于潮头弄波挽浪,却相跟着,经历了这场政潮的数波数折。考察个中情事,既可丰富对政潮整体面貌的认知,亦可体察郑孝胥本人当时的政治情态。

"丁未政潮"由权争引起。三十二年(1906),清廷宣布"预备立宪"以后,开始着手进行官制改革,这意味着权力将重新分配。新政期间迅速崛起的直隶总督兼北洋大臣袁世凯急欲抓住这次机会,"在津即预计到京后如何入手,如何改官制。官制改,则事权亦更,数百年之密网,一旦可以廓除"[1]。在酝酿新官制方案时,他打算裁撤军机处,设立责任内阁,定议总理一人,属庆亲王奕劻,自己则"竭力设法欲入内为协理",做副总理,执掌实权,"听命于北洋"的"领袖"奕劻,不过是"无可无不可"罢了[2]。

与跋扈痕迹显露的袁世凯相反,军机大臣瞿鸿禨则不露声色。他是新官制方案的"总司核定"大臣之一,隐操可否之权。但他对袁的"责任内阁"方案,表面不置可否,待入奏后,却自上《复核官制说帖》,表明反对态度,使

---

①"齐东野语",陈旭麓、顾廷龙、汪熙主编《辛亥革命前后》,盛宣怀档案资料选辑之一,上海人民出版社,1979 年,第 26 页。

②"齐东野语",陈旭麓、顾廷龙、汪熙主编《辛亥革命前后》,第 26 页。

袁的计划落了空。官制改革后的权力中心,没有向袁世凯倾斜。军机班子调整后,原来的军机大臣,仅留下庆亲王奕劻与瞿鸿禨,新增添了大学士世续与原广西巡抚林绍年。世续与袁接近,林绍年则以边省巡抚骤入枢府,趋附于瞿。瞿鸿禨本来对北洋时主裁抑,令袁世凯不快,现在大失所望下,袁世凯自然愈发衔恨瞿鸿禨。可以说,新官制一公布,瞿、袁的矛盾就公开化了。其时的局面,时人分析道:"官制命下,中外盛传,中朝将仿行内阁制,逮奉军机一切照旧毋庸复改内阁之谕,已疑公(瞿)实主持。又故事外务部尚书必以军机大臣兼充,公得独留枢垣,势已孤危。"①

在这种情势下,"与袁逆抗"但多年间外任疆吏的岑春煊,于三十三年(1907)三月补授邮传部尚书,成为瞿鸿禨的得力政治盟友。前一年的七月,岑春煊有调任云贵总督之命,在他看来,"此行实不由两宫本意,特奸臣欲屏吾远去,彼得任所欲为"②。他所说的"奸臣",指的便是奕劻、袁世凯等人。他斥责袁氏"新得北洋,方务内结亲贵,外树党援,以遂彼窃国之谋。借口于新政,凡各省文武要职,无不遍布私人,为之羽翼。独心忌两广,隐为梗阻,久思排而去之",若真"颊首南行,听彼驱遣,从此君门万里,片辞不能上达,数年之后,逆谋既成,不可问矣",于是"疏陈病状,乞假就医上海,以图后举"③。三十三年一月,岑春煊又着调署川督,他依然认定这是"出庆、袁之意"。不过这一次,他做出了"应命"的样子,由上海启程赴任,但在道经汉口时,忽然电奏入都陛见,并不待谕旨批准,即行北上,随后就有了改任京职的人事变动。

岑春煊突然进京,掀起政潮的第一道波浪。直接关系他"改职"的这次"改道"行动,看似突兀偶然,实际在上海就已谋划妥定。岑在上海,郑孝胥与之往来频密,居间设计,实有迹可寻。

岑春煊在《乐斋漫笔》里忆述,他"居沪上四达之地,忧时硕彦,亦有就而共谋匡时之画者"④。依郑孝胥当时在上海的身份,完全担当得上这个

①余肇康语。见刘厚生(垣)《张謇传记》,龙门联合书局,1958年,第138页。
②岑春煊:《乐斋漫笔》,第28页。
③岑春煊:《乐斋漫笔》,第27—28页。
④岑春煊:《乐斋漫笔》,第28页。

"忧时"之"硕彦"。其"就而共谋匡时之画"的情形,刘垣有过描述。刘垣称:"据我所知,孝胥与春煊过从频数,两人预约在预备立宪会所秘密谈话亦有多次。我此时经营商业亦无暇探问其内容,但偶与孝胥谈及政局,孝胥则痛诋世凯不止一次。"他甚至肯定地说:"春煊入京,排斥庆、袁之计划,一定是在上海时所决定","当岑、盛两人密筹合作之时,必有郑孝胥之居间设计"①。刘垣时亦在立宪公会,与郑孝胥来往颇密,他的话应是可信的。

郑孝胥与瞿、岑一派的政治"同盟"关系,在他的日记里,也有一些直接的反映。三十二年(1906)十一月初五日日记云:"岑云帅来字,示林赞帅与高子益电云:'今晚行,约初七八可到汉,住一、二日。能约苏庵来会否? 渴盼!'②林赞帅,即林绍年。林新任军机大臣,赴京途中,约郑孝胥往汉一晤。瞿、岑、林、郑之间的关系,隐然可现。数天后,郑孝胥赴汉口约。十四日日记云:"林子有遣人来邀,云赞如侍郎已到。……傍晚,登船,赞帅留饭。夜,过江,已十二点。"③十七日日记云:"作五古一首赠赞如。……以小说四种、《边事旁记》、《海藏楼诗》、《宪政杂志》并赠诗托立村面交赞帅。"④文字虽然简略,但叙述连缀,内容完整,再佐以赠林的"五古一首",大致事实,比较清楚。五古诗云:

> 我朝二百年,未尝用闽士。
>
> 闽人入军机,有之自公始。
>
> 公虽负清望,峭直素难比。
>
> 特擢由圣明,此外更何恃。
>
> 孤立固甚危,诡随亦吾耻。
>
> 愿先收人心,以此立宗旨。
>
> 用人与行政,切忌犯不韪。
>
> 但令识轻重,缓急差可倚。
>
> 亦莫太矫激,徐徐布条理。

---

①刘厚生:《张謇传记》,第 147-148 页。

②《郑孝胥日记》,第 1069 页。高而谦,字子益,闽人,岑春煊幕宾,不日即调外务部入京。

③《郑孝胥日记》,第 1070 页。

④《郑孝胥日记》,第 1070 页。

　　　朋党兆已萌，勿使祸再起。

　　　时艰至此极，任重宁足喜。

　　　连宵语月下，含意深无底。

　　　惟将忧国涕，珍重付江水。①

　　"朋党兆已萌"，显然是就"党争"而言。五古诗的内容，基本表明了林绍年约见郑孝胥的目的。"孤立固甚危，诡随亦吾耻"，"朋党兆已萌，勿使祸再起。时艰至此极，任重宁足喜"，也清晰地说明了当时形势，以及郑孝胥对此的认识和态度。

　　人物之间的关系，往往细微和复杂。郑孝胥离开汉口后，没有回上海，而是直接去了南京。在南京，他与两江总督端方谈洽甚融，返沪后，端方即约请郑孝胥入幕，"月束四百金"②，郑孝胥"自后每月定二十日在宁，为午帅襄理军事外交一切要政，其余十日，则仍至沪，担任中国公学各事"③。在两江总督衙署内，郑孝胥不免忆及"沈文肃公时"，他"尝读书园中数月"的情景④。

　　端方是袁世凯的亲家，在政潮中，站在袁世凯一方，可谓岑的对立派中另一重量级人物，日后对打击岑春煊，起了十分重要的作用。

　　岑春煊"擅行入京"，没有受到慈禧太后怪罪，反被视为社稷忠臣，留京内用，连日召见，"温谕有加"⑤，但不日后即发生变故。奕劻独对慈禧太后时，借口"两广不宁"，外遣岑春煊，回任两广总督。岑春煊留京无术，只好再次称病，滞留上海。奕、袁未肯善罢甘休，一路追讨，先有御史陈庆桂参岑"屡调不赴，骄蹇不法"⑥，然后就有岑与康有为、梁启超的一张合影，拿到慈禧太后的面前。太后大怒，岑春煊开缺。

　　关于这张假合影的来历，岑春煊曾称，"袁逆腹心远布，余一举一动，皆

①《赠林赞虞侍郎》，《海藏楼诗集》（增订本），第163页。
②《郑孝胥日记》，第1074页。
③《郑孝胥入幕定约》，《申报》，光绪三十三年四月初四日。
④《郑孝胥日记》，第1078页。
⑤岑春煊：《乐斋漫笔》，第29页。
⑥"齐东野语"，陈旭麓、顾廷龙、汪熙主编：《辛亥革命前后》，第56页。

有侦探报告消息。而端方在两江,复为之推波助澜"①,袁"日谋所以陷余之计。知东朝平生最恶康、梁师弟,乃阴使人求余小照,与康、梁所摄,合印一帧,若共立相语然者。所立地则上海时报馆前也"②。有关这张照片,在上海的刘垣明白说过:"至于伪造康有为与岑春煊合拍的照片,依我所知是在上海所办的。承办此事的人就是蔡乃煌。主使的人无疑是端方。此事在上海并不秘密,知者很多。所以泄漏的原因,因为他们自己不会照相,而委托照相馆代办,此照相馆之主人为广东人,颇与商界往来,……春煊罢官之后,曾一度为上海寓公,亦深知此事之原委。"③又说:"研究世凯的亲笔信函,就知道上海方面所得到的消息,及伪造照片的布置,都应该归功于端方","打倒瞿、岑之第二名功臣,应该属于端方"。④ 徐一士引《慈禧传信录》,称"春煊方居沪上,联络报馆,攻击庆、袁无虚日。方乃以密书达枢廷,称春煊近方与梁启超接晤,有所规划,以二人合拍影相附之。后览相片无讹,默对至时许,叹曰:'春煊亦通党负我,天下事真弗可逆料矣! 虽然,彼负我,我不负彼,可准其退休。'于是传旨准春煊开缺调养。而相片实方以二人片合摄之,以诬春煊,后不及知也"⑤。另外,刘体智亦道,岑春煊"过沪,与诸名士交游,托疾不行。上海道蔡伯浩观察得其西法摄景,以新会梁启超旧景相合如一,以为逆党之证,进呈御览,遂得罪"⑥。综上述看,假照片的来龙去脉已很清楚。只是这时候,搞清楚照片的来龙去脉,对已经失势的岑春煊,没有意义了。

　　郑孝胥作为居间之人,不可谓不知端与袁、岑之间的复杂关系,但他与新派官僚端方,还是开始了合作。端方似乎亦不在乎郑孝胥曾为岑春煊之旧幕僚,两派虽争势日烈,犹揽郑入幕,并大力谋举。

　　可以说,无论是岑春煊,还是端方,都十分认可郑孝胥的谋才。他在两派的拢纳下,来回游移。但是,朝政复杂、微妙,时局发展迅烈,郑孝胥的盘

---

①岑春煊:《乐斋漫笔》,第 28 页。
②岑春煊:《乐斋漫笔》,第 34 页。
③刘厚生:《张謇传记》,第 151 页。
④刘厚生:《张謇传记》,第 153 页。
⑤徐一士:《一士谈荟》,山西古籍出版社,1996 年,第 166 页。
⑥刘体智:《异辞录》,第 209 页。

算不断被打破。

揣察郑孝胥"政潮"期间的日记,可以看到,其言行心态的变化,与政潮的起伏,复杂地相呼应着。郭卫东教授"依据双方力量的消长",将丁未政潮分为三阶段。三十三年(1907)三月十九日至二十六日,为政潮的第一阶段,以瞿为代表的清廉派开始向北洋派进攻。二十七日至四月十五日,为政潮的第二阶段,北洋势力与清廉势力相持,双方处于胶着状态。十六日至七月十三日,为政潮的第三阶段,北洋派组织反击,清廉派全面败北①。

在第一阶段,瞿、岑组织了两条战线的攻势,一条由岑春煊发动,"连日奏对,尽发庆、振父子之覆"②,一条由御史大臣赵启霖发动,揭奏袁世凯党羽段芝贵,买天津歌妓杨翠喜献奕劻之子载振,又措十万金为奕劻寿礼,得署黑龙江巡抚,一时"袁、岑争权,群矢集于庆、振父子"③。

这期间,郑孝胥对岑春煊颇有寄望,他在见到岑春煊补授邮传部尚书的上谕那天,在日记中写道:"余在沪尝告云帅,入京必补邮传部,果然。"④流露出自喜与自负的态度,同时此话亦说明,岑在赴京前与郑确有所密议。这时的岑春煊,无疑深信着他的旧属下,得授邮传部尚书,即刻致电郑孝胥,邀其到京以助:"邮传责重事繁,菲材深惧不克胜任。务恳执事星驾来京,匡我不逮,盼切!"⑤

在此前,曾为林绍年联络郑孝胥的高而谦,就给郑孝胥传递过消息,郑"将奏补邮传部丞参",林绍年嘱其"闻命速来"⑥。报纸也有传言,"邮传部丞参已以梁敦彦、于式枚、郑孝胥、杨文骏、周翼云请简"⑦,或言郑孝胥"可得邮传部右侍郎"⑧。联系岑春煊电郑"邮传责重事繁",可见消息不是空穴来风。在政潮的酝酿期与初期,郑孝胥与瞿、岑一派,保持着密切的联系。

———————————

①郭卫东:《论丁未政潮》,《近代史研究》,1989年第5期。
②刘体智:《异辞录》,第201页。
③刘体智:《异辞录》,第202页。
④《郑孝胥日记》,第1088页。
⑤《郑孝胥日记》,第1089页。
⑥《郑孝胥日记》,第1087页。
⑦《郑孝胥日记》,第1087页。
⑧《郑孝胥日记》,第1088页。

不过,三月二十四日上谕发布,邮传部右侍郎着于式枚补授,这无疑给郑孝胥带来很大的情绪波动。二十五日夜,他"辗转不能寐,至于天曙"①,作诗一首,云:"检点平生空自奇,渐成灰烬欲何施。送春可得回三舍,积恨应须塞两仪。来日尘劳殊未息,余年心病总难医。江南是我销魂地,忍泪看天到几时?"②

这首诗在《诗集》中,前有《三月十九夜四鼓》三绝句,后有《端午桥制军属题余忠宣楷书卷》。检郑孝胥日记,丁未年三月十九日,有"四鼓,起看月,作三绝句"语,三月廿七日,有"为午帅题余阙手卷"语。"余阙",即诗题《端午桥制军属题余忠宣楷书卷》中之忠宣公。《诗集》是编年体例,可以推断,位置于二诗之间的《送春》诗,写在十九日到廿七日期间。再检日记,三月廿五日条云:"五鼓,辗转不能寐,至于天曙。"对照《送春》诗末句"忍泪看天到几时",当可大致判断,这首诗作于三月二十五日。

诗中流露出的,不只是失意、怅恨,更有老大无成的无奈和悲凉。这一年,郑孝胥四十七岁,或许正是这老大无成的焦灼感,促使他在政潮中,特别是在双方相持的第二阶段,表现出明显的反复与游移。

这种反复与游移,突出表现在他对是否进京的考虑中。三月二十六日,岑春煊致电郑孝胥,请他入京佐助,郑即复电,应允北行。他在给高凤岐、高而谦的信中说,"私行入京,实为干进","幸兄为宫保言之,并谢赞老。复电所云'北行'者,仍欲赴津视女,或可近备顾问耳"③,大有为岑春煊效力之意③。

但到四月初六日,郑孝胥改变了想法。他致电岑春煊,云:"审察时势,未能入都。辱公高义,感愧无既。"④这期间,北京发生了御史大臣赵启霖因参劾段芝贵贪缘亲贵不实而被革职的事情,朝局形势大变。郑孝胥"审察时势",显是观望。更重要的原因,应该是初五日端方上了一道奏折,请破格擢用郑孝胥,以济时艰。折文如下:

①《郑孝胥日记》,第 1089 页。
②《送春》,《海藏楼诗集》(增订本),第 167 页。
③《郑孝胥日记》,第 1089 页。
④《郑孝胥日记》,第 1090 页。

窃维时事日艰,需材孔亟,非学问才智具有兼长,且于外交、军事实有阅历者,不足以胜艰巨,而觊成绩。查候补四品京堂郑孝胥学术纯深,才识闳远,素为已故督臣沈葆桢所赏拔,招置幕中,与闻绪论。前随出使日本大臣李经方派充领事,在东三年,保护商民,维持权利,毅心敏腕,中外推重。嗣由考取中书分发江南,历办洋务局差,已故督臣刘坤一、前署督臣张之洞遇事咨询,多所赞助,时当卢汉铁路造端伊始,复经张之洞委充驻汉总办,勘估、建造、用人,悉秉大公,洋匠局员咸□为□力。光绪二十九年,该京堂奉旨督办广西边防,经奴才派湖北武建八营赴边归其调遣,该京堂自抵龙州,量水土之所宜,与军人之能事,凡所规画,无不动合机宜,在防三年,各军既多资其援剿之功,而当柳庆一带匪势猖獗之时,卒能以惮其军威,不敢进窥龙州一步。三十年,复添武建新军一营,悉用土著,以为久远之计。龙州地方瘠苦,复多瘴疠,居民窘于生计,行旅亦视为畏途。该京堂于整备军实而外,独能通民力,利转输,学堂、医院以次设立,匪靖民苏,边事遂以大定。法人自谅山之役惩创,经营近边,要隘悉置戍兵。该京堂出镇南关,按对汛所在分布防守,疆场之间,悉奉约法。尝谓办交涉视理直,即应争先着,放手自办,若事机落后,则所得者仅矣,皆阅历有得之言。方今时局艰危,人才销乏,近见朝廷破格用人,遂多鹜声光以钓名实,奴才不敢滥采虚声,致误观听。该京堂学识闳通,于军事、外交均有经验,如能获膺重寄,必可匡济时艰,用敢胪陈事实,上达宸聪。仰恳天恩,将候补四品京堂郑孝胥破格擢用,于大局实有裨益,傥异时办事不敏,奴才甘受滥保之咎,所有敬举人才,恳恩破格擢用缘由,谨恭折具奏。伏乞皇太后皇上圣鉴,谨奏。[①]

这道奏折陈述郑孝胥政历清晰详实,内中"量水土之所宜,与军人之能事"、"办交涉视理直,即应争先着,放手自办,若事机落后,则所得者仅矣"等语,明显脱迹于孟森撰写的《广西边事旁记》,故可判断,这道奏折乃郑自拟。

---

①《端方保郑孝胥请破格录用由》(光绪三十三年四月初五日),军机处录副奏折,中国第一历史档案馆藏,档号3—103—5480—8。

初七日,岑春煊复电郑孝胥:"前得电,允践约,感喜交并。今忽悔约,何也? 煊固褊急,然当谨佩良言,期先得众情之信,不敢孟浪。今请与公约,日后如违此言,即无以对公。惟旧病复作,重任又不能辞,焦急欲死。倘不以煊为不可近,乞速命驾! 公慷慨尚义,相知有年,即不念私交,宁不念国事? 又当此急而相求之际。煊纵极庸下,不可共功名,宁不可共忧患耶?"①辞情至恳,几近乞求。

岑春煊三月二十六日与四月初七日的来电,郑孝胥都拿去与端方作了商量。这时,他显见得更亲近端方。端方为郑谋位,还有一份有力的证据,即袁世凯四月十九日写给端方的一封密信。信中道:"奉读三月二十五日、四月初八日(并抄件)两次惠函","公举苏龛本意,大老亦在上前说明,颇以为然。大谋既去,位置苏公,必又将松一步。为苏计,大可趁此北来,在部浮沉数月,以明心迹,为将来大用地步"②。"大老",指庆亲王奕劻,"大谋",则指岑春煊。与郑孝胥有关的内容,应在端方四月初八日的信中,所谓"抄件",十分可能是初五日端方的那道《保郑孝胥请破格录用由》折。端方用力,不是虚应。

初九日,郑孝胥复电岑春煊,称其电"太激切",允"月内行"③。

但很快,政潮进入第三个阶段,朝局大变,出人预料。四月十七日,岑春煊外简两广总督,第二日,林绍年补授度支部右侍郎,出军机。一度炽焰张天的岑春煊"势大衰,无能为矣"④,几经努力,都不能挽回被放之局,遂于五月初二日,离京赴沪。初七日,翰林院侍读学士恽毓鼎奏劾瞿鸿禨"暗通报馆,授意言官,阴结外援,分布党羽",上谕"着孙家鼐、铁良秉公查明,据实复奏"⑤,同日,不俟复奏,瞿鸿禨即着开缺回籍,以示薄惩。

五月底,庆、袁出手,再做最后的打击。二十八日,御史陈庆桂攻击岑春煊,"逗留沪上,将有他图,皆麦某一人为之主谋,以应行严缉之人,而竟倚

①《郑孝胥日记》,第 1091 页。
②中华民国史事纪要编辑委员会:《中华民国史事纪要(初稿):民国纪元前五年(1907)一月至十二月份》,台北中华民国史料研究中心出版发行,1981 年,第 283 页。
③《郑孝胥日记》,第 1091 页。
④《张謇传记》,第 142 页。
⑤朱寿朋辑:《光绪朝东华录》第 5 册,总第 1681 页。

为心腹云云"①。七月初二日，恽毓鼎再劾岑春煊，"不奉朝旨，逗留上海，勾结康有为、梁启超、麦孟华，留之寓中，密谋掀翻朝局，情节可疑，请密旨查办"，且称"康、梁皆自日本来，日本日以排满革命之说煽惑我留学生，使其内乱祖国，为渔翁取鹬蚌之计，近又迫韩皇内禅，攘其主权，狡狠实甚。余惧岑借日本以倾朝局，则中国危亡，不得不据实告变，冀朝廷密为之备也"②。一下说中慈禧太后心事。初四日，岑春煊即着开缺养病，以示体恤，林绍年亦外放河南。是月底，袁世凯内调任军机大臣兼外务部尚书，政争胜败，显然分明。

斗争在最后这一阶段，充分表现出复杂与激烈来。一波波风生水起，使郑孝胥渐起远祸"藏"身之心。四月二十五日，审时度势后的郑孝胥复电岑春煊："公之至意，孰不知感。胃疾大作，不能即行，愧负无已。"③，终未入京。但外放两广的岑春煊，对郑孝胥仰望犹殷。二十七日，郑孝胥补授广东按察使，岑春煊如获至宝，即刻致电："煊自愧无才，借公作师资，不敢以俗礼相待，望即请觐北上，万不宜辞。"④五月初七日，被遣出京的岑春煊抵上海，郑孝胥便衣迎谒，一句"旧幕府郑苏龛，非以广东臬司来见也"⑤，充满意味。而郑孝胥说与端方的另一句话，亦耐人寻味。岑春煊外放那一天，郑孝胥正与端方共饭，席间得到电传上谕，郑孝胥对端方说道："云帅宜谢病投闲数年，此好机会，不可失也。"⑥这两句话里，包含着他彼时的政治考量与感情倾向的变化。

于其时，郑孝胥在频繁更动的政局、人事中，颇引人注目。四月二十二日，郑孝胥补授安徽按察使，二十七日，又转授广东按察使，然皆辞不赴。其意何在？郑孝胥日记中虽未透露信息，但一首《弃官》诗，或可供我们体味一二。诗云："弃官宁不遇，厌世始猖狂。欲老真甘死，难行却善藏。累心

---

① 丁文江、赵丰田编：《梁启超年谱长编》，上海人民出版社，1983年，第383页。
② 恽毓鼎著，史晓风整理：《恽毓鼎澄斋日记》，浙江古籍出版社，2004年，第351页。
③《郑孝胥日记》，第1093页。
④《郑孝胥日记》，第1094页。
⑤《郑孝胥日记》，第1095页。
⑥《郑孝胥日记》，第1092-1093页。

情略尽,用短巧何妨。此意将谁语,凭阑送夕阳。"①

岑春煊滞留上海以后,郑孝胥经营位置,端赖端方。日记六月初三日条云:"午帅屏人语曰:'已有电入都,商位置之策,日内当有回电。'"②对这个新谋位置,郑孝胥似乎比较满意,特请端方在"代奏之疏"的末尾申明:"据孝胥称,由广西告病请假,于两广水土不服,尚属实情。现尚在沪就医,由臣就近察看,该员病势稍愈,即当促其入都销假。"③表态出山。二十四日,端方接到邮传部新任尚书陈璧电,电云:"今日部奏,预保丞参十人,苏堪居首。历考'才识深敏,任事果决。中外古今政治得失,均得洞悉源流。于轮、电、铁路各事,尤能考求利弊,决择精透,言皆可行。现在各事正资整顿,实为臣部不可少之才'等语,已交军机处记名。"并称"枢言:苏将大用,部丞不过暂就"④。

对此,郑孝胥"固请"端方代奏开缺,以"防北京有变局,则部丞亦不欲往故也",端方则"欲勿请开缺,先具折谢恩"⑤。果然,情况有变。七月初五日,陈璧再致电端方,称"苏公留备外省大用,未允京秩,千万勿请开缺"。尽管端方希望郑孝胥"具折谢恩,勿萌退志",但郑已无意⑥。在他的坚持下,开缺折于初六日发出,折称郑孝胥"因病奉准假寓沪就医,缘在龙州感受瘴疠,转成血疾,服药调治,时发时止,迄未就痊。自顾孱躯断不胜皋司之重任,且近日外省官制,改按察使为提法使,将来循名责实,应素习法律者,岂足以厝官守","终不敢以久病之躯、未优之学贪荣窃禄,上负朝廷"⑦。

郑孝胥两度辞官,意态微妙。袁世凯密信中提及,"为苏计,大可趁此北来,在部浮沉数月,明此心迹,为将来大用地步"⑧,大可见对郑的不信任。关于恽毓鼎的奏折,亦有人说,恽不仅告岑"暗结康有为,谋为不轨",还告

①《弃官》,《海藏楼诗集》(增订本),第 168 页。

②《郑孝胥日记》,第 1099 页。

③《郑孝胥日记》,第 1099 页。

④《郑孝胥日记》,第 1102 页。

⑤《郑孝胥日记》,第 1102 页。

⑥《郑孝胥日记》,第 1103 页。

⑦《端方奏粤皋郑孝胥病请开缺由折》(光绪三十三年七月初六日),军机处录副奏折,中国第一历史档案馆藏,档号 3—103—5485—11。

⑧刘厚生:《张謇传记》,第 142 页。

"张謇、郑孝胥图谋革命,林绍年为之暗通消息",并论"近日革命排满之风潮,创于文人学士,而少年无识者群起而附和之。以致邪说深中于人心,为国家之巨患者,皆张謇、郑孝胥等倡为学说有以阶之厉也"①。事涉郑孝胥,着实可怕。月余后,郑孝胥在报纸上看到这些内容时,愤然作诗,痛斥"躁进",诗中云:"戊庚逮今兹,躁进互击捨。谬兴种族论,国事迫解纽","彼曹身倏灭,诬我冀不朽。其黠亦可怜,笑骂颜孔厚。诸公工罔上,抚衷果安否"②?

郑孝胥并非山林中人,他从广西辞职,虽声称"平生轻世肆志之学,至此施行"③,实际上,却从未忘记过所谓"沟壑之志"。预备立宪伊始,他便及时跟进,利用与岑春煊的旧关系,当上了上海预备立宪公会的会长。而端方"政治新星"的身份,亦对郑孝胥充满诱惑。由岑而端的游移、斡旋,即可理解,自负的郑孝胥,是很想"好风凭借力",一抒政治抱负的。

郑孝胥虽然最后选择了端方,但自始至终没能摆脱掉岑春煊的牵累。袁世凯"大谋既去,位置苏公,必将又松一步"语,说得已再清楚不过。而端方固然惜才,以郑为可用,对他也未失警惕。熊希龄曾透露,端方"有电入都,谓郑某乃岑春煊死党,如令入邮传部,不啻为虎添翼云云"④,此话恐非空穴来风。既是岑春煊心腹又做端方谋士的郑孝胥,在瞬息万变的政潮中,备经焦急与失意。当潮头打来时,他的眼前晦暗不明,待潮头落下时,他又发现,前进的浪已弃他而去。回想年初他那"特立独行"之自负,"随波逐流"之自信⑤,此刻真正是"此意将谁语,凭阑送夕阳"⑥!不过,郑孝胥对熊希龄的话"笑而不信",亦不是没有根据。时过境迁,宣统三年,郑孝胥授湖南布政使,"方力荐也"⑦。

或可值得一说的是,在政潮后期,郑孝胥虽然依附端方甚切,但仍与岑

①《郑孝胥日记》,第1107页。

②《书日报后》,《海藏楼诗集》(增订本),第171页。

③《郑孝胥日记》,第1025页。

④《郑孝胥日记》,第1109页。

⑤《郑孝胥日记》,第1076页。

⑥《弃官》,《海藏楼诗集》(增订本),第166页。

⑦陈灝一:《郑孝胥》,《睇向斋逞臆谈》,《睇向斋秘录(附二种)》,第117页。

春煊有密切往来。岑春煊出京后,甫到上海,就请郑孝胥代拟致袁世凯电,称袁"素持组织新内阁之政策,似宜乘此机会,亟建大议",请由袁"主稿,邀同泽公及张(之洞)、端(方)诸公联衔沥恳,迅筹设立新内阁,以定大计",表态"愿以垂死之身从诸公之后,虽获重咎,亦所不悔"[①]。经与郑商,定下"请假十日之策"[②],数日后,又嘱郑"草致庆邸书"[③],一如岑春煊离沪北上时,郑孝胥为其设计。岑在上海,还一度住在谦吉里的郑宅,岑患痔偃卧,郑亦视病殷勤。诸如此类的生活细节,似乎又说明着郑与岑的某种联系。历史充满细节探究的意趣。

作为清末的一次重大政治斗争,丁未政潮几起几伏,在历史上留下波谲诡异的面相,它影响了清朝的走势,更直接关联涉局者的命运,以特殊角色参与此次政潮的郑孝胥,为我们展示了一个情态复杂的历史形象。政潮之后,郑孝胥意兴阑珊,预备立宪公会的会长也做得不甚上心了,三十四年(1908)以后,更为淡出,他把主要的精力,都放在了他创办的日辉织呢商厂上。

办日辉呢厂

郑孝胥议办日辉织呢商厂,在光绪三十二年十二月(1907 年 2 月)。三十三年三月,端方上专折,请设日辉织呢商厂,当月奏准立案。据端方折,织呢厂发起人为"职商樊棻、叶璋、丁维蕃、熊定保",皆有商业背景。樊棻,字时勋,浙江镇海人。曾在沪为同乡叶澄衷经理义昌成号五金号,时为叶家众号代表,是叶氏家族财团总管。三十四年,浙江兴业银行创办,樊棻任上海分行经理,同时任江苏官银号驻沪经理。叶璋,字又新,叶澄衷的第三子,三十四年,与李平书、王一亭、沈缦云等人,一同发起创办了中国品物陈列所。丁维蕃,字价侯,华安人寿保险公司的议董,义善源总号的经理。熊定保,字石秋,晋益升票号的号主。

日辉呢厂的经营宗旨,号称"抵制洋货,挽回利权"。樊棻等人在禀请

① 《郑孝胥日记》,第 1096 页。
② 《郑孝胥日记》,第 1095 页。
③ 《郑孝胥日记》,第 1097 页。

立案时称："近年风气转移,毡呢销路,愈推愈广,利源外溢,不可胜计。北省如宁夏、归化城、张家口等处素产羊毛、驼毛,南省如湖州、新市、石门、塘栖等处亦产羊毛,每年输出外洋者约三百余万担。各国取我产料,织成毡呢,还销我国。迩来日本东京、大阪、千住诸处,振兴绒业,日有进步,所用中国毛料,几与澳洲相匹。日政府又特免输入税以奖励之,料本既轻,加以织工精美,故中国毡呢销畅之广日盛一日,洋商获利甚厚。北省近已有华商溥利、万益各公司集股开办,而南省毡呢销场较北省实相倍蓰,若不速筹自织,徒使外资灌入漫无底止,实为绝大漏卮。"①可见其当时设厂自救、实业救国的背景。

呢厂的资本来源大致有三,一为股东入股,一为义善源、晋益升等票号借款,一为官拨银,由两江总督端方及东三省总督锡良出手。据《申报》刊登的招股广告,呢厂"额定资本规银五十万两,分作五千股,每股计银一百两。官利长年七厘。开办之始,每股先收本银五十两,填给收条,当日起息。俟头批机器到沪,每股续收本银五十两,即将收条换给股票"②。甫成端方座上客的郑孝胥,得到端方的鼎力支持,其赞助态度,在郑孝胥的日记里,一览无余:

> 三十四年(1908)正月初七日:送时勋处译之(端方电),云:"微电悉。呢厂借款,当饬道、局照办;惟款须何时拨用,共分几期? 尚祈详细电示,以便分饬筹备为盼。并颂新祺。"
>
> 初九日:是日,复午帅电,借款定二月、三月、六月、七月四期,各四万两。
>
> 四月初二日:午帅言,呢厂借款,尚可多借或展期。
>
> 十二月十三日:午帅来邀共饭,谈呢厂押款事,午帅许为担保,并言可令江南、安徽、江西以后军队、学堂皆用华呢。③

前期筹备事宜,包括拟定章程、规则,印制商标、股票,购造厂屋、码头,雇匠、

---

① 端方:《奏设日辉织呢商厂折》,军机处录副奏折,中国第一历史档案馆藏,档号:3-144-7133-58。
② 《申报》,光绪三十三年三月二十一日至四月初十日。
③ 《郑孝胥日记》,第1127、1128、1140、1171页。

装机等,郑孝胥俱实力亲为。三十四年七月,织呢厂试运行。八月,正式开工。

织呢厂位于沪南日辉港,占地八十余亩,"厂内居其八,厂外居其二,厂区为间十有四,曰锅炉,曰引擎,曰修机,曰拣毛,曰洗毛,曰烘毛,曰打毛,曰梳毛,曰纺线,曰织呢,曰缩呢,曰刷呢,曰染色,曰修整,又有储水池、提水柜、清水柜、水马头及囤栈,办事房各二座,规制宏敞,厂外铁桥接以马路,夹路建市房百数十楹,厂中办事员及华洋工匠就赁居之。"①设备主要采用比利时粗纺锭,计 1750 枚,毛纺机 44 台,染整机一套②。故"厂内洋匠悉比利时人,首领一,匠目十,各职其务,间有兼任两事者。各间设预备生,皆年少通法文,随洋匠操作,备日后派赴外国呢厂练习技师之材"③。"本国小工,约三十人,女工亦约三四十人"④。

从报刊报道内容看,工厂生产有序,管理严格,工师"在引擎间者,衣常服,见客至,植立为礼。其余为监理者,皆毕业于中学同等之学校,实习工艺,且以督责工人,意至善也","自织染成呢之后,皆女工为之。末为修呢室,其事最繁,将织成之呢,必经其摹勘,无丝毫粗绽,乃或染或刷。染刷之后,再加审察。修呢室之女工头,亦比人。举动有法度,参观者至,渐呈呢数十匹,不操华语,而一一以手指示作势,无倦容"⑤,"厂中工作,上午七时至十二时,下午一时至六时,午餐夜宿均就厂外,总理及首领洋工司,亦候号筒之鸣,随众出入。厂内严洁整肃,阒若无人入者,几不知为制造工场也"⑥。不过,在郑孝胥的日记中,亦有诸如洋匠"不遵合同到厂,出语不逊","将令辞退",预备生不服命令,"召来告诫良久,皆服罪受罚","厂中失呢十二匹,亲赴厂察看"之类的记载。⑦

---

①《纪日辉织呢厂之发达》,《农工杂志》,1909 年第 3 期,第 84 页。
②参见上海市工商行政管理局、上海市毛麻纺织工业公司毛纺史料组编,中国科学院经济研究所、中央工商行政管理局资本主义经济改造研究室主编《上海民族毛纺织工业》,中华书局,1963 年,第 31 页。
③《纪日辉织呢厂之发达》,《农工杂志》,1909 年第 3 期,第 84-85 页。
④《日辉制呢厂参观记》,《东方杂志》,1909 年第六卷第 6 期,第 12 页。
⑤《日辉制呢厂参观记》,《东方杂志》,1909 年第六卷第 6 期,第 12 页。
⑥《纪日辉织呢厂之发达》,《农工杂志》,1909 年第 3 期,第 85 页。
⑦《郑孝胥日记》,第 1150、1162、1173 页。

日辉呢厂生产呢类十余种，使用中国所产羊毛，制成各种名目之华呢，主要有"厚呢、单呢、花呢、斜纹呢四者，其余则惟染色之不同耳"①，"偏重于军界、学界所用，取其朴厚坚实"，后又有改用澳洲羊毛，"仿制企呢，光芒精致"②。郑孝胥曾十分自信日辉呢货，称："吾国商家，惟有偷工减料之能力，故承办外国之呢，亦只求其价贱，有利可图，以致西人窥见中国敷衍搪塞之习，遂特造至劣之呢，以供我国军学之用，名虽为呢，大半充以烂毛败絮，粗恶松腐，不能耐久，即今之常服呢料者，当人人能言其弊。日辉厂中他无可信，惟此材料，研究尤力，必期于适用、美观、耐久三者皆备，方寸可无愧耳。"③但是，尽管经营者十分注意"一为中国羊毛极力研究，可冀当行出色，自成一种佳品；一为中国工匠加意练习，可冀精熟得法，养就一班良工"④，以期销路大开，呢厂蒸蒸日上，但到宣统元年（1909），日辉就出现销路问题。

导致销路问题的一个原因，是呢货市场的自然萎缩。三十四年（1908）日辉呢厂开工时，国内毛纺织品市场一度活跃的趋势已渐消失。考察当时进口呢绒，与日辉呢厂生产相近的品类，在三十三年以后，进口数量均明显缩减，增加较多的，是国内尚无生产而价格较廉的棉毛交织或混纺的斜纹呢及其他类棉绒货⑤。日辉呢厂的宣传报道在鼓吹"呢之发达，正未有量"时，亦提到"上海之毛绒线，近年销场，乃至可惊"⑥。

但实际的情形，是国内呢料市场并不开阔。虽"以广告遍寄各省商会、教育会、自治会"⑦，报纸、刊物也广为宣传，日辉呢货的销售，依靠的还是郑孝胥的官方关系，特别是两江总督端方与东三省总督锡良。端方向郑孝胥允诺，"可令江南、安徽、江西以后军队、学堂皆用华呢"⑧，锡良则"札饬各局，嗣后东省军队、巡警及各项军学堂制办军衣操服，务须前赴陆军粮饷局

①《日辉制呢厂参观记》，《东方杂志》，1909 年第六卷第 6 期，第 12 页。
②《纪日辉织呢厂之发达》，《农工杂志》，1909 年第 3 期，第 85 页。
③《上海日辉制呢厂之规画》，《华商联合报》，1909 年第 3 期，第 6 页。
④《申报》，1909 年 1 月 2 日。
⑤参见《上海民族毛纺织工业》，第 33 页。
⑥《日辉制呢厂参观记》，《东方杂志》，1909 年第六卷第 6 期，第 12 页。
⑦《郑孝胥日记》，第 1171 页。
⑧《郑孝胥日记》，第 1171 页。

军装制造厂购用日辉华呢,不得再向他处购买"①,这自然与他们的资金投入相关。到宣统元年,日辉董事扩充销路都想到了南洋,十月,董事会商议,由柯鸿年"先赴西贡招股,若得手",则郑孝胥"继之,同往南洋各埠"②。

另外一原因,表现得似乎更加直接,即招股筹资的困难。日辉呢厂初办招股时,虽"额定资本规银五十万两",但实际筹资仅二十六万两③,虽有端方拨助官银,亦难纾解其困。到第二年的五月份,情形就开始紧张,十五日,日辉董事曾"议向义善源、交通银行、浚川源银号三家暂移二十万两,以厂契为抵,未即作三十万押款之定局,将所借各钱庄十一万余两先行还清"④。六月,日辉押款,兴业银行"合之大清、交通、浚川源、义善源为二十五万"⑤。十一月,"向通商银行及四川官银号商作押款,皆不就"⑥。

宣统二年(1910)五月,郑孝胥以"商股不足,势难支持,欲援大生纱厂之案,求改为官商合办",拟"将从前南洋拨存该厂之二十万两改为官股,派员会同经理"⑦。但这时,两江总督已是张人骏,端方调署直隶,郑孝胥失去了有力的支持,请拨官股之事也就自然"不济"了。这一年,上海又发生重大金融事件,由橡胶股灾引发金融危机,与日辉呢厂关系密切的义善源票号被深深卷入,日辉呢厂受到牵连,"邮传部照会义善源倒欠部款,请提日辉股票及借款"⑧。在这样的背景下,日辉招股困难,可想而知。十一月,呢厂告急,郑孝胥内心郁闷至极。三年的二月,呢厂主要洋匠离厂,三月初一日,呢厂停工,初五日复开,至六月,终于停办。这时,郑孝胥的注意力已转移到东省的锦瑷铁路,且愈谋愈勇,随之,获得他在清朝最高的政治名位——湖南布政使。

民国成立后,日辉呢厂由江苏省政府收归公有,继由袁世凯政府收归国

①《郑孝胥日记》,第 1256-1257 页。
②《郑孝胥日记》,第 1217 页。
③参见《上海民族毛纺织工业》,第 30 页。
④《郑孝胥日记》,第 1198 页。
⑤《郑孝胥日记》,第 1201 页。
⑥《郑孝胥日记》,第 1219 页。
⑦《郑孝胥日记》,第 1260 页。
⑧《郑孝胥日记》,第 1313 页。

有。1919 年,沈联芳、郭建侯、谢衡窗等集资承租复工,改名中国第一毛绒纺织厂。1928 年,由刘鸿生改建为章华毛绒纺织厂。

筹议锦瑷铁路

宣统元年除夕的前一天,郑孝胥抵达奉天,自称"今年来奉,甚奇,老而奇气犹未衰耶? 亦可谓多事矣"①。是年,东三省总督锡良、黑龙江巡抚程德全通过他的老幕主岑春煊,邀请他赴东北,筹划锦瑷铁路草合同以及葫芦岛筑港事宜。

日俄战后,东北形势至危,已近"实去而名与俱亡"②地步。农工商部尚书载振与巡警部尚书徐世昌在考察东三省回京后,具奏直陈,东三省"乃自日俄战定,两强势力分布南北,一以哈尔滨为中心,一以旅顺、大连湾为根据,囊括席卷,视同固有,名为中国领土,实则几无我国容足之地。且其开拓展布有进无退,恐不数年间,而西则蔓延蒙古,南则逼处京畿,均在意计之内。盖根本既定,则以高屋建瓴之势,破竹而下,固地理之关系,有以使之然也。事势至此,犹不亟图挽回之术,则此后大局益将无可措手而于千钧一发之余"③。二人"仰思缔造之艰,近鉴目前之患,惊心动魄,寝馈弗遑",称"使车所至,刺戟在心"。④ 睽此时势,清廷不得不采取措施,对东三省开始大力改革,冀图补救。

光绪三十三年(1907),清廷谕令,改盛京将军为东三省总督,兼管三省将军事务,增设奉天、吉林、黑龙江三省巡抚。首任东三省总督,即曾披沥上陈的徐世昌。徐世昌到东北后,实行全面开放政策,试图通过引进外资、振

①《郑孝胥日记》,第 1228 页。

②载振、徐世昌:《农工商部尚书载振等为陈考察东三省情形事奏折》(光绪三十二年十一月二十二日),中国第一历史档案馆《日俄战争后东三省考察史料(上)》,《历史档案》2008 年第 3 期,第 16 页。

③载振、徐世昌:《农工商部尚书载振等为陈考察东三省情形事奏折》(光绪三十二年十一月二十二日),中国第一历史档案馆《日俄战争后东三省考察史料(上)》,《历史档案》2008 年第 3 期,第 12 页。

④载振、徐世昌:《农工商部尚书载振等为陈考察东三省情形事奏折》(光绪三十二年十一月二十二日),中国第一历史档案馆《日俄战争后东三省考察史料(上)》,《历史档案》2008 年第 3 期,第 16 页。

兴商务的办法,达成列强均势,抵制日、俄。但他的两项主要计划,一开设东三省银行,一修筑新法铁路①,在他离任时,都未获得实质性进展。宣统元年(1909),锡良继任东三省总督,基本继承徐世昌的治东大计,仍主"开放、借债、筑路"。四月,锡良上《请敕部筹修东省铁路片》,强调东省铁路为日、俄分据,"非另修大枝干路,不足以贯通脉络,稳固边防"②。奉谕指示,"广辟商埠,俾外人麇至,隐杜垄断之谋;厚集洋债,俾外款内输,阴作牵制之计"③,遂开始筹筑锦、洮至瑷珲铁路,并在八月,与美国银行代表司戴德签下借款草合同。

东省"厚集洋债,互均势力"的方针,给美国资本创造了跻身东北的条件。美国国务卿诺克斯针对东省的借款筑路,提出一项"满洲铁路中立建议",即诺克斯计划。该计划试图通过锦瑷借款草约,造成由其主导的路事公司,公司"出头,以集各国之资,而筑各处之路",并"不仅锦瑷一路而已,即于商务上必需之路,与及满洲一带,将来或出售之路,均可给资赎还合力筹办也"④。概言之,实现东北铁路的国际共管,这一共管,当然是在美国主导下的共管。诺克斯计划一出,各国舆论哗然。日、俄皆明确表态,以与本国利益重大,警告中国审慎从事,不得遽行定议。

内政外交,利害相因。在外交压力下,奉旨会同妥议具奏的外务、度支、邮传三部,反对锡良借款筑路。三部认为,锡良"恪遵前此厚集洋债,互均势力之谕旨,而汲汲为借款筑路之计,诚亦万不得已之苦衷。虽然款不妨借,而筹借者必策其万全;路固当办,而应办者非止此一事。就东省全局而论,倘置各种实业于不讲,舍一切利源于弗顾,而谓此路一建,足以兴地利而

---

① 即新民至法库一段。徐世昌计划"就京奉干路,自新民接轨,横穿哲里木中心,而过洮南,达齐齐哈尔,再图北展,得寸得尺,节节经营","并拟分三段办理,由新民至法库为第一段,由法库至洮南为第二段,由洮南至齐齐哈尔为第三段,创办之始,财力为艰,拟先修第一段,故不曰新齐而曰新法"。见《东三省铁路计划书》,中国社会科学院近代史研究所藏,甲 350-45。

② 《请敕部筹修东省铁路片》(宣统元年四月二十一日),中国科学院历史研究所第三所主编《锡良遗稿》奏稿,第二册,中华书局,1959 年,第 893 页。

③ 《筹借外债议筑铁路折(草合同一件)》(宣统元年八月十九日),《锡良遗稿》奏稿,第二册,第959 页。

④ 《美署使费致外部照会电——东省收回路权以锦瑷路为基础》(宣统元年十一月二十日),中华人民共和国财政部、中国人民银行总行编印《清代外债史资料(1853—1911)》(中册),1988 年,第535 页。

固国防,则有未敢遽信者笑"。同时表示,东省不借款则已,借款"则为一隅计,为一端计,何如为全局计",东省地大物博,"所有森林、矿产、屯垦、工艺、畜牧、渔业等事,皆为本计要图,当与铁路兼营而并进",并指路事"公司由中、英、美三国联络而成,即提余利百分之十筹款,均侵损利权,未便照准",奏覆请饬锡良"将原立合同即行作废"①。

是年十月二十八日,锡良致函度支部尚书载泽,两日后,又上折附片,密陈借款修筑锦瑷路,强调"东省生路只此锦瑷一条,东省生机只有均权一法","此虽名为商路,实含有政治外交之策","是借款者,乃兼借其势力,彼以势力换我利权,我即借其势力以巩疆圉"②,意在救亡,而仅非兴利,恳请"除部臣所指为侵损利权各条再与该代表悉心磋商,其余不必作废,免致坐误事机"③。美政府为实现诺克斯计划,也积极推动。十一月初九日,美驻华代办费莱齐照会外务部,表示:"美国政府准备支持并促成这一事业,且相信这将大有助于中国之进步及商业之发展。"④二十日,费莱齐再次催询中国,"于锦瑷路事亦以为然否,并能饬令照行否"⑤。

在美方的催促下,十二月初二日,外务部表示:"筹筑锦瑷一路,为目下至为切要之图。果能妥改合同,似不能不准其续与定议。美国倡议联合各国共办东省铁路,此事果底于成,不特中国行政权不致再有障碍,且各国利益既平,则日、俄固无从争雄,英、美亦不致垄断。"东省与内地不同,重在利用各国均势,以期保主权,"果如美国政府所云,得此凭藉,可以仗义执言,益资我助,于大局神益实非浅鲜。至筹还本息,归还余利,原奏既称不至无着,自当责成该督抚悉心筹办,不至徒托空言"⑥,意已转圜。初四日,三部

①《外(务)、度(支)、邮(传)三部奏折——东省借款筑路事关重大遵旨统筹全局》(宣统元年十月十二日),《清代外债史资料(1853—1911)》(中册),第527页。

②《密陈借款修筑锦瑷铁路片》(宣统元年十月三十日),《锡良遗稿》奏稿,第二册,第1008-1009页。

③《筹借外款遵照部议妥筹办法折》(宣统元年十月三十日),《锡良遗稿》奏稿,第二册,第1007页。

④《美国驻华代办费莱齐致外务部照会——建议以国际贷款赎回与修造东三省一切铁路》(1909年12月28日),《清代外债史资料(1853—1911)》(中册),第552页。

⑤《美署使费莱齐致外部照会电——东省收回路权以锦瑷路为基础》(宣统元年十一月二十日),《清代外债史资料(1853—1911)》(中册),第535页。

⑥《外务部致度、邮两部函——美外部谓保全中国铁路主权须先收回锦瑷路希详复》(宣统元年十二月二日),《清代外债史资料(1853—1911)》(中册),第537页。

会奏,同意锡良"与美国银公司代表接续商议借款修路办法","原立合同,多有损失权利之处,应由该督抚仿照各省借款修路之最善办法,取益防损,悉心改订",并先行分咨三部核定,再为签押①。初十日,锦瑷铁路奉旨允准修筑,并改订新草合同②。而"此项草合同内,尚有未妥应行改订之处。应仍由东督等与美国银公司代表详细妥为商订"③。

在宣统元年(1909)六月,程德全就曾致书郑孝胥,"邀游奉天"④。当时,预备立宪公会会董李家鏊在奉天,亦来函,与郑孝胥谈锦齐铁路事,言"外部欲废草合同,再定新约"⑤。十一月十五日,锡良、程德全致电岑春煊,正式邀请郑孝胥赴东北。锡、程电云:

> 前奉复书,于郑苏戡廉访许为作合。玉成雅怀与伊人足音,时为萦注。东方之事,自中日约成,轨躅四通,全境几受束缚。近筹抵制之策,拟贷款美、英,由锦州铁路展修至爱晖,延袤东北二千余里,内可与方驾并驱,兼以顾京师右臂。明于东方事势者,亦咸谓"三省生路,惟此一线;三省生机,惟均权一法"。前月据以上陈,中朝颇以为可。第目前订议贷款,事体重大,条理多端,非如郑公负海内重望、明达时务,不足以语于斯。伏蕲执事转乞郑公来此,代订合同,并示一切机要,俾无陨越,感荷实深。事关东省安危,想郑公轸念时局,当亦惠然肯来矣。何日东度(渡),祈示日期,以便派员迎候。临颖不胜切祷延跂之至。⑥

十二月十四日,锡、程再次致电岑春煊:

> 杨君致邹道函,借悉郑公许为惠顾,忻抃莫名。所拟地位与鄙怀极

---

①《外、度、邮三部会奏折——议复借英美款兴筑锦瑷铁路》(宣统元年十二月四日),《清代外债史资料(1853—1911)》(中册),第 538 页。

②参见《锦瑷铁路借款草合同》(宣统元年十二月初十日),《清代外债史资料(1853—1911)》(中册),第 540 页。

③《外务部复美使费莱齐照会——锦瑷铁路借款合同应由东督与美英公司妥商改订》(宣统元年十二月十七日),《清代外债史资料(1853—1911)》(中册),第 551 页。

④《郑孝胥日记》,第 1203 页。

⑤参见《郑孝胥日记》,第 1216、1220 页。

⑥《郑孝胥日记》,第 1224-1225 页。

合,斯于斯事之成,非专且久不足以发舒一切,不仅推崇郑公也。开办即在明春,得先来周览山川风土,规画大势,尤深驰盼! 乞转致。电告行期,谨扫室以待,并派员迎候。①

到奉后的郑孝胥,迅速熟悉案卷,参酌草合同与津浦铁路借款合同,拟订出锦瑗铁路借款包工合同二十款。对郑拟合同稿,锡良"意颇欣惬"②。宣统二年(1910)二月初三日,郑孝胥赴津,主持议约,吉林交涉司使邓邦述、东三省铁路会办金还随同。初四日开议。三月初二日,合同初步定稿。期间,因日、俄抵制,外务部以关系重大,要求缓与提议。其时,日本提出在一定条件下可协助修筑锦瑗铁路,俄国则要求取消锦瑗铁路,改修张家口至恰克图铁路③。合同条款的商议,虽有磋磨,但相较外交,算是顺利得多。四月初六日,郑孝胥拿到宝林公司交付的包工合同,"此行所事皆毕",距他抵津时间,恰好两月④。王芸生著《六十年来中国与日本》,收录了这份合同草稿,称"此系宣统二年二三月间东督锡良、奉抚程德全派吉林交涉司邓邦述及一郑某在天津与司戴德议订者"⑤。

关于"郑某",王芸生在1933年曾发表过一个说明:"我在《六十年来中国与日本》第五卷里发表了一个新史料——锦爱(瑗)铁路借款正式合同草稿。经过一番考证的功夫,知道这个合同草稿是'郑邓两司'与美银团代表司戴德在天津议订的。'邓'是吉林交涉司邓邦述,至于那姓'郑'的简直查不出是什么人,问了许多与东北问题有关系的人,也不知道这个'郑'是谁。所以我的书里只好写了'郑某'二字。近读故宫出版的《宣统朝中日交涉史料》,把此谜打破了。原来此公便是那时的奉天臬司现在的'满洲国总理'的郑孝胥。"并感慨道:"锦爱(瑗)路交涉是一大反日外交,事虽不成,意义尚新。当日奔走反日的,现在却投到日本的怀里,大唱所谓'王道政治'。

---

①《郑孝胥日记》,第1225页。

②《郑孝胥日记》,第1231页。

③参见《日使伊集院彦吉致外务部照会——在一定条件下日本可协助修筑锦瑗铁路》、《俄使廓索维慈致外务部节略——请取消锦瑗路,改修张恰路》,《清代外债史资料(1853—1911)》(中册),第561、557页。

④《郑孝胥日记》,第1254-1255页。

⑤王芸生:《六十年来中国与日本》第五卷,第277页。

苍狗白云,世事之不可测如此!"①这则说明有一处误,即郑当时并非"奉天
臬司",只是锡良请来的一幕僚。

合同议定后,待部议奏批。尽管锦瑗修筑计划,日、俄阻挠,世论纷纭,
但在五月间,已返沪的郑孝胥得到的还是好消息。锡良十六日函告郑,"因
日俄协约不日宣布,监国谕枢府转嘱速办锦爱(瑗)路事,已电催枢部,请将
合同核复以便入奏"②,并判定,"大约月内当可定议"。七月,郑孝胥赴奉,
途中以诗言志,豪情逸性,诗云:"待我横流聊濯足,赌将黄海与君看。"③但
二十日,郑孝胥抵奉天,与锡良交谈后,发现情况很不乐观。次日,锡、郑决
定入都④。

郑孝胥 1910 年致程德全书信

①芸(王芸生):《郑孝胥与东北铁路交涉》,《国闻周报》,1933 年第 10 卷第 29 期,第 3 页。

②《郑孝胥致程德全》(宣统二年五月廿五日),《郑孝胥与日俄战争相关信札·电奏稿·地图
等》,西泠拍卖 2013 年春季拍卖会近现代名人手迹专场,Lot 2140。该拍件内含郑孝胥致程德
全信三页,附电奏钞稿一页。郑日记 1910 年 7 月 1 日条,云:"复清帅书,并代拟电奏,请赶于
日俄协约未布以前将锦爱(瑗)、张恰二路同时定议。……钞电奏稿寄雪帅。"与锡良 1910 年 7
月 7 日致枢垣电《俄人胁制中国请提前议定锦瑗张恰二路》,语意接近,并有部分文字一致,"寄
雪帅"之电奏钞稿,当是此拍件中部分。参见《郑孝胥日记》,第 1263 页;《东督锡良致枢垣
电——俄人胁制中国请提前议定锦瑗张恰二路电》,《清代外债史资料(1853—1911)》(中册),
第 564 页。

③《郑孝胥日记》,第 1270 页。

④参见《郑孝胥日记》,第 1271–1272 页。

郑孝胥随锡良在京半月,到八月初九日,才回奉天。尽管锡良四下活动,乃至欲以"良马二匹为馈"①,以期事成,锦瑷借款包工合同还是没能获部议准。当时,湖广总督瑞澂亦入都陛见,锡良遂联合瑞澂会奏,以借债造路之策为天下倡,郑孝胥代拟了这道锡、瑞会奏折。会奏中云:

> 为今之计,惟有实行借债造路,可为我国第一救亡政策。盖借债乃十年以内救亡之要著,造路乃十年以外救亡之要著。

> 所谓借债乃十年以内救亡之要著者何也?因十年之内,我国正在推行币制之日,倘无数千万现金为之储备,则上下必致俱困,财政必致恐慌,稍一磋跌,各国将从而干涉之。……如能以借债为题,吸收外资,以厚国力,以苏民困,则财政可一,币制可定,将来立宪之筹备可以进行而无阻也。

> 所谓造路乃十年以外救亡之要著者何也?今日诸臣所采用各国立宪之制,揆诸我国现在情形,多不能行。盖各国国内交通至为便利,虽南北距离最远,亦数日可达,如臂使指,无不灵捷。返视我国,大相迳庭,以致政令之宣布,军事之征调,障阻既多,缓急难恃;所有森林、矿产,因运输之不便,亦多弃利于地。……果十年以外铁路尽通,御中控外,势增百倍,斯时采用各国行政之法,决无扞格难行之虑。

> ……

> 拟请朝廷速定大计,指定我国亟应兴筑之粤汉、川藏、张恰、伊黑四段干路,准以本铁路抵押,募借外债,以十万万为度,即由度支部、邮传部主持;一面议定借款,一面议定包工,限期十年完竣。其附属于铁路事业经营者,则责成路线所经各省将军、督、抚、都统,妥为规画,次第兴办。即商民所立之实业公司,亦准其以实有之资产抵借外债,以为补助。惟当由部臣定一商借商还之法令,不使与国际相涉。②

---

① 《郑孝胥日记》,第 1273 页。

② 锡良:《密陈筹借外债以裕财政而弱敌势折》(宣统二年八月初六日),《锡良遗稿》奏稿,第二册,第 1204-1205 页。参见《借款筑路大问题》,《东方杂志》第 7 年第 9 期,1910 年 10 月 27 日,第 237-238 页。

在这份会奏稿里,郑孝胥把此前一直强调的东省"救亡之策在锦瑷造路",替换成了"实行借债造路,可为我国第一救亡政策"。

恰在锡、瑞会奏的前一天,也就是初六日,云贵总督李经羲向各省督抚发出一道电文,称"近日旧政轮廓难存,新政支离日甚",其大病在无人,大难在无主脑,"诸部各自为谋,亦无秩序,而无审国情量国力、联合主断之人。徒委编查馆为细碎调停之改革,不从简单入手,故文法愈密,措理愈难"①。当晚,郑孝胥见到此电。次日,他代拟复电,并致各督抚一电,"仍请锡、瑞二公以借款修路之策为天下倡"②。致各督抚电云:

> 仲帅(李经羲)微电,深切洞达,同抱焦虑。窃谓宪政九年之预备,十一部同时之进行,中国无此财力,半途而废已可预推,非有重要简单入手之办法,财尽民散,必在意中。近查美国变法之始,其中央之集权,各省之反对,更甚于吾国。后执政者察其不行之故,在于各省交通隔绝,情势迥殊,遂改从急修铁路下手。数年之后,国内贯通一气,不易法而令自行。彼之政策,足为我之先导良征。遍询贤达,皆以为然。拟请朝廷决计借外债数万万,将粤汉、川藏、张恰、伊黑诸干路及紧急支路,限十年赶造。一面借款,一面包工,以免将借款移作他用之患。铁路所用工料,悉取于国内,外人所得,不过利息、工价而已。此款留布于民间者十之七八,则十年之内,可救民穷之困。十年以后,铁路陆续告成,行政之易,亦如破竹,民间风气自开,速于教育何止十倍?所谓切要简单入手之办法,似无以易此。今中国国大而不得国大之益,人多而不得人多之力,铁路果成,是取大国而缩小之,财聚力完,势增百倍,庶可与列强竞存于世。不然,以今日情隔事歧、民穷财尽之状,欲恃兵力以图强,非五十年不能收效;欲恃政治以自振,非三十年不能见功。世变之亟,恐无此三五十年和平之时代,足以待我之缓步也。若诸公意见相同,即请合词入告,力持此议。仲帅谓"朝廷不易反讦之名、隐收变通之益",

---

①《滇督李筹商根本救治办法电》,《国风报》,1910 年第 26 期。
②《郑孝胥日记》,第 1275 页。

　　洵为名通之论。望即熟筹,同匡王室。①

郑孝胥首先表示,中国目前宪政进行,"非有切要简单入手之办法",半途而废,已可预想。继以美国为例,说明交通若贯通,法令则自行。进而提出,办理宪政之"切要简单"入手办法,就是"借外债数万万,将粤汉、川藏、张怡、伊黑诸干路及紧急支路,限十年赶造",这也正是锡、瑞前日会奏的主要内容。立宪出身的郑孝胥,反应迅速,出手敏捷,将他的"借债造路急策",巧妙地引入李经羲发起的宪政改革大讨论里。

　　是月十九日,李经羲复电各督抚,称:"清帅、莘帅主张路策,诚为扼要,借款亦不得已办法。惟此等大计划,似非疆臣电函集议而成。必先政本更新,始有主持机关;财政整理,始免债主干涉;朝野合谋监察,始能于借时免舆论反对,用时免当事虚縻。欲实此三主义,非设内阁、开国会不能办到。"②对锡、瑞的主张,给予充分配合。马陵合教授在研究清末铁路外债时,曾敏锐指出:"借款筑路与速开国会之间存在着一种潜在的互动关系:对外债进行监督成为速开国会的一个重要理由;在要求借款筑路以救国的呼声中,强调国会监督则是寻求借款合法性的主要依据。"③郑孝胥恰是利用了这一潜在互动关系,将他的"借款造路急策",与宪政改革绑定在一起,将期待政治改革的省督抚们,拉入到他的借债造路派队伍里。

　　郑孝胥的思路,还不止于此。九月二十三日,由李经羲主稿,锡良、瑞澂领衔,十八省督抚联名电请立即组织内阁,明年开设国会。三十日,锡良得山西巡抚丁宝铨来电,请再力争阁、会同时并立,并有北京消息,"初一召见政府,初三可降旨,大约即立内阁,仍以宣统五年召集国会"④。郑孝胥随即拟电,敦促锡良入奏。拟电称,"朝廷宜防官邪,不宜徒防民气","先后举措

<hr/>

①《盛京督帅锡来电》(八月二十四日),钱永贤、耿明、邵白整理《庞鸿书讨论立宪电文》,《近代史资料》总 59 号,第 325-326 页。参见《东督锡鄂督瑞致各督抚电》,《各省督抚筹商借债筑路电》,《国风报》,1910 年第 26 号,第 66-67 页;《锡瑞两总督电文》,《借款筑路大问题》,《东方杂志》,第 7 年第 9 期,第 238 页。

②《滇督李电》,《各省督抚筹商借债筑路电》,《国风报》,1910 年第 26 号。参见《各省督抚会商要政电》,《东方杂志》,第 7 年第 10 期,第 271 页。

③马陵合:《清末民初铁路外债观研究》,复旦大学出版社,2004 年,第 241 页。

④《郑孝胥日记》,第 1285 页。

之间,安危关系所在","请仍将内阁、国会同时并举,以慰民望",郑在日记中载,锡良"阅电,奋髯抵几曰:'此电有力。我革职亦甘之!'"①

十月初一日,郑孝胥将电文钞寄孟昭常,嘱其"登各报,以布于天下"。他在信中道:"先立内阁、缓开国会之事已急,此真最后之十五分钟矣。我将挟各督抚之力,为国民决一死战。"②策士豪气,溢于言表。不过,奏电的效果并不如他想象那样天下震动,各督抚复电中,惟丁宝铨与瑞澂,表示联奏透辟有力③。

督抚联衔,奏请阁、会,没能达成所期。十二月,东督锡良以所规画者一事不成,郁愤之下,提出开缺。郑孝胥则犹念念不忘锦瑷铁路,再度调整方向,重回原策,试图通过"朝议",推动锦瑷计划的实施。三年(1911)正月与二月,他在京,联络刘廷琛、赵熙、文斌等人,继续推行他的借债造路与锦瑷铁路。三年正月二十八日,他向在京朝官劳乃宣询问:"朝士孰为有名望而得监国之信用者乎? 能发自朝议,较东督当尤得力。"意图通过朝议,继续推动路事,劳乃宣答以"无逾于刘幼云者"④。刘幼云,即刘廷琛,时任京师大学堂监督,元年宣统皇帝设经筵,他随班进讲,研经论史,故劳乃宣以他为最合适人选。

晚清末期,东省各情危迫,历任东督莫不焦悚日夜,所能主张者,也只能是传统的"以夷制夷"。锦瑷修筑计划亦不出"以夷制夷"的范畴,相关研究,已很充分。"以夷制夷"的初衷虽然好,但清政府积贫积弱,做不到在列强间纵横捭阖。锡良督东时期,"以夷制夷"更发展成为对列强的迎合。美国资本企图染指东北,锡良岂不清楚。他在给载泽的信中说:"此次借款专为救亡起见,盖在日人近年对东政策日益横肆,自吉会铁路议定之后,彼国人士自愈以奉吉两省在其掌握,而我无可如何,大有觊觎凭陵之势。各国虽知阴诡而英与同盟,德法在东商务亦极寥落,独美国于东省最为注意,安东、奉天两埠本系美请开放之地,又为日人势力所吞,颇致不平,惟以投资均势

①《郑孝胥日记》,第 1286 页。
②《郑孝胥日记》,第 1286 页。孟昭常,字庸生,孟森弟,预备立宪公会成员,时任《宪志》日刊主编。
③《郑孝胥日记》,第 1289 页。
④见《郑孝胥日记》,第 1310 页。

为务,彼亦知日借英款甚多,同盟之约未满,而日人在东势力未必非英所侧目,乃有英美合贷之举,盖其中各怀隐情,固自不能掩也。我之所利用者,英美既已投赀分内,即应维护此路,自锦州至爱(瑷)珲通贯三省,他日日俄即协力谋我,英美亦所不容,是东省可以藉此保存,而我并得乘此机会经营实业。"①惟与美国合拍,投其所需,达我预期,方"足拯东省今日之危,而破日、俄相持之局"②。锡良对列强间关系及东省的处境,是十分清楚的。

但是,实现"彼以势力换我利权,我即借其势力以巩疆圉"③的关键,并不在"彼",也不在"我",而在列强间关系。王芸生对此总结道:"诺克斯计划及锦爱(瑷)路问题,既遭日俄两国之反对,英国之冷落,司戴德知中国政府不能有所动作,最低限亦须将俄国之强硬意见消除,始能进行。"④二年(1910)三月,司戴德到欧洲、美国、俄国活动,在俄国会见了俄政府诸要人后,终于放弃了努力。六月,日、俄新订协约,两国协力经营满洲,有进无退。诺克斯计划非但没有削弱日、俄及其联盟,反而促使日、俄巩固了联盟。与诺克斯计划紧密相关的锦瑷计划,也就随之流产了。

锡、郑诸人的努力落空,乃命中注定。晚清政府固然深知东省危情,筹筑锦瑷,为目下至为切要之图,但在日、俄干预,特别是新协议的压力下,必然妥协。在一切交往关系中,所谓的"利用"能够成立,一定是建立在相关利益方实力的均等上。美国虽标榜"列国共管","均沾利益",但无力平衡列强,所有的允诺,都动听而空洞。况美国果能主持公理,仗义执言乎?梁启超一针见血指出:"如此,则是于俄之东清、日之南满外,更益以美之锦瑷,鼎足而三耳","强者之势力既植,则不易拔也,既不能拔,则惟有与之并植而已。美国虽日言亲我,而其终不能为我驱逐日、俄两雄之势力于满洲以外,此事理之至易见者矣。故其结果,惟与日俄鼎峙,而我所赢者,则自两姑而三姑耳。"⑤

①《锡良程德全致载泽函》(宣统元年十月二十八日),《锦瑷铁路草约暨关系文件》,中国社会科学院近代史研究所藏,甲350-46。
②《筹借外债议筑锦瑷铁路(附草合同)》(宣统元年八月十八日),《锡良遗稿》奏稿,第二册,第960页。
③《密陈借款修筑锦瑷铁路片》,《锡良遗稿》奏稿,第二册,第1009页。
④王芸生:《六十年来中国与日本》第五卷,第275页。
⑤梁启超:《锦爱(瑷)铁路问题》,《国风报》,1910年第3号,第32页。

梁启超对锦瑷路的认识,相较郑孝胥与东省官员,更清醒、冷静,即使是东省强调的"借债造路"专为救亡起见,梁启超亦认为,"惟能以自力抵抗者,斯为真抵抗,若以他国抵抗他国,恐非惟不能抵抗,反增压迫耳"①。锡、郑似不能不知此意,但担肩任事者,岂可随便发表"欲策满洲外交,宜在十年以前,今则晚矣"②的言论。锡良所困扰之"我急欲筹抵御之方,则必先扩充实力,而所谓实力者,如开银行、修铁路、开放商埠与兴办实业,广开屯垦,筹边驭蒙",又"然非有大宗巨款,断难集事"③,梁启超亦无良法,但云"今日如有良外交家,惟当殚诚竭虑,沉几善应,求使无复有第二满洲出现,则我国民受赐多矣"④而已。东北锦瑷事所面临之不得解困境,亦全国事所面临之不得解困境,足以反映晚清统治之危殆。

郑孝胥由筹划锦瑷路事,到提倡借债造路,提出四大干线主张,又适逢国会请愿运动高潮,云贵总督李经羲通电各省,请设内阁、开国会,再迅速抛出宪政进行之重要简单入手处莫过于借债造路的主张。他更总结出他的"开通改革政策":"若就岁入之款择要举办宪政,仍大借外款专办铁路,以求将来之发达",建议程德全联名锡良、瑞澂、丁宝桢、李经羲等要员,奏陈此"开通改革"之策,"请朝廷宣布二十年内实行此策,则宗旨既定,政党亦成矣"⑤。

马陵合教授认为,郑孝胥的作为,可视作立宪派为实现其政治理想作出的一种努力,即在吁请宪政不得回应的情况下,试图以铁路为契机,间接解决宪政改革问题。这也正是郑孝胥当年绑定借债造路与宪政的着眼点。然借债造路,果能救亡?或铁路果如郑孝胥所言,"有夺胎换骨转弱为强之效力"⑥?梁启超已回答,"不敢遽为抽象的判断"⑦矣。梁氏大家,对郑的意

①梁启超:《锦爱(瑷)铁路问题》,《国风报》,1910 年第 3 号,第 31 页。
②梁启超:《锦爱(瑷)铁路问题》,《国风报》,1910 年第 3 号,第 39 页。
③《东三省总督锡良奏遵旨筹商东省事宜折》(宣统元年三月二十日),《清宣统朝中日交涉史料》,沈云龙主编《近代中国史料丛刊》第 62 辑,台北文海出版社,1963 年,第 59 页。
④梁启超:《锦爱(瑷)铁路问题》,《国风报》,1910 年第 3 号,第 39 页。
⑤《郑孝胥日记》,第 1292 页。
⑥郑孝胥:《郑苏戡复孟庸生书》,沈家本撰,韩延龙等整理《沈家本未刻书集纂补编》上,中国社会科学出版社,2006 年,第 287 页。
⑦梁启超:《锦爱(瑷)铁路问题》,《国风报》,1910 年第 3 号,第 32 页。

图甚有洞察,是年他发表《外债评议》一文,说道:"二督此次建议,其动机实在答复滇督李君商筹大计之通电。李君之电独明大体,深探本源,洵不愧大臣谋国之忠,锡、瑞两君所答,虽不能谓非一种政策,然文不对题,亦已甚矣。"①

应该说,在锦瑷路事交涉中,最受益的人是郑孝胥。虽然他与司戴德签订的锦瑷路借款修筑计划最终成为画饼,但他本人,在朝野上下,则获得了实实在在的声誉。久居幕下的郑孝胥,此时已俨然"为优美、为明达、为政治家也"②。他提倡的"借债造路为变法之本",固然不失为一种政策,并含有救亡要义,但同时也成为他高调的标榜,鼓动着全国舆论。在一年多的时间里,他闪展腾挪,大言皇皇,凭藉锡良、瑞澂等疆臣,在晚清政治舞台上,长袖当舞。

①沧江:《外债平议》,《国风报》,1910 年第 28 号,第 27 页。沧江,梁启超号。
②《郑孝胥日记》,第 1332 页。

第四章　在辛亥风潮中

宣统三年(1911)，是郑孝胥政治人生的拐点。这一年，他以新任湖南布政使的身份，挺身而入政界，"殆如生番手携炸弹而来"，踌躇满志，"必先扫除不正当之官场妖魔，次乃扫除不规则之舆论烟瘴，必冲过多数黑暗之反对，乃坐收万世文明之崇拜。天下有心人曷拭目以观其效！虽不免大言之谤，然其盖世冲天之奇气，终不可诬也"①。

但万丈豪情，经历一场革命，再也无从说起。郑孝胥不得已避居沪上，以遗老自命。他反对革命，认为政府之失，尚在苟安，"今日犹是改革行政之时代，未遽为覆灭宗祀之时代"②，"共和者，公理之至也，矜而不争、群而不党之效也"，但以中国"利己损人久成习惯之社会"，而高谈共和，"岂时人所能希望乎"③！"已坐虚名人欲杀，真成遗老世应忘"④，在被呼为"郑贼"的革命舆论里，郑孝胥不安地度过了风潮期。

①《郑孝胥日记》，第 1333 页。
②《郑孝胥日记》，第 1352 页。
③《郑孝胥日记》，第 1358 页。
④《危楼》，《海藏楼诗集》(增订本)，第 222 页。

一 革命前夕

章开沅先生在讨论辛亥前后政局时认为,20 世纪初,中国存在着三种政治力量:一是以清廷为核心的既得利益集团,一是以立宪派为代表的新兴绅商阶层,一是以革命派为代表的非既得利益集团,其中包括以知识分子为主体的革命党人及社会中等以下民众①。这三种政治力量,构成当时复杂、紧张的政治情态。

革命缘起

李翔博士考论"国民革命"概念的演变,认为革命缘起何时,虽然难以细溯,但在戊戌变法失败以后,大致不差②。维新派梁启超逃亡日本,在光绪二十二年(1896)撰文指斥清政府为"伪政府"③,革命先行者孙中山则最迟在二十三年初,以"革命者"自认。他们无疑都"原欲以和平之手段要求立宪政体之创行而已,迨至和平无效,始不得不出于强力"④。梁启超的"破坏主义"、孙中山先行的革命实践、西方现代革命思潮的译介、《辛丑条约》签订后更加危急的局势、维新派与革命派的论战、日趋发达的传媒,等等,共同将"革命"推上流行的舞台⑤。

光绪三十一年(1905),清廷迫于形势,开始考求宪政道路。第二年,宣布预备立宪,"大权统于朝廷,庶政公诸舆论,以立国家万年有道之基"。三十三年,谕令设立资政院,以为正式议院基础,又谕令各省筹设咨议局,并预筹设立州县议事会⑥。三十四年,在全国立宪舆论的推动下,清廷宣布以九年为期,筹办立宪预备事项,并颁布了《钦定宪法大纲》。但同年十月,光绪皇帝与慈禧太后相继去世,清廷失去强有力的统治,年轻的摄政王载沣缺乏

①参见章开沅、田彤《东南精英与辛亥前后的政局》,《史林》,2005 年第 4 期。
②参见李翔《"国民革命"概念演变考论——以 1897—1927 年为中心》,《南京社会科学》,2008 年第 12 期。
③《六君子纪念会》,《清议报》,第 27 册,第 15 页 b。
④孙中山:《伦敦被难记》,广东省社会科学院历史研究室、中国社会科学院近代史研究所中华民国史研究室、中山大学历史系孙中山研究室编《孙中山全集》第一卷,中华书局,1981 年,第 81 页。
⑤参见李翔《"国民革命"概念演变考论——以 1897—1927 年为中心》。
⑥参见韩剑飞编《中国宪政百年要览(1841—1954)》,山西人民出版社,2008 年。

驾驭大局的能力，皇族亲贵在失去权力的惶恐中，加速走向保守、偏执，导致政局恶化。到宣统三年四月，清廷推出"皇族内阁"，彻底将自身推向了社会的对立面。

皇族内阁的成立令立宪派大为失望。他们曾以"匍匐都门"、"积诚馨哀"①的虔诚对待清室，到这时，已心灰意冷，转谋他路。梁启超论，"要之在今日之中国而持革命论，诚不能自完其说；在今日之中国而持非革命论，其不能自完其说抑更甚。政府日日以制造革命党为事，日日供给革命党以发荣滋长之资料，则导全国人心理尽趋于革命亦宜"，"夫孰使一国中爱国热诚磊落、英多之士，乃至铤而走险以出于此一途者，政府之罪，则上通于天矣"②。即使温和如张謇，与赵凤昌、汤寿潜等人上书载沣，"促行宪法，罢亲贵，一新纲纪，终不获报"，也"乃更断言清廷之无可期望，谋国必出他途以制胜矣"③。预备立宪公会的主要人物雷奋，更郑重对张謇道："切勿因为自己是清朝的状元，要确守君臣大义，而躲避现实。须知皇帝和国家相比，则国家要重于皇帝。"④革命，隐然已是选择。

台湾地区学者张朋园认为："立宪派人本有心扶持挽救当时的政府，因为请愿失望，失去了大多数立宪派人的拥护"，"立宪派与革命党本属南辕北辙之两种不同组织，而请愿之失望，则迫使立宪派人转而同情革命"⑤。无论是立宪，还是革命，都为建立一个民主形态的国家，革命受法国影响，君主立宪受英国、日本影响，立宪派们"试图依靠自己的社会地位和经济实力，开辟一条动荡最小、恪守君臣之义的新路。但所剩不多的对清廷的幻想终于因为辛亥革命的迅速爆发而完全破灭"⑥。他们原本恪守传统，不希望革命，但由失望而入绝望，在革命浪潮裹挟下，同情、附和，也就成为必然。

---

①《国会请愿代表通问各省同志书》，《东方杂志》，第 7 年第 11 期，第 157 页。
②《粤乱感言》，《梁启超全集》第四册，北京出版社，1999 年，第 2454 页。
③赵尊岳：《惜阴堂辛亥革命记》，《近代史资料》总 102 号，第 247 页。
④刘垣：《张謇传记》，第 180 页。
⑤张朋园：《立宪派与辛亥革命》，吉林出版集团有限责任公司，2007 年，第 67 页。
⑥章开沅、田彤：《东南精英与辛亥前后的政局》，《史林》，2005 年第 4 期。

铁路政策的推动者

革命的导火索,是清政府铁路干线国有政策的出台。宣统三年(1911)四月初三日,给事中石长信奏请"将全国关系重要之区,定为干线,悉归国有"。他指责广东绅士办路甚少,湖南、湖北集款无着、徒縻局费,四川绅士树党、各怀意见,以致粤汉、川汉铁路"溃败延误"①。折交邮传部议奏。十一日,时任邮传部大臣盛宣怀奏复,"该给事中所奏,利害间不容发者,速成之利,国与民共之;延误之害,实亦国与民共之也","而其要尤在干路收归国有,迅速筹办,枝路则仍可由商民量力办理,此为要领","惟从前批准商办各案,并不分别干路枝路,且有已定官办而又续准商办,又有已定商办而又续改官办,更有一干路而使官商错杂其间,不特将来路政无以收统一之效,即目前驭下亦未免轩轾攸分,实不足以成政策",明定统一办法,不可再事因循②。同日,清廷下谕,"干路均归国有,定为政策。所有宣统三年以前各省分设公司集股商办之干路延误已久,应即由国家收回,赶紧兴筑。除支路仍准商民量力酌行外,其从前批准干路各案一律取消"③,正式将粤汉、川汉两路收归国有。随后,盛宣怀与英、法、美、德四国银行团签订了一份借款协议。这两样举措,引发粤、湘、鄂、川士绅民众大规模的抗议。

五月十二日,盛宣怀致电在上海的郑孝胥:"刻有要事奉商,请速来京一谈。方十七行,能先一日至,尤望!"④次日,盛又来电:"川、粤汉大局粗定,朝廷注重速成,午帅、莘帅会商,非赖公毅力熟手,难赴目的。本拟即日发表,午帅欲请公来面商办法,已发公电,务乞速临,至盼,至祷!"⑤当夜,郑孝胥登船,次日启行。

十七日,郑孝胥到京,随即谒见盛宣怀,"归已十二点半"⑥。时盛正宴

①《给事中石长信奏折》(宣统三年四月六日),宓汝成编《中国近代铁路史资料》(第三册),中华书局,1963 年,第 1233-1234 页。

②盛宣怀:《覆陈铁路明定干路枝路办法折》(宣统三年四月),《愚斋存稿》(一),沈云龙主编《近代中国史料丛刊》第 13 辑,台北文海出版社,1975 年,第 441-442 页。

③盛宣怀:《覆陈铁路明定干路枝路办法折》,《愚斋存稿》(一),第 442 页。

④《郑孝胥日记》,第 1324 页。

⑤《郑孝胥日记》,第 1324 页。

⑥《郑孝胥日记》,第 1325 页。

客,张謇、孟昭常在座。二十一日,清廷宣布汉粤铁路收回详细办法。二十三日,郑孝胥被授以湖南布政使,据说,"且议定明年将擢为湘抚"①。

郑孝胥是铁路国有政策的推动者。胡思敬讽其"好为大言",在《国闻备乘》中述:

> (郑孝胥)辛亥入京,建两大策,竦动公卿。……其第二策曰:国力之强,全在铁路,交通干路之外,各省支路皆须同时并举。今之办铁路者多以省份为界,争竞多则用人不公,财力薄则假贷无门,半途而辍,讼狱滋兴。宜一并收为国有,大借外债,用西人包办。十年之后,全国铁路交通,兵机迅速,百货流通,如此始可与言富国。当孝胥建此二策时,余方整装出都。阅数月,闻孝胥简放湖南巡抚。四川争铁路,乱民大起,围成都,盖孝胥第二策行而天下已乱。邮传部尚书盛宣怀因此受天下重诟,孝胥亦伏匿上海,终日闭海藏楼,不敢妄言天下事。②

《清末实录》亦提到郑与铁路国有之事,称:

> 而郑孝胥以闽中宵小,献媚宣怀,又盛言国有利益,著论载《宪报》,以天下之大不韪,响导其政府,至是遂拜湖南布政使之命。③

又称:

> 铁路国有,倡自郑孝胥。其初议,不外迎合梯荣,非果有治路策。抵湘,知民气方张,未可以压力胜,乞哀巡抚余诚格,假会议官制,遁之京师,避湘人锋芒。④

郑孝胥抵湘时,湖南巡抚尚是杨文鼎。闰六月初八日,郑孝胥入署接篆。初九日,就接到湖广总督瑞澂密电,称内阁电,"本年厘定颁行外省官制,希即派员来京,以备咨询",拟请郑"劳驾一行,并派拔可(李宣龚)随往"。郑孝胥即复电,称"本应遵委前往","惟恐难期得力,转觉汗颜",婉辞之,但为瑞

---

①绵山遗老编辑,首阳山人撰述:《宣统末路 民国要人与宣统之关系》,上海东亚书局,1925年,第36页。

②胡思敬:《国闻备乘》,第138页。

③《铁路国有案》,《清末实录》,北京古籍出版社,1999年,第58页。

④《铁路国有案》,《清末实录》,第79页。

濲划策,"似宜抱定前奏'中央集权,各省分权,边省全权'之政策,专委拔可一行。主义既定,采用与否,听之内阁,较为得体"①。十一日,瑞濲又来电:"前奏集权、分权、全权三策,业均确定,自无移易之理。惟内阁地位较崇,非借重我公与之剀切陈说,不能动听。拔可曾任州县,于地方困难情形、办事习惯,颇有心得,故令随同前往,以备咨询。至厘定省制行政范围,则全仗伟论为之解决。项已将尊衔电达内阁,务望代表一行。弟并电商俊帅,俟公启节后,所有贵署公事由长沙府代拆代行,其关系紧要事件即请俊帅主裁,可无顾虑。何日起程? 盼速电示。"②杨文鼎,字俊卿,故电文称其"俊帅"。《清末实录》指郑孝胥倡铁路国有不假,入京"会议官制"亦不假,但所议论,则多有舛误。杨文鼎时任巡抚,何来"乞哀巡抚余诚格"事? 谓郑"遁之京师,避湘人锋芒",尤妄猜妄言。

郑孝胥简授湘藩的第二天,《顺天时报》时事要闻一栏就登载了一条消息,称郑孝胥现蒙简充湖南藩司,系由鄂督瑞濲奏报。瑞折谓,郑孝胥"才器卓异,颇为疆吏所契重。现当国势维艰,贤才在野,殊为可惜,况逢干路国有事关重大,故请将该员简充湘藩,俾与湘抚共谋川粤鄂湘省干路国有办法,实为一举两得也"③。这条新闻,很是客观。

在风潮中

郑孝胥获授湖南布政使,又以"毅力熟手",受命督办川汉、粤汉铁路,自然与辛亥风潮难脱瓜葛。风潮初起时,盛、端询策郑孝胥,郑孝胥给出的平息办法,是"非用包工法不可"。"今国有之命甫下,而人民惶骇未已,宜先定包工宗旨宣示于国中,使知自此以后,可至速至省,而得交通之益。并速将包工合同订妥公布,以听国人之研究,使天下皆知包工之有利无害,则人心大定矣。"④但郑孝胥的办法还未来得及实行,风潮就已发展到了不可遏制的地步。

①《郑孝胥日记》,第 1335 页。
②《郑孝胥日记》,第 1336 页。
③《郑孝胥简授湘藩原因》,《顺天时报》,宣统三年五月廿四日。
④《郑方伯主张包造铁路》,《时事新报》,1911 年 6 月 23 日。

七月十一日，端方被派赴川查办路事。十三日，端方致电盛宣怀："此行拟请苏堪同方入蜀，山青水碧，足壮诗囊；谕檄难文，立折蜀士。艰难险阻，谅所不辞。缓急扶持，交情乃见。苏堪健者，必不吝此一行，请公速与一商，当邀惠允。外官制草案未出，当属莘公别选替人。"郑孝胥拒绝了端方的请求。他连发一书二电，一书复盛宣怀，称："午帅既行，风潮自息。必无艰阻，何用扶持？孝胥本不乐湘藩，若复远调入蜀，益非所堪。且外官制关系全局，窃愿竭其所见，终始其事。求我公婉解于午帅。"一电致瑞澂，云："午帅欲调胥入蜀。窃谓外官制关系全局，甚愿竭力终始其事，求帅婉谢。"一电致端方，云："蜀本无乱，帅节既临，风潮自息。胥家累重，实难远行。且外官制关系全局，窃愿竭力终始其事。"①尽管月余前，郑孝胥依靠端方，得授湖南藩台，但此时，他并未被端方"艰难险阻，谅所不辞。缓急扶持，交情乃见"的言辞打动。他的态度，在二十二日的日记里，一览无余：

> 盛宫保请即赴其寓，观川电数道。午帅又托盛劝余往助，余曰："午帅退缩不暇，虽往何益。"归得午帅个二电，其一询前电"隐情"一语，以为太简；其一自言"处万难之危地，又预知良果之必无，如公不允来助，惟有奏陈真确为难情形，请责季帅一手办理，或另简与路事无涉之重臣。虽得严谴，亦所不避。"且使余往陈于二协理。余咤曰："此公方寸乱矣。"②

数月后，端方被所部士兵在四川资州杀害。郑孝胥在日记中写道：

> 端午帅奉命入川，在武昌、宜昌有二电求余同往，辞不能从，心窃悼之。使余果从，或能免之死地，未可知也。端之逃死有二策：一于未行时先请入都，但称奏陈方略及与内阁、邮部密商事件，发电即行，到京后再行设法，必可不去，此上策也。入都宜奏请暂停铁路国有之举，并请销督办铁路差。一则入川后驻兵重庆，将鄂军调赴成都，别选陕、黔援兵自将，以观事变。即使兵不可恃，乱时尚可避匿领事署中，亦不至被

---

①《郑孝胥日记》，第1341页。
②《郑孝胥日记》，第1343页。

害矣。仓卒靓祸,岂非智不足以自救乎,哀哉！①

此意又入诗,云：

> 匋斋性素懦,临难乃不屈。
>
> 其弟能同死,节义两无匹。
>
> 入川不能止,别酒成永诀。
>
> 使吾在军中,乱事或可遏。
>
> 前师赴成都,重庆止勿发。
>
> 徐收秦黔兵,叛者良易灭。
>
> 求助辞甚哀,拊膺独呜咽。②

事后假设,无补于事。回顾前称"午帅既行,风潮自息。必无艰阻,何用扶持"之语,所谓"心窃悼之","拊膺独呜咽",显然不那么真诚。陈衍称郑诗"最工于哀挽者"③,然此诗不工。

八月二十日,郑孝胥在京,自孟昭常处"闻湖北兵变,督、藩署毁,张彪阵亡,瑞帅登兵轮"④。二十九日,自嘲"以实缺布政使作舍饭寺住持"的郑孝胥,着即请训,迅速回任。九月初二日,郑孝胥请训,"闻长沙消息甚恶",晤盛宣怀,盛"出示电局来电,云长沙电局已为乱党占据,万急"⑤。初四日,郑孝胥出京赴津,夜登船,初五日启行赴沪。在茫茫大海上,他写下自己千回百转的纷乱心绪：

> 冥想万端,有极乐者,有至苦者,行将揭幕以验之矣。政府之失,在于纪纲不振,苟安偷活;若毒痡天下,暴虐苛政,则未之闻也。故今日犹是改革行政之时代,未遽为覆灭宗祀之时代。彼倡乱者,反流毒全国以利他族,非仁义之事也。此时以袁世凯督湖广,兵饷皆恣与之,袁果有才破革党、定乱事,入为总理,则可立开国会、定皇室,限制内阁责任,立

---

①《郑孝胥日记》,第 1383-1384 页。

②《杂诗》,《海藏楼诗集》(增订本),第 252 页。

③陈衍:《石遗室诗话》,第 211 页。

④《郑孝胥日记》,第 1349 页。

⑤《郑孝胥日记》,第 1351 页。

宪之制度成矣。使革党得志，推倒满洲，亦未必能强中国。何则？扰乱易而整理难，且政党未成、民心无主故也。然则渔人之利，其在日本乎！特恐国力不足以举此九鼎耳。必将瓜剖豆分以隶于各国，彼将以华人攻华人，而举国糜烂，我则为清国遗老以没世矣。时不我与，戢弥天于一棺，惜哉！未死之先，犹能肆力于读书赋诗以横绝雄视于百世，岂能徜徉徙倚于海藏楼乎！楼且易主，而激宕悠扬之啸歌音响乃出于何处矮屋之中，未可知也。今日我所亲爱之人在长沙乎，在汉口乎，抑能自拔以至上海乎？炸弹及于胸腹，我将猛进以不让矣。使我化为海鸥出没于波涛之上，其能尽捐此亲爱之累与否，未可知也。官，吾毒也；不受官，安得中毒！不得已而受官，如食漏脯、饮鸩酒，饥渴未止，而毒已作。京师士大夫如燕巢幕上，火已及之。乱离瘼矣，奚其适归。至亲至爱，莫能相救，酷哉！①

初八日，郑孝胥抵沪，"闻湖南于初一日由咨议局宣告独立"②。叶参称，"八月武昌事起，先生急驰回任，途次上海，长沙已失，道梗不行，遂留于沪，隐居海藏楼，有续杂诗八首志感"③。彼时情形，自日记察之，郑孝胥到沪后次日，即预备接眷，先赴汉口，再自汉口换船抵长沙。初十日，郑垂已买船票、换钞票，恰在是夜，吴夫人"率妇孺臧获四十人坐龙门来，悲喜如在梦中"④。家眷已平安归，自不必再赴汉口。

上海亦独立，成立了中华民国军政府沪军都督府。郑孝胥隐居海藏楼，作《续海藏楼杂诗》志感。其三十八云：

> 官身有束缚，偾事非吾谋。
>
> 长沙获先去，一士天所留。
>
> 东华再阅月，兵气横穷秋。
>
> 悲风舍饭寺，独啸哀南州。
>
> 事急嗟无人，堪为朝廷羞。

①《郑孝胥日记》，第 1352-1353 页。
②《郑孝胥日记》，第 1353 页。
③叶参、陈邦直、党庠周合编《郑孝胥传》，第 27-28 页。
④《郑孝胥日记》，第 1354 页。

> 泽生可共死,惜我非其俦。
>
> 举世轻忠义,苟全为高流。
>
> 谁能从重华,甘与鹿豕游。①

其四十二云:

> 之官而北上,留京而南归。
>
> 屈曲使投闲,天欤非人为。
>
> 功名与节义,时论方背驰。
>
> 名教已扫地,何人能维持?
>
> 指心许苍天,一老乃慭遗。
>
> 徐行万马中,舍我噫其谁?②

郑孝胥将他的联翩浮想,全写在了诗中。

二 "实缺官"郑孝胥

到宣统三年(1911),郑孝胥已历政二十三年。他终于成为一方要员,没有这场革命的话,他就可以较为自由地实行他的权力,施展他的治国经术了。郑孝胥的个性、涉政追求、从政风格,特别是长期幕府风气的熏染,皆为影响他民国后政治演变的重要方面,所有这些均值得深入探究,故讨论、总结他的前清经历如下:

涉政追求

作为儒家士子,郑孝胥早年修养,即以"君子"、"圣贤"为追求。他认为,"何谓君子? 曰,笃于行己,不以毁誉为喜愠者是也。何谓贤者? 曰,先知先觉,足以淑世善俗者是也"③。他对政府行政者的理解,亦有儒家意味,"古今行政者无日不困于胥吏重围之内,唯有圣贤之理道,儒者之气象,乃

---

①《续海藏楼杂诗》,《海藏楼诗集》(增订本),第 221 页。
②《续海藏楼杂诗》,《海藏楼诗集》(增订本),第 221 页。
③《郑孝胥日记》,第 582 页。

能溃围而出耳"①。郑孝胥三十五岁时，已有如此高格："有不慕膏粱、不愿文绣之识，而后有万钟弗顾、千驷弗视之概。虽负雄才豪气而常以礼自克，不傲慢于臧获，不堕行于冥漠。处事以勤，御心以简，行己以敬，接人以诚。见义必为，则修名自立。知过必改，则盛德日新。笃于孝弟，则离于不祥。精于义利，则远于流俗。使吾遵蓬蒿而处，何异揭日月而行也。"②

儒家的涉政追求，盖有三种方式：一立德，一立功，一立言。立德即"内圣"，陶铸志行高洁的圣人之德。立功即"外王"，实现以"道"治天下的经世大业。立言即借著书立说或批判议论彰明理念。其中立德、立功之业，作为儒家士大夫立身行道的终极目标，尤为向往。但无论是以"参政"的形式，立德立功，还是以"议政"的方式，立言垂世，都足以说明读书人有经世济时的怀抱。早在光绪二十一年（1895），郑孝胥与沈瑜庆论及出处，就曾说："仆思于福州觅一馆，伏匿三年，以待世变。以忠信朴俭表率乡里，仍集学者立社，数日一聚，考论当世先务、省城利弊，庶几有益于乡党，未必不能使士人风气一变耳。"③此话恰是荀子所言"儒者在本朝则美政，在下位则美俗"的衍义。

儒家对于人生的设置，是角色化的。礼乐教化，实乃一套周密秩序下的对"人"的规定性。它覆盖"人"存在的各个层面，预设了儒家士者基本的生存方式，包括人生期待。这是一种群体自觉，在践道的过程中，每一个体都自觉认同，并努力做好自我的角色化，即承扮"道"的探求者、代表者、维护者、传布者等形象，尽管他们的现实身份不同，可以为王者之师、学派之祖，亦可以为"不治而议论"之处士。

一生浸淫儒学的郑孝胥，其人生自必也如此，以经世济国为追求，比如对待学问，他强调实践，以为"学术毕归于实践"④，学问的作用，在"将以治难办之事，处难安之境"⑤，"至于为学，但求多晓世务，文字明畅，足以谋食

---

①《郑孝胥日记》，第 854—855 页。
②《郑孝胥日记》，第 472 页。
③《郑孝胥日记》，第 460 页。
④《郑孝胥日记》，第 69 页。
⑤《郑孝胥日记》，第 219 页。

而已"①。在儒学的教化下,他亦自必培养出"忧患人间待此身"②的人生角色。他的自期自许,以乡贤前辈为榜样,"流风可但兴吾党,后起谁当望雁行"③,亦由此来。他的政治理想,更自必为儒家仁政、德治之构建。无论是其早年广西督边时,于"军实而外","通民力,利转输,设学堂,开医馆"④,还是晚年致力建设所谓的"王道"国家,标举儒术治国,礼义行世,俱为儒政范围之所在,亦同时说明,其终生涉政追求之目标。

除经世济国外,郑孝胥的涉政追求,尚表现出世俗的一层面。这点,将在后文述及。

政治品质

政品者何? 从政者之品格、才器与抱负也。在辛亥革命前,郑孝胥仕宦二十余年,已形成了一些基本的政治品格。

他久历练于幕府,通政情,晓人事,文、武兼资,勤勉清正。他在日本处理政务时,兢兢业业,卓有政声。在桂督边时,"公私笺牍、奏函、批牍、批答高数尺者数十束","无一字假他人手"⑤。他在日记中的自道,"公事甚夥,随至随办,午后稍闲"⑥,呈现出他勤勉的工作习惯。

郑孝胥"性孤冷,与人落落"⑦。在友人记忆中,十七岁时的郑孝胥,"发髯髟寸许,斜倚案头,目光上下,旁若无人,心异久之"⑧。他早年的修为,取"君子以独立不惧,遁世无闷"之路径,不肯随俗俯仰。他自称:"吾以刚清制命,不为随波逐流之行,虽违时背俗,盖自谓百折不挠者矣。"⑨他对子女的教育,亦是如此:"气刚在不欺,志远在寡欲。器闳在重己,量大在爱物。

① 《郑孝胥日记》,第 459 页。
② 《日枝神社晚眺》,《海藏楼诗集》(增订本),第 26 页。
③ 《二月廿七日集沈祠文肃公生日》,《海藏楼诗集》(增订本),第 19 页。
④ 严复:《〈广西边事旁记〉跋》,见孟森著《广西边事旁记》。
⑤ 孟森:《广西边事旁记》,第 1 页。
⑥ 《郑孝胥日记》,第 716 页。
⑦ 《郑孝胥日记》,第 11 页。
⑧ 《郑孝胥日记》,第 33 页。
⑨ 《郑孝胥日记》,第 444 页。

求名在务实,益智在勤学。随波而逐流,极贵亦为辱。"①以是,郑孝胥清狷独立,气象英发,与其接触者,都留下深刻的印象,李鸿章就曾评价他:"文笔入古,人且清挺。"②

光绪二十四年(1898),时年三十八的郑孝胥,在日记里有这样一段文字:

> 清则养德,侈则丧志。故入其居而知其人之素操矣。然胸中雅俗,常不可掩,使龉龊无检,亦自失于鄙猥也。贤者之室,萧然而意远,廖然而物简。身所游处,不著于世味,尊生之理亦备。其斯为德韵之表也欤。③

文字与人,俱清疏、淡远。

清正刚直,是郑孝胥入仕前期表现得十分明显的一个特点。在广西驻边时,曾有"僚佐诸将求为醵饮,许之,酒半乃言"为其祝寿之筵,"不悦而罢",次日而"命还公局所用酒席费八十元"④。最典型的例子,则莫过前文述及的,发生在驻日时的牌费一事。

郑孝胥自标清刚,还需注意的,是他对待权贵及外人的态度。日记记载,刘坤一光绪二十二年(1896)回任两江总督,"沿途设香案甚多,列队伍,自南院至于北院,旗帜飘扬,数里不绝。既入署,众僚上谒,并谢不见"。郑孝胥批云:"官场习气务以相率为伪,安知无识者冷眼看之也!"⑤又宣统三年(1911),郑孝胥在京,甫授湖南布政使,三谒载泽而不值,待与盛宣怀见,盛询其"已晤泽公否",并"立呼仆以电话向泽约期"会见,郑孝胥则"止之",道:"胥明日行矣,留为他时之再谒可也。"令盛宣怀"颇讶之"⑥。

对待外人,郑孝胥自尊自重,较一般时人,更表现有态度:"华人久为外

①《示大七》,《海藏楼诗集》(增订本),第63-64页。

②《郑孝胥日记》,第221页。

③《郑孝胥日记》,第701页。

④《郑孝胥日记》,第938页。

⑤《郑孝胥日记》,第550-551页。

⑥《郑孝胥日记》,第1329-1330页。

国所轻,胥甚愧之"①,"世习洋务,惟得其脱帽、执手、啖洋菜、吕宋烟耳,宜其为欧人所轻也"②。光绪三十年(1904),郑孝胥在龙州办理"茴油"一案,态度坚执,他的好友、时在外务部的高凤谦,称赞他"刚正不挠,如睹颜色"③。

在时人眼里,郑孝胥有"幕府才"④。他自负英才,伉爽,有识见,且勇于任事,果于谋断,大有"虽千万人吾往矣"的气概。甲午割台,郑孝胥决意东渡,事虽未果,但其中的周折,颇显示出他"百折不挠"的性格特点⑤。光绪二十六年(1900),"东南互保"定约后,英人意犹未尽,企图推动张之洞、刘坤一"独立",英国领事托人致意郑孝胥,"如南省张、刘二公能正拳匪之罪,则保两宫、全中国、改传教章程皆可办到",有意求其"为之言于南皮"。郑孝胥遂于"风雨大至"中,"即复渡江","袍为雨湿,不可着,乃烘半干,服之以往",对张"极谈不可失机之状,至五鼓",直至张"终畏葸不决而罢"⑥。诸如此类,均可想见他超乎常人的胆识。

作为晚清时代人,郑孝胥很难得的是有国际视野。宣统元年(1909),郑孝胥对陆尔奎道:"今之用世者,率皆有分党排外之见塞其胸中,即有贤者,亦无洞知中国之全体:欲救其危,毋怪其无从下手耳。生于今世纪而为亚洲人,宜通晓今世亚洲关于地球列国之趋势,使我开通亚洲,只择其大者急者扼要下手,则各国历年所侵入亚洲,其经营之力皆不啻为我效力而已。此如西比利亚之铁路,帕那马之运河,一成之日,举世旋转而不自知,乌能区区争论治理国际上之末务哉!"⑦光绪二十六年(1900),张之洞与郑孝胥交谈,询其"管、葛何如"。"管、葛",乃管仲、诸葛亮。郑孝胥答以"今犹可用也",以其"用力于境内,而眼光常注于四国"。张之洞对此回答,"嗟赏久

①《郑孝胥日记》,第 501 页。
②《郑孝胥日记》,第 206 页。
③《郑孝胥日记》,第 957-967 页。
④胡思敬:《郑苏龛好为大言》,《国闻备乘》,第 137 页。
⑤参见《郑孝胥日记》第 493-494 页,《张之洞全集》第 6388、6401 页。
⑥《郑孝胥日记》,第 762 页。
⑦《郑孝胥日记》,第 1181-1182 页。

之"①。

郑孝胥能言善辩。他言辞诙谐、风趣,在时人文字中,多有述及,如陈灏一记载:

> 之洞宿交王可庄(仁堪)第几子某,以通判指省,思入督幕,自表襮。梁节庵(鼎芬)为言于之洞,之洞默然。固请,怒斥之。某营进甚亟,不得请不休。尝以此旨告鼎芬。鼎芬曰:"必报。"会有事诣制府,如前言。孝胥适在座。之洞俟其辞毕,恚曰:"吾幕非无人才,某或未能也。子掌两湖书院,待人治事,曷引为助乎?"鼎芬唯唯。孝胥挽言曰:"帅之言,余独不谓然。天下人之文章孰若帅?天下人之公牍孰若帅?为他人之记室易,为吾帅之记室难。惟其难也,某必欲得之,将以求学耳。可庄固才士,其子当是通品,不可不察。"语已,以目视鼎芬。鼎芬曰:"苏戡妙语,实获我心。欲言而未敢出口。"之洞微笑曰:"苏戡言婉而讽,节庵亦复言外有意。不从,二子必皆不悦;从,则当试某以事,容吾熟审之。"未三日,令下。人情好褒恶贬,之洞何莫不然。孝胥善于词令,使鼎芬累求而不得者,寥寥数语谐其事,诚解人也。②

赵凤昌的儿子赵尊岳也记载过一件小事:

> 海上时有名伶金月梅,色艺称最,昵之特甚,时过所居为宴集。一日将去汉,临别观其翠屏山剧,同过钿阁,薄有所赠,濒梯授以一函,即引剧中宾白,告月梅曰:"饭不能饱,酒不能醉。"举座为之哄然,风趣可见。③

郑孝胥于光绪二十七年(1901)识金月梅,三十二年,收为外室。然"终纳之而不能终守之也"④。

郑孝胥特有辩才,能办交涉,这一点,张之洞、盛宣怀都有盛誉。张之洞称,郑孝胥"于中外交涉机宜,能见其大","在汉口总办铁路局,路工洋人多

①《郑孝胥日记》,第740-741页。
②陈灏一:《睇向斋谈往》,上海书店出版社,1998年,第141-142页。
③赵尊岳:《郑孝胥(垂)》,《古今》第三一期。
④赵尊岳:《郑孝胥(垂)》,《古今》第三一期。

至百余"，皆"操纵得宜，作事切实敏速，洋工程司极为信服"①。盛宣怀亦称，郑孝胥"颇能驾驭洋人"②。故在对外交涉时，一有急需，二人就立召郑孝胥。光绪二十四年（1898），日本派人活动张之洞联英拒德，张之洞即致电郑孝胥，以有重大紧要事相商，请即速来鄂。又二十八年，盛宣怀与英商约专使马凯谈判商约，亦在议至要处时，电请郑孝胥赴沪襄助。

郑孝胥趋时，能够演讲，是彼时士大夫中能掌握新式舆论传播方法的人。三十二年（1906）郑孝胥回沪，在张园等处演说立宪，颇为他增色添誉。不过，能言难免好为大言，好大喜功，郑孝胥即坐此病。看他的日记，言大有夸的情形实在不算少。三十年广西边乱平定，郑孝胥对吴学恂"戏语"："他日历史书曰：柳州兵变，两广总督岑春煊调边防之兵救之；督办边防郑孝胥以为叛兵宜速招抚解散，操之急则铤而走险，将不可收拾，且边防兵单，撤必有乱，乃止。史氏谓，广西安危，系于此举也。"③虽戏语，大言已近失实。三十一年，郑孝胥在龙州宴客，有舞龙灯，"座客华洋百余人，益以观者千余人，军民欢呼。鼓吹殷地，烟火涨天，西人皆称乃龙州第一次盛会"，郑孝胥对孟森讲，"我固有呼风唤雨之手段，翻江倒海之神通者也"，自得到简直可厌④。又宣统二年，郑孝胥在东省代锡良拟电，自称："计前电稿初二可至孟庸生处，各省督抚日内必有回电至奉，天下震动，真奇观也。"然事实并不如他所"计"，各省督抚虽有反应，但实在算不上是"震动"⑤。诸如此类，比比皆是，均属大言皇皇。

不过炎炎大言，彼时亦非郑孝胥独有，变世英雄，自树招展，难脱侃侃高论。对郑孝胥之大言，早在光绪二十二年，他的同僚就有议论，郑孝胥记之于日记：

> 光绪二十二年（1896）十一月初四日：……张燮钧尝谓任锡文、曾士元曰："郑苏龛之论多不足信，此欺世盗名者也。"任锡文对曰："苏龛

①《保荐人才折》（光绪二十七年三月二十五日），《张之洞全集》第二册，第 1389 页。
②《盛道来电》（光绪二十二年五月初八日子刻到），《张之洞全集》第九册，第 7010 页。
③《郑孝胥日记》，第 947 页。
④《郑孝胥日记》，第 1004 页。
⑤《郑孝胥日记》，第 1287 页。

今犹一同知耳,何有于欺盗乎。"汪穰卿则曰:"苏戡论事甚好,然不能作事也。"①

胡思敬之《国闻备乘》,特为郑孝胥作"郑苏戡好为大言"一则,内中"辛亥入京,建两大策,竦动公卿"语,真栩栩如生,让我们仿佛见到,当日公卿闻郑言而耸然的样子。

长期游幕之影响

郑孝胥自光绪十一年(1885)二十六岁入李鸿章幕府,至宣统三年(1911)五十二岁获授湖南布政使,二十余年,几乎都在各要员大吏的幕中充任幕僚。长期佐幕游宦,角色定位,只能在范增、张良间。好使险弄奇,能言善辩,乃至好大喜功等等表现,都与此有关。

较一般时人,郑孝胥别具怀抱。陈衍论诗及人,称他"三十以后,乃肆力于七言","而多与荆公相近,亦怀抱使然"②。又论:

> 苏堪多惘惘之作,如《送桱弟入都》有云:"事业那可说,所忧寒与饥。我如风中帆,奔涛猛相持。不怨漂流苦,但恨常乖离。何时得停泊,甘心趋路歧。向来负盛气,不自谓我非。"《立秋永田町日枝山下新居作》有云:"中宵起舒啸,夜气漫林谷。乡心茫欲碎,离念牵更酷。我愁妇亦叹,身世类转毂。"又:"微官欲何道,一饱忍千辱。悲呻久不寝,人世寐正熟。"《濠堂落成》云:"惜哉此江山,与我俱不偶。"《岁暮》云:"妄怀当世意,端欠此心安。"《汉口春尽日北望有怀》云:"往事梦空春去后,高楼天远恨来时。"当时读之,已恐其难以愚鲁到公卿矣。督办龙州边防诸作,穷塞主语,犹不足异也。③

陈衍诗论,确实道出郑孝胥的胸怀气志。

但是,郑孝胥功名寥落,年三十,方考取内阁中书,做得京官,诗云:"今

---

① 《郑孝胥日记》,第 580 页。
② 陈衍:《石遗室诗话》,第 8 页。
③ 陈衍:《石遗室诗话》,第 8 页。

年过三十,偃蹇困尘土。微官羁鞻下,剧似搬姜鼠。"①彼时景况,一如日记中此一段记述:

> 爱苍车中语余曰:"子苟作当京官之计,家眷必当移来。百岁夫妇,盛年曾有几时,讵可轻弃耶?"余笑曰:"如人家母子何?"灯下独坐,念爱苍言,颇为之动。人世别离之恨多矣,余去闽四年,弟兄睽隔,未能归视,敢念及此耶?使吾于江南有田数顷,当弃官偕隐,不忍闻此语也。②

光绪十七年(1891),郑孝胥东渡日本,叹"人生五十老矣。少壮之年不可久留,正宜于此时极骨肉天伦之欢聚,岂可掷光阴于离别中乎"!"此时岁月,万金不易,今不得已以数百金贱卖,可谓酷虐",穷年奔走,以此为恨恨也。③

郑孝胥入张之洞幕时,家境犹艰窘。光绪二十三年(1897),郑孝胥初入盛幕,派充商会公所参赞,月给薪水百金,他"作字与何眉孙,请领薪水,附纸曰:'山谷诗云'食贫久以官为业',胥今日是也。士君子意气相许,诚不合计较诏粞;然此间百金实才抵江宁十分之六七耳。使胥来沪,尤窘于在宁时,此必非使君好贤如《缁衣》之本意也"④,生活尚显拮据。以后,才开始渐转宽裕。二十五年,郑孝胥至汉口总办卢汉铁路南段,派定薪水三百金,又有公费三百金,窘况已释。这一时期的拮据,无疑是郑孝胥谋求发展的内动力。治生紧迫,谈何怀抱?自京官而东渡,自张幕而北上挟策,由刘坤一又转投盛宣怀,皆出于此。

长期的幕府生活,培育出郑孝胥浓重的策士气。春秋战国时期,有才识之士挟术怀策,游说四方,名门贵族、公卿将相争相罗致,以为智囊,参与政事,此乃幕僚一职之发端。清朝咸丰、同治后,以曾国藩为首创,继之李鸿章、张之洞等,延揽各式人才,形成庞大幕府,幕府人物出任官吏,成为升迁的捷径。郑孝胥入仕宦,走的正是这一路子⑤。光绪二十四年,郑孝胥对何

①《家书至却寄》,《海藏楼诗集》(增订本),第 7 页。
②《郑孝胥日记》,第 173 页。
③《郑孝胥日记》,第 234-235 页。
④《郑孝胥日记》,第 611 页。
⑤参见黎仁凯等著《张之洞幕府》,中国广播电视出版社,2005 年。

嗣焜说过这样一段话：

> 今中国事急,我辈匹夫虽怀济世之具,势不得展,固也。有机会于此,日本方欲联中国以自壮,如令孝胥游于日本,岁资以数千金,恣使交结豪酋及国中文人,不过年余,当可倾动数万人,下能辅中原之民会,上可助朝廷之交涉。脱诸戎肆毒于华夏,则借日人之力以鼓各省之气。兴中国,强亚洲,庶几可为也。昔汉高与陈平金三万斤使谋西楚,张魏公假园中老兵数十万金使贾海外,呜呼,今不复有斯人耶?[①]

自述的便是一副纵横家的形象。

台湾学者龚鹏程曾论郑孝胥诗,谓"古之大家,或以情胜,或以气胜。情主于幽细,气主于雄阔。兼之者李、杜、陈思,偏之者义山、退之。然以气胜者,或如曹操、鲍照、韩愈之古直超旷,具豪杰之气者也。或如李白、龚定庵,具侠士气者也。若海藏之负气而姿媚者,则可谓为有策士气"[②],确是的论。

幕有主宾之别。尽管郑孝胥自负大志,有经略手段,但做幕宾,施展怀抱,还需看幕主的态度。对历任幕主,郑孝胥似都不甚满意,这使他不断地在各封疆大臣的幕府中游移。他擅擘划,尚权谋,觑时投机,并能起而用之,此皆长期在幕的烙印,影响深且久,已经入了骨髓。这一点,在进入民国以后,表现得越发娴熟。

社会形象

郑孝胥自谓能任大事,时论亦以"负时望者"视之。"郑当时"的称呼,最早出现在武昌时期。陈衍《冬述》诗有句云:"借问清凉散,寄书郑当时。"[③]并且,彼时"郑当时"的称呼,似乎已经流传很广,奉天张元奇(字珍午)诗中亦有句云:"正是平津开合望,驿车催送郑当时。"[④]宣统二年(1910),施煌(字仲鲁,湖北武昌人)曾出上联:"张汤郑当时","言负时望

①《郑孝胥日记》,第644页。
②龚鹏程:《中国诗歌史论》,北京大学出版社,2008年,第311页。
③陈衍:《石遗室诗话》,第5页。
④陈衍:《石遗室诗话》,第76页。

者三人,而又为汉人二人名,莫能属对"①。

环顾晚清政坛,郑孝胥也确属人才。尽管囿于时局,"规画甚多",成就殊鲜,但他学识出众,能谋善断,特别是敢于把握和利用时机,以"虽千万人吾往矣"的精神,坚定执着,给时人留下深刻印象,与他共过事的张之洞、盛宣怀、岑春煊、锡良,对此皆有同感。张之洞称郑孝胥"见得透,说得出,做得到"②,"子之才笼罩一切,无施不可"③。岑春煊尤借重郑孝胥,称"借公作师资,不敢以俗礼相待"④,谦恭如此。在晚清官吏中,郑孝胥的保举次数不算很多,但从保举人、保荐语看,亦足以彰显他"能员干吏"的形象。

到辛亥革命前夕,郑孝胥的社会舆论达到最佳时期。六月初八日的《时事新报》,节译了《太晤士报》的一篇文章,题云《西报论郑苏戡之奏对》:

> 中国直省大员中,其办一事或建一言之可称为优美明达而卓然具有政治家之态度者,盖久已寂寂无闻矣。今何幸而得某大员,抵掌而谈,发挥所见,聆其议论,洵不愧为优美、为明达、为政治家也。此某大员即新任湘藩郑苏戡,其奏对之辞已备载于各华报(按各西报亦均已译出),大抵审度时势既极精当,复极博大,无论世界何国之政治家,固莫不以能建斯言自豪。倘中国能简拔如是之人才十数辈或数十辈,列诸要津,畀以政权,则中国之应付时局,其和平坚卓自应远过于今日也。郑氏之论全国财政情形,诚大可为训,而其审度国势之后,归本于铁路之在国家实具有军事上之重要,斯真简明翔实之论也。⑤

郑孝胥在日记里抄录了全文。

宣统三年六月,新任湖南布政使郑孝胥与湖南京官有过一番对话。郑道:"仆未尝为实缺官。今入官场,殆如生番不可以法律拘束者,不知闹何笑柄。然决不能合格,明矣。"又道:"天下明白人居多数乎? 少数乎?"答:

---

①《郑孝胥日记》,第 1265 页。
②《郑孝胥日记》,第 2549 页。
③《郑孝胥日记》,第 735 页。
④《郑孝胥日记》,第 1094 页。
⑤《郑孝胥日记》,第 1332 页。

"少数耳。"郑孝胥再言："然则作事宜求谅于少数之明白人,抑将求谅于不明白之多数乎?"①这番对话,表明终于当上了实缺官的郑孝胥,要大显身手了。他在日记里,更是酣畅淋漓地表示："吾今挺身以入政界,殆如生番手携炸弹而来,必先扫除不正当之官场妖魔,次乃扫除不规则之舆论烟瘴,必冲过多数黑暗之反对,乃坐收万世文明之崇拜。天下有心人曷拭目以观其效!虽不免大言之谤,然其盖世冲天之奇气,终不可诬也。"②

郑孝胥这般豪情壮志,不是没有道理。这一年,他连续做了三篇《觇国谈》,宣扬他的治国方针大略。他意气风发,声名煊腾,向天下宣告："既出任世事,当使愚者新其耳目,智者作其精神,悠悠道路之口何足以损我哉。"③郑孝胥深心远识,怀揣一套开放改革政策,怎能不大干一场。

但就在半年后,实缺官郑孝胥的凌云壮志,兜头遭遇一场来得不是时候的革命,万丈情怀勃然郁积为内热,成为他一生未能跨越的魔碍。

三　现实应对

辛亥革命后,郑孝胥避居海藏楼,谢客不出,一如胡先骕所言："深知中国如欲立国于大地之上,必不能墨守故常。政法学术,必须有所更张。然仍以颠覆清室为不道,〔视〕辛亥革命为叛乱,不惜为清室遗老。"④直到第二年的7月2日,他与沈瑜庆"坐马车同出,遂至商务印书馆董事会",才算"入市"。他自称,乃"自到上海以来,今日入市为第一次,凡八阅月"⑤。郑孝胥避居的意思,果如其言,是"为清国遗老以没世"乎⑥?

对革命的认识

讨论对革命的态度,必然关涉到对政府的评价。九月初六日,郑孝胥在

①《郑孝胥日记》,第 1330 页。
②《郑孝胥日记》,第 1333 页。
③《郑孝胥日记》,第 1331 页。
④胡先骕:《评俞恪士觚庵诗存》,《胡先骕文存》上卷,江西高校出版社,1995 年,第 143 页。
⑤《郑孝胥日记》,第 1422 页。
⑥《郑孝胥日记》,第 1353 页。

回任长沙的途中,就对清政府有一个判断:"政府之失,在于纪纲不振,苟安偷活;若毒痛天下,暴虐苛政,则未之闻也。故今日犹是改革行政之时代,未遽为覆灭宗祀之时代。"①当下的反应,最直接说明他的感情倾向。两个月后,严复也曾有过类似的表述:"今日政府未必如桀,革党未必如汤。"②

郑孝胥反对革命,并不说明他就赞同清廷。之前,他就常借时政批评政府。在光绪二十一年(1895),甲午战败,议和消息传来,他就表现出对清廷的强烈失望:"此小朝廷谁能求活耶。"③二十四年,戊戌变法失败,他哀叹:"从此又是偷生世界,亡可立待矣。"④预备立宪以后,郑孝胥对政府之"专制"抨击越发直接、有力。三十二年,在预备立宪公会的成立大会上,他直陈中国数千年"家天下"之弊政,以及人民"苟安偷活"之特质、现状:

> 数千年以来,治国之制度,皆以居高临下为主义。观其所立之礼仪,卑贱对于尊贵,无一毫之身份,拜跪进退,训令禀承,自大臣之于君上,下僚之于上官,平民之于官吏,摧抑不遗余力,而举国之人,安之若素也。观其所征之赋税,国家责之于各省,各省不敢不遵也;督抚责之于州县,州县不敢不供也;州县责之于民间,民间不敢不与也。甚至贪官污吏假托国家之威势,坏人产业,破人身家,滥取无度,而举国之人,亦安之若素也。观其所定之刑罚,公堂之上,暗无天日;上无保护之意,下无伸诉之权;毒刑酷法,可施之罪名未定之人;教供造案,常视为秘密相传之诀。虽冤气触天,无能自解,而举国之人亦安之若素也。人人为积威所劫,皆有自顾不暇之思想,故"苟安"二字,并非真有可安之地位。譬如以斩决与受刑比,则人皆愿受刑;以受刑与禁锢比,则人皆愿禁锢。故我所谓中国人民"苟安"之性质,其中皆含有极可哀之情形,迫而出于此也。⑤

"国政"一层面,即"苟安"二字。对于"身家"一层面,则是"偷活"二字:

---

①《郑孝胥日记》,第 1352 页。
②见《郑孝胥日记》,第 1373 页。
③《郑孝胥日记》,第 469 页。
④《郑孝胥日记》,第 683 页。
⑤《预备立宪公会郑苏龛先生演说》,《广益丛报》,1907 年第 128 期。

数千年以来，谋生之计策，皆以利己损人为主义。观于仕宦之途，钻营奔竞，排挤倾轧，既无为国为民之心，亦无立功立名之意。自将相至于微员，悉以取巧推诿为长技。虽责任极重，爵位甚崇者，绝无经营一事，关系于国家十年以上之计画。其心则曰"吾不过五日京兆而已，谁能为久远之计？"此官场偷活之情形也。观于商贾之途，逐利忘义，成为风气，甘受外人之驱策，不求同业之合群。每有一种营业，可以获利者，绝不预计销场之大小，敏手捷足，争先恐后。至货积不销，则又甘心折耗，跌价竞售，另图他举，致使销场败坏，外人反客为主，坐握利权。而我之商界，绝不知改良，遂成人为刀俎、我为鱼肉之现象，此商贾偷活之情形也。观于农工之途，则力量愈微，糊口度日，业耕种者，坐受豪强之并吞，业工艺者，全无发达之进步。至肩挑担负之徒，流离转徙，去死一间。出洋华工被虐情状，已成世界之惨剧。然往者纷纷，犹不能止，此农工偷活之情形也。人人皆暂救目前，绝无顾全大局之思想，故"偷活"二字，决非真有生活之可图，譬如剜肉补疮，疮未合而肉又伤，饮鸩止渴，渴未解而毒已发。故我所谓中国人民"偷活"之性质，其实皆出于极无聊之景象，积而至于此也。①

郑孝胥并非不知"数千年来之积弊"，然其"今欲革除'苟安'之性质，以对于国政者则曰'责难'；革除'偷活'之性质，以对于身家者则曰'图存'"。如何"责难"？如何"图存"？他的办法是，"凡内政外交之得失"，"细加研究，发为论议，以备朝廷之采择是也"；"凡工商实业之利病"，"力为调查，尽心提倡，以求民生之发达是也"②。郑孝胥 1906 年的"责难"与"图存"，与梁启超 1902 年所论，"夫我既受数千年之积痼，一切事物，无大无小，无上无下，而无不与时势相反，于此而欲易其不适者以底于适，非从根柢处掀而翻之，廓清而辞辟之，乌乎可哉"③，两相比较，显然是分明不同的两种态度。

对待政府之"腐烂专制"，郑孝胥提出，专以速成国会为主义。他认为，

①《预备立宪公会郑苏龛先生演说》，《广益丛报》，1907 年第 128 期。
②《预备立宪公会郑苏龛先生演说》，《广益丛报》，1907 年第 128 期。
③《释革》，《梁启超全集》第一册，第 759-760 页。

"若内阁、国会既立,则此事(指专制)不行矣"①,"今日""改革行政"之内
容,即立内阁,开国会。同为立宪领袖的汤寿潜,在被革命推向前台时,亦曾
说过:"吾虽弗善颛制,然与卿等异趣,以若所为亦不与也。"②正是彼辈与革
命者的区别所在。

中国的传统语境,并不缺乏对"革命"的阐述。早之《易经·革卦》即
谓:"天地革而四时成,汤、武革命,顺乎天而应乎人,革之时义大矣!"当
"革"不"革",乃失天时,不当"革"而"革",即违天时。汤武革命,合"时"而
"革",乃为顺天应人。不过,迫而后起,不得已而取之,有惭德。后孔子重
"天命","天之历数在尔躬"③,帝王易姓而兴,天之历数也。而孟子重民
心,故"天命"与民心结合,"天与之,人与之",非尧与之也④。孟子虽未明
言革命,对"社稷"的诠释,却直接指向革命:"民为贵,社稷次之,君为轻。
是故得乎丘民而为天子,得乎天子为诸侯,得乎诸侯为大夫。诸侯危社稷,
则变置。牺牲既成,粢盛既洁,祭祀以时,然而旱干水溢,则变置社稷。"⑤至
荀子,语及汤武,已认为:"夺然后义,杀然后仁,上下易位然后贞,功参天
地,泽被生民。"⑥

大变局中,革命还是改良,确实难做选择。如激进者梁启超,亦有态度
和缓时,称"其保守性与进取性常交战于胸中,随感情而发,所执往往前后
相矛盾"⑦。面对动荡时局,一般态度,盖不外三类:激进、温和、保守。郑孝
胥反对革命,毫无疑问,被划归为"保守"。中国传统中有关"革命"之理论,
一面以"顺乎天而应乎人",赋予革命以正当,一面又导致历代豪杰,打起
"顺天应人"的旗号,使革命徒然成为逐鹿中原之口实,深得个中三昧的郑
孝胥,岂有不明白其吊诡处。

在郑孝胥看来,革命是"干名犯义",破坏纲常礼教,乃"倡乱"也。"使

①《郑孝胥日记》,第 1301 页。
②张謇:《汤蛰先生家传》。《张謇全集》第五卷,第 457 页。
③《尚书·尧典》。
④《孟子·万章上》。
⑤《孟子·尽心下》。
⑥《荀子·臣道》。
⑦梁启超:《清代学术概论》,中华书局,2010 年,第 129 页。

革党得志,推倒满洲,亦未必能强中国。何则? 扰乱易而整理难,且政党未成、民心无主故也"①,"即不为一朝计,民主立宪之局定,则扰乱之期反恐延长,而全国发达反致阻滞矣"②。更何况,他观察到,"朝廷所颁信誓十九条,大权全在国会,政治改革之事已无可争。今革党欲倾覆王室,清臣欲保存王室,实则王室已成虚号,所争者乃对于王室之恩怨,固与改革政治毫无关涉者也"③。他还认为,革命非但扰乱社会秩序,而且"流毒全国以利他族"④,"然则渔人之利其在日本乎,特恐国力不足以举此九鼎耳。必将瓜剖豆分以隶于各国,彼将以华人攻华人,而举国糜烂"⑤。对后一种担忧,严复在1911年革命后致书张元济,也有过细致的表达。他说道:

> 吾国于今已陷危地,所见种种怪象,殆为古今中外历史所皆无,此中是非曲直,非三十年后无从分晓耳。东南诸公欲吾国一变而为民主治制,此诚鄙陋所期期以为不可者……复愚以为事至今日,当舆论燎原滔天之际,凡诸理势诚不可以口舌争;然各人举动,请不必为满人道地,而但为所欲与复之汉族道地足矣。充汹汹者之所为,不沦吾国于九幽泥犁不止耳。合众民主定局之后,不知何以处辽沈,何以处蒙古、准噶尔、新疆、卫藏,不知我所斥以为异种犬羊而不屑与伍者,在他人方引而亲之,视为同种,故果遂前画,长城玉关以外断断非吾有明矣。他日者,彼且取其地而启辟之,取其民而训练之,以为南抗之颜行;且种族之恨相为报复,吾恐四万万同胞,卅年以往,食且不能下咽耳。而其时今日首事诸公大都黄土,取快一时之意,而贻祸彼之子孙,此虽桀纣豺虺之不仁不至此耳。⑥

1912 年 2 月,旧年除夕,郑孝胥在日记中痛批:"北为乱臣,南为贼子,天下安得不亡"⑦,"干名犯义,丧心昧良,此乃豺狼狗彘之种族耳,何足以列

①《郑孝胥日记》,第 1353 页。
②《郑孝胥日记》,第 1376 页。
③《郑孝胥日记》,第 1376 页。
④《郑孝胥日记》,第 1352 页。
⑤《郑孝胥日记》,第 1353 页。
⑥《严复集》第三册,第 556 页。
⑦《郑孝胥日记》,第 1396 页。

于世界之人类乎！孟子曰：'上无礼，下无学，贼民兴。'今日之谓也"①。这番话，是他的心里话。

对"共和"的认识

从郑孝胥言及情况看，他以"共和"为"佳名美事"，并不反感。他只是认为，中国"以利己损人久成习惯之社会，而欲高谈共和，共和者，公理之至也，矜而不争、群而不党之效也，此岂时人所能希望乎！"②"中国人无真面目，作伪乃其天性，自今以往，当有假统一、假共和之现象，拭目以观之可矣"③。基于这种认识，郑孝胥断定，"共和"不能长久，在他眼里，革命也就成为一场等待"收束"的"乱"。

郑孝胥对转向"共和"的友朋，态度不一致。他指斥张謇、汤寿潜："南中士君子何为干名犯义以附和荡检逾闲之乱党"④，"武汉乱后，国人多以排满为心理，士君子从而和之，不识廉耻为何物……宜作书一正张謇、汤寿潜之罪"⑤。出语极严。对孟森"亦将往苏州"，则语以"世界者，有情之质；人类者，有义之物。吾于君国，不能公然为无情无义之举也。共和者，佳名美事，公等好为之；吾为人臣，惟有以遗老终耳"。对孟森劝告，"无庸再蹈谢皋羽、汪水云之成迹"，态度亦十分平和⑥。内中固有人情亲疏的原因，亦多少反映了他对"共和"的真实态度和看法。

其时，认为"共和"不宜，不独郑孝胥。严复也相信，"按目前状况，中国是不适宜于有一个象（像）美利坚共和国那样完全不同的、新形式的政府的。中国人民的气质和环境将需要至少三十年的变异和同化，才能使他们适合于建立共和国"，"根据文明进化论的规律，最好的情况是建立一个比目前高一等的政府，即，保留帝制，但受适当的宪法约束。应尽量使这种结

①《郑孝胥日记》，第 1399 页。
②《郑孝胥日记》，第 1358 页。
③《郑孝胥日记》，第 1400 页。
④《郑孝胥日记》，第 1372 页。
⑤《郑孝胥日记》，第 1361 页。
⑥《郑孝胥日记》，第 1356 页。

构比过去更灵活,使之能适应环境,发展进步"①。梁启超译德国学者伯伦知理所论共和政体,"不禁冷水浇背",道:"共和国民应有之资格,我同胞虽一不具。且历史上遗传性习,适与彼成反比例,此吾党所不能为讳者也。今吾强欲行之,无论其行而不至也,即至矣,吾将学法兰西乎?吾将学南美诸国乎?彼历史之告我者,抑何其森严而可畏也!岂惟历史,即理论,吾其能逃难耶?吾党之醉共和梦共和,歌舞共和,尸祝共和,岂有他哉?为幸福耳,为自由耳。而孰意稽之历史,乃将不得幸福而得乱亡;征诸理论,乃将不得自由而得专制。"②甚至民国的第一任大总统袁世凯,也并不信任共和:"余深信国民中有十分之七,仍系守旧分子,愿拥戴旧皇室,进步一派,不过占十分之三耳。若今次革命推倒清室,将来守旧党必又起而革命,谋恢复帝制。似此国中扰乱不已,人人将受其害,数十年间,中国将无太平之日矣!"③这话与郑孝胥的"天下乱犹未定,似不可以易代论"④,有内在的逻辑一致。

甚至外人,亦不乏与此同论者。据日本黑龙会编写的《东亚先觉志士记传》,当时的日本内阁首相寺内正毅,"同样认为共和政治不能挽救中国。但他并不积极主张复辟,只是认为君主制度对中国较为适宜,因而对于袁氏称帝甚至一度表示过赞成的态度"。他甚至表示,"如果有强有力的人物坚决实行复辟,也是和我们理想相符的"⑤。

"当辛亥秋冬,与郑君同其思想、态度之人士,实甚多多"⑥。可以说,郑孝胥的政治理想始终在君主立宪,他希望通过政治改革,开国会,立内阁,实行"中央集权、各省分权、边省全权",建立起一个宪政下的中央集权制度。不过,尽管郑孝胥以立宪为倡,但在理论上,似不及梁启超的深度。在这个问题上,梁启超作过专门论述:"宪法者何物也,立万世不易之宪典。而一

---

① 《严复来函》(1911 年 11 月 7 日),(澳)骆惠敏编,刘桂梁等译,严四光等校《清末民初政情内幕——〈泰晤士报〉驻北京记者、袁世凯政治顾问乔·厄·莫理循书信集》(上卷),知识出版社,1986 年,第 785 页。

② 《政治学大家伯伦知理之学说》,《梁启超全集》第二册,第 1074 页。

③ 白蕉:《袁世凯与中华民国》,中华书局,2007 年,第 321—322 页。

④ 《郑孝胥日记》,第 1573 页。

⑤ 邹念兹译:《张勋与佃信夫》,《近代史资料》总 35 号,第 123 页。

⑥ 吴宓:《吴宓诗话》,商务印书馆,2005 年,第 300 页。

国之人，无论为君主为官吏为人民皆共守之者也。为国家一切法度之根源，此后无论出何令，更何法，百变而不许离其宗者也"，"立宪政体，亦名为有限权之政体"，有限权之政体，君有君权，权亦有限，"抑今日之世界，实专制、立宪两政体新陈嬗代之时也"，君主立宪者，"政体之最良者也。地球各国既行之而有效，而按之中国历古之风俗，与今日之时势，又采之而无弊者也"①。

郑孝胥亦看到宪政是专制的致命之扼，"专制之政，今日可许，明日可不许。不若是，何以为专制？若内阁、国会既立，则此事不行矣"②。然而他对"专制"的认识和理解，常倾向感性批评。1911 年，郑孝胥有"即不为一朝计，民主立宪之局定，则扰乱之期反恐延长，而全国发达反致阻滞矣"③之说。1918 年，论国家统一，又称，"且必以专制之政行之十余年，宪法根基既定，然后可言统一"④。这两句话，反映出他对现实政治的认识逻辑。

"以遗老终耳"

最后，尚有重要的一点需讨论，就是郑孝胥的现实因应态度。1909 年，郑孝胥曾诗云："读尽旧史不称意，意有新世容吾侪。"⑤对一个改革的新天地充满憧憬。然仅过两年，他意中的"新世"，就在革命的冲击下，迅速成为"旧史"。革命这年的 1 月份，郑孝胥在日记中有一段心境描述："每昧爽起坐，渐见亭角日上，傍带二树，皆作淡金色，鸟声啁啾，使人勃然有经世之想。"⑥以此高远抱负、踌躇大志，大好前程突然毁断，郑孝胥的失意激愤，可想而知。他发出长天浩叹："时不我与，戢弥天于一棺，惜哉！"⑦

从客观境遇分析，郑孝胥避居的直接原因，是革命党人对他的不断恫吓。民初暗杀风气流行，朱文炳 1912 年所作《海上光复竹枝词》称："自从

---

①《立宪法议》，《梁启超全集》第一册，第 405、406 页。
②《郑孝胥日记》，第 1301 页。
③《郑孝胥日记》，第 1376 页。
④《郑孝胥日记》，第 1716 页。
⑤《哀五十诗》，《海藏楼诗集》（增订本），第 186 页。
⑥《郑孝胥日记》，第 1301 页。
⑦《郑孝胥日记》，第 1353 页。

暗杀一开端,竟使人悲行路难。寄语党人须着意,危机处处足心寒。　虚声恐吓近来多,公报私仇奈我何。炸弹手枪新世界,尚待人道保平和。"①颇反映当日的情形。在这首诗里,他还提到:"铁路风潮孰酿成,盛宫保亦负前清。""湘藩犹共忆苏戡,国有宏规议亦参。一世才名都掩却,要知舆论贵先谙。"②说明倡言立宪与借债造路的郑孝胥,仍在时人关注中。

特殊时期,郑孝胥的立身行事受到特别关注。他到沪次日,即有《民立报》载《郑先生来沪记》,言"登埠之状甚详"③。李宣龚劝其"虽居租界内,亦防匪党干涉"④。不久,"匪党"干涉,果成事实。1911 年 11 月,南北尚在谈判中,就"有人在各处分布传单",声称"近日袁世凯特派员孟庸生辇巨金来申,联合雷继声、张菊生、夏粹芳等,主张君主立宪,运动《时事新报》、《新闻报》、《申报》、《时报》四家"⑤,继而又有报纸,详述这起风波细节:

> 此次袁世凯以武汉起义不过一小部分;所最可畏者,各省响应,先后宣告独立。而各省独立所以能如是之速者,皆缘于报纸之鼓吹,沪上各报鼓吹为尤力。因特商之郑苏龛,郑力言能担任运动各报事,并举孟庸生为副;当由袁世凯指拨银三十万,由郑、孟二人挟之来沪。当到沪之次日,郑、孟即邀同某某数报主任饮宴。席间,孟贼即盛称袁世凯之奇才,并反对共和政策,其言语颇有不堪入耳者。郑贼反对尤甚,口口大骂"小孩子们何能成大事",言语之间若有不胜其愤怒者。某某报主任腼然无耻,又附和之。谈至报馆机关一事,某某报艳其多金,慨然允诺。当时即由孟贼拟成一辰字号英文密电,初二日发出第一次电,其文曰:"北京沙米司客代呈内阁总理大臣袁鉴:承嘱报界,已如命宣布,款已给。从中幸苏戡力成,余面奏。昭常叩,辰。"此电稿纸,郑贼所用之

①朱文炳:《海上光复竹枝词》,见顾炳权编《上海洋场竹枝词》,上海书店出版社,1996 年,第 216 页。朱文炳,1875 年出生,字谦甫,别字鄂生。性耽诗酒,尤工倚声,有《谦受益斋词草》四卷。1909 年曾作《海上竹枝词》三百首。辛亥革命爆发后,为革命军外交总代表伍廷芳秘书,南北议和谈判时,充任会谈秘书。南北统一后,优游于沪滨,1912 年,写《海上光复竹枝词》五百首,极状自武昌起义至南北统一间之政治、社会气象。
②朱文炳:《海上光复竹枝词》,见顾炳权编《上海洋场竹枝词》,第 216 页。
③《郑孝胥日记》,第 1354 页。
④《郑孝胥日记》,第 1354 页。
⑤《郑孝胥日记》,第 1366 页。

海藏楼诗草笺,其电文中"幸苏尠力成"五字系郑贼亲笔自添者。噫,郑、孟二贼甘为袁世凯作奴隶而破坏共和政局,其肉岂足食乎![1]

受此事件连累,郑孝胥屡遭革命党人恫吓。如他所言,"寄寓上海者大半附和革党,惟余默然若无闻见,宜彼曹之忌我愈甚也"[2]。革命党人以郑孝胥"必将以刀笔破坏革命",投书威吓,甚至挑衅,"三日内必杀汝,今日晚间可至门外试之"[3]。从 1911 年 11 月末,至次年 1 月初,不足两月时间,就有自称"民国团"、"革命团"的人九次投书。天津的《经纬报》甚至发出这样的消息:"得要电,郑苏戡逗留沪上,被刺。"[4]1912 年 1 月 15 日,郑垂致信其姐郑景,称"沪上秩序尚未足谓之恢复,匿名信尚时来,惟已将各信交与工部局之暗探,且密为之防计,当不至有意外也"[5]。

从郑孝胥日记的记载情况看,这一时期的舆论,于他颇不平静。有某报谓郑孝胥已赴日本,且入日籍[6]。又有上海革命党人陈其美,询问吴学愉:"郑君犹未他往耶?"言有四川某革命者电告陈,云"郑有与议和使交通踪迹"等语,劝郑"似宜避往大连或青岛为妥"[7]。甚至路旁亦可闻人议论,"郑苏戡久无动静,想系真守中立矣"[8]。即使到了同年 5 月,清帝已经退位,局势略定,报纸仍有如是消息:"闽人将推翻湘人,而以陈宝琛、高凤谦、柯鸿年、郑孝胥等执行政务。若果实行,则同盟会必以炸弹相待。"[9]

郑孝胥在沪,未与革命党人合作是实,但亦未如革命党人所言,"甘为袁世凯作奴隶而破坏共和政局"。孟庸生在报纸刊登告白,声称郑孝胥于九月初旬出京,自己迟久之始行,袁世凯入京又在其后,无从有商买报馆及带款来沪之事。但"盖夷、齐扣马之日,若非太公相救,固已被戕于左右之

---

①《郑孝胥日记》,第 1366–1367 页。

②《郑孝胥日记》,第 1382 页。

③《郑孝胥日记》,第 1369 页。

④《郑孝胥日记》,第 1377 页。

⑤郑垂致郑景信(1912 年 1 月 15 日),郑孝胥家信,中国社会科学院近代史研究所藏,甲 102。

⑥《郑孝胥日记》,第 1369 页。

⑦《郑孝胥日记》,第 1384 页。

⑧《郑孝胥日记》,第 1386 页。

⑨《郑孝胥日记》,第 1416 页。

兵下,虽欲为首阳饿夫,亦不可得矣"①,郑孝胥在舆论的风头浪尖,不得不小心为是。而与铁路国有政策的瓜葛,亦使他不得不顾忌舆论。故郑孝胥之为"清国遗老",隐匿山林,首要在藏身避祸。南社诗人朱鸳雏论郑孝胥,"光复后犹能敛迹自好,亦善于补过者矣"②,旁证此一点。

实际上,郑孝胥的态度,在 1911、1912 年间,颇有耐人寻味处。虽不明显,但亦有迹可寻。据赵尊岳回忆:

> 辛亥冬间,冯国璋奉命攻武汉三镇,且调海军,将收夹击之效,武汉且致糜烂。先公忧之,劝其驰电镇冰,毋以政治种族关系,祸及人民,遂立发一电,手稿犹在。先公尝笑谓世称其为复辟党,背叛民国,吾乃知其效忠民国,有此一电,可资左证也。③

此事在郑孝胥日记里有记载④。在 1912 年的 2 月到 7、8 月间,郑孝胥甚至短暂地向民国靠拢了一下。

1912 年 2 月,民国已建,政治初定,郑孝胥的心态开始发生变化,有了挟技求售的打算。这月,他对孟昭常道:"今欲中国发达,惟有借债造路,全国开放,则外人之压力自然消灭,前此所有失败之条约亦自然失其效力。举国之内,谁能信吾言者? 使吾主全国交通之务,当令国土实力骤涨,政治之改革乃后图耳。"⑤4 月发生的一事,对这段话有了很好的说明:

> 6 日:……王赓揖唐者,安徽人,新辞陆军次长,欲来访余。
>
> 7 日:王揖唐来谈,余为言多数宜服从少数之义,归于开通全国,专从造路入手,又必先造张恰之理,王颇称契。
>
> 9 日:季源来取张恰铁路调查案去,以遗王揖唐。⑥

---

①《郑孝胥日记》,第 1372 页。

②朱玺:《斥妄人柳亚子》,《中华新报》,1917 年 8 月 10 日。转引自杨天石、王学庄《南社与唐宋诗之争》(下),丁守和、方行主编《中国文化研究集刊》第二辑,复旦大学出版社,1985 年,第 322 页。朱玺,字鸳雏,苏州人,南社社员,1917 年以诗争被南社主任柳亚子驱逐出社。

③赵尊岳:《郑孝胥(垂)》,《古今》第三一期,第 11 页。

④参见《郑孝胥日记》,第 1354-1355 页。

⑤《郑孝胥日记》,第 1400 页。

⑥《郑孝胥日记》,第 1411 页。9 月,《大共和日报》登载王赓(字揖唐)《张恰铁路议》,即郑孝胥所告之政策,见《郑孝胥日记》第 1436 页。

数日后,郑孝胥读报,看到日本发表"奥国有公文与各国,求加入中国借款,意国亦求加入",将来或成八国借款,又慨然道:"瓜分之期至矣! 大清先亡,中国从之,呜呼,举国犹在醉生梦死之内也。余欲以借债造路为速成统一之策,债票既售,则瓜分可免。初欲语熊秉三,次欲语张季直,继欲语杨杏城,三人中谁可与言者?"①再次强烈表达入世愿望。当他回答李经羲所询"有何政见"时,所言"今日有治法无治人,此何足以救亡乎! 得治人,任之数年,以后天下厌乱,徐行治法,乃可耳"②,实已预认了民国"今日"之政权。

重出的可能性,不是没有。郑孝胥密切关注着路事动态,这是他出山的最好凭借:"报又言赵尔巽现欲开办胡卢岛工程","罗君毅来,言谭人凤现为粤汉铁路督办,彼欲询余铁路办法",等等③。但是,情况发生变化,且一发再未逆转。7 月初,郑孝胥甫一"入市",就发现了他更感兴趣的事情。日记中记载:

> 7 月 15 日:吴吉卿来,言初十内将赴青岛谒摄政王。又言,将介绍福州日领事高桥来见。

> 7 月 24 日:吴吉卿来,约晚至六合春。……遂赴吴约,座有鹿遂斋、王旭庄、浙人沈絜斋、日人西田耕一。西田自言,尝在北京及奉天。

> 8 月 1 日:吴吉卿来谈,将赴青岛。

> 9 月 24 日:日本领事署书记西田精(耕)一来访,谈久之。

> 10 月 13 日:沈耕莘言,姚赋秋欲约余至其宅一饭,日人春山愿一会晤。

> 10 月 22 日:沈耕莘来致姚赋秋信,约今日晚饭。……与沈耕莘同赴姚约于汇中,座有宗方、西本二日本人。

> 11 月 19 日:姚文藻赋秋及西本省三来谈。

> 1913 年 1 月 17 日:西本省三来谈,言川岛不受袁世凯之聘,毁家

---

①《郑孝胥日记》,第 1412 页。
②《郑孝胥日记》,第 1428 页。
③《郑孝胥日记》,第 1416 页。"胡卢岛",即今"葫芦岛"。

谋复清室,日本参谋部特开会议,赞成者甚众。①

郑孝胥的从政热情,在民国政权那里昙花一现之后,就被宗社党人的复辟吸引过去了。上述数条日记,记载的正是其在上海的联络活动。

1912 年底到 1913 年,郑孝胥经历了数次出山机会,都坚而拒之:1912年 12 月,他在锡良幕府结识的伉友张金波邀赴奉天,不往。同月,孟森询问他:"华侨有选举权,闽人最多,若劝举公为议员,他日入上议院,尚可主张大计。公能往否?"他拒绝:"为社会任事,如蒸沙作饭,终无熟时。使余得权,不虑反对,否则,主持报馆,警觉国人,亦尚可为。华侨真亡国种族,窃不愿受其选举也。"②1913 年 5 月,福建议员及省议会欲举郑为民政长,郑谢以不能。9 月,北洋总理熊希龄邀郑北上,郑亦辞之。10 月,张謇劝郑出办巴拿马赛会,郑又辞。这时,郑孝胥已与日人宗方小太郎、西本省三、西田耕一等,开始了日渐密切的接触。意旨别在,执经吾道,他与民国为敌的坚定态度,从此,再未出现过松动。

郑孝胥避居海藏楼,虽言"以遗老终耳",但自任甚重,绝非一般意义上的"遗老"。民国肇建前后,他反对革命的态度,对待现实的抗拒与保守,可以说,与彼时的客观境遇,有着极密切的关系。即使之后他转谋复辟,主观原因而外,复辟势力的活跃,亦是不可忽略的客观情境。

四　与张謇的关系考述

同为立宪领袖,张謇与郑孝胥在辛亥革命爆发后,对时局的认识与判断非无一致之处,却在现实的应对上,蹊径有别。

革命爆发后,张謇"馆惜阴堂,商定大计"③,以"一国无可计,而非安宁一省;不能保一县安宁,是非可闭门而缩屋矣"④,赞成共和。而曾藉预备立宪在政治舞台上长袖翩然的郑孝胥,则避居海藏楼,杜门不出,做了"清国

---

① 《郑孝胥日记》,第 1424、1426、1427、1434、1438、1439、1442、1449 页。
② 《郑孝胥日记》,第 1447 页。
③ 赵叔雍:《人往风微录・张謇(孝若)》,《古今》,第二十、二一期,第 21 页。
④ 《张謇全集》第六卷,第 876 页。

遗老"。两人相交半生,曾共同活跃在清末政坛上,但自此以后,交谊渐疏,至晚年,竟不复相闻。而离合之迹,又莫不与政治关联。考述两人交往经过及其演化,当可一窥时代风气流动,兼视个人在时代大变动下的出处进退。

据张謇《啬翁自订年谱》,光绪六年(1880),"始识闽县郑苏戡孝胥,与为友"①。这一年,张謇二十八岁,郑孝胥二十一岁。十年,张謇、郑孝胥皆居南京,在张謇日记中,已有二人"纵谈竟夕"②的记载。此后,两人数赴礼部试,于科举偃蹇中,读书励行,相互期许。郑孝胥赠张謇诗,云"子有烈士概,交深心弥倾"③,张謇则称郑孝胥,"论孟子一身学问","胸次过人远也"④。二人倾心相交,十六年,定"元白结邻之约,为皮陆倡和之诗"⑤。

光绪二十年(1894),郑孝胥自日本归国,就两江总督张之洞幕府,张謇亦因丁忧,离开北京,归南京,二人同时开始一段新生活。如果说,在郑、张步入仕宦之初,还有"现今有为之士,不北走北洋,即南归武汉,朝官外出,可寄托者,李与张耳"⑥的说法,那么到甲午战后,李鸿章为舆论指责,声誉一落千丈,张之洞就名望日重,有引领时政之态势了。

郑孝胥、张謇原与淮系李氏,都有密切的关系,但二十年郑归国,张回籍,都做了弃李从张的选择。现在看,能领风气之先的张之洞没有辜负他们,正是在张之洞的支持下,郑孝胥与张謇得以实践他们的变法主张。在救亡图存、朝野求变的大背景下,二人为同志,一个霸才雄辩,推动商务振兴,一个得寸进寸,创办企业,践其理论。二十三年(1897),沈曾植在给丁立钧的信中就这么说:"江南士议,张、郑为一家,汪、梁为一家,取舍不同,作用乃不能有异。"⑦"张、郑"指张謇、郑孝胥。"汪、梁"指汪康年、梁启超。两人经世的方式,虽然蹊径有别,但这时,他们还属合作的"最亲密的伙伴"⑧。

---

①《张謇全集》第六卷,第 843 页。

②《张謇全集》第六卷,第 236 页。

③《郑孝胥日记》,第 107 页。

④《张謇全集》第六卷,第 236-237 页。

⑤《张謇全集》第六卷,第 310 页。

⑥刘成禺:《世载堂杂忆》,第 70 页。

⑦沈曾植:《与丁立钧书》(三月廿二日,1897 年 4 月 23 日),许全胜撰《沈曾植年谱长编》,第 189 页。

⑧章开沅先生在《张汤交谊与辛亥革命》一文中,认为"在预备立宪公会期间和若干兴办实业活动中,郑孝胥堪称张(謇)汤(寿潜)最亲密的伙伴"。《历史研究》,2002 年第 1 期。

三十二年(1906),清廷上谕宣布预备立宪。众所周知,郑孝胥与张謇在上海一同发起、创办了预备立宪公会,郑孝胥任首任会长,张謇与汤寿潜任副会长。公会成立,以发愤为学、合群进化为宗旨,提倡立宪。郑孝胥被举为第一任会长后,又连任二年。宣统元年(1909),郑、汤皆辞,朱福诜为会长,张謇、孟昭常为副会长。二年,公会在京设立事务所,孟昭常赴京,主持在京事务所的日常工作,汤寿潜再次当选公会副会长。三年,郑孝胥再度就职,与张元济同为副会长,张謇任正会长。

目前研究,多以张謇为公会领袖。查阅郑、张日记,可知公会前期的组织工作,基本由郑孝胥领导,张、汤参预甚少。三十二年(1906)九月,公会尚在筹办阶段,张、郑态度就有区别。是月十一日,两人日记均载有公会事。郑日记云:"至预备立宪公会,公举起草员八人,余得十六票为最多;复议发起人各以私函邀各省有名望者入会。"①张日记则云:"复会议预备立宪事,仆谓与其多言,不如各图实地施行,得寸则寸。"②

三十四年(1908)三月,公会议设国会研究所,四月成立,张、汤始终无所预闻。五六月间,郑孝胥以公会名义,两度致电宪政编查馆,请开国会,都是自行草拟电稿,交孟昭常商之张、汤,张、汤仅"各易数语"而已③。而郑孝胥对咨议局事,亦撇身事外,在日记中,见不到任何议论发表。三十三年九月,清廷谕令各省筹设咨议局,张謇投入全力,先办咨议研究会,为会长。次年,咨议局正式成立,又当选为议长。耿云志先生以张謇为公会"灵魂"④,莫如说他是立宪运动的"灵魂"。在清末预备立宪和请开国会运动中,张謇是以江苏咨议局议长,而非预备立宪公会会长或副会长身份活动的。郑、张在立宪运动中的表现,犹如花开两朵,自展一枝,二人亦不复江宁时期之亲密。

咨议局的成立,显然在人员组织上对公会造成冲击。公会的影响力下

---

①《郑孝胥日记》,第 1062 页。

②《张謇全集》第六卷,第 580 页。

③参见《郑孝胥日记》,第 1148-1149、1149-1150 页。

④耿云志:《张謇与江苏咨议局》,中国社会科学院近代史研究所编《近代中国与世界:第二届近代中国与世界学术讨论会论文集》(第 3 卷),社会科学文献出版社,2005 年,第 95 页。

降,会议人数常不足决议会务。三十三年(1907)十一月,公会议决入会会员,"董事到者太少",只好"以会员代理董事,议决入会各员"①。宣统元年年底,郑孝胥辞去会长,赴东北筹议锦瑷路事,他自道:"胥年来颇忤舆论,故辞立宪会长,同志转少,无从为力。"②预备立宪时期,郑、张异路,还算得上是同志么?

三年(1911)上半年,这对旧日同志再次相忤。清廷颁布两道上谕,一道饬部特借四国银行与日本银行款,一道昭示天下,铁路干路均归国有。郑孝胥可谓这两项政策的推波助澜者,他"以铁路有夺胎换骨转弱为强之效力"③,视借债造路为中国救亡入手之法,四处兜售其策。张謇则质疑借债政策关系国家存亡大计,用法不善,将蠹性命,铁路又何以必须国有? 夺商民已得之权利,虑及前途种种危险,坚决抵制④。是年五月,郑、张都曾被摄政王载沣召见,郑在二十五日,张在十七日。张在召对中,讲了两方面问题,一是今外交危险,一是内政重要计划。关于外交危险,他请载沣注意"三节","总之,中国国势在此四五年内,日日皆系危机,刻刻皆须防备;尤须望中国太平无事,方免外人乘机生衅。切求朝廷不为大拂人心之举动"。关于内政,他对载沣讲,"须注重民生以实行宪政","各种人民生计缺乏,即宪政无由进行。若因生计而一有乱象,则又可引起外患"⑤。郑亦提到国际大势,外交危险,不过他的着眼点全在交通,他强调"以二十年内世界交通之变局有三大事",称"中国若能急造恰克图铁路,则由柏林至北京只须八日半,世界交通得有四日半之进步。从此以后,中国与俄分作欧亚交通之主人,而南满、东清皆成冷落,日本经营朝鲜、满洲之势力必将倒退十年。此乃中国自强千载一时之机遇也",用意还在他的"借债造路为变法之本"策⑥。

这是他们在大清朝最后一次也是最严重的一次分歧,张謇"切求"清廷不可为之"大拂人心之举动",正是郑孝胥的"借债造路"。数月后,清朝以

①《郑孝胥日记》,第 1119 页。

②《郑孝胥日记》,第 1290 页。

③《郑苏戡复孟庸生书》,沈家本撰,韩延龙整理《沈家本未刻书集纂补编》上,第 287 页。

④《咨议局联合会请饬阁臣宣布借债政策呈都察院代奏稿》,《张謇全集》第一卷,第 165 页。

⑤《辛亥五月十七日召见拟对》,《张謇全集》第一卷,第 163-164 页。

⑥《郑孝胥日记》,第 1326-1327 页。

是覆亡。

辛亥革命导致了郑、张的公开决绝。大局土崩，事机瞬变，革命爆发以后，张謇拥护共和，推动袁世凯建立民国。补授湖南布政使方数月的郑孝胥，则以政治生命戛然而止，愤然以为，"今日犹是改革行政之时代"，政府不可推翻。但对袁世凯的期待，他与张謇是一致的，他认为，倘"袁果有才"，可"入为总理"，"立开国会、定皇室，限制内阁责任"，成立宪政制度①。

其实，郑、张对共和、对革命的认识，以及对时局的判断，对袁世凯的期望，都不乏一致之处。1905 年，五大臣考察各国宪法，临行遭革命党炸弹袭击，张謇对革命就发表过一论："是时革命之说甚盛，事变亦屡见。余以为革命有圣贤、权奸、盗贼之异：圣贤旷世不可得，权奸今亦无其人，盗贼为之，则六朝五代可鉴，而今世尤有外交之关系，与昔不同；不若立宪，可以安上全下，国犹可国；然革命者仇视立宪甚，此殆种族之说为之也。"②革命后，尽管他赞成共和，转向革命，但亦未放弃对"革命"的质疑。1912 年 1 月，他作《革命论》一文，思考中国二千年来之革命。他称，"革命之难如此，圣人言革命之慎如此"③，"征诛之光明正大者，自汤武而始。……盖汤武本非有取天下以自利之私，因民苦不堪之命，而不得不革，则命必如何而适于民，革必如何孚于当，自不得不审之详而策之备"④。他在 1905 年的认识基础上，将革命分为四类，即圣贤之革命、豪杰之革命、权奸之革命、盗贼之革命，说道："汤武圣贤也，假汤武者豪杰或庶几？其次类皆出入于权奸盗贼之间。"⑤他提出疑问，"使革人之命，而上无宽仁智勇文武神圣之君，下无明于礼乐兵农水火工虞之佐，则政教号令，旧已除而新无可布，布者复不足以当王泽而餍民望，其愈于不革者几何"⑥？ 显然，这是针对现实。

但在对待共和的现实态度上，两人态度却迥然有异。郑孝胥固持反对，张謇则依时势变化。武昌起义初，张謇还试图利用革命，促成内阁改组，颁

①《郑孝胥日记》，第 1353 页。
②《张謇全集》第六卷，第 867 页。
③《革命论》，《张謇全集》第五卷，第 159 页。
④《革命论》，《张謇全集》第五卷，第 160 页。
⑤《革命论》，《张謇全集》第五卷，第 161 页。
⑥《革命论》，《张謇全集》第五卷，第 160 页。

行宪法,但十余日后,即转向共和。10、11月间,他发表了一系列文字,分析形势,声称"大势所在,非共和无以免生灵之涂炭,保满汉之和平。国民心理既同,外人之有识者议论亦无异致,是君主立宪政体断难相容于此后之中国"[①],"总之,现在时机紧迫,生灵涂炭,非速筹和平解决之计,必至于俱伤。欲和平解决,非共和无善策。此南中万派一致之公论,非下走一人之私言。下走何力,岂能扼扬子之水使之逆流!"[②]

"岂能扼扬子之水使之逆流",正说明张謇的顺势而为。张謇由君主立宪而民主共和,其变不过月余,思想发生迅速进步的成分甚少,真正逼使他改变想法的是大势:国家的环境,个人的环境,以及他对朝廷的失望[③]。他发表《建立共和政体之理由书》,称"共和政体与君主立宪政体,不以国民程度之高下为衡,而以国民能脱离君主政府,与不能脱离君主政府,为适宜之取决","国民未能脱离君主政府,只有立宪,请求共和不可得;既脱离君主政府,只有共和,号召君主立宪不可得;亦国势事实为之也"[④]。这理由,自然包含着权宜的意思。他是以共和为收束乱局的办法的。

在这一过程中,郑孝胥自命遗老,高标气节,在日记中严厉指责张謇,"南方士大夫毫无操守,提倡革命,附和共和。彼于共和实无所解,鄙语有所谓'失心疯'者,殆近之矣"[⑤],"宜作书一正张謇、汤寿潜之罪"[⑥]。同为晚清立宪领袖的郑、张,自此以后,各树一帜,分道扬镳。

民国后,郑孝胥与张謇的来往有所恢复,但始终不曾密切。张謇一直有意推荐郑孝胥担任政府事务,1913年,张謇出任北洋政府农商部总长、全国水利局总裁,曾邀请郑孝胥出办巴拿马赛会,又以东三省治水利事相属,都被郑拒绝。是年,张謇还欲结两家姻好。1913年7月2日,张謇致函徐乃昌:"为儿子择妇……苏堪似尚有女,近儿子与苏堪子同学,颇能延阿翁之

① 《与伍廷芳等联合致摄政王电》(1911年10月21日),《张謇全集》第一卷,第174页。
② 《复许鼎霖函》(1911年11月7日),《张謇全集》第一卷,第188页。
③ 参见张朋园《立宪派与辛亥革命》。
④ 《建立共和政体之理由书》,《张謇全集》第一卷,第201页.
⑤ 《郑孝胥日记》,第1358页。
⑥ 《郑孝胥日记》,第1361页。

世好,若相当则至善。年龄性行公能并为探之否?"①1915 年 12 月,郑、张绝交。是月 4 日,郑孝胥在日记中记:"复季直书,以投壶二矢寄之,《书》有云:'邦无道,如矢。'今此矢真枉矢也。"②以目前经手资料,不能得其原因。此后十年里,张謇似仍试图重修旧好,郑孝胥日记有零星记载,反映出张的努力与郑的冷淡。如下列诸条:

> 1919 年 12 月 25 日:得季直书及诗。
>
> 26 日:过竹君坐,以季直书示之。
>
> 1921 年 3 月 15 日:前日得季直书,云:"乞书屏、对各二副,不奉润而求速藻。不诧其挟故否?"
>
> 1922 年 3 月 15 日:拔可来,为季直求书寿屏,若令子培列名撰文,余亦允为书之。③

1926 年 8 月,张謇逝于南通,郑孝胥时在天津逊帝溥仪的小朝廷,日记中未著一字。郑惟在 1920 年有过一次隐喟,一个凌晨,他作一联:"宣南意气休矣,来吊江干携手地;烈士迟暮至此,谁哀世外枕戈人。"④1920 年,三十年前之宣南好友,惟存郑、张、沈(曾植)矣。

宣南情谊,不惟深存郑的内心,张謇亦眷念在怀。1922 年沈曾植去世,张謇为作挽词,序有云:"甲午旅京不及年,综余前后都门旧游,君昆弟外,所与朝夕谈议者,盛意园昱、黄仲弢绍箕、王可庄仁堪、劬藏仁东、丁恒斋立钧,郑太夷孝胥、沈涛园瑜庆、袁爽秋昶、王苇卿颂蔚、濮止潜子潼数人而已。"⑤,诗有"郑四俱头白,丁三久骨寒"⑥句,感怀怅惘,无异于郑。

郑孝胥与张謇都是清末、民国不可忽略的政治人物,他们各以标举和实践,影响了中国政局的发展。若无张謇、赵凤昌等人密议惜阴堂,就无 1912

---

①《致徐积余函》,《张謇全集》第四卷,第 608 页。

②《郑孝胥日记》,第 1587 页。

③《郑孝胥日记》,第 1809、1861-1862、1899 页。

④《郑孝胥日记》,第 1892 页。

⑤《沈四兄乙盦曾植挽词四首(有序)》(民国十一年十月),《张謇全集》第五卷,第 305 页。

⑥"郑四",即郑孝胥,"丁三",即丁立钧。《沈四兄乙盦曾植挽词四首(有序)》(民国十一年十月),《张謇全集》第五卷,第 306 页。

年中华民国之建立,若无郑孝胥、溥仪等人赴东北与日合作,就无 1932 年伪满洲国之建立。二事均乃中国 20 世纪初极重大政治事件。两人三十余年来由同志而暌隔、与时变共俱进之交往线脉,着实令后人感慨。

　　就本质而言,郑、张都有经世追求,他们都对国家、民族充满深切忧虑,只是二人旨归不同,郑孝胥欲以仕途功名匡扶天下,追求宦名,张謇则务以实业教育为自治基础,志在苍生幸福。旨归不同,表现自有所差异。郑孝胥一生辗转,藉图进用,然仆仆于大吏幕门,虽趋时通达、领风气先,能以任事、建策显于当时,却仍难免被目以苏秦张仪类政客、策士,至晚年,为图"功名",竟至不念一切地步。相较之下,张謇则脚踏实地,得尺则尺,得寸则寸,推动立宪,创办实业、教育、慈善,终成实实在在之实业家、教育家。当然,无论是郑大言炎炎,还是张脚踏实地,他们都对时代有所贡献,做了遗老和汉奸的郑孝胥,也仍然是大清王朝的能员要吏。

　　这种差异,或与家庭背景有关。张謇出身寒素,郑则世代官宦,早期的耳濡目染,似乎决定了二人成年后的取向。他们的个性,又为其交往情状,起了最后的决定性作用。张謇年长郑孝胥七岁,性格和缓、宽厚,他留下的与郑相关的文字,均透着宽和。即使民国后,两人持不同见解,亦未见有任何指责和不恭,反以"文章道义相资,忧乐相关"[1]示好。郑则未然。郑性虽孤冷,但与友亲感情亦殊深挚,留下不少感人的怀人诗,却独对张謇不能宽谅,原因令人费解。

---

[1]《致张孝若(怡祖)》,《张謇全集》第四卷,第 641 页。

第五章　独立缥缈之飞楼

　　事实上，作为一种生活方式，"遗"与"逸"几无区别，"遗"之为生活方式及其表现，都由"隐逸"传统直接承袭①。郑孝胥在沪上的遗老生活并不封闭，活动范围也不狭仄，依靠晚清的经济基础，以及民国后的鬻书与投资，他继续过着优裕的生活。他的人际关系，达及社会各层面，他虽标榜"不与民国往来"，但实际与民国有千丝万缕的联系。作为硕学耆儒、诗书大家，郑孝胥在"满洲国"建立以前，有很高的社会声望。从政治方面考量，他亦有不可低估的影响。盘盘大才，屡受出山邀请，操纵中国复辟的日人更把他当作"一种潜在势力"的代表，加意联络②。

一　遗老身份的认同

　　时代语境的变化，导致清遗的理论处境局促、尴尬，但从道不从君的政

---

① 参见赵园《明清之际士大夫研究》，北京大学出版社，1999 年。
② 宗方小太郎认为，"从事复辟运动者，系中国国民之中坚分子——缙绅士大夫，虽然在今天尚未有大发展，但不容怀疑，这是一种潜在势力。"参见宗方小太郎报告，章伯锋译《宗社党的复辟活动》，《近代史资料》总 48 号，第 90 页。在园田一龟《分省新中国人物志》一书中，郑孝胥被作为"足以左右现代中国之中心势力之人物"，收入书中，参见园田一龟《分省新中国人物志》，黄惠泉、刁英华译，良友图书印刷公司，1930 年，第 296 页。

治文化传统,使他们的存在又获得深意。在现实中,清遗仍以学术功名,及与民国政权的诸种牵连,保持着足够的社会话语权。郑孝胥做"遗老",不仅是一种生活方式,更是一种政治态度的标榜。他在各种遗民形式的强调下,完成了"清国遗老"的身份认同。

何谓"清遗"

何谓"清遗",不好定义。对清遗问题有深入研究的台湾学者林志宏认为,不惟大众对清遗的认知相当模糊,即使专门之学家,亦难严格区分。

胡平生先生最早关注民国复辟派,提到逊清遗老,他的界定从"种族"观念及政治感情两方面出发:"所谓逊清遗老,绝大多数是汉人,仅有极少数的汉军旗人。民国初年,他们都深抱亡国之痛,散居于全国各地,包括上海、青岛、天津、徐州、兖州、南京、北京、南昌、苏州、广州等通都大邑。悲愤的程度不下于丧失'祖业'的满洲人,对于清朝眷怀系念,无以复加。"①熊月之先生在论文《辛亥鼎革与租界遗老》中详举民初知名遗老,却未申论何以为遗老,未尝不是有意的忽略②。

在林志宏看来,清遗"无从描述"之"难处",不惟认知,还在其乃"时代环境所导致的结果",即"清末民初历史的发展,使得中国'遗民'定义出现极大的变化"③。不过,林志宏通过"几项普遍的现象及模式",获得的有关清遗的三点认识,仍富借鉴意义:第一,"至少在民国建立后,对逊清宗室仍旧怀抱忠诚的态度";第二,"有时也非全以忠清为满足",但"反对民国的政治体制","内心厌恶民主共和的政治理念与价值";第三,不单清遗的自我认同,"社会舆论所形塑的评价和变化",也是清遗认定的重要面向④。

上述描摹及研究,已对"清遗"构成一种认识,则对"清遗"的定义,不做也罢:"由发生过程的复杂事实来综合认识模糊概念所包括的具体内容,比

①胡平生:《民国初期的复辟派》,学生书局,1985 年,第 53—54 页。
②参见熊月之《辛亥鼎革与租界遗老》,《学术月刊》,2001 年第 9 期。
③林志宏:《民国乃敌国也:政治文化转型下的清遗民》,台北联经出版事业股份有限公司,2009 年,第 25 页。
④参见林志宏《民国乃敌国也:政治文化转型下的清遗民》,第 27—29 页。

在抽象的语义学层面讨论其内涵外延更有助于理解其实际涵义"①。

如前所述,遗民的出现,与中国的隐逸传统密切相关,且作为中国历史上独特的政治、文化现象,成为历史研究中一隅。这一"社会特殊族群",经过历代述说及规范后,不惟身份的辨析,其政治感情、生活形态等各方面,都构成一套完整的体系。生活在民国的清遗民,既承袭了遗民前辈对道德、节义的讲求,以及生活上的审美趣味,同时,也有所差异:

一在生活方式的变化。与历代遗民前辈不同,清遗不仅不再"牛车土屋",避居乡壤,反而处要津大市,特别是租界,为他们"提供了另外一种存在空间"②。如陈瀷一描述:"清亡遗臣之隐居者,大抵视夷场为安乐窝,北之津、胶,南之淞沪,殊多遗老之足迹。"③陈三立的自道,则尤形象:"当国变,上海号外裔所庇地,健儿游士群聚耦语,睥睨指画,造端流毒倚为渊薮。而四方士大夫雅儒故老,亦往往寄命其间,喘息定,类摅其忧悲愤怨托诸歌诗,或稍缘以为名,市矜宠。"④"异乡偏聚故人多"⑤,到租界做遗老,竟成为民国社会一种令人瞩目的现象。

一在思想观念上的演进。尽管清遗老的人生表述,仍在"危楼端居,绝罕所诣,又不远游"⑥,但社会演化,思想纷呈,已使从前的遗民言说体系,近乎瓦解。樊增祥即表白,"自古易代之际,忠臣烈士,硕德魁儒,膏白刃逐波臣者,不知其几,然亦必有老成硕彦,声名寿考,炳曜当时,以为史册光者",然今已"相似而实不同","何也? 从来嬴蹶刘兴,杨衰李盛,皆有事二姓之嫌,今则民国无君臣之可言,五族一家,清帝无恙,吾属偶际此时,虽有黍离

---

①桑兵:《国学与汉学:近代中外学界交往录》,中国人民大学出版社,2010 年,第 7-8 页。

②熊月之:《辛亥鼎革与租界遗老》,《学术月刊》,2001 年第 9 期。

③陈瀷一:《睇向斋秘录(附二种)》,第 284 页。

④陈三立:《清故江苏候补道庞君墓志铭》,陈三立著,李开军校点《散原精舍诗文集》(下册),上海古籍出版社,2003 年,第 986-987 页。

⑤1915 年,陈夔龙在沪上作《长夏无事偶阅两当轩集中有异乡偏聚故人多一语缅身世怅触久之仲则才丰遇啬赍志以殁身际太平犹属幸事余学愧黄童时丁板荡安得太白仙人之句已非乾嘉全盛之年既伤仲则行自伤也爰拈七字率赋五章索同社诸君正和》诗,一时参与唱和者甚多,沈曾植、瞿鸿禨、冯煦、王仁东等都有和诗。

⑥陈衍:《与苏堪书》,《石遗室诗话》,第 814 页。

之悲,而实无二臣之耻,则历代忠义隐逸独行诸传中人,所不及也"①。

理论处境

从理论上来讲,清遗的处境是局促、尴尬的:一场鼎革,不仅颠覆了一朝王权,同时也颠覆了王朝政治的价值观念。"君臣大义"已无,何以为风节明证?"遗"之意义,已不复存在。传统价值观的式微,使他们成为"封建余孽",而以"种族"为题的舆论背景,又使他们凸显为"汉奸"。君臣之义,向为遗民道德之核心,但在新的语境下,忠贞无所附丽,从而显得孤苦、凄惶。无论郑孝胥辈如何强调"不屈之志",由纲常名教化育而来的忠贞,都渐被社会奚落。南社柳亚子在 1917 年对郑孝胥的攻击,正缘于对他的"偏见"。柳亚子《论诗六绝句》云:"郑陈枯寂无生趣,樊易淫哇乱正声。一笑嗣宗广武语:而今竖子尽成名。"②又自称:"从清末到民国初年,做旧诗的人,大概可分为三派:甲派是王闿运,乙派是郑孝胥陈三立,丙派是樊增祥易顺鼎。我对于这三派,都表示反对,想别创一宗,由明季陈子龙夏存古以上追唐风。……我还有一个偏见,就是以人论诗:我在辛亥革命前反对满清,辛亥革命后反对袁世凯,所以接近清、袁的诗人,我是不佩服的。上面所讲对于近代甲乙丙三大流派的高举叛旗,一大半是这个原因呢!"③

杨钧乃杨度的胞弟,有笔记《草堂之灵》,内有一段话:"中兴之时,国家统一,立身有所,勋业有名,大成小成,均能获益。国变之后,局势全非,忠节二字,完全无着,出力不知为谁,舍生尤为白死,加以事势瞬息变迁,朝杀敌人,夕就斧钺,晨享富贵,晚作穷民,即欲认真,无真可认,虽诸葛复生,亦无良法,而况不如诸葛乎?"④实彼时人真切之心理,而后人则从中体会出更深意味:"尴尬比之庄严,是历史戏剧更为深刻的悲哀。帝制的终结使这群深受孔孟之道濡染的读书人遭遇到了措手不及的惊愕。他们面临的时代已不

①樊增祥:《陈考功六十寿序》,樊增祥著,涂晓马、陈宇俊校点《樊樊山诗集》(下册),上海古籍出版社,2004 年,第 1967 页。

②柳亚子:《论诗六绝句》其二,《柳亚子诗词选》,人民文学出版社,1959 年,第 30 页。

③柳亚子:《我对于创作旧诗和新诗的感想》,楼适夷编《创作的经验》,江西人民出版社,1982 年,第 98 页。

④杨钧:《草堂之灵》,岳麓书社,1985 年,第 272 页。

是一个普遍王权的时代,处境与历代遗民殊异。那完全是历史经验之外的考验和抉择。"①这是清遗理论上所处之绝境。

然清遗之处境,又绝非完全在"历史经验"以外。从历朝遗民那里,清遗获得的不惟叙事构架,还有一脉相承的对"道"的看重与强调,后者尤其重要。相较黍离之悲,"遗"实存在着更深一层面,即渐次演进而来的"从道不从君"的文化传统。所谓"遗",不仅是故国之"遗",更是故国文化之"守"。王朝政治结束,附着王朝政治的礼教文化被弃,清遗成为历史上真正的文化遗民②。林志宏发现:清遗"尤难"之处,在晚清以来,种族之见异常激烈,追随异族的清遗需费心思寻其生存依凭,汪兆镛之《元广东遗民录》,即是示"纲常胜于种族之见",特别致力寻找历史上境遇所相似者③。

钱穆谓:"元社既屋,元鼎既移,而当时士大夫之殷顽心情则依然如昔"④。在他看来,元末的士大夫,显然未能深明夷夏大义。王夫之对元末的士大夫,态度更加苛厉,指为"败类之儒,鬻道统于夷狄盗贼而使窃者"⑤。其实,在后人的观察中,钱、王二人的反应,恰恰"证明了'遗'作为易代之际士的固有角色,'遗'之为士的人生选择的因袭性质;更证明了士大夫以'君臣之义'置诸'夷夏大防'之上,以及作为其理论根据的'正统论'的深入人心"⑥。此人生选择之"因袭性质",便是士大夫一脉相承的"从道不从君"。

又,顾炎武论:"有亡国,有亡天下,亡国与亡天下奚辨? 曰,易姓改号谓之亡国。仁义充塞,而至于率兽食人,人将相食,谓之亡天下。"⑦廉耻礼义乃中国传统之政治,传统之伦理秩序。保廉耻礼义,就是保"天下"。郑孝胥屡谓,"干名犯义,丧心昧良,此乃豺狼狗彘之种族耳,何足以列于世界

①沈洁:《殉还是不殉:辛亥年清朝遗民们的窘迫》,《读书》,2010 年第 2 期。
②参见傅道彬、王秀臣《郑孝胥和晚清文人的文化遗民情结》,该文在说明清遗民"具有以往任何一代遗民所不具备的特殊性"时,指出其特殊性,即乃"真正意义上的'文化遗民'"。《北方论丛》,2002 年第 1 期。
③参见林志宏《民国乃敌国也:政治文化转型下的清遗民》第三章第二节《〈元广东遗民录〉透露的反种族观》,第 143-154 页。
④钱穆:《读明初开国诸臣诗文集》,包遵彭主编《明代政治》,学生书局,1968 年,第 13 页。
⑤王夫之:《船山全书》第十册,岳麓书社,1996 年,第 480 页。
⑥赵园:《明清之际士大夫研究》,第 277 页。
⑦顾炎武著,黄汝成集释:《日知录集释》(上),上海古籍出版社,1985 年,第 1014 页。

之人类乎"①,"欲拔人类于禽兽"②,等,莫不是在这一语境下的表达。即使满人升允,亦檄告天下:"幕府之所以不惮险阻、不恤死生而毅然为此者,实为万世纲常计,不仅为我清室存亡计也。清室存,则尧舜以来三纲五常之道借以不坠;否则,自今以往,堂堂华夏长为无父无君之国,岂不哀哉!"③可见"纲常"之在人心。

"万世纲常"因王权政治的结束,反得以凸显。不只郑孝胥认为,"今之天下,是乱臣贼子而非孔子之天下也"④,革命年转向共和的张謇,亦发出坚守的诉求。1918 年,张謇在南通创立尊孔会,发表演说:"自近年始,昔之私塾以四书课儿童,儿童虽难了解,尊孔之意犹存。自国体改革后,道德凌夷,纲纪废坠,士大夫寡廉鲜耻,惟以利禄膺心,一切经书,不复寓目,而诈伪诡谲之恶习,因是充塞于宇宙。……本县发起尊孔会之意,诚欲人人知人道之所在,而为有理性之人类。"⑤单就此话,与遗老郑孝胥之"为孔子之徒者,其将以廋词自晦,置天下之是非而不顾欤? 抑将体《春秋》之微旨,以天下之是非自任欤?"⑥似无不同。民初孔教活动此起彼伏,正基于这种对传统的回顾与眷念。

"留此歌泣地,聊许道不变"⑦,在文化的观照下,彼辈清遗,显示出历史的深度。

现实存在

虽然清遗存在的理论处境隐幽,甚至尴尬,但其现实出处,却并不尽如此窘迫,其百情百态,迥异历朝遗民之狭促。

中国社会向重功名,一朝获取功名,即受世人敬仰。科举虽废,尊崇读

①《郑孝胥日记》,第 1399 页。
②郑孝胥:《山西巡抚丁恪敏公墓志铭》,卞孝萱、唐文权编《辛亥人物碑传集》,团结出版社,1991 年,第 653 页。
③升允:《檄告天下文》,引自《郑孝胥日记》,第 1469 页。
④郑孝胥:《散原诗集序》,《散原精舍诗文集》(下册),第 1217 页。
⑤《尊孔会第一次演说》(1918 年),《张謇全集》第四卷,第 148 页。
⑥郑孝胥:《散原诗集序》,《散原精舍诗文集》(下册),第 1217 页。
⑦陈三立:《正月廿五日止庵相国假乙盦宅作逸社第一集招蒿庵中丞庸庵制府沤尹侍郎病山方伯入社同人咸赋诗》,《散原精舍诗文集》(上册),第 448 页。

书人的社会习惯但还在。清遗老大多为前清大吏，有功名，一旦退守，即为硕学耆儒，因此除革命党人中较激烈者，一般人对遗老并无恶感①。而数千年礼教，未可一日丧失，"随着时代的浪潮奔突，在彼时、彼端被视为正义选择"，换一角度，未尝不是"斯文垂丧"②。不过，道德在革命年代也有别一种姿态，陈三立所撰《清故署四川提督奉天副都统右江镇总兵黄公神道碑》，描述黄忠浩临难情形："武昌难作，巡抚亟与公聚议，而城外乱军骤斩关入胁巡抚及公，巡抚阳诺，穴墙遁，遂执公迫问降不，公裂眦叱曰：'降耶？有死耳。我降谁耶？'遂拥公行衢市，横刀刺公股及臂，血霑濡衣履尽赤，公瞑目不一语。既跻小吴门城楼，公愈不屈，一卒斫公死，举骸弃城下。是时风雨猝至，窈冥昼晦，闻者咸震动悲哀，即叛党悍徒亦从掉首太息。及丧归，缘道吊祭逾万人。"③魏元旷《蕉庵诗话》记："他日予购纸于店，店主目予（椎结），忽慨然曰：'如此方对得住自己，对得住祖宗。'"④以及1918年出版的《古今名人家庭小史》，评价郑孝胥"为人钦佩如此"⑤，均可见共和虽建，传统的道义观念，仍主导着普遍的社会心理。由是，遗老亦获得敬重。

同时，清遗老间虽以同一种身份彼此标识，却都与民国社会有着各种瓜葛。民国军政要人，多系前清官僚蜕化，泰半乃遗老故交旧属。且民初政权颇优容前清耆旧，袁世凯电邀各地遗老到京，凡应邀来者，无不接见，待若上宾，又设清史馆，纳百余人，赵尔巽、柯劭忞、于式枚、王树楠、郭曾炘、缪荃孙、吴士鉴、秦树声等俱在其中。段祺瑞主政湖北时，与湖北省长吕调元

---

① 参见胡平生《民国初期的复辟派》，第64-65页。

② 沈洁：《殉还是不殉：辛亥年清朝遗民们的窘迫》，《读书》，2010年第2期。

③ 陈三立：《清故署四川提督奉天副都统右江镇总兵黄公神道碑》，《散原精舍诗文集》（下册），第928页。

④ 魏元旷撰，杨忞校点：《蕉庵诗话》，见张寅彭主编《民国诗话丛编》第2册，上海书店出版社，2002年，第20页。魏元旷（1856—1935），原名章，号潜园，又号斯逸、逸叟，江西南昌县人，光绪二十二年进士，历任刑部主事、民政部署高等审判厅推事。辛亥后归故里，应胡思敬约，校勘《豫章丛书》。

⑤ 鲁云奇《古今名人家庭小史》称：郑孝胥"筑海藏楼于海上，所著有《海藏楼诗》八卷，咸清间渺湛，学力兼到之作。去岁南社有诗争，即为某君崇拜先生，与吴江某某相忤，遂至大哄。先生闻而叹曰：后进英挺，吾不能望也。先生又善作书，笔力挺秀，而瘦硬特甚，盖原本东坡，而参以变化者。沪上人士，争得先生片楮寸简为荣。其为人钦佩如此。"《古今名人家庭小史》，中华图书集成公司，1918年，第45页。

"延揽人才"，"对前清道、府、州、县之求见者，无论科甲捐班出身，均蒙接见"，"每与详谈不倦"，"为任用之预备"，以至湖北各机关"皆前清官僚"①，"以是盛传一切政治将尽复前清之旧"②。这些，都提高了社会对遗老身份的认同。

遗老"自成一世界"之说，亦似可商榷。即使不"出"之遗老陈三立，"卜居宁、沪、杭各地，时与数故老话沧桑兴废。虽不少灵均香草之忧思，然洞察一姓难再兴之理。且以民主共和之政体为中国数千年历史之创局，与历代君主易姓有殊。故与当世英杰有为之士亦常相往还，从无崖岸拒人之言行"③。而委蛇于清室与民国间之遗老，如樊增祥者，"虽有黍离之悲，而实无贰臣之耻"④，更不会放弃世情。遗老辈在民国政权的特殊位置，在一定程度上，铺垫了他们的社会地位，扩展了他们更广泛的社会活动范围。

从某些社会现象看，似还可以说，遗老仍保持着足够的话语权利。在礼俗生活中，他们充当着某些重要角色，如在婚礼上做证婚人，丧葬时为灵牌"点主"，他们的墨宝，在日常人情往来中流通，市面街铺悬挂的牌匾，也尽由他们题额。如郑孝胥作为名流，并未在社会舆论中消失。1930 年，上海有名的饭店小有天，壁间挂满郑孝胥旧书屏对。"民国纪元，京师诸报皆有文苑，载诸名士近作"⑤，上海的报纸期刊亦如是，郑孝胥的诗歌，在《大同月报》、《东方杂志》、《独立周报》、《庸言报》、《上海周报》等，都有发表。而梁启超创办《庸言报》，连载陈衍的《石遗室诗话》，内中涉笔海藏，举不尽举，郑孝胥的诗名也由此获得更进一步的传播。

不过，民国以还，社会已开始形成对"新"的崇拜，新即善，旧即恶⑥。这种价值判断，固然不利于遗老，而所谓之图恢复，逆时代而动，1917 年丁巳复辟失败，也使遗老颓然丧气，不复问世事，从此塌下了遗老架子。南社于1917 年对郑孝胥的挑衅，实说明了舆论风向的转变。民初一二年间，遗老

①《时报》，1914 年 1 月 3 日。
②《时报》，1912 年 12 月 18 日。
③吴宗慈：《陈三立传略》，钱仲联主编《广清碑传集》，苏州大学出版社，1999 年，第 1131 页。
④樊增祥：《樊樊山诗集》（下册），第 1967 页。
⑤李肖聃著：绛希点校：《星庐笔记》，岳麓书社，1983 年，第 18 页。
⑥参见罗志田《胡适与社会主义的合离》，《学人》，1993 年第 4 辑。

诗酒文会，"或纵清谈，或观书画，或作打钟之戏，或为击钵之吟，即席分题，下期纳卷。视真率之一蔬一肉，适口有余；若《礼》经之五饮五羹，取足而止"①，一派热闹景象。但"旧交乱后愈疏"②，老成凋零，后继乏人，终渐寂寥。

然无论如何，都可说清遗老之复杂现实，为民国社会增添几多斑斓色貌，同时，有赖民国社会，清遗老复又多几许复杂的际遇，隐微的心情。

"遗老"标榜

很难说一代士大夫，集体选择"遗民"这样一个身份，"首先是考虑个体的生存自由和人格独立，而不是考虑传统道德和社会道义所要求他们承担的责任"，遗民拒仕新朝的行为，更应被理解为，"在共同思想指导下的集体行为"，"一种有共同心理基础的政治行为"③。遗老"自处"的方式是不同的，"惟以各人性情境遇不同，故其态度亦异"④。于郑孝胥言，"遗老"是身份，更是政治态度的标榜。

赵园讨论"遗民"问题时曾道，"遗民人生"是有待经营的，历代遗民，皆"由各方面自觉营造""这一种生存方式"，并在"营造"过程中，完成自我认同的逐渐强化⑤。当郑孝胥选择"遗老"身份时，他须向人，亦向自己内心，强调"这一种生存方式"。1911年10月，他在南下途中，愤然慨叹道："我则为清国遗老以没世矣！"

"不出"，是郑孝胥选择"遗老"身份后，首先完成的一个自我认同形式。除此外，对于辩发的议论，也在他强调的话语范围之内。他在日记中频以辩

---

①樊增祥：《超然吟社第一集致同人启》，《樊樊山诗集》（下册），第1983页。
②陈曾寿1914年语郑孝胥。《郑孝胥日记》，第1522页。
③参见赵园《明清之际士大夫研究》。
④1931年"九·一八"事变后，贺麟在天津《大公报》发表《德国三大哲人歌德、黑格尔、费希特的爱国主义》，《大公报》文学副刊编者吴宓为之作按语，云："按此次日本攻占吉辽，节节进逼。当此国难横来，民族屈辱之际，凡为中国国民者，无分男女老少，应当憬然知所以自处。百年前之德国，蹂躏于拿破仑铁蹄之下，其时文士哲人，莫不痛愤警策。惟以各人性情境遇不同，故其态度亦异。"见贺麟《新版序》，《德国三大哲人歌德、黑格尔、费希特的爱国主义》，商务印书馆，1989年。
⑤参见赵园《明清之际士大夫研究》。

发臧否人物,如陆尔奎"不肯剪发,自言惟当被发阳狂"①;严复"不剪辫,以示不主共和之意"②;陈三立"犹辫发","闻朱古微亦留辫,往来苏沪。此亦硕果之戇遗者乎"③;陈夔龙"仍辫发"④,等等,不一而足。不过有意思的是,郑孝胥本人并不留辫发,他在见到准许自由剪发的上谕当天,就带着儿子,去剪掉了辫子。

郑孝胥虽然剪掉了"辫发",却在其他的方面,自有固守。他写诗书字,从不使用民国纪年,但接纳公元纪年,历年元旦那天的日记,都注有"今日为阳历(或西历)一月一日"。鬻书求件,凡有"民国"字样者,也一律置之不应,且不为民国仕宦者书,即使他的至交孟森,拿着某人送冯国璋的寿联来求书,亦遭到他的拒绝。他不仅自己这样做,也用这个标准来衡量别人。陈三立 1917 年作《袁海观志》,郑孝胥就在日记中诧言:"袁父子皆事袁世凯,余必不为此文,伯严何故为之? 异哉!"⑤颇有质责的意思。

"不仕",是郑孝胥政治态度的最高标榜。在传统遗民的话语体系里,向有不应征召、不酬应干谒,以及不讲学、不为子弟谋科名、不为名累等言说。郑孝胥宣称不与民国交接,其不仕之举甚多,如 1913 年,拒绝福建省议会民政长之举;熊希龄组阁时,拒其北上参政之邀;1914 年,上海遗老颇有出山小高潮,郑孝胥拒清史馆名誉总馆一职;1916 年段祺瑞出任总理前,"却"其"国务员"之任。特别是 1924 年,段祺瑞欲以郑孝胥"为阁员",属以交通,郑孝胥以"犹虑损名","苟不能复辟,何以自解于天下"辞之⑥。这件事给溥仪的师傅庄士敦留下深刻印象:"郑孝胥从不在民国政府当官,也永远不会这样做。他不能以一身去兼事二主。"⑦

郑孝胥还擅长以诗画寄托他的"遗民"志意。他的诗歌常用特定意象,

①《郑孝胥日记》,第 1372 页。
②《郑孝胥日记》,第 1373 页。
③《郑孝胥日记》,第 1417 页。
④《郑孝胥日记》,第 1466 页。
⑤《郑孝胥日记》,第 1682 页。
⑥《郑孝胥日记》,第 2028-2029 页。
⑦庄士敦:《紫禁城的黄昏》,求实出版社,1989 年,第 329 页。

陈衍所称"黍离、麦秀、荆棘、铜驼、义熙、甲子之类,摇笔即来,满纸皆是"①,即指郑孝胥而言②。他以"松"、"菊"、"兰"等自标气节。中国文化向以梅、菊、松、兰为节义象征,正如夏敬观所言,"遗世从伯夷,此花亦清圣"③,易代之际,寓意自是显然。另外,"斜阳"、"孤月"、"倚阑"等意象,亦比比皆是。郑孝胥喜爱唐人"此楼堪北望,轻命倚危栏"的意境,有"危楼轻命能同倚,北望相看便断肠"④、"几时少壮凭回首,一局兴亡付倚阑"⑤等句,抒写他苍郁的遗世情怀。

郑孝胥的诗,又好用典,如申胥兴楚、伯夷遗世、夸父逐日、共工触山、苌叔违天、君平弃世,等等,且以对偶、联句方式加以强调,如"违天苌叔天将厌,弃世君平世亦忘"⑥、"夸父康回事有因,触山逐日各忘身"⑦、"酹酒可无回日意,闻鸡犹有戴天人"⑧。

他的诗中,还有一些属题诗。他有意运用这种体裁,表征忠义,抒解胸怀。他的属题诗一般关涉前朝遗民,从诗题就可看见寄意:《程白葭属题精忠柏断片图》、《又题雨山所藏黄石斋文治论卷子》、《丁衡甫中丞属题傅青主书卷》、《沈子培属题灵武劝进图》等。"黄石斋",即黄道周,"傅青主",即傅山,两人皆明代思想家,入清后,为遗民。"精忠柏"位于杭州忠烈祠,有"精忠报国"的故事。"灵武劝进",则寓指着京师克复。

1918年,郑孝胥开始学习画松。除观摩画松外,他特意购得偃松三株植于家中,"最大者偃枝曲出五六尺,中抽直干丈许,苍奇蟠郁;次者盘折诘屈,高八九尺;小者左盘右旋,无一直者"⑨。赵尊岳谓其"兼学画松,虬枝巨

---

①陈衍:《石遗室诗话》,第 150 页。

②郑诗有云:"世弃天留等可哀,黍离荆棘更能来。还从铜辇寻残梦,早向昆明辨劫灰。吞炭漆身殊未避,触山逐日漫相猜。两朝国士虚名在,骏骨聊堪比郭隗。"《孝胥以戊戌九月出京至庚戌七月入京凡十三年有诗纪之辛亥九月出京至癸亥七月入京亦十三年且出京皆以九月入京皆以七月悟而嗟叹自念生逢世乱穷老无所就复为此诗》,《海藏楼诗集》(增订本),第 311 页。

③夏敬观:《海藏楼看菊花和寐叟》,钱仲联校注《沈曾植集校注》,中华书局,2001 年,第 1254 页。

④《答陈伯严同登海藏楼之作》,《海藏楼诗集》(增订本),第 224 页。

⑤《答鉴泉乱后归鉴园》,《海藏楼诗集》(增订本),第 234 页。

⑥《答陈伯严同登海藏楼之作》,《海藏楼诗集》(增订本),第 224 页。

⑦《耆寿民属题独立苍茫自咏诗图卷》,《海藏楼诗集》(增订本),第 302 页。

⑧《消寒会示坐中》,《海藏楼诗集》(增订本),第 315 页。

⑨《郑孝胥日记》,第 1948 页。

干,意气不凡,亦不以之应市,偶为知好涂抹,得者珍为拱璧"①。"种松待听涛,日夜某之祷"②,心意所指,特在"留命以有待"也。

郑孝胥画松

与上述高调相对应的,自然是郑孝胥的复辟行动。民国建立以后,多种政治势力存在,颇有欲借复辟有所作为者,其状勾连交错,甚是复杂。刘成禺描绘其情,就说,"袁氏称帝时期,革命党与反对帝制派,群集上海;而复辟党与清室遗老,亦以上海为中心地,宴会来往,俨然一家,其反对袁世凯则两方一致也"③。

从日记记载的情况看,郑孝胥在沪上的复辟活动,可分为两个阶段:1917 年丁巳复辟之前为一阶段,在这个阶段,郑孝胥与青岛遗老升允以及以春申社为代表的在沪日本人往来密谋,间接参与了反袁运动、丁巳复辟。但在这些活动中,他都位处边缘,没有什么有力的发言权,如他自己所称,"此事(指丁巳复辟)由青岛与上海诸君合谋之,而独避我"④。丁巳复辟之后为一阶段,郑孝胥及其长子郑垂、侄子文虎等,与桂系军阀陆荣廷直接发生联系。1917 年 4 月,桂系陆荣廷新被北洋政府任命为两广巡阅使,部属

①赵尊岳:《郑孝胥(垂)》,《古今》第三一期,第 12 页。
②《六十感愤诗》,《海藏楼诗集》(增订本),第 290 页。
③刘成禺:《世载堂杂忆》,第 117 页。
④《郑孝胥日记》,第 1675 页。

谭浩明、陈炳焜分别担任广西和广东督军,成为西南地区最大的一派军事势力。郑孝胥颇寄厚望于陆荣廷,先后派文虎、郑垂赴西南,特别是郑垂1917年12月受陆荣廷顾问之聘,为之奔走游说,长达四五年。不过随着陆荣廷退出政局,郑孝胥的建策也就"愈难展布"①了。丁巳复辟失败后,遗老中为张勋主谋的刘廷琛一派声誉坠跌,又有参与之遗老,不复谈天下事,郑孝胥反因置身其外,得以继续高标姿态,成为众遗老眼中的"纯洁守节者",开始主领沪上遗老集体行动,连逊帝溥仪,都向沪上来的胡嗣瑗打听,"曾见郑孝胥否"②。

不过,郑孝胥的高调标榜与他的复辟行为,并不表明他与民国政治之间就坚堵如山。仔细研读郑孝胥1912年的日记,可发现他在2月至7、8月间,向民国政治有过一次短暂的、不明显的靠拢,迅即由于复辟分子的联络,重新恢复对民国的敌对态度。此后,也并非与民国政治毫无瓜葛。其弟郑孝柽、长婿金邦平皆任民国政府官员。

郑孝柽,字稚辛,光绪十七年(1891)举人,在前清时代,没有获得什么显要的职位,辛亥年签分浙江知县,还未来得及上任,就进入民国。民国初年,郑孝柽曾出任安徽省政务厅厅长,蓝建枢就任海军总司令时,聘请他为秘书长,李兆珍任安徽省省长时,郑孝柽亦曾应邀前赴。金邦平,字伯平,安徽黟县人。前清留日学生,袁世凯督直隶时,金邦平曾为文案。民国后,在政府中多任要职,"袁世凯督北洋,使参与外交。杨士骧继督,以其为乡人,且通达法理,尤器重之。迨袁为总统,任为公府秘书。政事堂成立,授参议,未几,移农商次长"③,以"善文",为袁世凯"最亲信者"之"策士"④。

特需一提的是,郑孝胥本人"不仕""不出",却为戚属子弟说项。如1913年,张謇邀请郑孝胥出办巴拿马赛会,郑孝胥复电,称"海藏决辞,荐伯平",伯平,即金邦平。此事亦见赵尊岳的叙述,"袁世凯既柄国政,颇思所

---

① 《郑孝胥日记》,第1894页。
② 参见《郑孝胥日记》,第1958页。
③ 陈灝一:《新语林》,上海书店出版社,1997年,第74页。
④ 陈灝一:《新语林》,第73页。

以罗致之者,屡征均不应,告速驾者曰:'吾决不干禄。当道信重我,可令伯平,往襄政务。'"①1914 年,郑孝胥致书金还,为郑孝柽"求入史馆"②。最明显的,是 1918 年,南洋公学建图书馆,打算由东南各省绅士联名呈请内务部,发《四库全书》一部庋藏馆中,联名之数不足,欲请郑孝胥列名呈中,郑孝胥答以"不认有所谓'民国'者,故不能列名",却表示,"此事甚好,当试询沈爱苍、林贻书诸人;如彼允列名,明日可以电话奉复"。又表示,"吾弟尝为安徽政务厅长,以彼列名则可"③。这些记载,为我们了解郑孝胥在宣扬而外,采取怎样的政治态度,作了重要说明。

严持名节的郑孝胥,在我们对"转荐"及"为子弟谋"的关注中,呈现出复杂、斑驳的面相:一方面是以民国为敌国的政治立场的强调,一方面是"转荐"与"为子弟谋",没半点的忌讳与虚惭。他在构建"节义"语境的同时,通便灵活地应对着生活现实。由此看来,"不出"与"转荐"、"为子弟谋",在遗老的现实生活中,并不为难。二者并行不悖,似乎说明着遗民的传统体系,到民国已仅剩下一层外壳,虽貌似坚硬,议论仍严苛,但内里充满通脱、应变。对郑孝胥而言,所谓遗老"节义",以及其诸种形式表现,都不过是高调的标榜,作为他为复辟行为披上的一件外衣,其质地高洁,并闪耀着道统的光辉。

二 "遗老"的日常生活

"现代历史著述方面的一切真正进步,都是当历史学家从政治形式的外表深入到社会生活的深处时才取得的。"④郑孝胥的遗老面貌究竟如何,还须从他作为遗老的"社会生活的深处"获得认识方可。本节采用社会学家王雅林的观点,按生活活动领域分类,从"劳动、消费、闲暇、政治、交往"

---

①赵尊岳:《记郑孝胥(垂)》,《古今》第三一期。
②参见《郑孝胥日记》第 1509 页。
③参见《郑孝胥日记》第 1705 页。
④卡·马克思:《马志尼和拿破仑》,《马克思恩格斯全集》第 12 卷,人民出版社,1962 年,第 450 页。

等方面,具体讨论 1912 至 1931 年间作为遗老的郑孝胥①。

　　与对"遗老"穷乏憔悴的概念化想象相反,上海南阳路上的海藏楼,在辛亥革命后,"遂适为避世之地"②。海藏楼遍植花树,春华秋荣,楼内装置有新式电灯、留声机、电话、电风扇,甚至饰以杂花朱灰色地毯,郑孝胥的海藏楼生活,是雅逸、新式的。革命颠覆了政权,但没有颠覆他的生活,凭藉前清丰厚的薪俸和投资,郑孝胥的隐居生活十分优渥。

　　郑孝胥善养生,平日"饮馔极少,且不食鸡鸭葱蒜之属,而戒庖甚精"③。每天早起早眠,寒暑无间,起后至园,略事散步,随后入室临池,稍迟,登门访拜之宾客迭至。他有诗云:"秋深气数变,早觉因始衰。息灯寒稍入,幽幽如相欺。布衾顿不支,腹鸣辄欲遗。昼动而夜静,遂悟此理为。起行绕室中,运气达四肢。徐令血充体,暖力归腰围。济胜须有具,筋骸非曩时。独寐还晤歌,夜色付与谁?"④

　　海藏楼日有来客,与各色人等饮宴往还,是郑孝胥隐逸生活的日常内容。他闲暇时的娱乐,主要是听戏,除到丹桂第一台看王灵珠表演《梅龙镇》、《红蝴蝶》、《白牡丹》、《平贵别窑》、《珍珠塔》、《春香闹学》外,还爱去新世界、大世界等游乐场听鼓书。新世界建于 1905 年,三楼三底,内有大京班、大鼓书、口技、申曲、歌舞等,戏文曲艺杂陈。1917 年,洋泾浜西新街上又开办了大世界游乐场,设有剧场、电影院、书场、杂耍台。除新世界、大世界外,第一台、新新舞台等,亦是郑孝胥经常光顾的地方。

---

①《生活方式概论》一书认为:"作为科学范畴,生活方式是指在一定社会客观条件的制约下,社会中的个人、群体或全体成员为一定的价值观念所制导的、满足自身生存发展需要的全部生活活动的稳定形式和行为特征。"它囊括一切层次和侧面的生活活动,从生活活动的主体角度分类,包括社会生活方式、群体生活方式(大至阶级、民族的生活方式,小至家庭生活方式)和个人生活方式;从生活活动领域分类,可分为劳动、消费、闲暇、政治、交往等等。而其中每个层次、每个侧面,又可多角度再具体划分为许多类型。作为科学范畴的生活方式,既是一个概括程度很高,又是一个非常具体的概念,没有离开具体、生动性的抽象的"生活方式",我们对一种生活方式的考察,需从不同层次具体加以把握。王雅林主编《生活方式概论》,黑龙江人民出版社,1989 年,第 1–5 页。

②《郑孝胥日记》,第 1358 页。

③赵尊岳:《记郑孝胥(垂)》,《古今》第三一期,第 12 页。

④《海藏楼杂诗》其十八,《海藏楼诗集》(增订本),第 192 页。

1927 年为中原公司舞台书联

郑孝胥也出游,但不太多,然绝好登高,每逢重九必登高,且高调赋诗,有"郑重九"之名。龚鹏程先生论郑孝胥重九诗,"夫海藏重九诗,特显于丁酉以后。岁岁为之,炼肃憀旷恨之气,出之以平淡纡折语,得天地秋气"。又特别指出,"其重九诗,实多与夜起意识有关,……老骥长途,徒嗟日暮,几于每诗皆然,古今重九诗,亦无此说也"①。登高本是民俗,但易代之际,"十年几见海扬尘,犹是登高北望人"②,郑孝胥的登高就有了特殊涵义。

入民国后,郑孝胥的经济收入依旧丰厚。他是多家公司的董事,在商务印书馆、通州垦牧公司、大丰盐垦公司、苏路、浙路公司等,都有投资。览其日记,各种持股债券记载,不下十余种,如北京自来水公司、华成保险公司、成范饲鸡公司、商业银行、区瓯矾来公司、制糖公司,范围涉及路矿、金融、保

---

① 龚鹏程:《中国诗歌史论》,第 319 页。
② 《九日》,《海藏楼诗集》(增订本),第 306 页。

险、地产,等等,甚至他还持有二万卢布的俄国国债。

　　郑孝胥与商务印书馆的关系,以往为人忽略,即使专门的商务印书馆馆史研究,亦不详明。1912 年 6 月,"商务印书馆以函来,约请到公司办事,每日三小时,月送舆马费百两"①,郑孝胥开始"以暇日研究"商务印书馆"进行之策"②。赵尊岳记述,郑孝胥"商务书馆,但月奉二百元耳"③。郑孝胥由"商务印书馆经理张元济、李宣龚,延主董事会,先后十余年,改革馆制,征存文献,孜孜不言劳苦,四部丛刊初编议定,更为去取陈篇,俾于影本留真之外,兼为治学者之门径,时与缪筱珊诸君相商榷"④,于商务印书馆的发展,实有可表征处。

　　鬻书,是郑孝胥的另一大收入来源。遗老鬻书,向为中国历史上一种现象。1914 年 5 月,郑孝胥自拟笔单,"以寄九华堂、戏鸿堂、朵云轩、吉羊楼、锦润堂、大吉庐、锦云堂诸纸店;又至时事报馆,托登广告"⑤,开始订润鬻字。数日后,九华堂、朵云轩、吉羊楼等书画店即送纸求书。除上海外,郑孝胥与北京的致美斋、英古斋也有长年交谊。《近现代金石书画家润例》一书收有一份笔单,这份笔单,曾登载在《民国日报》(1916 年 1 月 23 日)、《国是报》(1916 年 10 月 26 日第三号)和《毛公鼎》(1918 年 4 月),内容如下:

　　　　宣纸屏幅　　五尺以内每幅二元　　五尺以外三元　　宣纸联对　　五尺以内每对四元　　五尺以外六元　　泥金笺加半　　冷金笺不加　　中堂全幅每幅四元　　五尺以外六元　　单条　　每条二元　　五尺以外三元　　横幅同　　团扇折扇每柄二元　　招牌一尺以内每字半元　　二尺以内每字一元　　二尺以外另议　　隶书均加半　　寿屏碑志另议　　磨墨费加一成　　笔资先惠
　　　　寓上海小沙渡内南阳路 12 号　　十五天取件　　通信收件处

---

①《郑孝胥日记》,第 1422 页。

②《郑孝胥日记》,第 1420 页。

③赵尊岳:《记郑孝胥(垂)》,《古今》第三一期,第 11 页。

④赵尊岳:《记郑孝胥(垂)》,《古今》第三一期,第 11 页。

⑤参见《郑孝胥日记》,第 1516 页。

上海四马路望平路震亚图书局　　各大纸店①

笔单所谓"寿屏碑志另议",从日记记述情况看,自五十至二百金不等,亦有以物相抵者,如银器、古物、碑帖等。

时人记述,郑孝胥"初鬻字,年可三千金,逐年递增,癸亥以还,年可得一万二千金,比岁干戈遍地,百业凋零,而求书者,有加无减"②。吴趼人言其轶事,亦称郑孝胥的作品,"世人宝之,争得其片楮寸简以为荣"③。相较沪上其他遗老书家,如李瑞清、曾农髯,郑孝胥的书例并不算高,但较李瑞清"蜷处沪滨,鬻书糊口,卧病逾月,执笔昏晕,几至辍业"④,他的生活显见优渥许多。

郑孝胥曾道:"不从世乱者必有甘困穷、乐贫贱之志,则胸中浩然,无抑郁忧伤之患。"⑤事实上,善经营、懂投资,不仅保障了他生活优渥,更支撑他"不从世乱",立起了"名节"。"一身容易一家难"⑥,若无丰裕的资产,他能发出"湘水才人老失身,桐城学者拜车尘"⑦这样的苛责么?所谓"甘困穷、乐贫贱"之论,亦或又有别说。

政权更替,固然影响了遗老们的稳定收入,但他们的治生能力,在前清的经济基础,亦是其经济状况的决定因素。执笔昏晕的李瑞清,甫入民国时生计就十分窘迫,"家口四十八人,坐粮仅支正月"⑧,真如升允那样,奔波上海、青岛间,为复辟倾家舍业者,并不多见。有的遗老,在前清官运亨通,积蓄本就殷实,如陈夔龙;有的遗老,在前清投资商业,除仕宦外,更兼有绅、商

---

① 王中秀、茅子良、陈辉编著:《近现代金石书画家润例》,上海画报出版社,2004 年,第 93 页。

② 《述郑孝胥先生》,《北洋画报》,1928 年第 185 期。

③ 吴趼人:《当代名人轶事大观》,世界书局,1923 年,第 50 页。

④ 李瑞清:《与诸门人谢寄钱米书》,李瑞清著,段晓华点校整理《清道人遗集》,黄山书社,2011 年,第 38 页。

⑤ 《郑孝胥日记》,第 1795 页。

⑥ 陈锐《抱碧斋诗话》记:"壬、癸之际,士大夫留滞京邸,贫无所归。如皋冒鹤亭(广生),自命遗老,饮酒结社,相约以不受民国官职为高。其名刺犹署前清四品京堂。俄而授海关监督,冒不知所可,委屈就职。其行也,某君于车站言曰:吾辈来送遗老出山耳。冒赋诗四首见意,中有四句云:'文章那有黄金卖,时辈多将白眼看。饿死也知俄顷事,一身容易一家难。'"邓辅纶、陈锐撰《白香亭诗集抱碧斋集》,岳麓书社,2012 年,第 148—149 页。

⑦ 《答严几道》,《海藏楼诗集》(增订本),第 283 页。

⑧ 见郑孝胥 1912 年 2 月 15 日条日记。《郑孝胥日记》,第 1396 页。

身份,如刘学恂、陈三立、刘锦藻等,民国后也仍积极经营。

另外,张元济、李宣龚经理的商务印书馆,成为遗老的衣食来源,如缪荃孙、沈瑜庆、陈宝琛、沈曾植,他们除持有股份外,还承担一些校勘、刻书的业务。犹太人哈同创办的仓圣明智大学、广仓学会,亦是遗老的聚集地,康有为、陈三立、冯煦、王国维、章一山、林开謩等,都曾在此教书。包括袁世凯政府,也向前清耆旧表示姿态,设立清史馆,容纳百余人,赵尔巽、柯劭忞、于式枚、王树枏、郭曾炘、缪荃孙、吴士鉴、秦树声等人,均在其中。诸种情形,因人而异,遗老生活窘困者固有,优裕者亦自不乏人。

三　交游

郑孝胥在前清时期,社会关系就十分广泛,政、商、学、诗、书各界,无不有交游。进入民国以后,他的大部分人际关系还都存在,如戚属子弟、故交朋好、同年友僚、投资合股人,等等,但也出现一些变化,如上述的人际关系,经过重新整合,形成了在民国时期特有的两个圈子,一是遗老圈,一是复辟同志圈,二者间,又相互有交叉。

遗老圈主要由读经会(社)和一元会联系。读经会活动的时间较短,始于1912年,止于1914年,初由沈瑜庆倡设,参加的人有郑孝胥、王仁东、林开謩、刘宣甫、吴学廉、陈树屏、杨小宋、刘树屏。读经会每次活动,仅数人而已,此数人又各携其子、女、侄、孙等,一月数会,言必尊王,附于经义。读经会实是乡里学社,不是什么遗老组织,郑孝胥、沈瑜庆、刘宣甫、林开謩,皆闽人,林开謩、杨小宋均是郑孝胥的表弟,吴学廉是郑孝胥的内兄,沈瑜庆是郑孝胥的少年知交,刘宣甫是郑孝胥从闽县走出的壬午同年,惟陈树屏与刘树屏不在其内。陈树屏,字汝藩,号介庵,安徽望江县人,光绪十八年(1892)进士,二十五年署江夏知县,官至武昌知府。郑孝胥在武昌总办汉局时,陈树屏任江夏知县,郑孝胥往访,两人相识。刘树屏,字葆良,则是郑孝胥挚友刘可毅的胞弟,光绪十六年入京会试时就已认识,二十四年,郑孝胥到上海铁路公司时,刘树屏亦在盛幕。

与读经会相较,一元会的范围要大,成员也多。一元会始于1915年,最初参加的人都是壬午同年,有郑孝胥、冯煦、朱祖谋、王乃征、陈三立、李鞠农、唐晏、杨钟羲。后范围扩大,陆续参与的,有章梫、郑绩臣、郑尧臣、吕景端(字幼舲)、李瑞清、宋文蔚(字澄之)、俞志韶、李详、王式(字叔用)、何天柱(字擎一)、刘复礼(字洙源)、余肇康、吴庆焘(字宽仲)、张诋侪、陈容民等人。

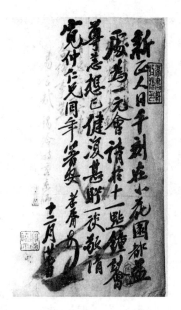

郑孝胥致吴庆焘便函

　　参加一元会的人,基本上都是逸社社员。据朱兴和博士考证,逸社由瞿鸿禨于 1915 年 3 月召集始开,继超社而起。早期成员有瞿鸿禨、沈曾植、缪荃孙、吴庆坻、王仁东、陈三立、沈瑜庆、林开謩、杨钟羲、张彬、冯煦、陈夔龙、朱祖谋、王乃征。1920 年重开,社员有陈夔龙、王秉恩、沈曾植、邹嘉来、余肇康、朱祖谋、王乃征、杨钟羲、章梫、胡嗣瑗、陈曾寿、陈夔麟、冯煦,后又有陈邦瑞、郑孝胥、郑家相、朱荣璪、吴庆焘、秦炳直、汪诒书、沈铭昌、黄心霖等人加入①。郑孝胥 1921 年开始参加逸社组织的消寒会,但并不参加社集。是年 12 月 22 日的社集,陈夔龙有社作,"折简来今雨,催诗拜下风"句下注

――――――――――

① 参见朱兴和著《现代中国的斯文骨肉:超社逸社诗人群体研究》,上海三联书店,2014 年。

云:"郑苏堪京卿新入社。"但郑孝胥本人这天的日记,只说是"至都益处,陈小石约作消寒会"①,这个小小细节,似乎说明在郑孝胥的意识里,只有消寒会,而无所谓逸社社员。逸社的组织和活动,郑孝胥不可能不知道,逸社社员又多他的相知,但他刻意不预社集。随他学习诗歌、书法的赵尊岳称,郑孝胥"赋性特立独行,故一不作和章,二少作寿诗题咏。其时樊增祥、易顺鼎辄以唱酬角逐,返复和至数十篇章,戒勿预也"②。虽举樊、易之例,亦能用来说明他的心理。

1920 年新世界登高,郑孝胥(左一)、朱祖谋、沈曾植、余肇康、吴庆焘、邹嘉来合影

一元会存在的时间较长,在 1928 年逸社自然消亡后,仍继续活动,实为沪上遗老最普通之一种交往方式。与超社、逸社等比较,虽有固定成员,并无什么宗旨,更主要的区别在于形式简单,仅以饮宴为集,没有"或纵清谈,或观书画,或作打钟之戏,或为击钵之吟,即席分题,下期纳卷"③的丰富内容。从这个角度看,郑孝胥确实不算是逸社的社员,但可以说,他与逸社的成员有密切来往。1924 年郑孝胥去津后,每返沪,仍赴一元会,晤见老友。

除读经会与逸社的社员外,与郑孝胥来往的沪上遗老,尚有岑春蓂、丁

①《郑孝胥日记》,第 1890 页。
②赵尊岳:《记郑孝胥(垂)》,《古今》第三一期,第 12 页。
③樊增祥:《超然吟社第一集致同人启》,《樊樊山诗集》(下册),第 1983 页。

宝铨、陈曾寿、李经迈、林纾、梁鼎芬、周树模、胡嗣瑗、刘体藩等人,其中梁鼎芬、周树模、胡嗣瑗、刘体藩是 1913 年成立的超社社员。

围绕郑孝胥的复辟活动,亦形成一个圈子,姑且称之为复辟人士圈。这个圈子,主要由三种人物组成:一为遗老,诸如青岛遗老升允、沪上遗老沈曾植、李瑞清、李经方等;一为汲汲于中国复辟的日本人,如宗方小太郎、林出贤次郎、西本省三、西田耕一、水野梅晓一干人等;一为陆荣廷、陈舜卿、谭浩明、段祺瑞、王赓、曹经沅、吴佩孚等民国的军阀政要官员。这三种人物,相互勾连,既联合,又排斥,围绕着郑孝胥的复辟活动,呈阶段性、放射式存在。

上述的两个交往圈,虽是民国后新形成的,但遗老圈是旧人新圈,复辟圈是半新半旧。

郑孝胥在前清的人际关系,还需注意到的是,他和他的立宪同志。清末郑孝胥在上海倡言立宪,担任预备立宪公会会长,有一大批立宪同志,如张謇、汤寿潜、朱福诜、孟昭常、孟森、许鼎霖、刘垣、狄葆贤(字楚青)、雷奋(字继兴)、张元济、李钟珏(字平书)、王清穆(字丹揆)、陆尔奎(字炜士)、李家鏊(字兰舟)、沈懋昭(字缦云)、朱佩珍(字葆三)、虞洽卿、周晋镳(字金箴)、高凤谦。朱文炳的《上海光复竹枝词》,便提到张謇、汤寿潜、李钟珏、沈懋昭、朱佩珍、虞洽卿等人:

> 张謇实业久名高,财政咸钦陈锦涛。
> 经验交通汤蛰老,暂时政柄各分操。
>
> 总持民政李平书,操纵纯然任自如。
> 穆氏湘瑶权警务,亦教闾里共安居。
>
> 县署重开民政厅,新朝仍现宰官形。
> 吴公畹九权知事,市政还归莫子经。
>
> 沈缦云同朱葆三,主持财政本深谙。

洽卿闸北司民政,都作申江人物谈。①

可见这些人进入民国后,已有了新的社会身份,与郑孝胥的关系自然分化。其中张謇、汤寿潜,以政治态度疏远,张元济以商务印书馆馆务,一直保持着来往,孟森、李宣龚、高凤谦,则以旧交相知,关系仍密,惟有陆炜士,是以遗老的身份,与郑孝胥继续往来,余者,则以实业投资的遗留关系,与郑孝胥保持着一定的商业联系,或者就渐行渐远。这一群体,以时事变迁,变化最甚,与郑孝胥的关系,表现亦最有起伏,而其起伏,又往往有人情之复杂、微妙处,并不只在政见方面。

另外,郑孝胥有一些商务印书馆的同仁,辅以亲缘、诗谊等其他关系,来往密切。如李宣龚、夏敬观、诸贞壮。李宣龚,乃沈瑜庆外甥,李宗祎子。李宗祎(1857—1895),字次玉,早年与郑孝胥舅林葵为闽中支社友,光绪十九年(1893),带李宣龚赴南京投靠沈瑜庆,时张之洞调署两江,沈瑜庆在幕任总文案兼总筹防局,郑孝胥亦在幕中,任洋务总文案。二十年,李宣龚中举人。二十五年,郑孝胥赴武昌总铁路汉局,李宣龚为掌书记,并学诗,钱仲联称,"近代为海藏一派诗者最多,号称闽派,然惟李拔可为最工"②。宣统二年(1910),李宣龚捐得湖北知府,三年,随同已任湖南布政使的郑孝胥入京议官制。民国后,与张元济一道经营商务印书馆,贡献殊重。美国加州大学叶扬教授是郑孝胥的外孙,他曾撰文《"平生至性殷肝肠":记李宣龚》,叙述李宣龚与郑孝胥的交谊:"(李拔可)本是外祖父的契友。外祖父长拔可十六岁,先是与拔可之父次玉相交,后来又结识拔可,早在光绪廿一年二月,当时拔可尚未及冠。其后拔可常与他的好友、'戊戌六君子'之一的林暾谷同来拜访。暾谷是外祖父好友沈爱苍的东床快婿,算是晚辈。光绪廿四年外祖父与暾谷都入京晋见光绪帝,外祖父在日记中曾认为暾谷'年幼无知',但在他遇难之后五天,外祖父就'步去清慈寺哭暾谷、叔峤而返',几天之后又'作哀林暾谷三诗'。拔可更是不顾个人安危,出头为暾谷收葬尸骨。兹

---

① 朱文炳:《上海光复竹枝词》,顾炳权编著《上海洋场竹枝词》,第 208 页。
② 钱仲联:《梦苕庵诗话》,齐鲁书社,1986 年,第 29 页。

后数十年间,拔可成为外祖父一生不渝的至交。"①

　　夏敬观、诸贞壮皆以学诗,常访海藏楼,歌咏甚多。商务印书馆中,还有一位日本人,名长尾甲,字雨山,与郑孝胥谈诗论书,十分投契。

　　郑孝胥以乡缘、旧交、诗谊,与民国的一些要员,也有一定的联系。如海军总司令蓝建枢,奉天都督张锡銮,安徽省省长李兆珍,财政部次长金仍珠,段祺瑞的幕僚王赓、曹经沅等。

　　总体来看,世变后,人情亦发生变化。相较前清,郑孝胥在民国的交往,大致呈现以下几个特点:

　　一,仍以亲缘、乡谊为重。郑孝胥虽标榜不与民国往来,但仍遵循传统人情,有着一个十分稳定的戚族乡里圈,这显现出亲(乡)缘在中国人情社会里的强大力量。与郑孝胥最亲密者,几乎都在这个圈子里,如郑孝柽、吴学廉、沈瑜庆、李宣龚、高而谦、高凤谦等,皆多半生知交,亲缘、乡谊,兼僚属、同志,即使如沈瑜庆,"虽非同志,亦数十年亲爱之交也"②。

郑孝胥致赵凤昌便函

①叶扬:《"平生至性殷肝肠":记李宣龚》,《文汇报》,2012 年 5 月 26 日第 8 版。
②《郑孝胥日记》,第 1747 页。

二、政缘仍为重要人际关系之纽带，政治主张代替政治经历，成为政缘源自。从前同志睽异，共黍离之悲者渐集。以图谋复辟为目的的政治交往，使得政缘民国后较前清时代，表现单一而明显，或可表述为复辟交往圈，所涉及诸多遗老，以及凡有往来之民国军阀政要、外人等，都可纳入其中。不过，即使抱着共同的政治目的，也未必投契，对康有为，郑孝胥就始终耿耿于"德宗赍志抑郁以终，实受康有为之害"①。而政治观点分歧，也未影响到孟森与郑孝胥的知交，催生民国的惜阴堂主人赵凤昌，一直是海藏楼的友邻，赏花馈橘，一时坐谈，两人的来往，也能算得上恰洽，赵凤昌的儿子赵尊岳，还随郑孝胥学习诗、书。然政缘源自仍需强调，因其导致郑孝胥的政治转向，并产生出未来的发展方向。

学缘被强化。以壬午同年一元会为组织的同年交往，在民国后得到加强。新的政权建立后，壬午同年以共同的政治感情倾向、生活态度以及精神追求，形成绵密、持久的人际关系。郑孝胥以学缘为纽带的人际交往，尚有一个特点，即由于共同的政治感情和主张，表现出显明的政治倾向性，虽然散漫，没有组织，但也有一定的行动。

诗缘、书缘突出。志趣爱好，是郑孝胥交往的强力粘合剂。民国时期，郑孝胥诗、书声誉斐然，以他为中心，诗界有"同光体"一派，书法界有"郑书"一派。赵尊岳赞他"本著诗名，重以学力，……举国尊为大师，号海藏体。持法同光以来，风气一变，孝胥预其流辈，崇比祭酒"②。林庚白则这么说，"民国以来作者，沿晚清之旧，于同光老辈，资为标榜，几于父诏其子，师勖其弟，莫不以老辈为目虾，而自为其水母"③。虽一褒一贬，说的却都是当日情形。在郑孝胥的各个交往圈中，都有诗友、书友。遗老圈诗、书向为日课，自不必说，商务同仁中，如李宣龚、夏敬观、诸贞壮、长尾甲、黄葆戉，民国要员中，如王赓、曹经沅、章行严等，皆与郑孝胥有密切的诗、书往来。书家、画家，如王一亭、吴昌硕、汪荣宝、寄禅等，亦是他在沪时的密友。

---

①《郑孝胥日记》，第 2139 页。
②赵尊岳：《记郑孝胥(垂)》，《古今》第三一期，第 12 页。
③林庚白撰，张寅彭校点：《丽白楼诗话》，张寅彭主编《民国诗话丛编》第 6 册，上海书店出版社，2002 年，第 135 页。

商缘淡化。郑孝胥在前清时代参与商业经营,比较活跃,彼时商、政通常一体,商缘与政缘结合紧密,故以商缘为纽带的交往,特别是在清末数年,甚是明显。民国以后,郑孝胥不与民国交接,除任职商务印书馆外,与商界来往日稀,后凡涉经营股份之事,都由其子郑垂、婿金邦平代为打理。柯鸿年与他有交往,实因乡谊。

人际间之亲疏好恶,亦难以尽言。概而言之,民国后郑孝胥的交游,"气类之感"殊深,较比前清,更具同质性。

第六章　复辟的努力

　　郑孝胥自视甚高,自任甚重,视复辟以为己任,二十年如一日。他的复辟活动,大致可分为三个阶段:1924年北上之前,为第一阶段,亦可称上海时期,他以与桂系军阀、日人的密切联络,实质性介入复辟,逐渐成为复辟势力的代表人物;1924年2月北上至1925年2月赴津,为第二阶段,亦可称北京时期,郑孝胥进入逊帝溥仪小朝廷,主持了清室内务府改革;1925年2月赴津后至1931年11月离开天津,为第三阶段,亦可称天津时期,郑孝胥主张"列国共管"、用"客卿"、借"外援",筹划复辟,终往东北,依附日人。

一　时代背景

　　革命以后,南北议和,清室逊政,产生优待条件,从而导致"清廷固然已经逊政,但是逊帝溥仪仍得暂居宫禁,坐享民国所允诺的种种优待条件,暗中维持一个小朝廷的局面,并沿用宣统年号,年节照常封赏"①的情形。胡汉民曾在自传中这么说:"优待条件非民国所宜有,留尊号于别宫,听其窃以自娱,虽曰等于儿戏,仍足惑人视听。又许以数百万岁费,为逊让之报酬,

_____

① 胡平生:《民国初期的复辟派》,学生书局,1985年,第65页。

使废朝之皇族,犹有所养,可云过厚不当。"①

这种"过厚不当"的做法,确实鼓励了逊位小皇帝溥仪和形色各异的复辟人士。"它不仅使丧失权力的君主一心想着复辟,而且使怀念大清王朝的遗老阴谋复辟,更使民国富有野心的领导者幻想利用溥仪,实现自己的统治"②。合法存在的逊清小皇帝及其朝廷,自民国建立起,就成为各类政治势力依附、利用的中心,以诸种表现形式,与民国政治,勾连交错。

就民国政权看,大总统袁世凯对清室一向表示尊崇。1914 年,袁世凯祀孔,采用三卿士大夫官秩,设立清史馆,擢用前清旧臣,对宋育仁、劳乃宣鼓动复辟舆论,处置轻微,时人谓之"仅以一纸命令平淡了之,是欲藉此以见共和之不宜,而留自帝之余地"③。诸如此类,对清室复辟的发生,莫不有重要影响。

民国的军政要人,则多系前清官僚蜕化,如张勋、冯国璋、徐世昌等,泰半出身传统,在心态上,或多或少都有复辟倾向④。沈瑜庆 1918 年言:"岑春煊极得意,谓陆荣廷必拥戴己为大总统,陆不过欲为副总统耳。"⑤丁宝铨言:"徐、段复辟之议,皇室力辞而罢;彼等惭怒,欲停费、移宫以逼之。"⑥个人议论,未尝不透露出宏大叙事所不能顾及的细微。袁世凯去世以后,政权迭变,各方势力遂借清廷争权,如郑孝胥指出,"彼等以争权树党之计,借复辟为挡箭牌耳"⑦。

旧官僚之借复辟暗流,觊觎权力,虽使"皇室甚危"⑧,却也为复辟虚张了声势。而外国势力,特别是日人的介入,尤使中国政局错综复杂。他们密切关注中国的发展动态,亦观察到,尽管"宣统复辟运动的根底并不完全坚固,舍身任事者仅不过数人,但民心厌倦共和,倾向帝政者逐渐增多,这是无

---

① 胡汉民:《胡汉民自传》,台北传记文学出版社,1987 年,第 68 页。
② 王玉芹:《宣统逊位,享受优待》,战月昌主编《漂泊沉浮多少事——溥仪解读》,中国文史出版社,2008 年,第 55 页。
③ 黄毅编:《袁氏盗国记》,台北文海出版社,1967 年,第 43 页。
④ 参见胡平生《民国初期的复辟派》,第 81 页。
⑤《郑孝胥日记》,第 1701 页。
⑥《郑孝胥日记》,第 1715 页。
⑦《郑孝胥日记》,第 1662 页。
⑧《郑孝胥日记》,第 1662 页。

可争议的事实"。他们判断,"人心之归向,既已如此,或因时势的变化,而使宣统复辟运动取得成功,亦未可逆料"①。

的确,民国思想认识,仍多以旧传统为范畴,对于共和,实无真诚、坚定之信念,肇建多年,复辟之声犹隐然。1915 年,袁世凯与英国驻华公使朱尔典有过一段对话,袁道:"当日提创共和者,不知共和为何物;今日主张君主〔者〕,亦不知君主为何物。多数人民,不过有汉、唐、明、清之专制君主印于脑中;其或百中有一,知日本之君主;其或百中有一,知德国之联邦;至于特色立宪君主,固未尝梦想到也。"②他这一点,为陈独秀发现。陈独秀指出:"袁世凯要做皇帝,也不是妄想,他实在见得多数民意想念帝制,不相信共和。"③民国总统尚且如此,又遑论他人。在丁巳复辟中,不论张勋复辟一方,亦或段祺瑞讨逆一方,都以受恩深重、不负前朝的姿态出现,还不够说明彼辈人等的心理么。

而一般人之心理,虽然并不反对共和,但实仍旧是"帝制时代的旧思想"④。特别是民国建立后,并未呈现出共和制度的新气象,相反,却如梁济之判断:"能以真正共和之心治民国,则清朝不虚此和平揖让之心。不以真正共和之心治民国,则清朝即亡于权奸乱民之手","今民国七载于兹,南北因争战而大局分崩,民生因负担而困穷憔悴,民德因倡导而堕落卑污,全与逊让之本心相反,是清朝亡于权奸卖国,已无疑义"⑤。梁济之"必将死义,以救末俗"⑥,与郑孝胥以现实政治为"假共和",乃至鲁迅小说中人物——茂源酒店的老板赵七爷,时刻盼望着"皇帝坐龙廷",都反映着一种社会舆论及心理。而"西学第一人"严复的观点,尤应注意。年将七十的严复"暮年观道","以为吾国旧法断断不可厚非","现在一线生机,存于复辟,然其事又极危险,使此而败,后来只有内讧瓜分,为必至之结果,大抵历史极重大事,其为此为彼,皆有天意存焉,诚非吾辈所能预论者耳。即他日中国果存,

①宗方小太郎报告,章伯锋译:《宗社党的复辟活动》,《近代史资料》总 48 号,第 92 页。

②《朱尔典谈话纪录》,见刘成禺《世载堂杂忆》,第 152 页。

③陈独秀:《旧思想与国体问题》,《新青年》,1917 年第 3 卷第 3 号。

④陈独秀:《旧思想与国体问题》,《新青年》,1917 年第 3 卷第 3 号。

⑤梁济:《敬告世人书》,《梁巨川遗书》,华东师范大学出版社,2008 年,第 53—54 页。

⑥梁济:《敬告世人书》,《梁巨川遗书》,第 60 页。

其所以存,亦恃数千年旧有之教化,决不在今日之新机"①。

人心思旧,社会各方面的言论,为复辟酿就了普遍的舆论。

二 复辟中的角色

民初存在着多种复辟势力,以胡平生先生的研究,大致分为宗社党人、逊清遗老、保皇会分子、旧官僚群②。诸种复辟势力在民国长时期存在,且运动连连,郑孝胥所参与者,也未出这个范围。

为讨论方便,本节将郑孝胥在 1912—1931 年间的复辟活动,分为三个阶段:1924 年郑孝胥入北京小朝廷前,为第一阶段,在上海时期。1924 年 2 月北上至 1925 年 2 月赴津前,为第二阶段,在北京时期。以 1925 年 2 月赴津至 1931 年 11 月往旅顺前,为第三阶段,在天津时期。

第一阶段(1912 年 10 月—1924 年 2 月)

这一阶段初期,郑孝胥介入以清室恭亲王溥伟、肃亲王善耆为领袖的宗社党人的复辟活动。

所谓宗社党,据胡平生考证,成立于 1912 年 1 月 3 日至 5 日之间。在这之前,宗社党"只是由极少数逊清王公宗室如载洵、良弼、溥伟、善耆、载涛、载泽、铁良、毓朗等人所组织的一个小团体而已,旨在维护逊清的宗庙社稷,虽名为党,似并无具体组织。良弼被炸,它已名存实亡。清帝退位后,由于溥伟、善耆、铁良、升允等奔走呼号,各地满、蒙人士基于公愤私仇,或乘势响应,或到处滋扰,以抗民国。当时的报纸杂志多称他们为宗社党,宗社党的定义,遂由当初一个寥寥数十人的私人性小团体,扩大为包括所有满蒙复辟势力在内的地方性大集团"③,肃亲王善耆第十二子宪均更明确表示:宗社党是民国三年前后,在日本首相大隈重信策划下组成的,宗社党的本部设在东京,大连、海拉尔设有支部,成立时曾摄影留念,前排正中坐者为宪德,

①《严复集》(第三册),第 661–662 页。
②参见胡平生《民国初期的复辟派》,第 1 页。
③胡平生:《民国初期的复辟派》,第 3 页。

左首坐者为升允,右首坐者为日本浪人头山满,另有川岛浪速、宫岛大八、工藤忠等三十余人①。

胡平生的叙述,是缀合了 1912 年 1 月成立的"君主立宪维持会"和 1914 年在日本成立的宗社党。"君主立宪维持会"由溥伟、良弼、铁良、毓朗、载涛、载泽等人组织,2 月宣统皇帝宣布逊位,亦自解散。此后社会舆论虽有"宗社党"之称,实无实际组织。到 1914 年,肃亲王善耆、恭亲王溥伟、升允、蒙古贵族巴布扎布,以及日人川岛浪速、头山满、山田修、若日太郎等人,在日本成立"宗社党",始有"宗社党"。由于时间相隔不远,成员接近,所谓宗社党人,也就在一般人认识中,自 1912 年起活动了很多年。

宗社党的领袖之一善耆,寓居大连,领导着大连支部,他受日本人川岛浪速操纵。川岛浪速(1865—1948),号风外山人,出生于日本信州。1901年曾出任前清北京警务厅总监督,有"客卿二品"之待遇,与中国的上层权要,特别是肃亲王善耆深相结纳。辛亥革命时,川岛曾谋立"北清帝国"。民国后,支持善耆成立宗社党,操纵发动"满蒙独立运动",企图建立由日本控制的"满蒙王国"。

宗社党的背景与活动,无疑与日人有着主要关系。1916 年,日本特别针对中国时局,秘密指示驻东三省各领事及驻北京公使,谈话称:"鉴于中国时局的演变,袁世凯继续当权,对我国甚为不利,因此,日本政府认为有必要使其脱离当前的地位","对于这种反袁运动,我国民间有志之士如有寄予同情或用金钱、物资予以援助者,政府应持默认态度,并为统一行动计,政府可在幕后为其提供机宜"②。

与郑孝胥联络最密切的日本海军间谍宗方小太郎亦称:"人们或认为彼等宗社党人无所作为,仅照例视其为一种帝政党思潮。以鄙人所见,判断将来的时局,应首先以人心所向为指归,就现状卜未来之趋势,依历史和国情观察时势之发展,不可轻视宗社党的活动,不能看到眼前时局的波澜,即

①参见宪均《宗社党成立前后》,中国人民政治协商会议全国委员会文史资料委员会编《晚清宫廷生活见闻》,中国文史出版社,2000 年,第 271 页。
②章伯锋译,邹念兹校:《日本与宗社党的关系》,《近代史资料》总 35 号,第 162 页。

下断语。焉知涓涓之流,到某时不会成为江河?"①这话,正反映出他对待中国复辟的积极态度与原因。

日人在中国遗老间的运动,刘成禺所撰《世载堂杂忆》,有一段文字,描述十分具体:

> 胡小石言,辛亥之后,清室遗臣,居处分两大部分:一为青岛,倚德人为保护,恭王、肃王及重臣多人皆居此,以便远走日本、朝鲜、东三省;一为上海,瞿鸿禨曾任军机大臣,位最高,沈子培、李梅庵则中坚也。小石居梅庵家,青岛、上海两方遗臣举动,多窥内幕。在袁世凯谋称帝时,日人曾派重要人物多次往来协商于青岛、上海间,欲拥宣统复辟,或在东三省建立"大清国",恭王、肃王,移住旅顺,即商订此协议也。青岛方面一致赞同,日人乃偕青岛遗臣要人,来沪方取同意。瞿子玖首先反对,坚持瞿意者,则李梅庵、沈子培、陈散原诸人,梅庵谓是置宣统于积薪上也。青岛、上海,意见既分,袁世凯多罗致青岛重臣入北京矣。
>
> 至张勋复辟,原由胡嗣瑗(时任冯国璋秘书长)与陈某为往来运动主角。对郑孝胥,则秘不使知。康有为闻风至徐州,处之别室,亦不令参与密议。上海方面先商诸子玖诸人,李梅庵、陈伯严、沈子培等,皆谓此事宜大大谨慎,否则皇室待遇,必出奇变。段祺瑞自命开国元勋,北洋兵权尚有把握,安保无事。故复辟事件,上海方面未多参机密。瞿子玖死,清室谥曰"文慎",盖胡嗣瑗等尚未忘"宜大大谨慎"之言也。观此,则"满洲国"一幕好戏,如无民初沪上遗老反对,恭王、肃王、升允等已早在东三省大开台矣。②

1912 年 10 月,宗方小太郎通过姚文藻,频繁接触郑孝胥,是为郑孝胥参与复辟的缘起。自此以后,郑孝胥与沪上日人开始来往,关系日深③。至1914 年底,甚至出现舆论,称:"复辟事连及康(有为),中日合邦事连及郑

---

①宗方小太郎报告,章伯锋译:《宗社党的复辟活动》,《近代史资料》总 48 号,第 90 页。
②刘成禺:《世载堂杂忆》,第 117—118 页。
③参见《郑孝胥日记》第 1438、1439 页。

(孝胥)”,“北京传言,郑附和中日合邦之说,已与日人在沪密议”①,等等。

又经宗方小太郎、姚赋秋的搭介,郑孝胥与青岛的升允发生联络。升允(1858-1931),字吉甫,号素庵,蒙古镶蓝旗人,前清陕甘总督,革命爆发时,以陕西巡抚总理陕西军事,率军东进,连下十余城,逼近西安,企图迎接溥仪偏安。1912年2月溥仪退位的消息传出,甘军拒与革命军作战,升允无奈而退。此后他寓青岛,往来于天津、大连、青岛、上海间,结纳宗社党人,图谋复辟。

升允犹率甘军作战时,郑孝胥就在报纸上,密切关注着他的行踪。他在日记中记录了升允的每次行动,并且发表议论,他和张元济都称升允为“王保保”,王保保,《明史》谓“元之忠臣”者。

1914年8月,郑孝胥“闻升吉甫贫困,在东京卖烧鸭,短衣犊裈,自比相如”②,与沈曾植、姚文藻、吴学廉、李经方、李经迈等人,为他筹款,始为间接接触。1915年12月,郑孝胥获升允赠扇,由姚文藻转来,扇上自书一诗:“折桂忝齐名,尚书步履声。黄巾满天下,独解拜康成。”③1917年1月,升允到上海,落榻海藏楼,此为二人初晤。之前,他和这位“忠臣义士”④的来往,都通过中间人姚文藻。他视升允为同志,称赞升允,“逃窜亡命,奔日年余,而日人举国重其忠义,称其道德,今乃借其政府之力,归图复辟。孰谓中国无人!是亦少解袁世凯之秽矣”⑤,感慨“吉甫真包胥,义烈谁与比?”⑥升允自沪赴日时,郑孝胥赋诗作别,诗云:“蜷志厌厌久厌看,巍然达道出江干。祈天可恃孤忠在,复辟谁言国事难。动地波涛送残岁,伤心关陇话严寒。因公雪涕陶斋语,只许留侯解报韩。”⑦

通过升允,郑孝胥与溥伟也通上款曲。溥伟(1880—1936),清宗室,奕诉孙。光绪三十四年(1908),曾是光绪皇帝的继嗣人选。民国建立后,他

---

① 《郑孝胥日记》,第1541页。
② 《郑孝胥日记》,第1527页。
③ 《郑孝胥日记》,第1591页。
④ 郑孝胥语,见其日记1912年3月17日条。《郑孝胥日记》,第1407页。
⑤ 《郑孝胥日记》,第1611页。
⑥ 《杂诗》,《海藏楼诗集》(增订本),第271页。
⑦ 《送升吉甫东行》,《海藏楼诗集》(增订本),第276页。

是"君主立宪维持会"和宗社党的主要成员,时寓青岛。1916 年 8 月,郑孝胥在姚赋秋处,"观恭邸诗数首"①。其称"恭邸"者,即溥伟。9 月,郑孝胥"过姚赋秋还画册,并写诗二首以寄恭邸"②。1917 年 7 月,丁巳失败后,溥伟有意邀郑孝胥往青岛,郑"以张勋新败,北京事无可为,且静观其变"③不往,但"致恭邸一函"④,托姚文藻转交,溥伟则"复书及诗三首"⑤。

从日记记载看,郑孝胥与溥伟的来往,仅限上述。时有言论,称姚文藻"意欲赞助恭王",指李经迈、郑孝胥"皆党于恭王"。对此,郑孝胥正言作答:"宣统,吾君也。余未尝见恭王,何为党乎?"⑥

肃亲王善耆,在丁巳失败后,有"招复辟失败诸人皆往旅顺"⑦之意,列郑孝胥名。善耆当年离开北京时,曾赋诗明志:"幽燕非故国,长啸返辽东。回马看烽火,中原落照红!"⑧对善耆的意图,郑孝胥没有做出什么回应。

民国政局不稳,多方势力欲借复辟有所作为,勾连之状,致使复辟内幕亦极扑朔迷离。如"袁氏称帝时期,革命党与反对帝制派,群集上海;而复辟党与清室遗老,亦以上海为中心地,宴会来往,俨然一家,其反对袁世凯则两方一致也"⑨,实为民国政治之奇特表相。郑孝胥在这种复杂背景下,与闻了倒袁运动,以及丙辰、丁巳两次复辟。大致说来,彼时他的思路,即附随升允,实现宗社党人"东三省先行独立,南方各省起而响应"的计划。他密切关注时局动态,与升允积极接触,为他出谋划策,解决困难。他并不亲与实际的联络,而由他年富力强的长子郑垂代行。郑垂留学日本,"为早稻田高材生,魁伟干练"⑩,不但与沪上的日人来往密切,更在 1916 年 5 月,应姚文藻邀请,与姚文藻同赴青岛,是为郑垂秉承父意、交通南北之始。

---

①《郑孝胥日记》,第 1624 页。
②《郑孝胥日记》,第 1626 页。
③《郑孝胥日记》,第 1674 页。
④《郑孝胥日记》,第 1675 页。
⑤《郑孝胥日记》,第 1679 页。
⑥《郑孝胥日记》,第 1675 页。
⑦《郑孝胥日记》,第 1676 页。
⑧中华民国史事纪要编辑委员会:《中华民国史事纪要(初稿):中华民国十一年(1922)正月至三月》,台北中华民国史料研究中心出版发行,1981 年,第 581 页。
⑨刘成禺:《世载堂杂忆》,第 117 页。
⑩赵尊岳:《郑孝胥(垂)》,《古今》第三一期,第 12 页。

不过,在1912年到1917年间,郑孝胥虽热衷复辟,俨然沪上复辟积极一分子,但他只能算作宗社党人的外围,特别是在陈曾寿称之为"覆棋一局"①的丁巳复辟中,实不预其列。1917年7月,郑孝胥与陈曾寿谈及"北方情形"时,内心颇愤愤:"此事由青岛与上海诸君合谋之,而独避我,知其必败矣。"②

这一时期,郑孝胥的具体复辟活动,囿于他所处的位置,支离零碎,很难形成完整、独立的概括。不过,从宗方小太郎为日本海军撰写的秘密报告中,我们还是能够获得一些信息,作为补充,兹录于下:

1913年2月4日报告:

> 本月一日夜宣统复辟运动分子恽祖祁、恽毓昌、郑孝胥等在姚文藻住宅会晤,得情报如下:

> 在上海的复辟运动积极分子恽祖祁父子、沈曾植、郑孝胥等,与青岛的同志遥通声气,密使往来,极为频繁。数日前郑孝胥遣其学生吴学濂(号鉴泉)去青岛,报告南方活动情况,交涉举事的方法。又上月三十日于上海召集松江、江阴、南京、苏州各地军队中任职的同志,聚会密议。

> ……彼等有使用江阴、南京、苏州、松江驻军之意。但鄙人不能遽然相信。列席上月三日会议的南京、江阴等地的军官,显然不能代表上述各地全部军队,但徐宝山确实可做为有力的同志,举其全部军队加入复辟行动。在兖州的张勋也是热心复辟同志之一,预料南北各省行将糜烂。余欲使他们相信,暂时雌伏,等待时机是得策的。鄙人想以此方针说服他们。③

---

①1937年,陈曾寿有诗云:"覆棋一局恨陈陈,又见神州涕泪新。朱昧难招空感逝,白头相对更何人。聊凭烟景消尊酒,渐密楼台掩塞尘。郁郁久居仍寂寂,天回屈蠖倘能伸。"诗注:"丁巳复辟共事已逝者:张忠武、梁文忠(鼎芬)、袁贞毅(大化)、王文肃(乃徵)、刘文节(廷琛)、朱文诚(益藩)、万果敏(绳栻)、陈文忠(宝琛)、沈乙厂师(曾植)、辜鸿铭、梁崧生(敦彦)、陈贻重(毅)、黎露苑(湛枝)诸君。"见陈曾寿《五月十三日同弢庵年丈苏堪惜仲酒集》,陈曾寿著,张寅彭、王培军校点《苍虬阁诗集》,上海古籍出版社,2009年,第205页。
②《郑孝胥日记》,第1675页。
③宗方小太郎报告,章伯锋译:《宗社党的复辟活动》,《近代史资料》总48号,第93-94页。

1913 年 9 月 16 日报告：

> 本月十五日晚,与宗社党有关之郑孝胥、沈曾植、潘若海等在姚文藻住宅聚会,就南京事件交换意见……①

1914 年 4 月 17 日报告：

> 袁世凯有意起用目下在上海隐居的郑孝胥为东三省都督,再三以电报促其就任。郑派遣其女婿金邦平去北京商议一切事宜,依条件如何,决定去就。据郑与姚文藻密议,若赴任东三省,对袁世凯阳表服从,得其信任,暗地与冯国璋、张勋、张作霖、陆荣廷、龙济光、张鸣岐及青岛宗社党联络,进行各种准备,一俟时机成熟,先在东三省独立,以上诸人起而响应,协力讨袁,以宣统复辟,恢复君主政体。

> 若以我个人意见看,此计划颇为妥当,系统相属,脉络相通,运筹得宜,待机而动,不难期于成功。郑等之意,在东三省独立,似欲得日本的幕后支持。

> 另广西民政长张鸣岐,系郑之亲友,两广都督龙济光、陆荣廷两人在前清时为郑之部下,并非真心诚意服从袁世凯。②

宗方小太郎的秘密报告,在郑孝胥的日记里,都能找到蛛丝马迹。情报搜集难免有误,宗方就把吴学廉误以为郑的学生。

丁巳复辟失败后,郑孝胥虽言"北京事无可为,且静观其变"③,但实际上并未真的静观、无为。他与宗社党的关系疏淡下来,却与西南的军阀陆荣廷加强了联络。

陆荣廷是郑孝胥在广西的老部下。那时,郑孝胥并不赏识陆荣廷,但陆荣廷在两广总督岑春煊的提携下,大为发展。革命前,陆荣廷已官至广西提督,为广西最大实力派。辛亥革命后,陆荣廷迫于形势所趋,宣布南宁独立,成立了以他为首的南宁军政府。民初,陆荣廷以拥袁获得发展。1915 年底,护国战争开始。次年 3 月,陆荣廷通电广西独立,宣布讨袁。5 月,云、

---

① 宗方小太郎报告,章伯锋译:《宗社党的复辟活动》,《近代史资料》总 48 号,第 97 页。
② 宗方小太郎报告,章伯锋译:《宗社党的复辟活动》,《近代史资料》总 48 号,第 100 页。
③ 《郑孝胥日记》,第 1674 页。

贵、两广护国军在广东成立军务院,唐继尧为抚军长,岑春煊为副抚军长代理抚军长,陆荣廷等为抚军。1916 年 6 月,黎元洪任总统,任命陆荣廷为湖南督军,陆荣廷未就职,而是率军进粤,驱逐龙济光,自任广东都督,将广东纳入势力范围。

1917 年 4 月,陆荣廷接受黎元洪的任命,为两广巡阅使,占据两广,拥兵五万,成为两广当时最大的军阀。10 月南北战争开始后,陆荣廷授意两广督军陈炳焜、谭浩明通电全国,声明两广自主,除重大事项外不需请示北京,造成两广割据。郑孝胥与陆荣廷恢复来往,就是在这一年。3 月,陆荣廷北上,途经上海,赠送郑孝胥"洋四千元、金表一枚、香云纱一匹",郑孝胥不受①。其时,郑孝胥对陆荣廷还不屑。4 月 1 日,他在报上看到"陆荣廷在京,求觐皇帝,又献土产十二品、洋六千元",甚至讥讽道,"此真可发一噱也"②。但到了 20 日,陆荣廷返回上海,在与郑孝胥"谈久之"后,郑孝胥的口吻发生了变化:"陆前馈余四千元,余不受;入都后,陆馈万元于皇室,且云:四千元为余所托献者。皇帝召见,慰劳甚渥。"③5 月,陆荣廷经徐州,参加了张勋第四次徐州会议。这或是陆、郑在沪上"谈久之"的内容。

1918 年 1 月,郑孝胥在日记里,记载了一段他和胡嗣瑗的对话。这或可说明,他与陆荣廷恢复联系的原因:

> 与胡琴初谈五月复辟事。胡言,非张(勋)、陆(荣廷)合,不能再举。张有营弁萧某至桂见陆,陆附还三条:一,"复辟"二字勿遽提出;二,张、陆会师于武汉;三,陆军入鄂,由张接济兵饷。张有复书,为其侄遏阻,未达;陆复询前信到否。今当设法使张、陆通气。余曰,二十日后试筹此事,张即能脱身至徐,若将弁有异志,则事败矣;今宜使阎提督私往营中,与下级兵官、军士接洽,如能尽忠于张,则一二反侧者易之可也。④

琴初,乃胡嗣瑗字。胡嗣瑗,贵州贵阳人,光绪二十九年(1903)进士,曾在

直隶总督陈夔龙幕。民国成立后，出任冯国璋督军公署秘书长，1915 年，任金陵道尹，甚得冯国璋的信任。1917 年张勋复辟，胡嗣瑗参与密谋策划，是主要的复辟分子。

陆荣廷的举动，获得复辟遗老的重视，张勋复辟失败后，"筹画再举之策"的希望，就落在他的身上。胡嗣瑗欲援郑孝胥与陆荣廷联络，故有上述"非张、陆合，不能再举"、"当设法使张、陆通气"的谈话。

据郑孝胥日记，郑孝胥通过罗诚、顾赓吴，与陆荣廷、谭浩明、陈炳焜取得联系。罗诚，字开轩，郑孝胥总办卢汉铁路时，为卢汉铁路公司的法文参赞，后跟随郑孝胥在广西。顾赓吴，不详。他的长子郑垂、侄文虎与九九，均在陆部。特别是郑垂，应陆荣廷邀请，在 1917 年 12 月赴桂，晤见陆荣廷、莫荣新、陈炳焜等桂系人物，给郑孝胥带回陆荣廷的表态："不念旧主，非人也。特时未至，不能语人耳。"郑垂此行，受陆荣廷"顾问之聘"。1918 年 2 月，郑垂归沪，即以桂军"饷械为最急"，"往访司格礼（德人）及宗方小太郎"，"为之筹借"①。

1918 年，桂系军力正强盛，郑孝胥以报载谭浩明致汉口商会电中所称"桂军所至，不取民间一草一木"，认为"桂军或将有大功于天下"。他在日记里夸张地写道："呜呼，安得此仁义之言乎！近年士大夫惟胡林翼有此思想，犹恐行之维艰；曾、左以下，不足语此。若辛亥以后，群盗柄国，肝人之肉，寝人之皮，忽闻此语，如狮子吼，大地震动，又可谓凤鸣朝阳者矣！"②

1919 年，南北和谈再次破裂。10 月，郑孝胥派郑垂赴桂，观察陆荣廷的动向。1920 年 3 月，郑垂受陆荣廷派遣，赴奉天联合张作霖。其时桂系与北洋直系军阀联络，相约直系在北京驱逐皖系段祺瑞，桂系则在广东驱逐孙中山，北方八省联结同盟。郑垂在京晤见张勋以后往奉天。4 月初，见到张作霖。4 月中旬，郑垂回京，拜访了日人青木。5 月，又赴南京，随后归沪小住，再返桂。7 月 21 日，郑垂自广东归沪。这时，北方直皖战争已启幕，旋即 8 月，南方发生粤桂战争。③

---

①《郑孝胥日记》，第 1709 页。
②《郑孝胥日记》，第 1705 页。
③参见《郑孝胥日记》，第 1801、1817—1834 页。

尽管郑孝胥对陆荣廷殷殷有"封侯"望,但粤桂战争的发展,实不如他愿,陆荣廷被逐出广东,退回广西。陆荣廷退回广西后,对桂系的控制及影响力开始减弱,桂系内部的各派力量失去平衡。1921 年 6 月,桂军沈鸿英出兵攻入广东,第二次粤桂战争再起。期间,桂系内部产生分裂,沈鸿英独立,自称"救桂军总司令",宣布广西自治,脱离陆荣廷,并与粤军接洽合作。各地桂军亦纷纷脱离陆荣廷,以求自保。7 月,陆荣廷通电下野,退往龙州。8 月,粤军进占南宁,随后攻占龙州,陆荣廷取道越南,转往上海流亡。对此,郑孝胥叹道:"桂军既败,愈难展布。"①1922 年,陈炯明因与孙中山矛盾激化,于年初退出广西,广西陷入各割据势力之混战中,陆荣廷趁机返回广西。陆荣廷返桂后,郑孝胥对陆荣廷重抱幻想,曾帮助他印制钞票,亦曾"书三事付之:一曰注重外交,二曰经理财政,三曰严办土匪"②。但大势已去,1924 年 9 月,陆荣廷再次通电下野,彻底脱离民国政治。

第二次粤桂之战后,郑孝胥再度与溥伟、善耆发生联系。1922 年 10月,郑垂前往青岛,代表郑孝胥意,与商满蒙协进会与南方联合事。1923 年1 月,郑孝胥赋诗一首,寄赠溥伟。诗云:"皇纲昔解纽,举朝嗫无言。二王义不从,仓卒东南奔。十年极穷困,赍志嗟独存。胶湾不可居,辽海聊栖屯。滔天乱未艾,孰能正乾坤?此来觊天意,抱道非难援。孤忠生众感,气类自相敦。一朝事机发,群盗何足论。狂生如夸父,追日愁黄昏。愿王慎观变,延伫依天阍。"③

经过这些努力和活动,郑孝胥由复辟的边缘,靠近了复辟的核心,他在遗老一辈中的地位,也获得大大提高。大致从 1921 年以后,他开始参与沪上遗老的集体活动,并开始领袖沪上遗老,进行一些舆论鼓动。

第二阶段(1924 年 2 月—1925 年 2 月)

1923 年,京中逊帝溥仪时常提起郑孝胥,如"臧师傅常言宜罢太监,且

①《郑孝胥日记》,第 1894 页。
②《郑孝胥日记》,第 1919 页。
③《题恭邸移居大连诗后》,《海藏楼诗集》(增订本),第 307 页。

郑孝胥亦言宜罢"①。胡嗣瑗赴京,溥仪询问:"曾见郑孝胥否?"又询:"郑年几何?"②8 月,郑孝胥北上入觐,给溥仪留下了深刻的印象:"郑孝胥殊不老。闻其言论,使我气壮。吾目中未尝见如此人,惜不能常见之耳。"③郑孝胥返沪后,溥仪犹念念,命陈宝琛致书郑孝胥:"近正整顿家居,于左右举无所信,欲待驾来商榷倚办,且意足下之必来。"④1924 年 2 月,65 岁的郑孝胥奉溥仪"旨",赏戴花翎,着在懋勤殿行走,并派为总理内务府大臣,畀以全权,以资整顿。他成为内务府的第一位汉人总管。

1924 年郑孝胥进入小朝廷时,小朝廷已面临严重的危机。民国政府拖欠优待费用,溥仪日用困窘,据参与皇产清查的吴瀛称,"清室退位以后,每年开支,照旧是 600 万元","欠债累累,不可胜算,偶有进账,首先是归还旧债",进账"进入内务府当差人员的囊索,不论多少都吸得进,要实惠及于溥仪私人,直是不可能的事"⑤。社会舆论也不利于清室,时有废除优待条件、清查皇产的言论在报纸上散布。大婚后立志恢复祖业的溥仪,迫切需要整顿小朝廷,摆脱困境。

1924 年 3 月 3 日至 6 月 25 日,郑孝胥在溥仪的支持下,主持了小朝廷的内务府改革。他的改革,先从裁撤入手。他"将内府糜费之状细加讨论","拟一裁七留三之策以陈于上,俟规定后再定行止"⑥。按照他的办法,整顿后的整个内务府,只保留四个科,要裁去大批的人,这样,大量的支出也就相应减去了。在溥仪的外国师傅庄士敦看来,郑孝胥的整顿是有成效的:"在三个月之内,他已经实施了改革,把皇室的开支减少到每月几千元。各种迹象表明,如果不受干扰,他就能在最短的时间内向皇上提供一个收支平衡的预算。"⑦庄士敦认为,"虽然在一些细小的问题上我们之间存在分歧,但在基本的原则方面我们是一致的",如他们都认为,应该着手准备履行优

---

①《郑孝胥日记》,第 1950 页。
②参见《郑孝胥日记》,第 1958 页。
③《郑孝胥日记》,第 1960 页。
④《郑孝胥日记》,第 1977 页。
⑤吴瀛:《故宫尘梦录》,紫禁城出版社,2005 年,第 50 页。
⑥《郑孝胥日记》,第 1984 页。
⑦庄士敦:《紫禁城的黄昏》,第 275 页。

待条件的第三款内容,即溥仪主动移居颐和园①。

　　但他的改革,最终失败了。失败的原因,自然是因为"那些既得利益受到威胁的腐败同僚们"②的阻挠。庄士敦称,"那些对他又恨又怕的内务府官员(有权势的满族王公集团),同民国内阁中的一个有势力的派系结成了联盟","内务府力图迫使新总管辞职的一个阴险的办法,就是在民国政府官员中散布消息,说郑孝胥接受任命的目的,在于控制宫内的珍宝"③。郑孝胥上任不久,就发现改革很难推动,"内务府就像瘫痪了一样,要钱,根本没钱——真的没有,账上是明明的这样记着;要东西,东西总是找不到存放的地方,账上也是这样记着……"④他成了紫禁城里最不得人心的人,他收到恐吓信,信上说他"正在绝人之路",要他"当心脑袋"⑤。

　　随着,在"个中人所指使"⑥下,民国的国会议员"旧案重提","要废止清室优待条件,由民国接收紫禁城",理由是清室"不但给复辟犯张勋谥法,更非法的是赏给汉人郑孝胥紫禁城骑马和授内务府大臣"⑦。报纸上登出这样的消息,"这个消息就像信号一样,攻击内务府的举动接二连三地出现了。如内务府出售古玩给日本商人,内务府大臣荣源把历代帝后册宝押进四大银行等等","引起了社会上啧啧烦言"⑧。

　　郑孝胥可以把恐吓信撕得粉碎,但对民国政府的态度,却不能不重视。摄政王向溥仪提出:"郑孝胥的办法值得斟酌,如果连民国当局也不满意,以后可就更不好办了。"⑨内务府大臣绍英更向溥仪传达了这样的信息:"现在的步军统领王怀庆对郑孝胥的做法很不满意,王怀庆说如果再叫郑孝胥

①庄士敦:《紫禁城的黄昏》,第 285 页。
②庄士敦:《紫禁城的黄昏》,第 275 页。
③庄士敦:《紫禁城的黄昏》,第 275 页。
④溥仪:《我的前半生》,东方出版社,2007 年,第 136 页。
⑤溥仪:《我的前半生》,第 136-137 页。
⑥《王国维致罗振玉》(1924 年 1 月 22 日),罗振玉、王国维著,王庆祥、萧立文校注《罗振玉王国维往来书信》,东方出版社,2000 年,第 606 页。
⑦溥仪:《我的前半生》,第 137 页。
⑧溥仪:《我的前半生》,第 137 页。
⑨参见溥仪《我的前半生》,第 137 页。

闹下去,民国如果有什么举动,他就再没办法帮我的忙。"①

　　被罗振玉譬喻是"铜墙铁壁"的郑孝胥,与"真怵了头"的溥仪商议后,"恳请开去差事",回到了"懋勤殿行走",绍英重新掌管内务府的印钥。这真如溥仪说的话:"如果认为俗而无学的内务府会败在郑孝胥的手里,那就把这有二百多年历史的宫廷管家衙门估计得太低了。"②

郑孝胥(右)与罗振玉(左)

　　其时的矛盾,还不只这些。小朝廷内部的遗老,也颇多是非。罗振玉总与郑孝胥过不去,他对郑孝胥的旧交升允说:"我辈在背后议其短长,不如且破釜沉舟加以警告,警告不听,则朋友之道已尽,为鸣鼓之攻可也。"③此时,罗和升允已是至交。升允寓青岛时,贫不能自存,罗"岁馈银币千元",至天津,罗又"割嘉乐里楼三楹以居之,岁馈如故"④。除升允外,在南书房的王国维,也是罗的亲家和同盟。当民国"公府秘书厅的函件"登上报纸时,他们期待着在"此事已栽一大跟兜"的郑孝胥,"天怒人怨,恐不久即不

①参见溥仪《我的前半生》,第 138 页。
②溥仪:《我的前半生》,第 136 页。
③《罗振玉致王国维》(1924 年 1 月 2 日),《罗振玉王国维往来书信》,第 602-603 页。
④罗振玉著,黄爱梅编选:《雪堂自述》,江苏人民出版社,1999 年,第 48 页。

能站脚","自退以谢天下"①。还有"有权势的满族王公",视郑孝胥"之在今日,与戊戌之康有为同,必阐巨祸而后已","敌视如此之疾",令罗振玉都"因此益不欲入都",以为回避②。

郑孝胥开缺后,仍在溥仪身边行走,俾得随时襄赞,溥仪对他的倚重,倒没受什么影响。

未几,发生的冯玉祥逼宫事件,使清室再度陷入困境。第二次直奉战争中,直军冯玉祥倒戈,回师北京,发动政变,组阁通过提案,驱逐溥仪出宫,修正优待条件。11 月 5 日,溥仪被逐出宫,暂居醇王府。逼宫事件发生后,郑孝胥首想之策,即致电段祺瑞。他两次致电求助,提出溥仪"移居东交民巷,暂避意外危险",得到段祺瑞的许诺:"皇室事,余全力维持保护,并保全财产,但宣统皇帝入交民巷之意宜中止。已命冯玉祥代表进京,适宜处置。"③

对于段祺瑞的许诺,郑孝胥表现得比较谨慎:"视其行事若何,犹难恃以无恐。"他"默计今日筹画宜分三条:忍耐以待之,上称疾,延二医伴护,一也;求使馆遣人监视,记录北府交通之状,二也;由外交或张、段等要求撤守兵,俾得自由居住,三也"④。11 月下旬,危险似乎出现了。郑孝胥连日日记记述了对"过激党"的恐忧:

> 24 日:南城外有赤党散布传单。
>
> 26 日:小七觅得《平民自治歌》,印刷散布,乃过激党之传单;又《晨报》附散传单反帝国主义,为反对英、日、荷、意之运动。政府愦愦,乱将不测。
>
> 27 日:访龚仙舟⑤,为言过激党事。步至北京大学第二院观共产党传单。

---

① 《王国维致罗振玉》(1924 年 1 月中旬),《罗振玉王国维往来书信》,第 605 页。
② 《罗振玉致王国维》(1924 年 1 月 26 日),《罗振玉王国维往来书信》,第 607 页。
③ 《郑孝胥日记》,第 2026 页。
④ 《郑孝胥日记》,第 2026 页。
⑤ 龚心湛(1871—1943),号仙舟。安徽合肥人。1924 年段祺瑞入京任临时执政时,龚为内务总长,参与处理了清室人员和善后委员会工作。

28 日:西报言,冯玉祥将为第三次围攻北京之举。……上命速觅屋。退,过筹备处。以传单影片三张送段祺瑞,且告以事急,夜〔晚〕恐有变。……奉军戒严,《晚报》言,吴俊升今夜到京。冯军约六万,旦夕为乱不可测。

29 日:戣庵、叔言来。昨报载李煜瀛见段祺瑞争皇室事,李忿言:"法国杀路易十四,英国杀君主事尤数见。外交干涉,必无可虑。"张继出告人曰:"非斩草除根,不了此事。"《平民自治歌》有曰:"留宣统,真怪异,唯一污点尚未去。"余语戣庵曰:"事急矣!"乃定德国医院之策。①

正是所谓"事急矣",促使溥仪出走。29 日午后,大风,黄沙蔽日,郑孝胥与溥仪乘坐马车,自德国医院出,过长安街,入使馆界,抵日本使馆②。事后,郑孝胥作二诗纪之,一诗云:"乘回风兮载云旗,纵横无人神鬼驰。手持帝子出虎穴,青史茫茫无此奇。"一诗云:"是日何来蒙古风,天倾地坼见共工。休嗟猛士不可得,犹有人间一秃翁。"③顾盼之间,甚是自雄。

溥仪到日本使馆后,"一月忧虑,至是释然"④。随侍左右的遗老们,"有主张力争恢复优待者,有主张俟彼政府有正式表示再议者,有主速出洋者,有主缓出洋者"⑤。郑孝胥的主张,是力争恢复优待。这时,他的老朋友升允进京请安。金梁《遇变日记》记载:"初某与郑大闹意见,某乃召升来,挟以为重,升见上而某之说行,郑遂决然去矣。"⑥金梁日记又道:

> 近日众对优待条件议论分歧,郑主力争,某主让步。余意目下彼政府负责无人,何必自扰? 将来当争原订优待全文,不可为枝节之谈。唯上断不可自争,无论原订条件,修正条件,皆当以不屑争视之,乃今日竟

①《郑孝胥日记》,第 2029-2030 页。

②参见《郑孝胥日记》,第 2030-2031 页。

③《十一月初三日奉乘輿幸日本使館》,《海藏楼诗集》(增订本),第 323 页。

④金梁:《遇变日记》,中国人民政治协商会议全国委员会文史和学习委员会编《文史资料选辑》合订本(第四卷)总第 13-16 辑,中国文史出版社,2011 年,第 77 页。

⑤金梁:《遇变日记》,中国人民政治协商会议全国委员会文史和学习委员会编《文史资料选辑》合订本(第四卷)总第 13-16 辑,第 77 页。

⑥金梁:《遇变日记》,中国人民政治协商会议全国委员会文史和学习委员会编《文史资料选辑》合订本(第四卷)总第 13-16 辑,第 78 页。

谕下内务府行文,误矣。①

"某",即指罗振玉。金梁(1878—1962),字息侯,本姓瓜尔佳氏,满洲正白旗人,浙江杭州籍,光绪三十年(1904)进士,时在小朝廷任内务府大臣,与郑孝胥颇投契。

这段公案,在溥仪的记忆里,留下的则是罗振玉的"自我表白"和游说"东幸"。他在回忆录里道:

> 郑孝胥曾经拍过胸脯,说以他和段的关系,一定可以把优待条件恢复过来。段的亲信幕僚曾毓隽、梁鸿志都是他的同乡,王揖唐等人跟他半师半友,这些人从旁出力,更不在话下。后来段祺瑞许下的空口愿不能兑现,使郑孝胥大为狼狈,对郑孝胥的微词就在我耳边出现了。从天津来的旧臣升允首先表示了对郑的不满,他向我说了不少郑孝胥"清谈误国"、"妄谈诳上"、"心怀叵测"、"一手遮天"之类的话。当时我并不知道,在前一个回合中失败的罗振玉,和这些反郑的议论,有什么关系。经过升允这位先朝老臣的宣传,我对郑孝胥是冷淡下来了,而对罗振玉增加了好感。②

在罗振玉的表白下,溥仪"得到的印象,不仅他是这场风险中救驾的大功臣,而且相形之下,郑孝胥成了个冒功取巧的小人"③。总之,郑孝胥失去溥仪的信任,愤而归沪了。罗振玉后来有文字讥讽他:"自谓能令段祺瑞恢复优待者,以不能实其言,亦不告而南归矣!"④

郑孝胥出京后,与他投契的金梁上疏,请追留。疏云:

> 郑孝胥去矣!亦知其去实由左右之排挤乎?孝胥非畏祸之人也(谗者以畏祸责郑,可笑。若则真畏祸,而入日营矣)。孝胥有毅力而无私心,可托大事。臣前请速出洋,而授孝胥以全权办理善后,盖知今

---

① 金梁:《遇变日记》,中国人民政治协商会议全国委员会文史和学习委员会编《文史资料选辑》合订本(第四卷)总第13-16辑,第78页。
② 溥仪:《我的前半生》,第165页。
③ 溥仪:《我的前半生》,第165页。
④ 参见溥仪《我的前半生》,第165页。

日左右,唯孝胥能当此重任也。①

金梁在日记里谓之,"后知近日有人颇思为包围计,专在排郑,非为争优待也",并愤然语,"君子争宠,小人争利,呜呼,死无日矣"!②

金梁是主张溥仪出洋的。他反对小朝廷里的这些纷纷纭纭,称:"人贵求自立耳,早行我策,财散于民,物公诸世,得道多助,以德服人,天下孰不怀而归之?较之求外人、求军人,不可并论矣。今不得已而出避,使君父托庇于外人,此亦吾辈之耻,忧患方深,讵可引以为功,自鸣得意,见之愧愤欲死矣。"③在他眼里,郑孝胥乃可托大事之人,出洋善后,必要郑来担当重任。他的力请,使溥仪改变了态度。内中转折,金梁日记载之甚详:

> 1924 年 12 月 16 日条:今日朱、柯、胡三人同见,三人先退,梁复密请追回郑孝胥。上慨然曰:"予切望其来,汝速发函。"临出又谕促即日发函,足见望郑之切矣。

> 归立发快函,恳速来京,一面并电炎佐④世兄亦函催。

> 25 日条:苏公复书不能来,即呈览。奉谕"决出洋,原拟过年,今提前。得当即行,倘不能遽脱身,当电召即来。并饬密谋独出,不必与众商"云云。上意既决,左右或不能再阻乎!然苏公不来,内外接洽皆无人,恐仍不能遽行。归即函达苏公,并劝速来。

> 1925 年 2 月 5 日条:近两月为奔走谋出洋,先后商诸日使及执政。上亦嘱日使转商段执政,坚请始允。唯左右仍阻。初言无款,梁回知款已备矣;又言日本商接待,梁固知日本已允接待,特不能明布耳;又言执政不允,则时亦商妥,以为左右可无阻矣,乃抗阻如故,可叹可恨!⑤

---

①金梁:《遇变日记》,中国人民政治协商会议全国委员会文史和学习委员会编《文史资料选辑》合订本(第四卷)总第 13—16 辑,第 78 页。

②金梁:《遇变日记》,中国人民政治协商会议全国委员会文史和学习委员会编《文史资料选辑》合订本(第四卷)总第 13—16 辑,第 78 页。

③金梁:《遇变日记》,中国人民政治协商会议全国委员会文史和学习委员会编《文史资料选辑》合订本(第四卷)总第 13—16 辑,第 77 页。

④郑孝胥次子郑禹,字炎佐。

⑤金梁:《遇变日记》,中国人民政治协商会议全国委员会文史和学习委员会编《文史资料选辑》合订本(第四卷)总第 13—16 辑,第 79 页。

对待京城的函电,郑孝胥皆辞以"方避段势,不得往也"①,直到他得到溥仪已抵天津,预备"出洋游学"②的消息。溥仪到津后第二天,郑禹来电,电称:"盼父速来,解决一切。"③次日,郑孝胥即离沪赴津。

第三阶段(1925 年 2 月—1931 年 11 月)

郑孝胥在天津,被授以"清室驻津办事处顾问兼总务处任事",重新获得溥仪的倚重。从 1925 年 2 月到天津,到 1931 年往东北,郑孝胥随侍溥仪七年。这七年里,民国政权交替,战争不断,溥仪在郑孝胥、陈宝琛等遗老的辅弼下,以"静"为策,韬光养晦,等待着"人心渐归","天命自集"④。

郑孝胥在天津的表现,溥仪在回忆录中是这样叙述的:

> 这七年间,在我身边进行钩心斗角的人物,大致可分为这几派:起初把希望放在恢复优待条件方面,后来又退缩为维持原状的,是以陈宝琛为首的一批"旧臣",可以称之为"还宫派";把希望放在出洋以取得外国(主要是日本)援助上的,是以罗振玉为首,其中有遗老遗少,也有个别王公如溥伟之流,按当时的说法,可以称之为"联日"或"出洋"派;把希望放在联络、收买军阀方面,即所谓"用武人"一派,这派人物颇复杂,有前清遗老,也有民国的政客,中心人物却是我自己。后来又回到我身边的郑孝胥,起先并不属于哪一派,好象哪一派的主张他都赞成过,也反对过,他更提出过任何一派不曾提过的如所谓"用客卿"(外国人)、"门户开放"(同任何肯帮助复辟的国家勾结)等主张,因而也受过各派人的反对。当他后来一拿定了投靠日本这个主意,就战胜了一切

---

① 《郑孝胥日记》,第 2035 页。

② 金梁日记 1925 年 2 月 23 日条载:"夜,上奔津。先是决出洋,日使转商执政,初不允;后请之坚,段执政乃曰:'初欲留议善后事耳,一时尚无办法,既坚欲出,不敢强留。'行装备矣,左右仍尼阻。新党闻将行,登报攻击,且辱詈左右。诸老不自安,始决行。是夜八时,日人护上乘京奉通车,罗振玉侍行,夜午抵津,宿大和旅馆。"24 日条载:"后妃亦到,移驻张园。上初意到津即出洋,谕不必租屋,并拟发通电,声明出洋游学,无他意。乃左右既抑电不发,且以万余元租张园为久居计;分派职事,称'行在',中外哗然。"《遇变日记》,中国人民政治协商会议全国委员会文史和学习委员会《文史资料选辑》合订本(第四卷)总第 13-16 辑,第 79-80 页。

③ 《郑孝胥日记》,第 2042 页。

④ 郑孝胥语。见《郑孝胥日记》,第 2005 页。

对手。他不但胜过了他们,而且连他的老对手、"联日派"的老首领罗
振玉,在这个阶段的争夺中又被他将多年经营来的成果,轻轻攫取
到手。①

这段文字,形象描述了郑孝胥作为一个老练政客的模样。从他一生看,他确
然有着"攫取"各方机会的敏锐与能力,并能够付诸实现。

概括说来,天津七年,郑孝胥在溥仪身边,做了以下几项工作:

一是联络军阀与用"客卿"。尽管郑孝胥并非"用武人"一派,但他并不
反对联络军阀。陆荣廷败后,他还接触过直系军阀吴佩孚。1924 年 9 月,
他甚至亲赴洛阳为吴佩孚祝寿。在天津,郑孝胥仍旧对军阀抱有希望。自
1926 年起,郑孝胥晤见过的军政人物,有张作霖、张学良、褚玉璞、徐源泉、
李景林、张宪、张昶、毕庶澄、常之英、阎泽溥、张宗昌、许兰洲、刘凤池,等等,
其中多半是奉系将领。正如溥仪所说:"我在天津的七年间,拉拢过一切我
想拉拢的军阀,他们都给过我或多或少的幻想。吴佩孚曾上书向我称臣,张
作霖向我磕过头,段祺瑞主动地请我和他见过面。其中给过我幻想最大的,
也是我拉拢最力、为时最长的则是奉系将领们。"②

溥仪到天津时,正值奉系控制北京政权。如詹姆斯·E·谢里登说:
"各主要派系之间具有相当规模的战争之所以引起注意,因为这将决定对
北京政府的控制;而北京政府是正统的象征。当某一派系扬言强大到足以
制服其他派系的军阀时,便图谋以其为中心,建立真正中央集权制的政权,
而其他的军阀便合力对其共击之。"③1928 年,奉军在蒋、冯、阎、桂四大集团
军的攻击下,全线溃败。6 月,张作霖下令退出京津,向东北收缩,在回沈阳
的途中,他被日本关东军炸死。12 月,张学良宣布"东北易帜",全国实现形
式上的统一。这一年,溥仪"忧喜不定",一方面,日本出兵济南,阻拦了南
方军队前进;另一方面,张作霖、吴佩孚、张宗昌这些他"拉拢"过的军队,从
节节败退,到溃不成军,对于军阀的希望,最终还是破灭了。

---

① 溥仪:《我的前半生》,第 169 页。
② 溥仪:《我的前半生》,第 179–180 页。
③(美)费正清编:《剑桥中华民国史》(上卷),中国社会科学出版社,1994 年,第 290 页。

"客卿"一词,始于春秋战国。任别国的人才为本国高官,并以客礼优待之,称为"客卿"。战国时期,实行客卿制最有成效的是秦,"秦以文化较低,才能之士不及邻国众多。历代强君,多用他国人才"①。清末新政,在军事、经济等方面借用外人,亦被称为用"客卿",如任职海关税务司的英人赫德,就被清廷视为客卿。

郑孝胥用"客卿"的意识,早在1898年就有。是年8月,他曾建议张之洞,"俟伊藤博文来华,可荐为客卿",张之洞"甚震其论而不能用"②。在逊清小朝廷中,郑孝胥提出用"客卿",由升允、罗振玉介绍而来的前沙俄将军谢米诺夫,是郑孝胥实践"客卿论"的第一位"客卿"。十月革命后,谢米诺夫被苏联红军在远东击溃,率领残部在中国满蒙边境一带活动。1925年10月,郑孝胥与谢米诺夫晤见后,认为大可使用,他向溥仪建议,"不妨先把谢给张宗昌撮合一下"③。在郑孝胥的直接运作下,张宗昌收编了谢米诺夫的军队。1928年,张宗昌和谢米诺夫还签订了一份《中俄讨赤军事协定》。

郑孝胥相信谢米诺夫的计划,即"使用他们在满蒙的党羽和军队,夺取满蒙地区建立起'反赤'根据地",由溥仪"在那里就位统治"④。为此,由溥仪供给谢米诺夫活动经费,并专为他立了银行存折。这个银行存折,由郑孝胥秘密经手,随时支取。不过,谢米诺夫这位"客卿"并未给复辟带来任何转机,恰恰相反,他"一去不复返,任何帮助复辟音讯没有,这件事就无形作为罢论"⑤。

除谢米诺夫外,奥国男爵阿克第也是"客卿"之一,阿克第甚至是经过"救命"的清室"顾问","并发俸金六个月,共一千八百元"⑥。1929年,郑孝胥"拟使阿克第于欧洲立震旦会",震旦会大意为:"我等之见,非有尊卑、上下之制度,不能成长治久安之国家。震旦西北数万里之区,乃开辟以来未发

①张玉法:《先秦的传播活动及其影响》,台北商务印书馆,1993年,第209页。
②《郑孝胥日记》,第671页。
③溥仪:《我的前半生》,第192页。
④溥仪:《我的前半生》,第194页。
⑤《爱新觉罗·溥仪笔供》,中央档案馆编《伪满洲国的统治与内幕——伪满官员供述》,中华书局,
　2000年,第7页。
⑥《郑孝胥日记》,第2246-2247页。

之宝藏,而有四万万驯良之人民,二百七十年太平之皇室,三年统治大清国之皇帝。合力助之,以建新国,一洗从来异种、异教、异国之陋见,道德、事业、功名与同志者共之。此举果成,当使举世感化,永绝战争之祸。昔英人以民治建业于美洲,今我等以君国建业于亚洲,其事一也。"①郑孝胥的想法甚好,但阿克第与第一位"客卿"谢米诺夫一样,一去不返,设立震旦会,亦同样作罢。

郑孝胥的用"客卿",实际上就是拉拢民国政权反对力量的一种策略。但凡有助复辟者,一切皆为我利用。

1925 年溥仪(左五)、醇亲王(左二)、陈宝琛(右四)、郑孝胥(右一)
与日本军官于天津张园合影

二是进讲及谏言。郑孝胥"自甘报效","求逐日进讲《通鉴纪事本末》",亦"张园之掌故也"②。自 1925 年 5 月起,郑孝胥开始为溥仪讲解《资治通鉴纪事本末》。全书共 229 卷,依照郑孝胥讲解的进度,须四年半方能讲毕。对郑孝胥的进讲,罗振玉颇不以为然:"高密讲《通鉴纪事本末》,为当道所激赏。而新之言,其讲说真能绘影绘声,然是左使相之柳敬亭耳,不

①《郑孝胥日记》,第 2240 页。
②《郑孝胥日记》,第 2104 页。

知何以眷顾至此！"①《资治通鉴纪事本末》之外,《论语》、唐诗、《城南联句》等,亦在进讲范围。而复辟的理想,以及用"客卿"、"门户开放"、"三共论"、"三都论"、"列强共管",等等,自是贯穿在进讲的内容中的。

忠臣进谏,向为儒家信奉。作为帝师,郑孝胥不乏对溥仪的谏言,兹从日记中摘录数条:

> 1928 年 2 月 26 日:召见……,上温谕曰:"朕近以懒散,过失甚多,宜常直言,以求改过。"孝胥对曰:"将来事变异常危险,非及时锻炼,恐不足以胜艰钜。愿上刻刻自警,毋稍纵逸。"

> 1928 年 2 月 27 日:诣行在,八点进讲,讲毕,孝胥复进曰:"愿皇上勿以居闲而失其君上之度,勿受小忠小信之言而有损下益上之举,则天与人归,可立而待矣。"

> 1930 年 3 月 5 日:诣行在,召对。示溥杰来信。谕曰:"日来晏起,失之无恒,卿宜勤攻吾过。"对曰:"臣深信柳宗元之说云:君臣之际,宜以道从容优乐,要归之大中而已。必不逢其失而为之辞,又不当束缚之、驰骤之,急则败矣。故致君者当使人君信道日笃,则克己寡欲,动于本心;若必待直言切谏,则上下皆以沽名相与,其饰非拒谏之失必更深矣。"上颔之曰:"此意更深。然直言究不可缓。"②

进谏亦有其他方式,如进呈诗歌。1928 年,郑孝胥呈诗二首,其一有句云:"我皇出狩虽在外,治术精研逮闲暇。一朝复辟贵有备,尝胆卧薪无日夜。苟能求衣仍待旦,锐气已足震华夏。惰慢邪僻期尽除,当使周宣避三舍。"③亦是告诫溥仪卧薪尝胆之意。

三是使溥仪"圣德令名彰于中外"。郑孝胥曾对溥仪道:"自古中兴之主必藉兵力,今则海内大乱,日久莫能安戢,列国逼不得已,乃遣兵自保其商业,他日,非为中国置一贤主则将启争端,其祸益大。故今日皇上欲图中兴,

---

①"高密",东汉郑玄,字康成,山东高密人。罗振玉以"高密"隐指郑孝胥。《罗振玉王国维往来书信》,第 646—647 页。
②《郑孝胥日记》,第 2174、2273 页。
③《二月初六日进呈二诗》,《海藏楼诗集》(增订本),第 354 页。

不必待兵力也,但使圣德令名彰于中外,必有人人欲以为君之日。"①为达成"人心渐归","天命自集",郑孝胥十分注重溥仪的公众形象,展示他"天下为公"的"帝王襟怀",塑造他"既仁且智"的皇帝形象。1930 年陕西灾赈,溥仪除"捐皮衣数箱"外,又议"募捐各国",郑孝胥为草募捐启,亲往《大公报》联系,个人亦捐款、捐联。② 1931 年,长江沿岸数省水灾,在郑孝胥策议下,溥仪捐赠日租界一处房产,《大公报》刊出消息及图片,题为"天下谁能继者",东三省《民报》则"称上捐屋助赈事为'当仁不让'",确实引起社会舆论的关注③。溥仪称,"同样的例子还有'慈善捐款'。这是由哪位师傅的指点,不记得了,但动机是很清楚的,因为我这时懂得了社会舆论的价值。那时在北京报纸的社会版上,差不多天天都有'宣统帝施助善款待领'的消息"④。

溥仪"施助"的活动大致有两种,"一种是根据报纸登载的贫民消息,把款送请报社代发,另一种是派人直接送到贫户家里。无论哪一种做法,过一两天报上总有这样的新闻:'本报前登某某求助一事,荷清帝遣人送去 x 元……'既表彰了我,又宣传了'本报'的作用。为了后者,几乎无报不登吸引我注意的贫民消息,我也乐得让各种报纸都给我做宣传。"⑤溥仪懂得社会舆论的价值,与身边的郑孝胥大有关系。小朝廷内,再没谁能比做过预备立宪公会会长的郑孝胥更懂得如何使用报纸舆论的了。

郑孝胥重视报纸舆论,还曾有意资助一份报纸,以为利用。1929 年,他投资三千元,后又借款四千元,资助英国记者罗斯创办出版《世界诚报》,《诚报》于 1930 年 1 月正式出版,但开办不久,就停刊了。办报虽然不成功,但作为一种政治思路,较小朝廷内朱益藩、陈宝琛等遗老的徒伤悲,还是颇有实践力度的。

建议修史,亦是郑孝胥为清室宣传的一种举措。郑孝胥多次向溥仪建

---

① 《郑孝胥日记》,第 2149 页。
② 参见《郑孝胥日记》,第 2283 页。
③ 参见《郑孝胥日记》,第 2338 页。
④ 溥仪:《我的前半生》,第 139 页。
⑤ 溥仪:《我的前半生》,第 139 页。

议修史。1926 年 8 月，郑孝胥请修列朝纪事本末，使溥仪"自为总纂"，以次年告成的《德宗景皇帝实录》为底稿，限二年完成[1]。1927 年 6 月，又请设书局，选人才，建议编纂《列朝大事记》，"宜及今闲暇之际，将本朝列圣治国大事编为专书，而以前朝制度附于卷末，使成比例，以昭我朝上迈千古之绩。上自为总纂，而择诸臣使任分纂。每成一卷，即行刊布，更饬以英文译之，同时流播于各国，以一年为限"[2]。10 月，再请设书局，编纂《大清政要》。修史的用意所在，如郑孝胥陈说："此书果成，则四海万国皆知我清功德自东周以后无能及者，不啻以数百万兵力鼓行而入中原，使列祖列宗之神灵赫然复照于人心，更创数百年基业，固非难也。"[3]落脚还在复辟。不过，郑孝胥的举措，由于各种原因，都不曾实现，如《大清政要》，即是受朱益藩之"阻"[4]。

除注重塑造溥仪的社会形象外，郑孝胥还注意结纳各国人士。赈灾的有效方法，不仅适用于内，也可用之于外。日本大地震时，溥仪捐赠了"估价在美金三十万元上下的古玩字画珍宝"。平日，与日本、英国、意大利等皇室保持往来，如会见英国皇太子，礼贺意大利太子结婚，唁日本天皇驾崩等。郑孝胥还有意利用外人，做对外宣传。如使"顾问"阿克第于欧洲设立震旦会。

静园虽"循静养之义"，冀望修德奉时，以忧勤惕厉自处，等待着时会到来，人心归，天命集，但实际情况，却如金梁所说："盖自段、张到京后，皆空言示好，实无办法，众为所欺，以为恢复即在目前，于是事实未见，而意见已生。有主原订条件一字不能动者，有主必还宫复号者，有主改号逊帝者，有主岁费可减必有外人保证者，有主移住颐和园者，有主在东城购屋者。实则主权在人，无异梦想，皆不知何所见而云然也。"[5]郑孝胥之"留津不动，静候共管"，亦终逃脱不掉"主权在人"的命运。1931 年 11 月 10 日深夜，郑孝胥

---

[1]《郑孝胥日记》，第 2113 页。

[2]《郑孝胥日记》，第 2149 页。

[3]《郑孝胥日记》，第 2149-2150 页。

[4]《郑孝胥日记》，第 2175-2176 页。

[5]金梁：《遇变日记》，中国人民政治协商会议全国委员会文史和学习委员会编《文史资料选辑》合订本（第四卷）总第 13-16 辑，第 76 页。

身穿郑垂的西装,随侍溥仪,乘坐小汽船"比治山丸"号,在大沽口外,换乘日本商轮"淡路丸"号,秘密离津,踏上赴往东北的险途。

郑孝胥在天津,始终抱持"留津不动,静候共管"的态度,何以动议潜往东北? 究其原因,大致如下:

一是清室与民国政权的冲突。溥仪不止一次地想过出洋留学,或者做个寓公。真正不计后果地投向日本人,还在 1924 年被逐出宫,特别是 1928 年东陵事件以后。可以说,逼宫事件,使溥仪与民国政权关系发生紧张,东陵事件,就构成严峻冲突①。溥仪离开天津前夕,南京国民政府特派监察院委员高友唐专程赴津,传达蒋介石意见:恢复帝号,每年照付优待费,或者一次付给一笔整数,由外国银行做保,住的地方,希望选择上海,假使回北京,也可商量,出洋亦可,总之,可以在东北和日本以外的任何地方"自由选择住居",而"对日本策划之满蒙独立运动",应当"毅然予以拒绝"。对于国民政府的建议,溥仪断然拒绝:"国民政府早干什么去了? 优待条件废了多少年,孙殿英渎犯了我的祖陵,连管也没有管,现在是怕我出去丢蒋介石他们的人吧,这才想起来优待。我这个人是不受什么优待的,我也不打算到哪儿去。"②

在这种仇恨情绪下,离津,就是应对现实处境的一种办法。民国国会议员江聪认为,杜绝复辟事件的发生,"不在消极地取消此种条件,以事防危,而在积极地谋教育之健全,使凡属国民皆知共和的真谛,忠于共和,不肯背叛民国;积极地谋政治之修明,使国民意恋共和,不肯复辟"③,说得甚是中肯、深刻。

二是对"赤化"的焦灼。1917 年 10 月,俄国爆发革命后,严复就以为:"欧战自俄国革命之后,事势迁流,几于不可究极。诘其影响,已及吾国北陲。"④1924 年第二次直奉战争中,冯玉祥倒戈,使北京政局一度左倾,亦使

---

① 参见喻大华《〈清室优待条件〉新论——兼探溥仪潜往东北的一个原因》,《近代史研究》,1994 年第 1 期。

② 溥仪:《我的前半生》,第 253 页。

③ 罗澍伟:《修正优待清室条件是"为渊驱鱼"》,李立夫、路红主编《末代皇帝溥仪在天津》,天津人民出版社,2010 年,第 18—19 页。

④《严复集》(第三册),第 681 页。

溥仪小朝廷在惶急中,迁往天津租界。到 1926 年,北伐消息传来,尤其加剧郑孝胥、溥仪等人对"赤化"的焦灼。1931 年 10 月,溥仪派遣家庭教师远山猛雄带着郑孝胥拟写的"御笔"黄绢信赴日。在给日本陆军大臣南次郎的信中,溥仪写道:"我朝以不忍目睹万民之疾苦,将政权让之汉族,愈趋愈紊,实非我朝之初怀。今者欲谋东亚之强固,有赖于中日两国提携,否则无以完成。如不彻底解决前途之障碍,则殷忧四伏,永无宁日,必有赤党横行,灾难无穷矣。"[1]防止"赤党横行,灾难无穷",求"彻底解决前途之障碍",正是郑孝胥以及溥仪投向日本人的重要动因。

三是罗振玉的奔走,及郑孝胥方针的改变。可以说,最早想借重日本力量,在东北建立大清帝国的,是素与郑孝胥不和的罗振玉。罗振玉自述经年奔走之过程:

> 予自辛亥避地海东,意中日唇齿,彼邦人士必有明辅车之相依、燎原之将及者,乃历八年之久,竟无所遇。于是浩然有归志,遂以己未返国。寓天津者又十年,目击军人私斗,连年不已,邪说横行,人纪扫地,不忍见闻,乃复避地辽东又三年。衰年望治之心日迫,私意关内麻乱,无从下手,惟东三省尚未甚糜烂,莫如吁恳我皇上先拯救满蒙三千万有众,然后再以三省之力戡定关内。惟此事非得东三省当道有势力、明大义者,不能相与有成。乃以辛未春赴吉林,与熙君格民(洽)密商之。熙君凤具匡复之志,一见相契合,勉以珍重待时。又以东三省与日本关系甚深,非得友邦谅解,不克有成。故居辽以后,颇与日本关东司令官相往还,力陈欲谋东亚之和平,非中日协力,从东三省下手不可;欲维持东三省,非请我皇上临御不能洽民望。友邦当道闻之,颇动听。及是年秋,奉天兵事起,乃六次渡辽与熙君及友邦军部协商,遂决迎驾莅东之计。[2]

所谓"是年秋,奉天兵事起",即柳条沟事变。"迎驾莅东之计",即策划吉林独立,迎立溥仪。熙洽,时东北保安副总司令张作相之参谋长,其致溥仪密信称:"复辟之机已至,于祖宗发祥之地满洲,在日本之支持下,先行复

---

①溥仪:《我的前半生》,第 248 页。
②罗振玉著,黄爱梅编选:《雪堂自述》,第 58—59 页。

国。为继续商洽向中原进展之大计,请早发御驾。"①

罗振玉带着熙洽密信回到天津。原本反对溥仪离开天津去任何地方的郑孝胥,到此时,开始认为,"若得军人、商人百余人出任倡议,脱离张氏,以三省、内蒙为独立国,而向日本上请愿书,此及时应为之事也"②。罗振玉的奔走,以及郑孝胥主针的改变,促使溥仪向东北迈出实质性步伐。

不过,郑孝胥虽然改变了方针,但行动谨慎,先是处以静默。他与日本政、军两方面人员反复试探、沟通,直到 11 月 2 日,听到土肥原来到天津的消息,方对溥仪道:"土肥原为本庄之参谋长,乃关东军中之要人,果来迎幸,则不宜迟。"③ 3 日,他得到日驻津副理事后藤的允诺,"土肥原谓此来即为迎上赴奉天,领事馆可阳为不知"④。6 日,他在与日本领事馆沟通后,更确定"东行",敦促溥仪:"毋失日本之热心,速应国人之欢心。此英雄之事,非官吏、文士所能解也。"⑤

四是土肥原策划天津动乱。土肥原到津后,发现"溥仪确有逃往满洲之意,并拟在吉林成立政府亦大体属实,惟天津总领事桑岛根据外务省训令,不希望溥仪外逃,正严密监视其行动。因之,如不采取特殊手段,实难达到目的"⑥。11 月 8 日,他策划、发动了天津事变。关于天津事变的真实内幕,土肥原有自我陈述:

> (我)奉命到奉天担任特务机关长,八月十六日到任。因此我当然知道九一八事变的计画……我由东京回到奉天,九月二十日大家以奉天城属无政府状态,任命我为市长。后来鹤冈方太郎告诉我,已令袁金铠组治安维持会。为了迎接溥仪,板垣及石原叫我辞去市长到天津,因国际联盟和币原外相都不赞成。我在张勋复辟时就认识皇帝,我劝皇

①日本 NHK 广播协会编,天津编译中心译:《皇帝的密约:"满洲国"最高的隐秘》,中国文史出版社,1989 年,第 65-66 页。

②《郑孝胥日记》,第 2342 页。

③《郑孝胥日记》,第 2349 页。

④《郑孝胥日记》,第 2350 页。

⑤《郑孝胥日记》,第 2350 页。

⑥《土肥原给关东军司令部从天津拍来电报》(1931 年),吉林省档案馆编《九·一八事变》,档案出版社,1991 年,第 220 页。

帝到满洲,皇帝提出很多条件,我告诉他,条件再多,情势改变,不一定能做到。郑孝胥的长子郑谦(误,应为垂)说出逃走的方法,我说不行,后来派工藤铁三郎和大谷猛两个浪人跟三浦忠次长相机行事。当时天津只有一大队日军,因此连警察也动员。由潘燕七及李际春发动骚动,在纷乱中带溥仪离开天津。守住溥仪的警察,看到天津暴动事件去帮忙,当时币原外相密令,溥仪如果逃出可予射杀……①

天津动乱后,日本驻津总领事桑岛曾向日本外务大臣币原发电报告,称:

> 土肥原来津之目的,系奉关东军之命,以满洲独立之前提,急速诱出宣统皇帝,推翻张学良之势力,不顾任何人之劝告与干涉。根据关东军之立场,一意采取独自之行动,以即使有背国策,亦在所不惜之决心。且在政界有力分子之支持下,玩弄一切策略,又不择手段,于8日发动暴动,因计划不周而告失败。于是,借此全市暴动之机会,诱致宣统皇帝前往满洲……②

溥仪(前左二)、郑孝胥(后左一)等
在日本"淡路丸"号上

①洪桂己编纂:《近代中国外谍与内奸史料汇编清末民初至抗战胜利时期(一八七一——一九四七)》,国史馆,1986年,第161页。
②周利成:《天津事变与溥仪出走》,李立夫、路红主编《末代皇帝溥仪在天津》,第250页。

11 月 10 日,郑孝胥及溥仪离开静园。在日军的"护送"下,先后乘坐"比治山丸"号汽船和"淡路丸"号商船,从塘沽出逃至营口、大连,进入东北。罗继祖撰其祖父年谱,称"逊帝与郑苏龛及其子让于①垂微服乘日轮渡海。行前恐受阻挠,虽陈傅及近臣皆不以告"②。

溥仪出走,是势之所趋。

三 政治主张

作为溥仪的股肱之臣,郑孝胥的政治主张,深入影响了清室的复辟活动。在赴东北的前几年,他的政治主张主要有两种,一种为列国共管,一种为结外援。

"列国共管"

郑孝胥是被溥仪称为"连骨头都被'共管'虫子蛀透了的'诗人兼书法家'"③,他反对溥仪离开天津到任何地方去,七年来一以贯之,其中有一条重要原因:即他当时并不把日本当作唯一依靠,他追求的是"列国共管"。用溥仪的话说,就是郑"由期待各国支持谢米诺夫,转而渴望日本多对谢米诺夫加点劲,他又由期待各国共管,转而渴望日本首先加速对中国的干涉",但他"不是把日本看做唯一的外援,而是第一个外援,是求得外援的起点,也可以说是为了吸引共管的第一步,'开放门户'请的第一位'客人'"④。他对溥仪讲过这样一段话:

> 今乘舆狩于天津,皇帝与天下犹未离也,中原士大夫与列国人士犹得常接,气脉未寒。若去津一步,则形势大变,是为去国亡命,自绝于天下。若寄居日本,则必为日本所留,兴复之望绝矣。自古中兴之主必藉兵力,今则海内大乱,日久莫能安载,列国逼不得已,乃遣兵自保其商

①让于,即让予,郑垂字。
②甘孺辑述:《永丰乡人行年录(罗振玉年谱)》,江苏人民出版社,1980 年,第 108 页。
③溥仪:《我的前半生》,第 308 页。
④溥仪:《我的前半生》,第 216 页。

业,他日,非为中国置一贤主则将启争端,其祸益大。故今日皇上欲图中兴,不必待兵力也,但使圣德令名彰于中外,必有人人欲以为君之日。①

这段话,包含着他的"列国共管"思想。

郑孝胥的"列国共管"内容,包括"三共论"、"门户开放"等。所谓"三共",即"共和"、"共产"、"共管";"三共论",即"共和生子曰共产,共产生子曰共管。共氏三世,皆短折。共氏遂亡,皇清复昌",并认为:"此后剥极而复,乃乾旋坤转之会,非能创能改之才,不足以应之也。如袁世凯之谋篡,张勋之复辟,皆已成而旋败。何者? 无改创之识,则枘凿而不合矣。"②在赴东北前的几年里,他始终坚持他的判断:"共产灭共和,共管灭共产"③,"共和、共产之后将入共管"④。

所谓"列国共管",即"国际共管",由两个或两个以上的国家,共同统治或管理某一地区、国家或国家的部分领土。"国际共管"实由"门户开放"而来。1899 年,美国政府先后向英、法、德、俄、日、意六国提出在中国实行所谓"门户开放"、贸易机会均等的照会,在承认列强在华"势力范围"和已获得的特权前提下,要求"利益均沾"。各国此时也感到,"门户开放"政策,较之势必引发中国激烈反抗的"瓜分"政策,更为有利,遂达成一致,共同"保护"、管理中国,共同扶持清政府继续统治中国。此后,"门户开放"成为列强侵华的共同基础及原则。不过,1905 年的日俄战争冲击了"门户开放"政策。1915 年,日本提出"二十一条",更破坏这一政策。1921 年 11 月,华盛顿会议召开。以美国为首的列强,重拾"门户开放",并签订《九国公约》,以国际协定的形式加以法律化。中国则在会议上,第一次承认"门户开放"原则。"门户开放"政策提出后,各国之瓜分主义一变而为缓进的利益均沾之政策,稍稍抑制了列强瓜分中国的野心。

华盛顿会议后,"共管"一说,开始令国人注意。1923 年 5 月发生的临

---

①《郑孝胥日记》,第 2149 页。
②《郑孝胥日记》,第 2072 页。
③《郑孝胥日记》,第 2131 页。
④《郑孝胥日记》,第 2345 页。

城劫车案,则将"共管"推之流行。7月3日,英国政府针对临城劫车案,以中国无力护侨为名,向各国提出"补救中国乱局办法",其中两项内容:以国际军队占据京津铁路,及以外员编练中国警队,归中国政府管辖,以免侵犯中国主权,但若中国不负责任,则归列强管辖,意实"共管"。"共管"之说,开始流行。

是月11日,《顺天时报》登载论说《北京政府关于共管说之谬误》。文中针对"北京政府最近训令各省督军等,其主旨谓'近时日本向英美诸国及其他各方面,宣传共同管理中国。纵英美对华以平和为政策,不能听信此种宣传,但彼辈因不明中国内地事情之结果,难保其不陷于误会,其影响于国际关系颇为重大。故各督军等宜努力释明事情,使英美勿陷于误会'云云",批评北京政府之训令,称:"查共同管理中国之说,乃与铁道共管说同产自西洋诸国,侨华西人及其本国西人间固尝宣传是说。日本人亦有从而云之者,但日人之所言,仅绍介英美人之所言,又加以批评而已。纵或有消极的附和者,亦不过谓中国人不力改现状,难保共管说不实现;或谓中国人如不自觉,共管或为中国之利益,亦未可知也。此非仅日人如斯云云,即中国人亦有为是说者。"①从中可以一见,"共管"舆论产生与发展的情形。

1927年6月9日,《天津日日新闻》登载《英人提倡共管中国》一文,文中设计的针对中国的"国际共管",已十分完备。郑孝胥在日记里,抄录了此文:

> 据政界某要人表示意见,谓中国现局日形纠纷,旅华外(国)观察家曾留心考察一切,以为中国人民须候长久时期方能解决内部纠纷,外国如欲作军事的或外交的干涉以解决中国时局问题,乃不可能之事。其唯一方法只有组织国际共管中国委员会,由英、美、法、日、德、意六国各派代表一名为该会委员,以完全管理中国境内之军事。各委员之任期为三年,期内担任完全责任。首先,由各国代筹二百五十兆元以为行政经费。外交家或政客不得充当委员,委员人才须与美国商(务)部长贺华氏相仿佛。此外,又组织对该委员会负责之中外混合委员会,使中

---

①《顺天时报》,1923 年 7 月 11 日第二版。

国人得在上述之会内受训练云。①

1929 年,郑孝胥还抄录了《字林西报》登载的一段外人文字:

> 中国自一九一一以后,自杀求死,而列国无一与之为友者,故皆无救援之意;然列国亦将受坐视之祸矣。今必使英国代理财政,美国代理海陆交通,德国代理海陆军,法国代理民政,日本代理农业、矿产;俟其复苏,然后择人归之。舍此别无生路也。②

内中的"择人归之",是郑孝胥最关注的。无论是"门户开放",抑或"国际共管",对现实中的国人而言,实不陌生,如罗运炎的时事短评所言:

> 国际共管中国之说,因为列强的利害冲突,不能一致动作,所以不致实现,但其动机则显然存在。近几年来,军阀勇于私斗,或者侵略,或为报复,打的兴高彩烈,就是有外力干涉的危险,决不足以动他们的心,反以为不足注意。
>
> 不知外人所顾虑者,就是中国的民气。近几年来,民众手无寸铁,卒能以排货罢工,遏止外人之野心。五卅事件发生以后,英商损失甚巨,英人甚为着急,谋筹种种和缓的方法。可是军阀颟顸,不知利用民气,匡之导之,造成健全之舆论,以作政府后盾,反而压迫摧残,藉此以见好于外人,保全自己的地位,不但如此,他们有争夺无餍的野心,造成永不止息的内乱,弄得全国除租界以外,没有一片干净土,除邮政海关而外,没有一处啖饭地,除外人所办学校以外,没有一所稳固的教育机关,结果将人人盼望外力干涉,以谋自救,到全国人的心理,趋向外力共管的时候。国家之亡,真无日矣。哀莫大于心死,望国民发愤,自拔自救,万勿希冀别人的救拔。③

这两段话,反映了当时的一般社会情形,"共管"已不单是外人对待中国的政策,还是国人在政局绝望下的一种普遍心理,期待的心理。

---

①《郑孝胥日记》,第 2147–2148 页。
②《郑孝胥日记》,第 2229 页。
③罗运炎:《国际共管的心理》,《罗运炎文集》卷 1,卿云图书公司,1931 年,第 443–444 页。

毋庸置疑,美国提出对华"门户开放"政策,并非要挽救中国。通过多次门户开放照会的内容就可以明了:美国人要求"保持中国领土和行政完整",是为了它与各国"贸易机会均等",而所谓在华公平贸易,实质是美国在华经济扩张的合法化。在中国政府已失主权的情况下,已无平等可言①。关于"门户开放",孙中山在民初就曾明确表达:"我国之受害,即因凡事自己不能办,又不准外人来办,然一旦外人向我政府要求,或以其政府之名义向我政府要求,我又无力拒绝,终久仍归外人之手。……故今日欲救外交上之困难,惟有欢迎外资,一变向来闭关自守主义,而为门户开放主义。"②他甚至提出:"凡是我们中国应兴事业,我们无资本,即借外国资本;我们无人才,即用外国人才;我们方法不好,即用外国方法。"③但他的办法,在当时处境下,只能是一厢情愿的幻想,他的所谓三条"新政府借外债"原则,一不失主权,二不用抵押,三利息甚轻,亦几近乎天方夜谭。

须值一提的是,"国际共管"与中国传统的"均势"思想暗合,这也是"共管"说能够形成国人期待的心理基础。晚清"均势"主张,盛行于日俄战争后。熊希龄在 1906 年指出,东北应实行外交均势,成为"永久中立"之地④。1907 年,徐世昌就任东三省总督,也强调,解决东三省危机的关键,在实行开放,引进外资,实现外交均势。至锡良继任,筹建锦瑷铁路,尤以"均势"外交为中心。是时,美国政府推行的诺克斯计划,尝试"国际共管"中国铁路,由此,"均势"与外人之"门户开放",达成一种既互相利用又相互抵抑的奇怪默契。

民国以后,列强入侵较晚清,范围更广,程度更深,"均势"似乎成了抵御"门户开放"的最好办法。"均势"主张既被提倡,"共管"之说嚣于尘上,也就可以理解了。如柳诒徵在 1925 年道:"自袁世凯以来,所抱持之中国不

①参见董小川《"门户开放政策"研究的新视角》,《光明日报》,2000 年 12 月 15 日。

②孙中山:《在北京迎宾馆答礼会的演说》(一九一二年九月五日),《孙中山全集》第二卷,中华书局,1982 年,第 449 页。

③孙中山:《在安徽都督府欢迎会的演说》(一九一二年十月二十三日),《孙中山全集》第二卷,第 533 页。

④参见熊希龄《东三省善后意见书》(1906 年),周秋光编《熊希龄集》(上),湖南出版社,1996 年,第 164 页。

亡之乐观,专恃各国牵制之势力,以为苟且图存之计,一转而有列国共管之说,又一转而有九国远东之约,而收回胶澳收回旅大退还赔款等事,国民闻之,且欣然色喜,谓吾国势且将由此隆隆日上焉。"①

郑孝胥对"列国共管"的强烈兴趣,无疑与他在奉天的经历有关。1910年,他在为东三省总督锡良拟就的《遵旨密陈东三省大局应行分别筹办情形折》中,针对熊希龄的建议,明确指出:"既为大局远计,目前欲结各国之均势,将来可期内地之发达,以得偿失,轻重悬殊,自不能因此区区而沮大计。"②认为熊希龄所提宗旨,"皆以实行开放为主义,所见远大,与顾此失彼、畏首畏尾者,不可同日而语"③。他亲预的锦瑷路事,尤其体现了"均势"外交。

当年筹建锦瑷铁路事虽流产,但整个过程给予郑孝胥的强烈意识,却不可磨灭。马陵合认为:"这一段错综复杂的铁路外债交涉进程及各种各样的论争",体现着近代国人因对亡国的焦虑而产生的两种幻想:"一是在经济发展陷入困境时,企望以铁路来带动经济的振兴,尤其是借商办铁路走出举步维艰之窘境。另一种是既把自己置于一个弱国的地位,又想借铁路外债的形式去玩弄属于强国之间的'均势'的游戏规则"④。的的道出郑孝胥恭候"列国共管"的心态。

现在,郑孝胥仍拿着"门户开放"、"列国共管"当法宝,深信它的效用。1927年前后,他越发坚信他的"列国共管"论。针对时局,他反复断言:"天实为之,以造成共管之局矣!"⑤"将成共管之局,谁能止之乎?"⑥"赤党固将瓦解,北方亦将有政争之变,大势必趋于共管矣。"⑦

---

①柳诒徵:《自立与他立》,《学衡》,1925年第43期。

②锡良:《遵旨密陈东三省大局应行分别筹办情形折》(宣统二年十月十六日),《锡良遗稿》奏稿,第二册,第1241页。

③锡良:《遵旨密陈东三省大局应行分别筹办情形折》(宣统二年十月十六日),《锡良遗稿》奏稿,第二册,第1242页。

④马陵合:《略论清季东北铁路外债的超经济特质——以均势外交为中心》,《历史教学》,2003年第10期。

⑤《郑孝胥日记》,第2130页。

⑥《郑孝胥日记》,第2132页。

⑦《郑孝胥日记》,第2155页。

由相信"列国共管",从而"静候共管",追求"共管",是郑孝胥晚年的政治思路。1931 年 10 月某日,他在日记中记述了他的政治设想及心情:

> 今年为民国之二十年,今日为阳历十月七日,更三日则彼所谓"双十节"。彼以"双十"为国庆,适二十年亡矣,此诚巧合,天告之也。民国亡,国民党灭,中国开放之期已至。谁能为之主人者? 计亚洲中有权力资格者,一为日本天皇,一为宣统皇帝。然使日本天皇提出开放之议,各国闻之者其感念如何? 安乎,不安乎? 日本皇帝自建此议,安乎,不安乎? 若宣统皇帝则已闲居二十年,其权力已失;正以权力已失而益增其提议之资格,以其无种族、国际之意见,且无逞强凌弱之野心故也。吾意,共和、共产之后将入共管,而不能成者,赖有此一人耳。此事果成,诚世界人类之福利,种族、国际之恶果皆将消灭于无形之中。视举世之非战条约、苦求和平者,其效力可加至千百倍。孔孟仁义之说必将盛行于世。愿天下有识者抚心平气而熟思之。此语已语庄士敦、吴蔼宸,惟弢庵闻之谓为慷他人之慨。弢庵八十四岁矣,固宜为此语,正以他人徒有慷慨而不能自为故耳。①

这一大段话,不乏一个政客的真诚,亦不乏一个儒士的老天真。一个月后,他弼护溥仪,毅然往赴东北,使这一段话,对理解他的晚年政治思想与出处,尤显出十分地重要来。

结"外援"

中国历史上,诸国争霸,互通款诚,形成独特的"分久必合,合久必分"现象,以及"结援"的政治传统。近代,在外人干预已严重影响内政权力结构的背景下,"结援"外交,更屡见不鲜。

历史上最有名的"结援"故事,莫过于春秋时代的申包胥哭秦廷。《左传》载,申包胥如秦乞师,许以秦哀公,"若楚之遂亡,君之土也。若以君灵抚之,世以事君","倚于庭墙而哭,日夜不绝声,勺饮不入口七日",终于感动哀公,乃遣车救楚击吴。吴师既逐,秦师亦退,楚竟因此而复,"申包胥"

---

① 《郑孝胥日记》,第 2344–2345 页。

遂成为历史上"忠臣"之代名词。①

然到现代,结"外援"在"国家"观念面前,以其出卖"国家"利益的极大可能性,从而变得十分尴尬。清遗老升允在 1913 年"檄告天下"时称:"尝考《左氏》、《太史公》及诸载籍,并称中夏、夷狄皆黄帝之裔,是种之同而无所谓外者也。……且夫华夷之辨,非谓疆域为之限也。孔子曰:'夷狄之有君,不如诸夏之亡也。'孟子曰:'舜,东夷之人也。文王,西夷之人也。'韩文公曰:'人于夷狄则夷狄之,人于中国则中国之。'……今袁世凯及诸党类之所为,中国耶? 夷狄也? 必有能辨之者。幕府亦尝以借外援讨内寇兢兢焉而不能决,今则释然矣。盗贼入室,鸣邻里操戈而逐之,夫何嫌焉!"②未尝不是对这种尴尬的自解。

郑孝胥评价升允:"逃窜亡命,奔日年余,而日人举国重其忠义,称其道德",对他"今乃借其政府之力,归图复辟",表示高度认同③。历史经验在他那里,犹存现实的合理与正当性。

毋须多言,与欧美国家相比,近代中国人更愿与日本结援。溥伟曾对宗方小太郎表示:"如借欧美异种人之力,恢复宗社,虽成功心中实以为耻,国民也不愿这样作。余虽不忍却德人之好意,然志实不在此。今虽不能遽离青岛,但贵国若无异议,他日欲迁居旅顺。贵国和我国为同文同种关系,受异族之援助,余所不愿,得同种邻邦扶助,完成恢复大业,则荣幸有加。"④这种观点,在当时,可能极具普遍性。中国与日本"同文同种"的观念由来已久,不仅民间议论,甚至官方文字,亦有"各国风俗通,政教同,相联甚便"⑤之认识。戊戌年,刑部主事洪汝冲曾说过这样一番话:

> 故论地形则同洲者先通先合,论种族则同种者宜通宜合,论文教则同文者可通可合。今欧美各国,与我洲异种异文,天之所限,势难联成

---

①《左传·定公五年》。
②《郑孝胥日记》,第 1470-1471 页。
③《郑孝胥日记》,第 1611 页。
④宗方小太郎报告,章伯锋译:《宗社党的复辟活动》,《近代史资料》总 48 号,第 95-96 页。
⑤《总理衙门复张之洞电》(光绪二十三年十二月二十四日),王树枏编《张文襄公全集》卷 79,台北文海出版社影印本,1980 年,第 1421 页。

一气,易启杀机。惟日本则不然,虽以岛夷,国势骤盛,进步之速,欧美惮之,顾急于自见,发难于我,受制俄人,致有唇亡齿寒之惧。虽与英交好,藉以制俄,识者料其后必出于战,他日此胜彼负,则东半球平权之国,必且大变,况英徒以俄故亲日,非我族类,其心必异。不幸英与俄和,则日本之势孤而国殆矣。为日本者,所亲宜无过中国。以我幅员之广、人民之众、物产之饶,诚得与之联合,借彼新法,资我贤才,交换智识,互相援系,不难约束俄人,……此事若在欧西,即合为一国,亦不为怪,……解纷排难,惟在中国之自强。中国之自强,惟在日本之相助。①

"此事若在欧西,即合为一国,亦不为怪"一句,尤说明中、日两国"同洲"、"同种"、"同文"的特殊关系。有着传统与现实的两重背景,郑孝胥借力日本,图谋清国,也就自有他说得过去的逻辑了。

郑孝胥与日人的最早接触,始自 1891 年。是年,郑孝胥以驻日公使馆秘书身份赴日,三年后,因两国爆发战争而归国。在有关郑孝胥的议论及研究中,总难免有人在他的"耻辱性结局"中,寻找"预先种下"的"丝丝缕缕的因子"②。实际上,郑孝胥在日期间,勤勉任事,政声甚卓,在各种对外活动中,都自尊自重,气度不凡。

郑孝胥归国后,就两江总督张之洞幕。据孔祥吉的研究,张之洞在1898 年前后,曾背着清政府,与日本驻上海领事小田切万寿之助商定一个合作计划,该计划"包括了由日本派参谋训练一支军队,兴办军事、民用企业及向日本派遣留学生等事宜,这个规模宏远的计划送到东京之后,曾受到日本政府各方面的重视"③。但戊戌政变后,此合作计划受到影响,基本处于停顿状态,张之洞本人亦受到怀疑与攻击。由此合作计划,郑孝胥与上海驻日领事小田切万寿之助、日本参谋大佐神尾光臣,在 1898 年前后,均有所接触。郑孝胥在神尾的帮助下,改订了陆军制度、士官学堂章程。

---

① 洪汝冲:《呈请代奏变法自强当求本原大计条陈三策疏》(光绪二十四年六月),清华大学历史系编《戊戌变法文献资料系日》,第 866 页。
② 李振声:《日记中的郑孝胥东瀛外交生涯》,《中国文化》,2007 年第 2 期。
③ 参见孔祥吉、(日)村田雄二郎《对毕永年〈诡谋直纪〉疑点的考察——兼论小田切与张之洞之关系及其进呈〈诡谋直纪〉的动机》,转引自孔祥吉、(日)村田雄二郎《罕为人知的中日结盟及其他:晚清中日关系史新探》,第 88 页。

1898 年 4 月到 6 月间，郑孝胥同小田切、郑观应等人，一道参与了亚细亚协会的发起筹建工作。协会颇宣传"中国亟宜仿日本变法自强，勿念宿嫌"①，虽然由于"忽季夏京中有变，人心震恐，故即解散"②，但它是"中国知识界、绅商界第一个受日本影响、有明显亲日倾向的民间团体"③。这应是郑孝胥与日本发生关系的最早渊源。

但郑孝胥在亚西亚协会发起筹建过程中的表现，并没显示出他与日本人的密切。他对亚细亚协会的态度，也不积极。颇值一提的还有，这年 8 月，中、日签订《沙市口日本租界章程》，在章程签订之前，小田切曾致书郑孝胥："闻郑陶斋（郑观应）言，足下颇不悦沙市条款。实传闻者过也，于中国初无所损，当可释然。"④

看来，当时的郑孝胥并不以所谓的"同文同种"为然，在政治立场上，也与日本人保持着清醒的距离。

郑孝胥再与日本人接触，就到了民国。在日人的主动联络下，郑孝胥从 1912 年开始，与宗方小太郎、西本省三、波多博等人，往来密切。据《近代日人在华报业活动》一书，郑孝胥参加过宗方小太郎创办的春申社⑤。此事日记中没有明确说明，但有关他与春申社成员往来的记载不少：如 1914 年 12 月 4 日，"春申社约至日人俱乐部公钱增田"⑥；1917 年 1 月 11 日，郑孝胥"至春申社访西本"⑦；1922 年 7 月 12 日，春申社为郑孝胥"送来代印公启"⑧，等。而春申社主要成员的名字，如宗方小太郎、佐原笃介、波多博、神尾茂、西本省三等，都十分频繁地出现在日记中。另外，亚洲古学会的成员，如平川清风、植村久吉、筱崎都香佐、大西斋，亦与郑孝胥接触频繁（春申社成员西本省三、波多博，也是亚洲古学会成员）。这批宣传东亚主义的报刊界日人，与中国的复辟活动，有着极深的关系。

①郑观应：《赠日本驻沪小田切总领事论时事歌并序》，《郑观应集》（下），第 1305 页。

②《亚细亚协会创办大旨》，《郑观应集》（下），第 220 页。

③易惠莉：《郑观应评传》，南京大学出版社，1998 年，第 547 页。

④《郑孝胥日记》，第 667 页。

⑤参见周佳荣《近代日人在华报业活动》，香港三联书店有限公司，2007 年，第 125 页。

⑥《郑孝胥日记》，第 1541 页。

⑦《郑孝胥日记》，第 1641 页。

⑧《郑孝胥日记》，第 1914 页。

友麋鹿图

1928 年郑孝胥(右二)、郑垂(左一)与日本友人

福田宏一(右一)、西岛醇(左二)在奈良

统观 1912 年至 1931 年间,郑孝胥与日人的关系密切。郑孝胥视日人为复辟之外援,日人则以郑孝胥为"足以左右现代中国之中心势力之人物"①,视之为一种潜在势力的代表。1918 年,郑孝胥与日人新桥荣次郎有一段对话:

新桥询:"中国南北约有四派,究以何派为有信用,可望统一?"四派者,谓冯、段、孙、陆也。余曰:"彼等皆伪共和,决无统一之日。"问:"必若何而后可以统一?"余曰:"非兵力不能。以兵力伪共和,依然不能。惟挟兵力而行复辟之事,名正言顺,乱者自灭。且必以专制之政行之十余年,宪法根基既定,然后可言统一。"问:"兵力相若则奈何?"曰:"优胜劣败。然为墨西哥,百年不能定可也。"问:"兵力虽足,而无人主张复辟,奈何?"曰:"明目张胆斥共和者为乱臣贼子,则吾能为之,惜无力耳。"问:"公不甚出力,力何自而生,此公之责也。"曰:"使日本能助我军械、兵费,则吾力可以渐展。然观于升允久居日本,而日政府淡漠

———————————

① (日)园田一龟著,黄惠泉、刁英华译:《分省新中国人物志》,第 12 页。

视之，故度其不能助我也。"问："升允太守旧，恐不能定中国之乱。日政府究不知中国主张复辟者更有何人，何以助之？"曰："此我之责也。伺机会生时，吾当求助于日本。虽无济，亦不以为耻。"新桥乃曰："善。吾当往广东，归国之日，当为公觅机会。可乎？"余曰："感子厚意，毋忘今日之言！"①

新桥荣次郎是满铁派驻北京的情报人员。这是日记中记载的，郑孝胥与日本人最早的一次谈判。

郑孝胥对外援的危险性，有无认识？应该说，是有的。早在1907年，郑孝胥就说过："日本变法以来，善用模范办法，今方以朝鲜为中国之模范，而我之谋国者懵然不省，坐待为朝鲜之续，不亦伤乎！"②1915年，袁世凯与日本签订二十一条，郑孝胥批评道："袁之呆妄如此，北京将变为朝鲜汉城矣。"③从这些话看，郑孝胥对于日本长期以来的觊觎之心，不可谓无明察。

但他也有过一些这样的言论："日人以复辟为己任，其论甚正，华人必有能受其任者。外和列国，内平国人，然后执正以待日人，彼亦国也，安能为盗贼之行！若无此能当责任之人，则国内必乱，列国不安，将援日以自固，安能以义举责之乎？"④"日人自谓，赞助复辟之举乃道德干涉，非权利干涉也。余谓，华人宜有一部自倡道德主持，则彼不能不受道德之拘束力，以义始者，必不至以利终矣。"⑤1932年"满洲国"建立后，郑孝胥在长春，有日本众议院议员询问："日本宣言扶助满洲，而纵官吏盘踞要津，握其利权，此何为义！仆尝愤愤以诘小矶参谋，彼亦言须加考虑。足下于此，意将谓何？"郑孝胥答曰："今日始闻此正义至公之语！吾固谓日本帝国既已表仗义于前，必不肯争利于后。使高论加入舆论，则举世必信之矣。"⑥

对最后这段对话，《郑孝胥日记》的整理者谷林先生觉得"很有意思"，他问道："郑孝胥真是笃信王道无私，日本军部果将不惜人仰马翻，赤胆义

①《郑孝胥日记》，第1716页。
②《郑孝胥日记》，第1078页。
③《郑孝胥日记》，第1548页。
④《郑孝胥日记》，第1601页。
⑤《郑孝胥日记》，第1611页。
⑥《郑孝胥日记》，第2413页。

烈扶持满洲国,并帮溥仪一统天下乎?"①传统中引以为傲的"道"之于"势"的超越与独立,在这里竟然以这样的面目出现。在现代的瞠视中,孟子所言"乐其道而忘人之势",该做怎样的谛审?

1932 年,郑孝胥作为"满洲国"的国务总理,与日本关东军司令官兼驻"满洲国"特命全权大使武藤信义签订《日满议定书》。据《溥仪私藏伪满秘档》,郑孝胥曾以"满洲国"政务厅厅长驹井德三"遇事把持,以致办事有种种障碍"②,在签订议定书之前,向溥仪提出辞职。随同武藤参加签订仪式的日方书记官米泽菊二,对此事也有记述:"9 日,得知国务总理郑孝胥由于长期不满驹井长官的独断专行,而突然提出辞去国务总理之职,闲居私宅,不理政务的极密通报。为此,关东军煞费苦心以寻求妥善对策,最后决定尽一切可能,全力挽留郑孝胥。并急忙派遣冈村宁次参谋副长前往长春,向郑进行种种解释工作,但郑责难驹井长官的专横跋扈,不肯让步。关东军迫于签订议定书日期临近,更换总理颇为不利,最后约定在签订议定书后,即将驹井调职,这样才使郑孝胥改变辞职之意。"③

米泽分析,郑孝胥辞职另有动机,他在那份记录中这样写道:"最令人担心的事情在于郑国务总理是由于军部的挽留和解除驹井职务的许诺而暂时留任的。其真实用意如果不单单是排斥驹井而是在此以外别有政治动机的话,问题就应另作考虑了。这就是说他顾虑签字后会戴上卖国贼的罪名,恐怕将来被中国四亿民众看作出卖满洲的罪魁祸首。迫于签字日期临近而愈加烦闷不安,很可能为了逃脱责任不得已而提出辞职。"④

米泽的分析,或有道理。当时米泽在签字仪式的现场,他描述道:"我带着议定书走进举行签字仪式的大厅前,在休息室与民政部总长臧式毅握手寒暄时,感觉到他的手在颤抖。同时也看到国务总理郑孝胥的面部在痉

①谷林:《郑孝胥》,《书边杂写》,辽宁教育出版社,1995 年,第 113 页,

②《伪"国务院"总理郑孝胥"请假"始末记》,辽宁档案馆编《溥仪私藏伪满秘档》,档案出版社,1990年,第 24 页。

③《签订〈日满议定书〉有关人员的前后焦虑心情——1932 年 9 月 17 日于长春大和旅馆》,日本NHK 广播协会编,天津编译中心译《皇帝的密约:"满洲国"最高的隐秘》,第 83 页。

④《签订〈日满议定书〉有关人员的前后焦虑心情——1932 年 9 月 17 日于长春大和旅馆》,日本NHK 广播协会编,天津编译中心译《皇帝的密约:"满洲国"最高的隐秘》,第 84 页。

挚。"签字仪式开始,武藤信义致辞,表示日本决定承认"满洲国",郑孝胥致答词,但"郑孝胥总理想快一些致答词,可是说不出话来,他的嘴蠕动了半天,面部表情极度紧张,显出一副要哭的神气。时间五秒、十秒、三十秒过去了,可这位总理欲发言而不能出声,我可以想像得到他的内心深处一定像波涛起伏,充满了错综复杂的激情","我万分焦急地等待着他的讲话快点结束,我打开议定书暂不填写日期,希望尽快签字。然而,当要一份一份地签字时,郑总理恢复了平静。他好象是刚刚抽完羊角风"。①

彼刻,可是"负重堪嗟忍辱时"②?

如何以现代的观念,来思考、评价中国古代的结援现象?以及近代中国这一群矢志追求复辟、不惜借助外力的遗老?评论不能脱离当日的事实,亦不能以今日的事实作衡量。现代的"国家"观念有一形成过程,对成长在儒教文化里的清遗老来说,以"文化同体的归属感","误将侵略者以文化主义的立场,如同对待蒙古、满洲'异族'一样,化为道统的代言人",可谓为今人眼中的悲剧③。可以说,"满洲国"的建立,就是在这种文化观指导下产生了重大历史影响及后果的政治行为。

中国历史上数次少数民族入主中原的现实,亦使并不迂腐的郑孝胥,未必不在内心认同日本人对中国的态度。甚至,还可以大胆推测,在打着"同文同种"、"王道"旗号的日本与推翻了纲常礼教的民国之间,郑孝胥的政治立场及感情,未必不更倾向前者。1918 年,郑孝胥就公然声明,"仆不认有所谓'民国'者"④,"余与民国乃敌国也"⑤。历史的经验,以及他的文化立场、政治感情,决定了他对民国的态度。

另外,郑孝胥辈对"满洲"的认识,亦绝不与今人之理解同。即使革命者孙中山,也有让与满洲以换取日本援助的思想。杨天石先生曾详细考证孙中山在不同年代发表过的有关言论,指出:"将满洲租让给日本并不是孙

---

① 《签订〈日满议定书〉有关人员的前后焦虑心情——1932 年 9 月 17 日于长春大和旅馆》,日本 NHK 广播协会编,天津编译中心译《皇帝的密约:"满洲国"最高的隐秘》,第 85 页。
② 《题胡琴初诗后》,《海藏楼诗集》(增订本),第 430 页。
③ 参见林志宏《民国乃敌国也:政治文化转型下的清遗民》。
④ 《郑孝胥日记》,第 1705 页。
⑤ 《郑孝胥日记》,第 1705 页。

中山一时的考虑,根据有关资料,他曾在不同年代、不同场合多次发表过类似的见解。"[1]他确认,在"辛亥革命前,孙中山流亡日本时已经有了以让与满洲换取日本援助的想法"[2],辛亥革命后,仍然如此,"这一思想一直延续到 1923 年左右"[3]。对此,杨天石先生道:"诚然,为了中国的独立和富强,孙中山鞠躬尽瘁地奋斗了一生,这是一个无可争辩的事实;但是,也正是为了这一目的,他又在相当长的时期内,准备将满洲租让给日本,这应该也是事实。问题的全部复杂性也在这里。"[4]

　　而日本人,也正是拿着"满蒙非中国领土"论、"王道"论,来当作侵略中国的理论武器。在日本东亚研究所 1944 年出版的《异民族统治中国史》一书中,他们论述道:"如果展望一下且战、且守、同时沿着建设的道路逐步前进的大东亚共荣圈内的形势,就可以看到其中包括很多重要民族,它们的历史和风俗也各不相同。如何领导和培育这些民族,对于今后共荣圈势力的兴衰影响很大。"[5]他们认为,"北方民族征服南方民族之后,在中国的中原树立了政权,这种政权当然就是所谓异民族王朝"[6],中国自秦汉以来,曾长期处于北魏、辽、金、元、清五个"异民族王朝"统治,这是日本可以在中国实行"异民族统治"的历史论据。在这本书的"序"中,作者毫不掩饰地宣扬,"大东亚共荣圈的终极目的在于解决中国问题"[7],"如今回顾这些王朝统治中国的事绩,其巧拙利钝、成败得失固然不能一概而论,但是,对于上述负有建设大东亚的重任、迫切需要制定民族政策、以中国问题作为将来最重要的问题的我们日本人来说,这些事绩可以给我们提供许多宝贵的启示,这一点是毋庸赘言的。"[8]这样的思维理路与表述,让今日的中国人,犹悚然心惊。

---

[1]杨天石:《从帝制走向共和——辛亥前后史事发微》,社会科学文献出版社,2002 年,第 281 页。

[2]杨天石:《从帝制走向共和——辛亥前后史事发微》,第 283 页。

[3]杨天石:《从帝制走向共和——辛亥前后史事发微》,第 285 页。

[4]杨天石:《从帝制走向共和——辛亥前后史事发微》,第 288 页。

[5]《异民族统治中国史·序》,(日)东亚研究所编,韩润棠、张廷兰、王维平等译,孙毓棠校订:《异民族统治中国史》,商务印书馆,1964 年,第 5 页。

[6](日)东亚研究所编,韩润棠等译,孙毓棠校订:《异民族统治中国史》,第 9 页。

[7]《异民族统治中国史·序》,(日)东亚研究所编,韩润棠等译,孙毓棠校订:《异民族统治中国史》,第 5 页。

[8]《异民族统治中国史·序》,(日)东亚研究所编,韩润棠等译,孙毓棠校订:《异民族统治中国史》,第 5-6 页。

在外人势力已重度侵犯主权的近代中国,郑孝胥很难逃越日人的设布。而在彼时代条件下,能写下诗句"牧斋才非弱,无解骨之秽"①的郑孝胥,除复辟外,还能否有更好的选择? 如若趋应时代潮流,又该采取怎样的姿态及办法?

①《石遗卒于福州》其二,《海藏楼诗集》(增订本),第 479 页。

第七章　名士抑或政客

　　建设一个改良后的"贤能专制"国家,并以中兴宰辅身份,青史垂名,这是郑孝胥晚年的政治目标与人生追求。"负气"的个性,使他一定要找到一个他的抱负能够实现的地方。他的人生状貌,既是历史塑造,亦是自我塑造。他别无选择,只能成为近代历史上的"这一个"。名士与政客的双重身份,使他表现出丰富、复杂的人生状貌。

◁盛传随溥仪离津之名书家郑孝胥▷

1931 年《北洋画报》刊登之《盛传随溥仪离津之名书家郑孝胥》

郑孝胥的政治人生哲学,则主要体现在他的"行藏"与"节义"两方面。"万人如海一身藏",实韬匿豪气,隐中以求大志。"惟将节义见胸襟"①,亦是文化认同而外,更多政治标榜。清末"名士"政治化的背景,尤使他深陷名场,投老江湖,其理所应有,其势也所当然。

一 人生状貌

阎步克教授认为:中国古代社会的政治形态,特别地表现为一种"士大夫政治"。在这种政治形态形成的政治文化传统里,"士大夫"先验地就具备了"士"的出身,又在进士及第后,脱掉布衣,有了"官"的身份,由此显现出"文"、"政"二重特质②。郑孝胥虽未进士及第,但无疑具有"士"的出身,既以文人名士,又游幕入仕,从而成为"文"、"政"兼备的"居官者"。

名 士

名士,乃士之有名者。在汉代,所谓名士,指社会上公认的名教典范。发展到魏晋,著名士人的任笪,改变了名士的传统内涵,"朝廷以名为治,士风亦竞以名行相高。声名出于乡里之臧否,故民间清议乃隐操士人进退之权。于是月旦人物,流为俗尚;讲目成名,具有定格,乃成社会中不成文之法度"③。隋唐以后,名士多指那些才华出众而又独行特异之人。他们虽也读孔孟圣贤书,但不应科举,不苟世俗之见,自适其性。

"士"名固由诗、文彰显。郑孝胥诗文俱好,早年在里日与学子会文,就表现出"才华绝盛"④。二十三岁时与郑世恭论诗,已十分地道,少年才子,睥睨一切,纵谈快论,不难体会。

仪容亦名士表现的一方面。郑孝胥早年修养,澡雪精神,即包括"威仪容止之切于日用":"凡威仪容止,虽有涵养自然,实亦勉强可致。闲居时须

---

①《赠甘粕大尉》,《海藏楼诗集》(增订本),第 393 页。

②参见阎步克《士大夫政治演生史稿》,北京大学出版社,2003 年。

③汤用彤:《读〈人物志〉》,孙尚扬编《汤用彤选集》,吉林人民出版社,2005 年,第 386 页。

④《郑孝胥日记》,第 17 页。

于头容、手容、足容、目容、口容、声容、气容、色容、坐容、行容随时加意，细自检点，久之渐熟，则盛气颠实，使人望而敬之，即而爱之。至于平日养静习劳，皆不可阙也。"①我们可以通过他早年友朋的文字，想象他的仪容、举止。

> 郑君轩轩鸡群鹤，顾视清高体瘦削。
> 妙论雅取筌蹄弃，深心时复毫素托。（顾云《赠苏戡既题其小影》）②

> 风怀谁似郑都官，犯晓江亭独倚阑。
> 叩寂旋开春境界，攒眉小作酒波澜。
> 嬖珊雪思资冲赏，萧摵林容耐近看。
> 料得闲吟吟不得，上方刻意作高寒。（王仁堪《人日答苏戡缄斋》）③

> 郑虔工草隶，萧散异常流。（袁昶《寄郑苏戡》）④

长身瘦立，风姿俊逸，郑孝胥在时人眼里，直是一代风流魏晋人。

清狷疏狂，自标高格，乃成名士气度。阅读郑孝胥日记，对郑孝胥不取媚权要、外人的态度，别有感触。如1885年的某一日，李鸿章在署中宴请中外官员，日记记载：

> 夜，中堂宴法国提督李士卑士于水师营务处，坐间二十余人，日本大臣榎本、吴清帅、邓铁香鸿胪、周德润等皆在。稷臣欲余下入坐，余笑曰："在楼上犹是太夷，入坐中，直是三十余金随员耳，君何取焉！"客散，醒尘登楼，坐谈甚欢。醒尘曰："某阅世在外，垂二十年，如君者，千万人之一也。"对曰："胥虽不敏，终当谨慎自保，以实先生之言矣。"⑤

又，1892年，郑孝胥与王仁堪谈洋务，涉及外事，言：

> 当道每遇事至，辄先言必不可为；万不获已，乃取十之一二。惟恐

①《郑孝胥日记》，第399-400页。
②《海藏楼诗集》（增订本），第527页。
③《王苏州（仁堪）遗书》，第1057页。
④《海藏楼诗集》（增订本），第542页。
⑤《郑孝胥日记》，第71页。

不为异族地,国体民生所弗计也。稍持正论,彼族未答而同官已大忤矣。殊可愤咤。①

这样的言论和意识,很难与日后他的"急功名而昧于去就"②,联系在一起。

郑孝胥之"骨"气,不仅体现在为人处世上,还表现在他的诗、书风格上。他的诗,造语生峭,清言见骨,字则"笔力坚挺,有一种清刚之气","最像他的诗,于冲夷之中,带有激宕之气"③。特别是,郑孝胥作诗,习惯"一成则不改",所谓"骨头有生所具,任其支离突兀"④,"乃知诗有骨,惟俗为难避"⑤也。不过,他的同乡林庚白称他,"情感多虚伪,一以矜才使气震惊人"⑥,这种说法,其实更多针对郑孝胥晚年的政治选择。林庚白曾放言:"十年前论今人诗,郑孝胥第一,余居第二;顷则尚论古今人,余居第一,杜甫第二,孝胥卑卑不足道矣。"⑦今人杨晓波虽亦认为郑孝胥的诗歌"有很大的矫饰成分",但着眼在郑孝胥不能"摆脱自矜求名,务为夸饰的毛病",以"过多的伪饰",而使"艺术感染力大打折扣",为实论⑧。

1895 年 8 月的一天,郑孝胥在日记里抄录寒山子的诗:"有人兮山陉,云卷兮霞缨。秉芳兮欲寄,路漫兮难征。心惆怅兮狐疑,蹇独立兮忠贞。"⑨又录《左传》句,"随会能贱而有耻",服虔语,"能处贱又且知耻,言不可污辱"⑩,盖励志矣。张謇所谓郑孝胥"胸次过人远也"⑪,黎庶昌所告诫,"吾子才识绝人,愿勿染于习俗"⑫,都显示出郑孝胥不俗的精神气度。

---

①《郑孝胥日记》,第 268 页。
②汪辟疆撰,王培军笺证:《光宣诗坛点将录笺证》(上册),中华书局,2008 年,第 26 页。
③沙孟海:《近三百年的书学》,见徐建融、刘毅强主编《海派书画文献汇编》,上海辞书出版社,2013 年,第 132 页。
④陈衍:《石遗室诗话》,第 11 页。
⑤《石遗卒于福州》其二,《海藏楼诗集》(增订本),第 478 页。
⑥林庚白:《丽白楼诗话》,《海藏楼诗集》(增订本),第 559 页。
⑦柳亚子:《林庚白家传》,卞孝萱、唐文权编《民国人物碑传集》,凤凰出版社,2011 年,第 85 页。
⑧参见杨晓波博士论文《郑孝胥诗歌研究》。
⑨《郑孝胥日记》,第 511 页。
⑩《郑孝胥日记》,第 512 页。
⑪《张謇全集》第五卷,第 237 页。
⑫《郑孝胥日记》,第 345 页。

作为名士，则与归隐天然相连。"独居便合称闻道，厌世何曾待去官"①。郑孝胥作为名士，在这方面，表现非常充分。如他常道："使吾于江南有田数顷，当弃官偕隐"②，"余所神往者，固久在于洞庭、具区之间矣"③。郑孝胥并非虚矫。其归隐，一方面是文人特有之表现，所谓"大隐住朝市，小隐入丘樊。丘樊太冷落，朝市太嚣喧。不如作中隐，隐在留司官"。1907年郑孝胥两度辞官，感慨"老态已成，殊无生起"，绝不矫情。另一方面，又非真正"厌世"，"士君子之行己，必以难进易退为先"，归隐真意，还在"韬养待时"，"不动声色"④。如1905年，他与夫人戏言：

> 吾今年四十六，得弃官归田，便可作一生收束，列传、行状皆可预作。从此以后，若中国迄无振兴之日，则终老山林，不失为洁身去乱之士；倘竟有豪杰再起，必将求我。虽埋头十年，至五十六岁出任天下大事，依然如初日方升，照耀一世。是吾以一世之人作两世之事，岂不绰然有余裕哉！⑤

乘轻舟以隐五湖之意义，一半在士大夫的审美需要，一半在韬身养晦。二者统一在郑孝胥"以一世之人作两世之事"的豪情大志上。尽管过程中，充满了"向来坚自掷，欲去惜终轻。此意何人会，踌躇独倚楹"⑥的矛盾与曲折。

"功名士"

孔子言："君子之仕也，行其义也。道之不行，已知之矣。"⑦为政，向为儒家士大夫的人生实践。所谓人生"三不朽"者：一立德，即"内圣"，陶铸圣人之德，志行高洁；一立功，即"外王"，实现以"道"治天下的经世大业；一立言，即借著书立说彰显理念。其中，立德立功之业，尤以立身行道之终极标

①《题沈子培六十僧服小影并寄季直》，《海藏楼诗集》（增订本），第198页。
②《郑孝胥日记》，第173页
③《郑孝胥日记》，第784页。
④《郑孝胥日记》，第564页。
⑤《郑孝胥日记》，第975页。
⑥《六月十八日风起》，《海藏楼诗集》（增订本），第85页。
⑦《论语》。

准,为士大夫所向往。郑孝胥的人生追求,在此可以获得最终的诠释。

郑孝胥二十三岁中解元,之后就科名蹭蹬。1889 年春夏间,郑孝胥在京,考取内阁中书。秋,以中书改官同知,分发江南,归南京。年底,又进京,充镶红旗官学堂教习。1890 年春,最后一次入闱,不中,自此不赴。是年,郑孝胥有诗,云:"今年过三十,偃蹇困尘土。微官羁绊下,剧似搬姜鼠。"①1891 年,郑孝胥以驻日本使馆书记官,东渡日本。此初入仕宦之情状。是后,郑孝胥出入各要员大吏之幕,极尽辅弼之事,直至 1911 年革命起。陈灂一评价郑孝胥"之得名也,不以书,复不以诗,世独以善书工诗称之,斯固然矣。而于清季政事之起伏,固数数预谋,实一政客也"②,识者也。在长期游宦的过程中,郑孝胥完成了由文人向政客的身份转变。

作为"居官者",郑孝胥有儒家典型的经世情怀。所谓观其诗,可以知其人,郑孝胥的经世抱负,充斥于《海藏楼诗集》:1893 年之"少年心事行看尽,忧患人间待此身"③、1898 年之"冲寒不觉衣裳薄,为带忧时热泪来"④、1911 年之"我有距川微愿在,任他巢燕笑冥鸿"⑤,等等,皆感时忧世,透露着平生志气。

郑孝胥"向来盛负气"⑥。1910 年,郑孝胥时谋锦瑷路事,曾作诗三首,云:"夜色微茫海自明,天风解作步虚声。抉云正欲呼秋月,忽有惊涛脚底生。""忍见蓬莱亡左股,谁收渤澥徙南溟。用辽犹足支天下,北睇云山万叠青。""白虹贯地万波翻,旋献明珠碧玉盘。待我横流聊濯足,赌将黄海与君看。"⑦诗中意气,今日犹觉扑面而来。民国后,则有句,"名教已扫地,何人能维持?""徐行万马中,舍我噫其谁?"⑧尤见"如欲平治天下,当今之世,舍我其谁也"⑨的气概。1937 年夏,他的好友孟森在序其《海藏楼诗集》(增订

---

①《家书至却寄》,《海藏楼诗集》(增订本),第 7 页。
②陈灂一:《郑孝胥》,《睇向斋逞臆谈》,《睇向斋秘录(附二种)》,第 115 页。
③《日枝神社晚眺》,《海藏楼诗集》(增订本),第 26 页。
④《南皮尚书急召入鄂雪中过芜湖》,《海藏楼诗集》(增订本),第 80 页。
⑤《过岳州作诗二首》(其二),《海藏楼诗集》(增订本),第 458 页。
⑥《送梣弟入都》,《海藏楼诗集》(增订本),第 18 页。
⑦《小海唱》,《海藏楼诗集》(增订本),第 457 页。
⑧《续海藏楼杂诗》(其四十二),《海藏楼诗集》(增订本),第 221 页。
⑨《孟子·公孙丑下》。

本)时,提及他于龙州旧日所言,"出处之故,情随境变,未可执也,独负气不自疗耳",道:"今又阅三十年,前言尚可理也。"①语虽淡,而意深。随后,孟森又道:"今读近年诗,虽危苦有甚,而风致流美,无老手颓唐之态。然则才分有定,爱好之结习与负气并行,所行皆负气之事,所作亦皆负气之诗。负气之事之果为是非,将付难齐之物论,而诗则当世固已无异词矣。"②此时,二人都已距辞世不久,这一段话,自是论诗,更是孟森对老友平生的总结。"负气",乃支配郑一生行事之个性也。

观郑孝胥,前清时揣摩风气,鼓呼立宪,不久脱离主流,转投疆臣之有力者,其趋新的姿态,正以为缘饰。待赴东北推行"借债造路"政策,着眼俱在造成舆论,铺垫仕宦进阶。民国后,他做遗老,联军阀,借外力,谋复辟,求"列国共管",更是为达到目的,采取的一系列手段和办法。

然而,对于"功名"的"热中",乃至"隐居鸣高"以为猎官之妙术,都非评骘人物的切入点。在儒家的政治价值观里,本就包含着功名内容。士大夫的人生追求,既可为经世济民,也可转而为个人"功名",仕宦前程。赵园在谈及明清之际士大夫时,就讲:"正义不谋利"与"明道不计功"与士大夫的"事功、功利追求,是同一时期士人的不同面向,或许也是同一人的不同'精神侧面',并不被认为不相容,甚至未见得不互为补充"③。郑孝胥之"忧患人间待此身",与"投老名场暗自惊",并不矛盾,亦不与儒家的观念相悖。

但是,郑孝胥为时人所深诟者,正此"功名"心。刘以芬认为,郑孝胥"既以遗老自居,而又不以留侯之弃韩事汉为然,自不肯出仕民国,且须进一步,谋所以报韩(清)之策。于是处心积虑,图复清室,以满足其攫取功名之欲望,终至为目的不择手段,出卖幼主,在日人卵翼之下作傀儡皇帝,而自任内阁总理"④。鞭挞最有力者,是汪辟疆。他道:

---

① 孟森:《海藏楼近刻诗序》,《海藏楼诗集》(增订本),第7页。
② 孟森:《海藏楼近刻诗序》,《海藏楼诗集》(增订本),第7-8页。
③ 赵园:《制度·言论·心态——〈明清之际士大夫研究〉续编》,北京大学出版社,2006年,第10页。
④ 刘以芬:《郑孝胥拒入段阁》,《民国政史拾遗》,车吉心主编《民国轶事》第2卷,泰山出版社,2004年,第708页。

余于己未撰《光宣诗坛点将录》,以海藏楼配玉麒麟。其赞语有"日暮途远终为虏,惜哉此子巧言语"之语。此本就"卢俊义反"四字及后身陷水泊而言之。厥后,义宁曹东敷、顺德黄晦闻见之,以为海藏不过自附殷顽耳,终身为虏,何至于此?力主删去赞语。故《甲寅周刊》刊校时,遂将此赞及全部赞语皆剔芟。实则属笔时,以忠于觉罗即是为虏。孔子虽有不以人废言之训,而于其人出处大节,不可不以《春秋》之笔著之。不意甲子溥仪出走津沽,张园会议,海藏即主附倭以延残喘。辛未,倭入沈阳,寝占东省,而海藏果奉溥仪托庇虏廷矣。殷顽犹可恕,托命外族不可恕,而身败名裂,至此益显。然则吾言验矣。顾余敢于为此肯定之言者,亦有所自。忆宣统季年,余在商城晤张夑之孝谦,偶与评品艺事,遂及海藏。夑之曰:"孝胥书初学嫂叟,近则一变为刻露,不苏不黄,字变而人品亦变矣。"及民国乙丑夏秋间,侍坐陈弢庵师。师言:"太夷功名之士,仪、衍之流,一生为英气所误。余早年赠诗有'子诗固云然,英气能为病'二语,并非泛谈。"已而又曰:"彼尚欲有所为。"余大惊诧,因从容询曰:"彼既不肯作民国官,尚欲何为乎?"师曰:"此当观其后耳。"时在九一八之前六年,附逆尚未大著。[1]

其中"殷顽犹可恕,托命外族不可恕"一语,义正辞严,在郑孝胥的历史评价中,最具代表性。后世人批评郑孝胥,多用此论。

综观郑孝胥的一生,既独立不惧,特立独行,又干谒竞进,宦游俯仰,趋就功名。1935 年,七十六岁的郑孝胥在辞去"满洲国"国务总理大臣后,对他的儿子说:"吾忆平生:辞边防,裁督办,抵上海,一乐也;以上出德医院,入日本使馆,二乐也;今建满洲国,任事三年,辞总理,三乐也。从此以后,终不入官,乐亦足矣。"[2]足以说明他的人生价值取向。

对待功名,郑孝胥是有自省的。"凡人胸有建功立名、安民济世之志者,此如小儿带有胎毒,将发天花,轻则伤面目,重则丧性命,惟有轻世肆志

①汪国垣:《光宣以来诗坛旁记·谈海藏楼》,《海藏楼诗集》(增订本),第 603-604 页。
②《郑孝胥日记》,第 2583 页。

之学足以救之：此如西法种痘者，预收其毒，使不得发。吾已种痘，当可免矣。"①然在现实中，他终坐收此毒。1911年革命爆发，郑孝胥五脏如焚，痛言："官，吾毒也；不受官，安得中毒！不得已而受官，如食漏脯、饮鸩酒，饥渴未止，而毒已作。"②名心萦怀，积为内热，读他的诗集，触目所及，"可笑希文肠太热"③、"忌形未忘意，耿耿成内热"④、"内热何自来，为疽蚀吾肌"⑤、"俗情殊未捐，蕴热成内疾"⑥、"苦吟不自休，奈此肝肺热"⑦，比比皆是，可感，复可叹。

郑孝胥"夜起二十年，世论多所讥弹，乃不自退省，徒为负气之说，以为：'独行孤身道偶通，知音千载最难逢。世人尽在酣眠里，忘却人间夜起翁'"，龚鹏程论其"谬哉"！诚然。⑧

投老名场

"名士"与"政客"并不矛盾，"通脱、狂狷"之文人、名士，自然"也不妨为能员干吏"⑨。在儒家政治文化传统内，文人、名士凭借科举，一步而入居宦者的殿堂，身份转换间的那一种默契，已毋须多言。然在各代，名士之特点仍各有侧重。

杨国强教授认为，名士之嬗蜕，至清末，已经显示出一种政治化。与旧日的名士相比，清末名士之能够得名，"全都源自于他们之直入时务和标张时务，其间的嬗蜕正显示了一种名士的政治化"，"除了张謇和康有为，当日汤寿潜以'中式文字，竟破程式，放言时事，海内诵之'；郑孝胥以'平日留心时务'而识见迈出时流，被目为'名士之冠冕也'。皆肯用功夫于大题目，而后出人丛而为一世所注目的。这些人立起于庙堂之外，已经明显地不同于

①《郑孝胥日记》，第1181页。
②《郑孝胥日记》，第1353页。
③《八月十四夜四马路步月遂至江岸》，《海藏楼诗集》（增订本），第77页。
④《续杂诗》（其四十四），《海藏楼诗集》（增订本），第224页。
⑤《答周梅泉陈子言见赠问疾之作》，《海藏楼诗集》（增订本），第299页。
⑥《哀垂》，《海藏楼诗集》（增订本），第402页。
⑦《哀垂》，《海藏楼诗集》（增订本），第403页。
⑧参见龚鹏程《中国诗歌史论》，第317页。
⑨赵园：《制度·言论·心态——〈明清之际士大夫研究〉续编》，第13页。

清流。然而溯其渊源,则后起的名士大半都与清流一脉曾相延接"①。"与梁启超在海外做文章相比,时论举郑孝胥、张謇、汤寿潜为一类,统称'郑、张、汤三君在今日号能做事者',或者'张汤郑当时'"②,他们"在士议鼓荡中穿走呼应,并各以长才而为人望所归。官界之敬视之与畏视之,犹在报馆名士之上"③。清末名士政治化的时流,使"二三名士坐而论道,从容调度国事和外事",而"总督、尚书、亲贵心悦诚服地一路跟着走","士议鼓荡各据学理,而后学理不仅有说明力,而且有劫持力","名士伸手进入政事"成为"理所应有和势所当然"④。郑孝胥身在其中,正是如此情形。

察观郑孝胥的人生状貌,应注意"文"、"政"二质的交错表现,看到他作为"名士"与"政客",分别具有的两种人生面相。就他一生言,"士"与"政",二者的表现,并不均衡,在不同的时期里,二者的主次、轻重也有变化。

游幕初期,郑孝胥以"衙官屈宋"⑤入幕,自标高格,颇有以"文"干进之迹。如他初到李鸿章幕时,以文呈阅,获得李鸿章的高度赞扬:"此岂非二甲高等卷乎,我平生不以鼎甲许人,为其系于运气;可以二甲,即可以鼎甲矣。"⑥随后,他得以随员的身份,跟从李鸿章入京。郑孝胥赴日后,李鸿章还向李经方提起他"文笔入古,人且清挺"⑦。在张之洞幕,郑孝胥更是拿出擅长手艺,他与张之洞以诗相鸣,政务之外,谈诗论道,风雅的情景,在郑孝胥日记里多有记述:

> 光绪二十五年(1899)正月二十日:昧爽,渡江至武备学堂。久之,梁星海亦至。……闻南皮已至姚家园,在山后,遂与星海同往。……园殊狭陋,有小坐落,亦浅隘,梅花半开者约十数株。南皮自踏湿泥,四向觅看。午刻而食,坐中谈诗甚欢。日斜乃散,即返局。夜,作七律一首。

①杨国强:《晚清的士人与世相》,第 194-195 页。
②杨国强:《晚清的士人与世相》,第 204 页。
③杨国强:《晚清的士人与世相》,第 204 页。
④杨国强:《晚清的士人与世相》,第 205-206 页。
⑤《郑孝胥日记》,第 448 页。
⑥《郑孝胥日记》,第 71 页。
⑦《郑孝胥日记》,第 221 页。

月上横江,影如玉塔,倚阑久之乃寝。

二十一日:寄诗于制军。……看遍官梅爱野梅,自麾骑从踏莓苔。入春风色连林觉,过雨山园一半开。赏会未妨饶胜事,忧勤终是靳深杯。寻花士女成围处,竞指元戎小队回。

八月初三日:以小轮渡江诣南皮贺并献诗为寿;……园中桂盛花,香甚,坐小亭中谈诗至曛黑。……南皮极称余诗沉雄宕逸,簿书旁午中而不损其高雅之趣,此为无匹也。又询余北洋调办海军营务处之说确否,且曰:"子之才笼罩一切,无施不可。海军事难速效,又滞于一端,可毋应也。"①

这样的交流,无疑有益于感情的沟通。同时期亦在张幕的陈衍称,张之洞不喜江西诗派,但独推重郑诗,对郑诗"实有偏嗜,极称赏者甚多"②,而郑孝胥亦"生平诗为南皮作者独多"③。王揖唐称,"挽南皮诗多矣,余终推海藏之作","海藏与南皮固有谭艺之雅者"④。这一时期,郑孝胥"文"质胜于"政"质,"名士"、"诗人"身份,是他的立身根本,同时,亦是他自标高格的手段和致誉的方法。

随着郑孝胥谋才展显,其"政"质特点逐渐显过"文"质。这个时间,大致在1897、1898年间。1897年,郑孝胥以盛宣怀一见之下,"极相倾倒",获得奏保,在上海铁路总公司办事,并由此重新获得张之洞的关注。1898年7月,张之洞以"才识坚定,学问湛深,办事沉挚有力","于东、西洋形势、政术均能得其要领,确有见地"⑤,保荐郑孝胥。8月,郑孝胥以张之洞特保入京,被光绪皇帝召见。这时,"郑当时"之名,广泛流传,他的"政"质开始显现。1899年,郑孝胥主办京汉铁路南段总办,兼办汉口铁路学堂,并入张之洞幕府,得到张之洞的倚重,成为他的核心幕僚,"于清季政事之起伏","数数预谋"。不久,督办广西边防,更有"郑龙州"的称谓。这一段时间,可谓郑孝

①《郑孝胥日记》,第715、716、734-735页。
②陈衍:《石遗室诗话》,第282页。
③王揖唐著,张金耀校点:《今传是楼诗话》,辽宁教育出版社,2003年,第269页。
④王揖唐著,张金耀校点:《今传是楼诗话》,第268、269页。
⑤《保荐使才折》(光绪二十四年六月初一日),《张之洞全集》第二册,第1317页。

胥"政"质大发展阶段,由诗人而为能员干吏,他的"政治"人生面貌,渐趋成熟。

1906 年,郑孝胥在上海创办预备立宪公会,鼓呼立宪,长袖当舞。1907年,发生丁未政潮,郑孝胥先居间为岑春煊设计,后入端方幕府,辗转两方,并以官位为进退,两度辞官,是时,他的"政"质充分表现,臻于成熟。以后,他更着意搞好与要员大吏的关系。1909 年冬,应东三省总督锡良邀请,赴奉天主持锦瑗铁路,并任葫芦岛开埠事。1911 年,盛宣怀入掌邮传部,郑孝胥宿主借外债筑铁路,与盛宣怀计议,遂有"铁路国有"之说。端方督办汉粤川铁路,力荐郑孝胥出任湖南布政使,并有擢任巡抚之承诺。这一时期,郑孝胥的政治取舍,全在个人仕宦经营,全面展示出一个老到"政客"的形象。

民国建立后,郑孝胥的政治发展戛然而止,却失之东隅,收之桑榆,诗歌、书法成就斐然。郑孝胥在晚清诗坛即为闽派魁垒,与新江西诗派首领陈三立并称,二人"屹为二宗,如禅家之有能秀"①。近人钱仲联不屑郑孝胥,然论诗,亦承认"近代为宋者,散原、海藏为二大宗","迩来风气多趋于散原、海藏二派,二家自有卓绝千古处",而"近代为海藏一派诗者最多"②。

而无论如何转换,我们可以看到,在转换中,"变"的是身外的时代环境,以及相应的社会身份、政治生活、人生结局;"不变"的是内在的价值观、作为儒家士大夫的政治文化价值观与人生价值观,以及在价值观指导下的儒家士大夫的政治、人生追求。

另外,从郑孝胥的自我角色定位和时人舆论,亦可观其"文"、"政"侧重。郑孝胥一生都以"诗人"自称,如他常以"诗人"二字入诗:"谁念诗人渐消瘦,麴町馆里送归鸿"③、"秋月遂如此,诗人胡不归"④、"老去诗人似残菊,经霜被酒不成红"⑤,等等。龚鹏程先生称他"以诗人为标榜",讽其"甲

①王揖唐著,张金耀校点:《今传是楼诗话》,第 255 页。
②钱仲联:《梦苕庵诗话》,见《海藏楼诗集》(增订本),第 578 页。
③《麴町》,《海藏楼诗集》(增订本),第 16 页。
④《十三夜对月》,《海藏楼诗集》(增订本),第 89 页。
⑤《残菊》,《海藏楼诗集》(增订本),第 261 页。

辰年间,以道员官四品京堂,率湖北武建军,督办广西边防,方顾盼自雄,函友人乃又曰'以诗人而为边帅',何其好为诗人乃尔"①! 不过他的诗,也确实卓然而有成就,"诗卷行江南,佳语万口熟"②,所谓"沉挚之思、廉悍之笔,一时殆无与抗手"③。

　　但中国文化里,向有"世之为诗者,不必皆诗人"④的观念。这一特色观念,自与儒家士大夫的讲求经世有关。郑孝胥早期在幕,以谋士张良、范增自比,渐后服膺王安石,自称"前身疑幼安"⑤,"对王安石尤持满腔感服与敬意,是以终生奉之而不懈,故其作品在可能范围内,要由形神两肖方面而使之幽峭奇警"⑥。陈衍论诗时,曾经说:郑孝胥"三十以后,乃肆力于七言,自谓为吴融、韩偓、唐彦谦、梅圣俞、王荆公,而多与荆公相近,亦怀抱使然"⑦,可谓知言。郑孝胥"最喜荆公",实"最喜荆公"之怀抱也。

　　时人舆论,亦不以"诗人"视之。早在广西督边时期,孟森就评价郑孝胥:"将之良者,恒兼宰相器。"⑧严复对这句评价,亦发出感慨,"呜呼,二语尽之矣。"⑨陈瀶一则直言,郑孝胥"实一政客也"⑩。即使进入民国后,郑孝胥杜门绝俗,亦以其隐蔽的抱负,为世人有所寄望者,如侯官诗人周景涛诗称:"子有千载诗,不官能自尊。使子以诗昌,天意良未敦。"⑪话中最有深意者,莫过于他的老前辈陈宝琛:"君(郑孝胥)何所需于世,而世之待君者或犹无穷也。今海之内外皆知有海藏楼,即予之夙心,亦岂望君老于诗人?然君诗,年谱也,语录也,亦史料也,可以鼓人才、厚人道、正人纪。盖必如是始

①龚鹏程:《中国诗歌史论》,第311页。
②樊增祥:《暮春苏堪见过作》,《樊樊山诗集》(下册),第2099页。
③陈衍:《石遗室诗话》,第8页。
④郑孝胥:《盋山诗录序》,顾云《盋山诗录》,《清代诗文集汇编》编纂委员会编《清代诗文集汇编》759,上海古籍出版社,2010年,第661页。
⑤《决壁施窗豁然见海题之曰无闷》,《海藏楼诗集》(增订本),第34页。
⑥叶参、陈邦直、党庠周合编:《郑孝胥传》,第140页。
⑦陈衍:《石遗室诗话》,第8页。
⑧孟森:《广西边事旁记》,第43页。
⑨严复:《〈广西边事旁记〉跋》,见孟森著《广西边事旁记》。
⑩陈瀶一:《郑孝胥》,《睇向斋逞臆谈》,《睇向斋秘录(附二种)》,第115页。
⑪周景涛:《寄郑苏堪》,徐世昌编《晚晴簃诗汇》,中华书局,1990年,第7794页。

可以为诗人,夫亦有所受之也,请以质诸世之知苏龛者。"①

当然,郑孝胥的外国同事庄士敦也说过,"郑孝胥不是一个政客",在他眼中,郑孝胥在"民国建立时","辞官而去,献身文学和书法","是当时中国同代人中最有学问和成就的一个,可能是一位中国当代最优秀的诗人和书法家,是一位真正的儒士","他不看重高官厚禄、也不玩弄权术","一次又一次地拒绝到他不承认的政府内任职"②。郑孝胥确是"一位真正的儒士",但中国的文人儒士,是以经世为志业的,庄士敦的话,自然不乏一个外国人对中国政治及中国士大夫的天真想象与简单判断。

1921 年芥川龙之介(左二)拜访郑孝胥(右二)

1921 年,日本作家芥川龙之介到中国游历,在上海,他拜访了郑孝胥,为我们留下了这位老名士的政客形象:海藏楼是一座"气派的""深灰色的三层建筑","门内从庭院里延伸出来的微微泛黄的竹林前,雪球花散发着清香",后院"漂亮的草坪的四周,种着特意从日本带来的樱花和白皮松"。客厅里,"除了墙上悬挂的几幅挂轴之外,几乎没有任何装饰。壁炉上,一对陶制的花瓶摆放在左右两侧,花瓶中垂着小小的黄龙旗","个子高高"的郑孝胥"气色红润,完全不像一个上了年纪的老人。眼睛像青年人一样,闪着清澈的光芒。特别是他那挺着腰板频频做着手势的神态,显得甚至比郑

①陈宝琛:《郑苏龛布政六十寿序》,《沧趣楼诗文集》(上册),第 340 页。
②庄士敦:《紫禁城的黄昏》,第 274 页。

垂氏还要年轻许多。黑色的马褂儿下面罩着的是一件偏蓝的浅灰的大褂，显得神采奕奕、风度翩翩，真不愧为当年的才子"。芥川感慨，郑"如今早已悠闲度日尚且有如此风采，不难想像，在以康有为氏为中心的戏剧般的戊戌之变中大显身手时，该是何等的意气风发"①。

芥川记录了他与郑孝胥的谈话。他称："郑孝胥氏在政治方面，对现代的中国非常绝望。中国只要实行共和制，就永远摆脱不了混乱的局面。然而，即使是施行王政，要克服当前的困难局面，也只有等待英雄的出现。而那位英雄，又不得不同时身处利害关系错综复杂的现代国际关系之中。这样看来，等待英雄的出现也就无异于等待奇迹一般。"②

欲创大业，则尚英雄，刘劭论英雄，"聪明秀出谓之英，胆力过人谓之雄"③，有聪明而无胆力，主张不行，有胆力而无聪明，则事不成，"是故英以其聪谋始，以其明见机，待雄之胆行之。雄以其力服众，以其勇排难，待英之智成之。然后乃能各济其所长也"④。郑孝胥多半生以豪杰、英雄自任，其聪可谋，其勇可行，胆亦能决，惟失于明能见机，正是汪国垣言"急功名而昧于去就"之一"昧"字。郑抱持"待时"思想，本极重事机，观时变，但"静中别有吞天意，最爱奔涛日夜声"⑤，结果却是"楼中候潮日再至，潮声动天破吾寐"⑥，一局棋枰，梦终醒。英雄者，明胆兼备，然成大业，尤需明多于胆矣。

由一介士子，发展而为诗人、诗书魁垒，为谋士、能员干吏、负时望者，以及所谓的"中兴"宰辅，郑孝胥一生历程，被赋予了"文"、"政"两重特质，在不同的时期内，呈现出不同的表象，并一路演变，此消彼长，直接导致他人生角色的变化，形成他行于世上的两种面相：一为自标高格、俊逸超拔之名士，一为秉道赴义、兴不可遏之政客。而究其实，又概以其老年追求为根本，

---

①（日）芥川龙之介著，秦刚译：《中国游记》，中华书局，2007 年，第 31-33 页。
②（日）芥川龙之介著，秦刚译：《中国游记》，第 32-33 页。
③刘劭著，刘昞注，杨新平、张锴生注译：《人物志》，中州古籍出版社，2007 年，第 136 页。
④刘劭著，刘昞注，杨新平、张锴生注译：《人物志》，第 137-138 页。
⑤《涛声》，《海藏楼诗集》（增订本），第 406 页。
⑥《星浦》，《海藏楼诗集》（增订本），第 408 页。

"谁惜英雄袖中手,枉教弄笔掣长鲸"①,如识者所言,"初不欲以诗人老也。非无树立,际时势之变,不克尽副其志略之所期"②,"抱才不偶俗,乃以能诗名"③。但无论为何,"平生幽兴端难遏,投老名场暗自惊"④,从一汲汲幕客,成一跃跃欲试的实缺官,乃其趋行之轨迹。

二 "行藏"观

"用行舍藏",是中国士大夫的出仕原则,更被视为生存哲学。在"士大夫政治"传统里,"士尚志",又"士志于道"。"士不可以不弘毅,任重而道远"⑤,"践道"就成为"士"的终极目标。孔孟的论说,构成儒家基本的"行藏观",所谓"邦有道,则仕;邦无道,则可卷而怀之"⑥,"用之则行,舍之则藏"⑦。"道"是"行藏"的内在标准,有道则现,无道则隐,而审时度势,待时而起,是"行藏"的外在表现。在"待"的过程中,又形成"时"、"势"之重要。在儒家那里,"邦无道",虽"卷而怀之",犹殷切寄望见行于世,而非堙没。"穷"时的"独善其身",与"达"时的"兼善天下",并不矛盾,隐而求其志,行则达其道,二者的指向,都在于终极目标——"道"。"隐"与"见",由是共为儒家之面向,并彼此互为别一种境遇。理解郑孝胥之"行藏观",及其"海藏"与"夜起"的诸种表现,均由此出发。

早有来自的"海藏"

世人皆知郑海藏,"海藏"固来自苏诗,取其"唯有王城最堪隐,万人如海一身藏"意。

"海藏"之"隐"意,最早显现在郑孝胥驻日时期。1891 年,郑孝胥东渡

①《答周梅泉》,《郑孝胥日记》,第 1854 页。
②杨钟羲:《〈硕果亭诗〉序》,《海藏楼诗集》(增订本),第 578 页。
③樊增祥:《次韵答苏庵见赠三首》,《樊樊山诗集》(下册),第 1754 页。
④《呈栗兄》,《海藏楼诗集》(增订本),第 102 页。
⑤《论语·泰伯》。
⑥《论语·卫灵公》。
⑦《论语·述而》。

日本,时有诗《花市》,云:"秋后闲行不厌频,爱过花市逐闲人。买来小树连盆活,缩得孤峰入座新。坐想须弥藏芥子,何如沧海著吟身。把茅盖顶他年办,真与松筼做主宾。"①是他"海藏"意识的最早体现。1893 年,郑孝胥为他海边的书斋决壁施窗,题之"无闷",并自号"无闷道人",诗《决壁施窗豁然见海题之曰无闷》云:"海天在我东,胡为伏暗室?容忍久不决,奇境真自失。庸流那辨此,此秘待余发。君看五尺地,概若收溟渤。闲来一据案,意气与天逸。滔天自横流,而我方抱膝。窗闲独偃蹇,万象绕诗笔。竖儒奋清狂,作事众犹栗。前身疑幼安,遁世送日月。"②

所谓"无闷",即《易经》所言"遁世无闷",有因时以待之意。1895 年 1 月,郑孝胥总结旧年,自谓:"遇益蹇,气益雄,迹益奇,德益进,吾所恃以无闷者,盖在此矣。"③至 1899 年,有云:"书《抱朴子·别旨》篇,题曰:'秉道赴义,兴不可遏;养生克己,事不相妨。此无闷道人四十岁之所得也。'"④都还保留有早期澡练的痕迹。

"无闷"演而成为"海藏",大致是在 1897 年。这年 7 月,郑孝胥由盛宣怀奏调到上海。9 月,往虹口寿春(椿)里看房,准备租房迎眷,屋"三楼三底,有自来水,巷极修净,去河才十余步"⑤。10 月,全眷入居。1898 年正月初一日,郑孝胥作《海藏楼试笔》诗,即在该屋。夏敬观称,"苏堪自龙州还,……于海上筑海藏楼,有终焉之志。前此虽有海藏之名,而未尝有楼也"⑥,实未尝有上海南阳路上海藏楼。1906 年 6 月,郑孝胥在上海南阳路买地,毗邻赵凤昌宅。次年 7 月,工程造至第三层,郑孝胥登板梯而上,望之已见四面楼阁尽在林木间,年底,"海藏楼"三字嵌入,是为众所周知之海藏楼。

郑孝胥 1898 年《海藏楼试笔》诗云:"沧海横流事可伤,陆沉何地得深藏?廿年诗卷收江水,一角危楼待夕阳。窗下孔宾思遁世,洛中仲道感升

①《花市》,《海藏楼诗集》(增订本),第 14 页。
②《决壁施窗豁然见海题之曰无闷》,《海藏楼诗集》(增订本),第 34 页。
③《郑孝胥日记》,第 465 页。
④《郑孝胥日记》,第 724 页。
⑤《郑孝胥日记》,第 624 页。
⑥夏敬观撰,张寅彭校点:《学山诗话》,张寅彭主编《民国诗话丛编》第 3 册,第 65 页。

堂。陈编关系知无几,他日谁堪比《辨亡》。"①相较五年前的自恃"无闷",独立不惧,已坚定、沉郁许多。从"四围山海一身藏"②到"陆沉何地得深藏",郑孝胥之"藏",已从早年的涵志养气,发展为处世的办法、人生的态度。这一点,在郑孝胥 1894 年归国后,即有所表现,特别是在次年,郑孝胥幕才尚未大显,北上挟策亦空彷徨,有诗叹云:"不恨无羊公,恨无郭太业。"③

此后,国事日渐堪忧。是时,郑孝胥曾以"海藏楼蒿目居士"的笔名,在《时务报》撰文。"蒿目"出自《庄子》,"今世之仁人,蒿目而忧世之患"也。他推崇的王安石亦有诗句,称"蒿目黄尘忧世事"④。所谓"回首会成沉陆叹,收身行作入山谋"⑤,"收身上策只求田"⑥,都反映出郑孝胥对现实的失意和无奈,使他产生避居的打算。1897 年除夕夜,郑孝胥总结一年行止,自道:"此一年中,弃江宁,就上海,实有避地待时之志。南皮密保之奏,盛京卿、梁星海皆以告余。然世局变态,思之已熟,尚不为造化小儿所绐,况今日之斗筲乎。"⑦"满朝皆伦楚,亡在旦夕矣"⑧,"海藏"之意,饱含了他世事之忧。

1905 年,郑孝胥"称疾致仕",在第二年初,回到上海,"平生轻世肆志之学,至此施行"⑨。彼时心态,在致友人陈庆年的书信里,有所流露:"胥解兵后,归里展墓,出旅于沪,欲卜居苏州,时尚未定。近年意中极憎官吏,常谓国弱民穷,皆官之毒。故友朋有牵出助学务、铁路、渔业者,辄以不愿接见官吏却之。目前犹足自活,窃欲养其意气,不令轻受摧折,以为老而不衰之预备,兄谓如何?"⑩沪上名僧寄禅亦在诗中,留下他 1906 年的形象:"举世正

①《海藏楼试笔》,《海藏楼诗集》(增订本),第 80 页。

②《七月七日官舍风雨中作》,《海藏楼诗集》(增订本),第 28 页。

③《十一月二十二日出京道中杂诗》,《海藏楼诗集》(增订本),第 57 页。

④王安石:《忆金陵三首》(二),王安石著,宁波等校点《王安石全集》上,吉林人民出版社,1996 年,第 297 页。

⑤《泰安道中》,《海藏楼诗集》(增订本),第 58 页。

⑥《阅报》,《海藏楼诗集》(增订本),第 105 页。

⑦《郑孝胥日记》,第 638 页。

⑧《郑孝胥日记》,第 662 页。

⑨《郑孝胥日记》,第 1025 页。

⑩陈登丰:《横山先生年谱》。http://blog.sina.com.cn/s/blog_4e5465350100hjof.html。

炎燠，斯人心独凉。高怀吞海月，吟鬓阅边霜。众鸟方争啄，孤云竟自翔。无穷家国事，历历话沧桑。"①

从上述情形看，郑孝胥"不愿与官府往来"，不是虚辞，但他"不愿与官府往来"，也绝不是失却了政治抱负。"善藏"惟因"难行"，"称疾致仕"，只是"窃欲养其意气，不令轻受摧折，以为老而不衰之预备"。"伏匿三年，以待世变。以忠信朴俭表率乡里，仍集学者立社，数日一聚，考论当世先务、省城利弊，庶几有益于乡党，未必不能使士人风气一变耳"②。有着这样的想法，怎会轻易抛却世事。"从此以后，若中国迄无振兴之日，则终老山林，不失为洁身去乱之士；倘竟有豪杰再起，必将求我。虽埋头十年，至五十六岁出任天下大事，依然如初日方升，照耀一世"③，这才是郑孝胥"平生轻世肆志之学"的真正内容。

故不久，郑孝胥即揣摩风气，预备立宪，成为东南官绅中著名的人物。1907年，他参与了丁未政潮，与政潮的双方人物都有勾连。同年，受两江总督端方延请，入幕襄助。1909年冬，又赴东北，为东三省总督锡良筹划路事。1911年，他当上了湖南布政使。这四五年间，"海藏楼主人"的政治生活几起几伏，有声有色，众目共睹。与此同时，他在时人的眼里，也留下这样的印象："郑、张、汤三君在今日号能任事者。设为挽车人：郑所御马车，轻驶自喜，且以余闲调笑；张则拉车，飞奔喘息；汤推独轮车，竭蹶委顿之状晬于面、益于背矣。""轻驶自喜"之意态，正像他自诩的"仆无任事意，独踏自转车翱游，评品倚市妍媸而已"④。

1911年革命后，郑孝胥以遗老身份立世，自称："苟全性命于乱世，独立缥渺之飞楼"⑤。然其"藏"之要义，仍一以贯之："君子尚不屈，尺蠖时求伸。欲伸而暂屈，此义难喻人。"⑥实际上，"此义"并不难以喻人，希社遗老

①敬安（寄禅）：《沪上晤郑苏堪京卿，作此奉赠》，敬安著，梅季点辑《八指头陀诗文集》，岳麓书社，1984年，第344页。
②《郑孝胥日记》，第460页。
③《郑孝胥日记》，第975页。
④《郑孝胥日记》，第1266-1267页。
⑤《郑孝胥日记》，第1421页。
⑥《续海藏楼杂诗》其三十七，《海藏楼诗集》（增订本），第220页。

蔡云万阐释"此义",十分细致:"人生有兴必有寐,寐亦蛰之时也。有动必有静,静亦蛰之机也。正不必绝人逃世,窜伏于深山穷谷之中始谓之蛰,举凡不与人争,恬然自适,合眼放步以听造物之低昂,皆蛰之至善者也","数椽老屋,随遇而安,斋之外松竹萧然,斋之内诗酒陶然,知我者或谓为保身,罪我者或谓为偷生,而皆弗计也。盖不蛰不足以存身,亦不蛰不足以见志,谓我为蛇龙可也,谓我为昆虫亦可也"①。

对"时"的理解

儒家最讲究"时"字。所谓"行藏","时"乃为关键。在儒家士大夫那里,"时"即时代条件,即天下有道否。天下有道,就是治世,则"行",亦即"有道则显",有所作为;天下无道,就是乱世,则"藏",亦即"无道则隐",蓄志以待。作为儒家士大夫的郑孝胥,尤其强调对"时"的把握。

如前所述,郑孝胥之"海藏"意,本就包括两部分内容,遁世而外,还有待时。既怀济世之具而势不能展,则隐中求志,如苏轼词云:"有笔头千字,胸中万卷,致君尧舜,此事何难? 用舍由时,行藏在我,袖手何妨闲处看。"郑孝胥早期,即取"遁世无闷"之独立不惧、因"时"而起。其后,"时"之体现,更加明显。观其一生,有两个时期,最为突出。一在 1894 年至 1898 年间,一在 1911 年革命以后至其晚年。前一时期,更多体现郑孝胥对"时"与"道"的关系认识;后一时期,则多体现郑孝胥对于"时"与"势"的把握。

1894 年,中日甲午战争起,郑孝胥作为驻日使员,被遣归国,随后入张之洞幕,与闻战事。是时,郑孝胥对时局人心判断如下:"朝廷能坚持力战,不过数月,倭必自困。纵多所丧失,即至突犯陵阙,乘舆播迁,而中国人心尚不至失,创深痛巨,时事或有可为也。如屈意乞和,苟求目前之安,仍括天下之膏血以偿邻敌,此为强彼而自弱。战事甫息,积习更张。所谓卧薪尝胆以求雪耻,固必无之事;而汉人愤怨,仇视满洲,叛者四起,一举而失中国,可立待矣。"②而事实发展竟为"屈意乞和",郑孝胥在议和消息传来时,"抵几而

---

① 蔡云万:《蛰存斋笔记》,上海书店出版社,1997 年,第 59 页。
② 《郑孝胥日记》,第 455 页。

起":"欧制亚,汉叛满,可立而待也!"①这数年间,郑孝胥在日记中,屡借时事,作悲观之论:

> 1895 年 4 月 18 日:入署,闻和议已成,割台湾及辽东,偿兵费三百兆,内地悉许贸易。唐薇卿电求南皮同奏,力争台地不可割。俄人出兵七万于珲春,而派兵舰窥和议之成否。闻之心胆欲腐。举朝皆亡国之臣,天下事岂可复问,惨哉!

> 1895 年 5 月 3 日:自作说帖,请开饷源、造铁路、练陆军,又请设商务总局于江宁,奏以招商局归南洋督办。草甫毕,爱苍至,曰:"和约闻已批准。"余乃投笔而起曰:"吾今为虏矣!"

> 1896 年 4 月 5 日:芸阁(文廷式,被革职)虽未免有躁竞不谨处,然"广集同类,议论时政,联名入奏",此宜朝廷所求而不得者,乃可以为罪乎?杨崇伊本恶奴,众所不齿,朝廷乃用其语弹压朝士,呜呼,人心瓦解,速之亡也。

> 1898 年 1 月 17 日:午,过芜湖。余语葆真曰:"目中所见皆残局中人,天下其无望复振乎。"

> 1898 年 1 月 21 日:此一年中,弃江宁,就上海,实有避地待时之志。南皮密保之奏,盛京卿、梁星海皆以告余。然世局变态,思之已熟,尚不为造化小儿所绐,况今日之斗筲乎。

> 1898 年 8 月 13 日:南皮邀入谈,在抱冰堂。余极论宜及时破蠲积习以作天下之志气,因言:"举世方共保护积弊,非变法之世也。今京师元黄颠沛,是非涸淆,观朝中士夫皆不足有成;两湖,天下之中,亟当养士、劝商、兴工、励吏,以待北方之变。"②

世无道的现实判断,使郑孝胥遂有"韬匿豪气"、"以待世变"之念。

彼时,关于"进"、"退",郑孝胥有如是认识:"可则进、否则退者,豪杰之事。自晨门讥孔氏有'知其不可而为之'说,后世数为口实。孔子曰,'如有用我者,期月而已',可也,何谓'知其不可而为之'欤?夫知不可而为之者,

---

① 《郑孝胥日记》,第 460 页。
② 《郑孝胥日记》,第 482、488、553、637、638、671 页。

盖非妄则愚也已矣。"①1897 年，郑孝胥与同僚程雨亭有一段对话。程谓："天下患议论者多而任事者少，今吾侪亦不免此习，殊为可愧。吾子壮年，如日初升，正宜以世事自任，岂可务为敛退以混于流俗耶!"郑道："胥闻士君子之行己，必以难进易退为先。往时张幼樵、陈伯潜辈攘臂抵掌，以天下事为不足为，一旦任事，偾仆相望，至今为戒。故胥之意正可韬养待时，不动声色，安能与躁进鄙徒奔走于大人之门哉。"②这时期，尽管他以光绪皇帝特旨，在总理衙门章京上行走，但变法旋败，他随即告假南归。乱世之际，端在潜隐，能行则行，不行则止，韬养待时，隐中求志。孔子言："隐居以求其志，行义以达其道。"郑孝胥之行止，岂非此乎。

同时，"时"不只为时代条件，即天下有"道"否，还为时机。论政治艺术者言："时之为义大矣，秉国钧者，敬不能明时代之为义，虽遇大可有为之机，亦将无以因时制宜;反之，若其知时代之大用，即令处于危殆之秋，亦可左右其趋势，改弦更张，拨乱反治。语云:时势造英雄，英雄造时势。盖谓此也。"③故"时"之精髓，亦在合"时"，即合于"势"。"势"即时势，客观情势。《孟子》言及"势"，如《公孙丑上》引齐人语："虽有智能，不如乘势;虽有镃基，不如待时。"《离娄上》，公孙丑问孟子："君子之不教子，何也?"孟子答："势不行也。"《告子上》，孟子曰："今夫水，搏而跃之可使过颡，激而行之可使在山。是岂水之性哉? 其势则然也。"所谓"势"，皆有"客观情势"、"外在形势"之义。

因时而起，自与势相系。"时"、"势"结合，必审时而动，以合于客观情势之发展。郑孝胥做遗老后，汲汲谋于复辟，所谓"时"，演化而为复辟之机，"岂无髀肉叹，自诡时未至"④，"月光受之日，造化良无端。乘时复为日，举世方惊看"⑤。"逢时"一词，时人"亦习闻之海藏者"⑥。而民国初年社会，复辟虽甚有舆论，然终不合于客观情势之发展，为严复所言，"亦悬为虚

①《郑孝胥日记》，第 599–600 页。
②《郑孝胥日记》，第 564 页。
③邓公玄:《政治艺术论》，中国文化服务社，1946 年，第 90 页。
④《王逸塘五十生日》，《海藏楼诗集》(增订本)，第 349 页。
⑤《十月初十日贵州丸舟中夜起》，《海藏楼诗集》(增订本)，第 327 页。
⑥王揖唐著，张金耀校点:《今传是楼诗话》，第 355 页。

望而已"①。以无权之遗老,空有鼓吹之力,在"时"与"势"间,必然出现"待时"的命题,亦遗民传统中所谓"留命以有待"。至于"待",从初期的"天下乱犹未定,似不可以易代论"②,"待"以"乱"之收束,到后来,"待"以复辟之"时"机,亦有一发展过程。

自1912年,终郑孝胥一生,二十余年里,关于"待"的言说,自不胜列举,所谓:"揽辔待澄清,晚盖或有取"③、"邓林弃杖应难测,小待虞渊日再中"④、"枕堪待旦天难晓,薪已将然卧岂酣"⑤,等等,在在皆是。甚至1918年郑孝胥始学画松,亦为寄意,有"八年坐面壁,一静却众躁。种松待听涛,日夜某之祷"、"苍苍岂无意,留此时未到"、"年年只望松身长,待听风涛入座声",等等诗句,皆寓"有待"⑥。而由是,今人亦可一观其复辟之苦心孤诣。

郑孝胥随侍溥仪后,名其所居"夜起庵",有两处,一在天津,一在长春,自号"夜起翁",正与沪上"海藏楼"、"海藏楼主人"相对。郑孝胥曾做两篇《夜起庵赋》。一篇作于1927年3月,一篇作于1935年9月,皆有序。前《夜起庵赋》并序云:

> 予戌而寝,丑而兴,岁一星矣。乙丑孟秋,赁宅依于行在,率其素而不懈,遂名之曰夜起庵,且赋之。
>
> 纳举世于斯夜,繄独寤乎一室。天沉沉而忽敛,日黯黯而焉入。山峨峨而霾云,水汤汤而暗激。兽何往而潜藏,鸟何归而戢翼。小人就阴而止,君子向晦而息。夜之象也则静,其德则旷。冶万物为本体,示造化之恒状。时惟大人,观乎物始。玩一气之消长,羌中夕而蹶起。清明兮在躬,屋漏兮相尔。制乎未发之原,操乎无形之里。非兹庵之可托,几何而不为南溟之徙。⑦

①《郑孝胥日记》,第1842页。
②《郑孝胥日记》,第1573页。
③《杂诗》,《海藏楼诗集》(增订本),第282页。
④《答杨子勤》,《海藏楼诗集》(增订本),第462页。
⑤《夜起庵》,《海藏楼诗集》(增订本),第381页。
⑥《六十感愤诗》、《杂诗》,《海藏楼诗集》(增订本),第290、291页。
⑦郑孝胥:《前夜起庵赋并序》,叶参、陈邦直、党庠周合编《郑孝胥传》,第93页。

后《夜起庵赋》并序云:

> 岁乙丑作赋,逮兹乙亥,虽已谢免,夜起如故。范希文言士当先忧后乐,予夜起二十余年,有类于先忧者。然独乐之而不倦,岂必果志于天下者乎。乃为后赋以自释。

> 满洲之兴,历年者三。悠然自免,翳柳而庵。可以高卧,委而负担。胡为汲汲,有若未甘。披衣启闼,绕除逐月。惜此良夜,寒彩未没。夜寒渐长,深入沉沉。驱梦履觉,万端奚侵。谓我心忧,谓我何求。却老还少,吾将焉廋。空桐自窜,天下方乱。长夜漫漫,将何时旦?①

从两篇《夜起庵赋》的序文看,郑孝胥寓"夜起"以深意,即"长夜漫漫,将何时旦"也。

郑孝胥能诗,诗言志,诸如:

> 云霾雾塞不成春,密雨旋风暗海滨。
> 酹酒可无回日意,闻鸡犹有戴天人。
> 未应豺虎穷吾道,小集衣冠慰众宾。
> 只待少康收旧物,期君共踏软红尘。(《消寒会示坐中》)

> 盥漱衣冠只四更,惯将磨墨遣闲情。
> 不辞漆黑休灯坐,磨出窗间一日明。(《磨墨》)

> 残宵孤坐将何待,暗里流光亦可惊。
> 夜色苍苍收欲尽,却看坠月入天明。(《十五夜看月落》)

> 回首相从五十年,真成一梦送华颠。
> 他乡久客姑埋骨,苦调孤弹更断弦。
> 此世人无胜天幸,未亡我乃让君先。
> 谁知夜起庵中客,夜夜惊魂落月前。(《初五晓》)

---

①郑孝胥:《后夜起庵赋并序》,叶参、陈邦直、党庠周合编《郑孝胥传》,第93-94 页。

鸡待五更能一叫，鹤知夜半不须眠。

沉吟送尽西窗月，回首东方白竟天。(《十六晓月》)①

中宵不寐，皆为此意。

但实际上，郑孝胥"夜起"，并不始自天津。郑孝胥早年有《乌石山题石》一绝："山从旗鼓分，江自洪塘下。海日生未生，有人起残夜。"②便有"夜起"之意象。日记中亦多"中夜披衣起"的记载。"夜起"初意，本为闻鸡起舞，以为励志，"夜起久成癖，晦明观吐吞"③，鼎革之后，方予以强调，寄予复辟大义，如1918年诗："前身为老卒，夜夜登戍楼。一生看太白，不知春与秋。今我复何为，山川非昔游。杜门独长啸，兵戈送白头。凤根殊未忘，闻鸡如有求。终年起残夜，哀思变明幽。世乱须至人，安知非楚囚？及我老未衰，为君着兜鍪。"④至1925年赴天津后，署夜起庵，谓之"夜起二十余年，有类于先忧者"，则特别标榜而已。

郑孝胥夜起，亦一时名事。"海藏固以早兴为日课者，所居署夜起庵。耄老精勤，并世罕觏。朋辈为诗多及此事"⑤，郑孝胥亦自有小诗一首，谓："寐叟深言夜坐非，石遗极道晓行奇。海藏夜夜楼头坐，却是晨钟欲动时。"⑥不过，特需一提的是，郑孝胥之于"夜起"，除励志外，实有养生之意。1887年，郑孝胥即有诗句云："养生候密须逢子，学道心繁总著魔。"下注云："学道之士，必以子时修炼。"⑦子时，乃夜半，在二十三点整至凌晨一点整。

郑孝胥"予戌(晚七时到九时)而寝，丑(夜一时到三时)而兴"，早眠早起，寒暑无间。他写给友人曹经沅的诗云："夜起既有年，斯道良可久。颇同献曝心，愿以遗吾友。晦明转移间，造物露枢纽。人身小天地，吐纳等难朽。清明常当令，昏惰讵能糅。神完形不敝，聊用却老丑。死生虽系命，操

①《海藏楼诗集》(增订本)，第315、328、344、359、329页。

②见林庚白撰，张寅彭校点《孑楼诗诗话》，张寅彭主编《民国诗话丛编》第6册，上海书店出版社，2002年，第117页。

③《十一月十八夜》，《海藏楼诗集》(增订本)，第275页。

④《杂诗》，《海藏楼诗集》(增订本)，第286页。

⑤王揖唐著，张金耀校点：《今传是楼诗话》，第255页。

⑥《石遗示早睡早起二诗》(其一)，《海藏楼诗集》(增订本)，第292页。

⑦《枕上》，《海藏楼诗集》(增订本)，第8页。

纵或在手。终时幸无疾,何必千岁寿。"①直可视为养生论。曹经沅的和诗,有云"早兴与晏起,利病世所知。一暴而十寒,恒情类如斯。海藏学道人,山立排群疑。葆此平旦气,何待餐琼糜","愿持却老方,更益斯民寿",尤能说明郑孝胥的"夜起",另有一层养生用意。"年届七十"的郑孝胥,"神王如少壮人"②。1933 年,七十四岁的郑孝胥总结他夜起养生之道,称之为"练魄制魂",并撰文道:

> 人生始化曰魄。既生魄,阳曰魂。不能练魄则多欲,不能制魂则多思。多欲多思则流荡忘返,良知本性皆汩没于多欲多思之中,永无见道之日矣。昔陶侃朝夕运甓,此练魄之术也。达磨面壁十年,此制魂之术也。故学道之士必先练魄。次以制魂。吾自辛亥至今二十二年,半夜即起,坐以待旦,乃得练魄制魂之说。《孟子》所谓养心寡欲,《周易》所言无思无为,皆不外此。③

讨论郑孝胥之政治人生,其"行藏"实乃最重要特点。郑孝胥一生抱就"刚清制命","不为随波逐流之行,虽违时背俗,盖自谓百折不挠"④,所谓乱世,即"万人如海一身藏",而又"秉道赴义,兴不可遏",虽千万人而吾往矣,终致晚年,成就一"满洲国",在在实践了儒家"用行舍藏"之精义——"隐居以求其志,行义以达其道"。

三 "节义"观

郑孝胥一方面继承了传统语境中的"节义"鸳评,一方面又在现实中表现出转荐、为子弟谋等通脱行为。对他而言,所谓"节义",以及作为"遗老"的种种表现,俱为一种高调标榜。而他高调标榜"节义",却在民族文化认同的过程中,诡异地丧失掉民族气节。他的"愚忠",不过为"借君行道"之

---

①《曹缵衡昧爽见访》,《海藏楼诗集》(增订本),第 351 页。
②见王揖唐著,张金耀校点《今传是楼诗话》,第 256 页。
③《郑孝胥日记》,第 2468 页。
④《郑孝胥日记》,第 444 页。

外裳,绝无一丝迂腐可言。

"节义"之表达

儒家敦尚气节,浸成风俗,如孟子言:"富贵不能淫,贫贱不能移,威武不能屈。"[①]易代之际,遗老"节义",就成为士大夫精神的特别表现。革命后,郑孝胥高调标榜"节义"。他的"节义"观,要在维护纲常礼教。而对纲常礼教的维护,则表现在对"乱臣贼子"、"反复小人"的痛斥,以及遗老之间的相互评骘。

所谓"乱臣",即袁世凯、岑春煊等。革命初,郑孝胥本寄望袁世凯,"此时以袁世凯督湖广,兵饷皆恣与之,袁果有才破革党、定乱事,人为总理,则可立开国会、定皇室,限制内阁责任,立宪之制度成矣"[②],认为袁"如能挟外交之力,抱尊王之义,诚今日之正论也"[③],乃至"今为袁计,有路三条":"守君主而战,一也;辞职避居他国,二也;漫应总统之举以图后日之反正,三也。然第三条诡谲太甚,亦极危险"[④]。但1912年1月,袁世凯企图渐露,郑孝胥微窥其意,明白"吾以君子之心度项城,若果若此,真尔朱兆之类,吾言不幸中矣"[⑤]。2月,清室颁布清帝退位诏书,郑孝胥"望袁以臣节终始之意"落空。对"果负朝廷"的袁世凯,郑孝胥诗以斥之:"欲操政柄真愁晚,竟废纲常似未安。"[⑥]

对于老幕主岑春煊,郑孝胥亦毫不留情。1912年1月,岑春煊致电袁世凯,谓"今日国民多数均以共和为目的,朝廷既有召国会决政体之谕,自系采取多数",敦促袁"从速取决国会,早定大计"[⑦]。郑孝胥语之,几近诟詈:"岑庸劣无根柢,一生色厉而内荏,固宜以降伏革党为收场也。岑避地沪上,本可不发一语;今一开口而肺肝尽露,原来亦是主张推翻王室之宗旨,

---

①《孟子·滕文公下》。
②《郑孝胥日记》,第1352-1353页。
③《郑孝胥日记》,第1355页。
④《郑孝胥日记》,第1374页。
⑤《郑孝胥日记》,第1387-1388页。
⑥《郑孝胥日记》,第1403页。
⑦《郑孝胥日记》,第1380页。

平日声名扫地。此与自投粪坑何异？其愚至此，竖子真不知君臣忠义为何语！"①

对转向革命的"南中士大夫"，郑孝胥的指责更立意在"干名犯义"。1912 年 2 月，郑孝胥慨叹："北为乱臣，南为贼子，天下安得不亡？"②又道："干名犯义，丧心昧良，此乃豺狼狗彘之种族耳，何足以列于世界之人类乎！孟子曰：'上无礼，下无学，贼民兴。'今日之谓也。"③纲常礼教，正是他极力维护的内容。

从郑孝胥的谈论看，他的"节义"观，包括两方面内容：

其一，反对"好名"，认为"名节久而后定，非标榜一时之事"④。林纾谒陵与梁鼎芬护陵种树，是民国清遗老著名事件，对此，郑孝胥有他的看法。对林纾谒陵，郑孝胥认为："古者，忠臣孝子常耻于自言，不忍以性情不幸之事稍涉于近名故也"，"人生大节，且待他人论之可矣"⑤。对梁鼎芬护陵种树，郑孝胥则直指："然星海所为，实近于好名。其为师傅，乃出黎元洪之荐，仆尤耻之。逢天不辰，乃复乘此不幸而为欺世之举乎！"在他看来，"凡忠义者自尽之事，岂可借口塞责或自暴以为名高耶！虽顾亭林所为，不必学也，学之则非亭林矣"⑥。1918 年沈瑜庆去世，赐谥敬裕，郑孝胥谓"此乃福州所谓挂钱样之招牌耳"⑦，话说得毫不客气。1922 年 12 月，沈曾植去世，沪上遗老为其请谥，郑孝胥论及，称"心非此举，而不能止也，诸公之所谓忠义，特好名耳"⑧，都说明他这一认识。

其二，为"不从世乱者必有甘困穷、乐贫贱之志"，"人定胜天，在于自克而已"⑨。1919 年，友人问郑孝胥："友朋中立名节、不从世乱者，往往所遇极困，贫病死亡相继，岂天之佑淫人而君子之道消耶？"郑孝胥答："否！不

---

①《郑孝胥日记》，第 1381 页。
②《郑孝胥日记》，第 1396 页。
③《郑孝胥日记》，第 1399 页。
④《郑孝胥日记》，第 1573 页。
⑤《郑孝胥日记》，第 1521 页。
⑥《郑孝胥日记》，第 1874 页。
⑦《郑孝胥日记》，第 1750 页。
⑧《郑孝胥日记》，第 1932 页。
⑨《郑孝胥日记》，第 1795–1796 页。

从世乱者必有甘困穷、乐贫贱之志，则胸中浩然，无抑郁忧伤之患。盖志气安乐者必逢佳运，牢骚偃蹇者必致厄运，此则由其自取，虽天亦无如之何也。……故曰，人定胜天，在于自克而已。"①

　　文人多绌于治生，"胜清旧臣，愿比殷顽，以遗老自待者，穷乏憔悴者不少"②。在郑孝胥的知好中，不乏有贫困者，王乃澂以鬻医自食，生事极苦，"为遗老中最能忍贫者"③；李瑞清"蜷处沪滨，鬻书糊口，卧病逾月，执笔昏眩几至辍"④；唐晏亦"其状若甚困者"⑤。处困日久，自然有渐丧所守者。1914年春夏，出现过一次遗老出山小高潮。是年3月，民国政府设立清史馆，沈曾植谓此："都人网罗吾党，亦有为所动者。"⑥当时标榜遗老者，"临财则又往往变易面目，自解为不拘小节"⑦亦众，其时章梫在致友人信中嘲讽道："上海壬子以来，故有超社十人，轮流诗酒；甲寅一年，出山者半。王子展观察存善戏谓：'超'字形义，本属闻召即走，此社遂散。"即当时情形⑧。然郑孝胥与彼辈不同，如张謇所说，他"既耐寂寞，又会经营"⑨，家境充裕，讲节义，固可理足气壮，所谓"甘困穷、乐贫贱"，说起来，亦较"饿死也知俄颜事，一身容易一家难"者便宜得多。

　　对坚守名节，郑孝胥虽谓"律人宜恕，自律宜严"，但实际上，律人亦严。1913年汤寿潜建朱舜水祠，郑孝胥讥讽道："舜水孤忠苦节，吾甚敬之。然吾辈不幸亦生亡国之际，欲使大节不愧古人，乃为善学柳下惠者。不然，舜水有知，必不引乱臣贼子为同志，其不为所严斥者几希矣。"⑩苛厉若是，何言"宜恕"。对老友严复，郑孝胥亦不留情面。1918年张元济宴请严复，郑孝胥邀而不至，严复自道："独苏堪不至，想持高节，以我为污耳。"⑪他的诗

①《郑孝胥日记》，第1795-1796页。
②徐一士：《一士类稿》，荣孟源、章伯锋主编《近代稗海》第二辑，四川人民出版社，1985年，第175页。
③汪辟疆：《光宣以来诗坛旁记》，辽宁教育出版社，1998年，第35页。
④李瑞清：《与诸门人谢寄钱米书》，《李瑞清遗集》，第38页。
⑤《郑孝胥日记》，第1799页。
⑥沈曾植1914年2月27日致罗振玉书，许全胜撰《沈曾植年谱长编》，第395页。
⑦刘成禺：《世载堂杂忆》，第126页。
⑧《郑孝胥日记》，第1572页。
⑨《郑孝胥日记》，第1730页。
⑩《郑孝胥日记》，第1484页。
⑪《严复集》，第1527页。

《答严几道》,更指责:"侯官严叟颓唐甚,可是遗山一辈人?"①一腔正气,莫之能辩。

郑孝胥的"气节",正隐含在这种直介决绝、对人及对己几近苛责的大量言行当中。正如李肖聃所言:"闽县郑孝胥苏堪赋诗,有'湘水才人老失身,桐城学者拜车尘'之句,以之上刺壬秋,下讥通伯。然通伯于事起时即辞参政,其志皎然不污。苏堪之诗,殊近于酷,然亦可戒士之依权贵以自活者矣。"②在"殊近于酷"的自律与他律中,郑孝胥塑造出"圣贤中人,可师法也"③的"高洁"形象。

与"节义"的表达大多通过对他人的大量评骘完成有所不同,"转荐"与"为子弟谋",则是郑孝胥的现实表现。

在传统遗民语境中,诸种处世交接之说明,无一不及,无微不至。返观民国清遗老,尽管"出处"仍作为问题存在,在一部分遗老,如郑孝胥那里,对"节义"的辨析也仍旧严刻,但与民国社会的关系,却并不像遗民前辈那样决绝。所谓"遗老自成一世界",也仅为一种表象,"转荐"与"为子弟谋"的大量存在,足以说明二者间的牵系。阅读郑孝胥日记,可以观察到"转荐"现实的普遍:

> 1914 年 3 月 4 日:鉴泉来,言丁衡甫为韩紫石劝己出为南京内务司,已辞之而为之转劝陈介庵,介庵亦辞。
>
> 1915 年 9 月 17 日:见报,稚辛已充安徽政务厅长。……丁衡甫来,托荐其族人丁春资于稚辛……
>
> 1916 年 10 月 27 日:谢丹庭来见,求荐于刘承恩,刘新为广西省长。得鉴泉书,亦为其子旭林求荐于刘承恩。
>
> 1916 年 11 月 28 日:夜,丁衡甫来谈,言南京财政厅胡某来沪商义振(赈)事,南京欲延丁衡甫、冯梦华同入志局,各赠万元以酬其筹振(赈)之劳。丁曰,愿以此万元助振(赈)。爱苍与杨杏城同诣子培作诗

---

① 《郑孝胥日记》,第 1703 页。
② 李肖聃著,绛希点校:《星庐笔记》,第 28—29 页。
③ 《郑孝胥日记》,第 1744 页。

钟,又求杏城为觅招商局事,杏城允安置福州招商局。贻书求衡甫为希实索差事于财政厅胡某,丁不得已,为之言于胡,胡即允诺。①

特别是在 1919 年 12 月日记中,郑孝胥所记海军司令部出秘书一缺事:

> 17 日:稚辛言,海军司令部出秘书一缺,欲荐唐元素,如不就,则荐顾贞甫。
>
> 18 日:元素来,谈海军秘书事辞,不就。
>
> 21 日:往询元素,将为叶蒲孙荐入海军秘书。
>
> 22 日:叶蒲孙来,云欲就海军秘书之馆。②

尤其反映出"转荐"现象的普遍存在。

而"为子弟谋",较"转荐"更广泛,经手资料,比比皆是。郑孝胥自我标榜不与民国政权交接,但不反对家人、子弟进入其政权,如郑孝胥胞弟郑孝柽,在 1913 年即任职福建国税厅,1915 年出任安徽政务厅长,1918 年蓝建枢为海军总司令时延为秘书长,1921 年李兆珍为安徽省长时郑孝柽又应邀往赴安徽。郑孝胥的长婿金邦平,亦任职民国政府。金邦平善文,"迨袁为总统,任为公府秘书。政事堂成立,授参议,未几,移农商次长"③,为袁世凯"最亲信"之"十策士"之一④。郑孝胥虽极痛诋袁世凯,却对金邦平行迹从未表示过丝毫异议。

甚值提出的是,不"出"不"仕"的郑孝胥,对于戚属子弟任职民国政府,非但不反对,反为之推荐、说项。如 1913 年 10 月,张謇劝郑孝胥出办巴拿马赛会,郑孝胥复电:"海藏决辞,荐伯平。"⑤伯平,即其婿金邦平。次年 3 月,郑孝胥与清史馆提调金仍珠书,为弟郑孝柽"求入史馆"⑥。1918 年一事,亦可观察郑孝胥之态度:南洋公学建图书馆,意发《四库全书》一部庋藏,由东南绅士联名呈请,郑孝胥"不认有所所谓'民国'者,故不能列名",

---

① 《郑孝胥日记》,第 1508、1578、1631、1635 页。
② 《郑孝胥日记》,第 1808 页。
③ 陈灏一:《新语林》,第 74 页。
④ 陈灏一:《新语林》,第 73 页。
⑤ 《郑孝胥日记》,第 1488 页。
⑥ 《郑孝胥日记》,第 1509 页。

却表示,"试询沈爱苍、林贻书诸人;如彼允列名,明日可以电话奉复",又表示:"吾弟尝为安徽政务厅长,以彼列名则可。"①

从上述情形看,遗民之不"出",与"转荐"、"为子弟谋",在实际生活中并不发生矛盾。二者的并行不悖,似说明,遗民传统所自成之体系,到民国已仅余一层外壳,貌似坚硬,实内里已充满通脱、应变。即使严持名节的郑孝胥,亦在我们对"转荐"及"为子弟谋"的关注中,呈现出复杂、斑驳之面相:一方面,是以民国为敌国的政治立场的强调;一方面,是对"转荐"与"为子弟谋",没半点的忌讳与虚惭,他在构建"节义"语境的同时,通灵活便地经营着现实应对。对郑孝胥而言,所谓"节义",以及作为"遗老"的诸种表现,俱为一种高调标榜,作为他复辟政治所披的一件外衣,质地高洁,并闪耀着道统的光辉。

最后尚有一点,即郑孝胥的"节义",要在文化认同。所谓"节义",节操与义行也。中国数千年之礼义纲纪,已化于民俗,入于人心,奉以行止,死生以之。是故,士大夫之"风节"衡量、评价,均以文化认同为前提。郑孝胥声讨张、汤,"毫无操守",盖自恃礼义纲纪,其痛斥"乱臣贼子"、"反复小人","干名犯义,丧心昧良,此乃豺狼狗彘之种族耳,何足以列于世界之人类乎!"②谓"今之天下,是乱臣贼子而非孔子之天下也"③,乃至对日本国的认识:"彼亦国也,安能为盗贼之行?"④俱由此出发。

进一步考虑,以文化为认同的"节义",同时亦与中国特有之"夷狄之辨"息息相关。夷夏区分之标准为何? 王道也,礼乐也。"夷狄之辨"在礼乐,明辨夷夏,乃为奉行王道。明此一点,亦有助于理解,以道德君子自命的郑孝胥,何以敢不恤天下之诟詈。

与大众认识并不一致,清遗老绝非愚忠一姓一室,如陈三立,"卜居宁、沪、杭各地,时与数故老话沧桑兴废。虽不少灵均香草之忧思,然洞察一姓

---

① 《郑孝胥日记》,第 1705 页。
② 《郑孝胥日记》,第 1399 页。
③ 郑孝胥:《散原诗集序》,《散原精舍诗文集》(下册),第 1217 页。
④ 《郑孝胥日记》,第 1601 页。

难再兴之理"①。王国维"以一死见其独立自由之意志",亦"非所论于一人之恩怨,一姓之兴亡"②。甚至满人升允,檄告天下,声明"之所以不惮险阻、不恤死生而毅然为此者,实为万世纲常计,不仅为我清室存亡计也"③。清遗老已超越一姓一室之效忠,进入以文化为认同的文化遗民状态④。然他们亦重新面对一种新境遇,即如何再从文化认同的状态中超拔出来。郑孝胥就是在这种文化认同及坚守中,诡异地丧失掉了民族气节。

是否"愚忠"

郑孝胥汲汲谋复清室,"愚忠"的说法,在当时就是有的。刘衍文在《雕虫诗话》中就认为:"其出仕伪满,或乃愚忠而惧贰臣之戒有以致之。"⑤郑孝胥的侄女郑云回先生,谓"此人愚忠愚孝"⑥,有避亲讳的意思。当然,指责他"自托殷顽,而不知受庇倭人,于清室为不忠,于民族为不孝"⑦者,亦多多有之。

孔子言:"君使臣以礼,臣事君以忠。"⑧孟子进一步论:"君之视臣如手足,则臣视君如腹心;君之视臣如犬马,则臣视君如国人;君之视臣如土芥,则臣视君如寇雠。"⑨是为传统政治中君臣关系。然孟子又着重于"道":"非尧舜之道,不敢以陈于王前"⑩,"尧舜之道,不以仁政,不能平天下","规矩,方员之至也;圣人,人伦之至也。欲为君,尽君道;欲为臣,尽臣道。

---

①钱仲联主编:《广清碑传集》,第1131页。
②陈寅恪:《王观堂先生纪念碑铭》,周言《王国维与民国政治》,九州出版社,2013年,第324页。
③《郑孝胥日记》,第1469页。
④参见姚大力《中国历史上的民族关系与国家认同》,《中国学术》,2002年第4期。朱学勤《从明儒困境看文化民族主义的内在矛盾》,《书屋》,2000年第8期。
⑤刘衍文:《雕虫诗话》,张寅彭主编《民国诗话丛编》第6册,上海书店出版社,2002年,第463页。
⑥谷林:"整理郑孝胥日记之前,曾在北京专诚(程)拜访过郑云回先生,她是郑孝胥侄女。见面时,云回先生拿出一册《考功词》大字刻本给我看,这是孝胥刻印的其父郑守廉词集。她说:'郑孝胥"有诗名",而生平不填词,惟恐夺乃父之席。此人愚忠愚孝。'"谷林:《书边杂写·郑孝胥》,辽宁教育出版社,1995年,第113-114页。
⑦汪辟疆撰,王培军笺证:《光宣诗坛点将录笺证》(上册),第26页。
⑧《论语·八佾》。
⑨《孟子·离娄下》。
⑩《孟子·公孙丑下》。

二者皆法尧舜而已矣"①。其中,"二者皆法尧舜",隐含儒家一重要命题,即"从道不从君"。

郑孝胥讲君臣之道,深信柳宗元之说,"君臣之际,宜以道从容优乐,要归之大中而已。必不逢其失而为之辞,又不当束缚之、驰骤之,急则败矣。故致君者当使人君信道日笃,则克己寡欲,动于本心;若必待直言切谏,则上下皆以沽名相与,其饰非拒谏之失必更深矣"②,即强调了"从道"之义。

"夫纲纪本理想抽象之物,然不能不有所依托,以为具体表现之用"③,"君"之在位、不缺席,即"纲纪"所凭托。无疑,郑孝胥就是把"皇帝"当作这种凭托。这种态度,在民国并不鲜见。在侧重君主立宪的康有为看来,"君"同样不再是戊戌前后的"圣明君主","君"已"无论何种人为之,要与国之存亡得失不相关也"④,"然一国之存立,在其历史风俗教化,不系于一君之姓系也"⑤。这似乎透露着一些民国社会实际:即便遗老,对一姓一室之忠,亦无所顾惜,这与舆论所指,"以贞事一人为节操"⑥,颇不相吻合。

同时,"皇帝"不只是"纲纪"的凭托,还是"行道"的凭借。"得君行道"乃儒家政治观念之一,"行道"之所以必须"得君",传统的权力结构使然,如孟子言,"管仲得君,如彼其专","夫子加齐之卿相,得行道焉"。郑孝胥最心仪的政治家王安石,是"得君行道"的典范,《朱子语类》记:

> 问荆公得君之故。曰:"神宗聪明绝人,与群臣说话,往往领略不去;才与介甫说,便有'于吾言无所不说'底意思,所以君臣相得甚欢。"⑦

尽管熙宁变法以失败告终,但王安石与神宗的遇合,却鼓舞着"行道"的士

---

① 《孟子·离娄上》。

② 《郑孝胥日记》,第 2273 页。

③ 陈寅恪:《王观堂先生挽词并序》,卞孝萱、唐文权编《辛亥人物碑传集》,第 599 页。

④ 康有为:《君与国不相关不足为轻重存亡论》,汤志钧编《康有为政论集》下,中华书局,1981 年,第 670 页。

⑤ 康有为:《君与国不相关不足为轻重存亡论》,汤志钧编《康有为政论集》下,第 669 页。

⑥ 劳祖德:《郑孝胥日记·整理说明》,第 4 页。

⑦ (宋)朱熹撰,朱杰人、严佐之、刘永翔主编:《朱子全书》第 18 册,上海古籍出版社、安徽教育出版社,2002 年,第 4033 页。

大夫们。

在郑孝胥内心,对"咨汝宜尽言,愀然闻累欷"①的光绪皇帝,也是有着"得君有道"的期待的。郑孝胥"平生独感景皇帝知遇,言之泪泫然"②,所谓"榻前咫尺地,君臣义在兹"③,盖由于此。1908 年光绪帝逝时,郑孝胥作哀辞,其中云:

> 戊戌之夏,今南皮相国荐举五人,奉旨召见二人,孝胥预其末。七月二十日,召对于乾清宫,垂询练兵事宜。逾日,以同知特擢道员,并在总理衙门章京行走。朝事既变,孝胥亦以病去,距今十年,未入国门,遂为终天永诀。大行皇帝尝误以国士遇之,而此人孤负圣恩,曾无毫发之报,眼枯心腐,何以自明。今当谨告诸公,人生世间,知己难得,欲报知遇者,愿各及时自效,且以孝胥之负我大行皇帝,终身抱恨,欲报无及之哀,引为大戒可也。④

郑孝胥又有《啼血》诗三首。长题《高楼侨居歇浦戊申小春适鼎湖耗至海上讹言腾沸出门怅惘中信步至张园夕阳黯淡风叶翻飞车马亦已阑珊逡巡间于尘辙中拾得残纸书〈啼血〉三首字迹欹斜语意诡痛盖攀髯堕弓小臣之辞也》,其三云:"龙飞三十四年春,识主何曾见一臣。持论遂令人掩耳,弃官谁信我忘身。蜈肠坐愤妖吞月,鹊首空愁醉赐秦。试问和熹旧朝士,不欺先帝定何人?""持论遂令人掩耳"句下有注:"于南皮坐间,尝有皇帝人君、太后人臣之对。"⑤

诗用诡托,为光绪皇帝之死而作。郑孝胥对光绪帝的感情是真挚的,戊戌年,他三十九岁,年富力强,"坐念祖豫州,要为天下杰"⑥,在光绪皇帝的身上,他寄托着满怀的经世大志。

但到民国,郑孝胥与逊帝溥仪,已没有了这种感情基础。1917 年,陆荣

---

①《七月二十日召对纪恩》,《海藏楼诗集》(增订本),第88页。
②陈宝琛:《郑苏龛布政六十寿序》,《沧趣楼诗文集》(上册),第339页。
③《七月二十日召对纪恩》,《海藏楼诗集》(增订本),第88页。
④《又郑孝胥哀辞》,《东方杂志》,1908年第11期。
⑤《海藏楼诗集》(增订本),第182-183页。
⑥《六月廿八夜半舟下大通闻江岸鸡声口占二绝》,《海藏楼诗集》(增订本),第86页。

廷到北京觐见溥仪,进献土产及洋元,郑孝胥讽以"此真可发噱也"。陆荣廷带回的御书匾额,挂在海藏楼上,更多成为他标榜名节的物件:"自辛亥以来,海藏楼抗立国中,幸免天倾地陷之劫,今乃得御书以旌之,足以为臣下之劝矣。"①1924 年,郑孝胥赴京任职小朝廷,固出于"若于北方作事,极顺手"②,其时对溥仪的态度,已非"忠"字所能说明,"得君行道"亦已一变而为"借君行道"。至郑孝胥赴东北后,"皇帝"更沦为他"作事"的道具:"皇上的事,我全可以包下来","皇上如同一张白纸,你们军部怎么画都行"③。

关于郑孝胥是否愚忠,还可从这样两件事上体会:一件是在 1931 年,溥仪将其二妹韫和许配给郑孝胥的长孙郑广元。胡嗣瑗称,"此事其父子谋之经年事乃定议,可谓僭妄极矣"④。另一件,是在 1935 年,郑孝胥辞去"满洲国"国务总理,有诗句:"今朝得解官,快若碎玉斗。"⑤比喻溥仪是"不足与谋"之"竖子"。仍是胡嗣瑗,以诗诘责:"奇计生平总自欺,怒撞玉斗是何辞! 尸居久冒阿衡任,距脱应传圣德诗。雷电轰然希再起,肺肝如见破群疑。明明十二年来事,天地包容竟未知。"⑥郑孝胥夜起二十年,不过欲以忠孝,巧售其术,他与溥仪之间,已谈不上"君君臣臣",在郑孝胥那里,"皇上"只剩下被"借"一把的作用了。

郑孝胥的复辟行为,并不指向"忠君"。但所谓"忠孝有微绩"⑦,一切又都被纳入"忠孝"的范畴,供世人评述。

---

①《郑孝胥日记》,第 1698 页。
②《郑孝胥日记》,第 1975 页。
③溥仪:《我的前半生》,第 270 页。
④胡嗣瑗:《直庐日记》,中华全国图书馆文献缩微复制中心,1994 年,第 58 页。
⑤《四月十九日辞国务总理得允》,《海藏楼诗集》(增订本),第 429 页。
⑥《郑孝胥日记》,第 2590 页。
⑦《哀垂》,《海藏楼诗集》(增订本),第 403 页。

余　论

一　"满洲国"实质及郑孝胥的帝制努力

"满洲国"实质

1932 年 3 月,在日本操控下,清朝废帝溥仪在长春建立"满洲国",就任执政,建年号为"大同"。1934 年 1 月,"满洲国"改为帝制,改国号为"大满洲帝国",溥仪由执政改称皇帝,年号为"康德"。

"满洲国"的行政中枢机构为"国务院",以国务总理为首,设有合议制的国务院会议。"国务院"下辖总务厅及"外交部"、"民政部"、"财政部"、"司法部"、"实业部"、"交通部"、"文教部"、"军政部"八部。后"财政部"改名"经济部","军政部"改名"军事部","实业部"拆分为"兴农部"和"勤劳部",又成立了"厚生部"等部门。总务厅长官相当于秘书长,由日本人担任;各部长官称"部长",由中国人担任,但次长皆由日本人担任,各部总务司长,亦由日本人充任。郑孝胥以"开国功勋",得任"满洲国"政府国务总理,改帝制后,称国务总理大臣。

溥仪就任执政当天,即与日本关东军司令官本庄繁签订密约,规定"满洲国"的国防、治安、铁路、港湾、航空等,由日本管理,日本所需设施,由"满洲国"援助,日本人得充任"满洲国"官吏。9 月,日本政府正式承认"满洲国"后,国务总理郑孝胥又与日本驻"满洲国"特命全权大使武藤信义签订《日满议定书》,进一步确认日本在"满洲国"既得权益,并特许无限期驻兵权。在事实上,"满洲国"政务全部掌控在日本人手中。由日人担任的总务厅长官代替国务总理,成为实际上的"总理",各部次长控制部务,是事实上的最高决策者,他们每周二举行例会,商讨并决定"国家"政策及各种具体事务,"满洲国"绝大部分的法律、法规、政策、计划,皆出自于此。

1932 年,郑孝胥与日本关东军司令官兼驻"满洲国"
特命全权大使武藤信义签订《日满议定书》

勿需多言,"满洲国""完全是一个傀儡"[1]。但"对皇帝和清朝的旧臣而言","满洲国"又究竟是什么呢?在溥仪的弟弟溥杰眼里,"我们利用关东军实现清朝复辟,关东军利用我们实现日本的政治目的。这就是满洲国"[2]。棋枰一局,堪称意无?

---

[1]原驻"满洲国"日本大使馆机要人员佐久间真澄语。参见日本 NHK 广播协会编,天津编译中心译《皇帝的密约:"满洲国"最高的隐秘》,第 20—21 页。

[2]日本 NHK 广播协会编,天津编译中心译:《皇帝的密约:"满洲国"最高的隐秘》,第 98 页。

郑孝胥的努力

"满洲国"绝非郑孝胥理想中之国家,为复辟中兴,他付出极大努力。1932 年,郑孝胥曾试图借助国联调查团的到来,摆脱日本人的控制。1931 年 12 月,国联理事会通过决议,组织调查团,就日本武装入侵中国东北问题,到中国进行实地调查。1932 年初,以李顿为首的国联调查团到达中国。郑孝胥对调查团的意图判断得还是很准,他们"所关心的是'机会'与'门户'问题"①。这与郑孝胥一贯的"列国共管"思路,十分吻合。

1932 年 10 月,国联的报告书公布出来,其所代表的国联,正是以郑孝胥"所希望的那种中国的管理者的态度出现的"②,报告书中内容:"中国遵循与国际合作之道,当能得最确定及最迅速之进步,以达到其国家之理想",日本"为谋满洲之经济发展,要求建设一能维持秩序之巩固政权,此项要求,我等亦不以为无理",但是,"惟有在一种外有信仰内有和平,而与远东现有情形完全不同之空气中,为满洲经济迅速发展所必要之投资始可源源而来"③。所谓一种"外有信仰内有和平"的"空气",不过就是共同经营的局面罢了。而这,正是郑孝胥的追求和向往。

在国联调查团的报告书发表之前,溥仪曾大胆设想:"假如真的像郑氏父子希望的那样,将东北归为国际共管,我的处境可能比日本独占情形下好得多。"④当然,他也有顾虑,担心南京政府也在"共管"行列,共管以后,他还能否当皇帝。但更重要的是,"日本的横蛮,在国际上居然不受一点约束",给溥仪留下"极为深刻"的印象⑤。1933 年 2 月 14 日,国联通过调查报告的第二日,日本就侵入热河,并随即宣布退出国联。郑孝胥的幻想破灭了。

从郑孝胥日记、诗集及时人的一些文字看,建立"满洲国"后,郑孝胥一直在伺机反正。如:《溥仪私藏伪满秘档》中有《伪"国务院"总理郑孝胥

①溥仪:《我的前半生》,第 294 页。
②溥仪:《我的前半生》,第 295 页。
③溥仪:《我的前半生》,第 295-296 页。
④溥仪:《我的前半生》,第 296 页。
⑤溥仪:《我的前半生》,第 297 页。

"请假"始末记》一文,记述总务厅长官驹井德三在 1932 年言:郑孝胥"子郑垂,喜交结不正当之日人,暗中策动,恐生意外"①。郑孝胥诗句"愚公欲移山,恃有子孙在"②、"余生已置浮云外,空手曾趋白刃前"③等,特别是 1933 年 2 月,郑垂突病,逝于日人满铁医院后,郑孝胥作《哀垂》诗,其二云:"从亡吾父子,不恤天下诟。老夫虽先登,返顾恃劲后。嗟乎天丧我,仓卒而遇覆。伏弩折右肱,必败焉可斗。沉吟虑同尽,束手不能救。谁能从此止,先轸甘免胄。"④分明说明他的企图。即使反对郑孝胥出关的陈宝琛,亦谓他"有心补牢","夜起动曰收京,就现势察之,诚不无可乘之机"⑤。

郑垂为日人所害的猜测,在当时就有。陈叔通诗《书〈海藏楼诗〉后》,句中夹注:"其子让予(即郑垂),先勾结日本,有收京密约。嗣让予为日本毒毙,密约夺毁。"⑥1999 年,北京大学教授、郑孝胥孙、次子郑禹子郑颖达先生,曾在《今日名流》上发表过一篇口述文字,说道:"日本人是很恨郑垂的,因为郑垂和日本上层政治人物关系密切,常把关东军的所作所为告到日本内阁去,内阁就出面干涉。所以关东军就提出要撤换郑垂、郑禹。郑孝胥不肯,但关东军最终还是把郑垂撤了,留下英文秘书郑禹。郑垂虽然走了,但影响还在,所以关东军还是不放心。1933 年 2 月 9 号,郑垂头痛,御医佟诚(音)海、许玉(音)斋来看了,很严重,就送满铁医院,入院后,第二天就去世了。起初家里人还以为是病死的,因为郑垂的家人在天津,要等他们来奔丧,所以就把尸体暂时存放在长春一个寺院里,棺材不钉死,等到天津家里人要到时,我父亲掀起棺材盖一看,大吃一惊,七孔流血,已淤血,就知道是中毒而死,就想,不能让垂的妻子看,就把盖子钉上。"又道:"郑垂死于非命,郑家人都怀疑是关东军下毒,但没有证据,只有忍气吞声,郑孝胥在日记里虽然表现了深刻的丧子之痛,也不敢多置一词。"⑦

---

①《伪"国务院"总理郑孝胥"请假"始末记》,辽宁省档案馆编《溥仪私藏伪满秘档》,第 24 页。
②《十二月廿六日天未明》,《海藏楼诗集》(增订本),第 401 页。
③《乙亥除夕》,《海藏楼诗集》(增订本),第 434 页。
④《哀垂》,《海藏楼诗集》(增订本),第 402 页。
⑤陈宝琛 1933 年 10 月 16 日致胡嗣瑗书,辽宁省档案馆编《溥仪私藏伪满密档》,第 97 页。
⑥陈叔通:《书〈海藏楼诗〉后》,《百梅书屋诗存》,中华书局,1986 年,第 65 页。
⑦郑颖达口述,钱婉约整理:《伪满总理郑孝胥的儿孙们》,《今日名流》,1999 年第 2 期。

据郑日记，郑垂病发于 2 月 9 日，"患喉痛"，入满铁医院是在 2 月 13 日，14 日，郑垂"病势甚恶"，"尚未能辨认为天花，为猩红热"，郑孝胥至医院探视时，见"唇舌皆肿，言语不清"，是日夜，郑垂辞世①。郑颖达的说法，补充了郑孝胥日记中不载的一些细节，惟医生"佟诚（音）海、许玉（音）斋"，日记中没有提及，日记先后提到的延诊医生是福岛、彭笠生。

从《哀垂》诗"强死能为鬼，子产说何疑"及"事业姑置之，家难殊可戚"看，郑孝胥为"收京"，付出的代价是巨大的。不过，潮声动天，终破其寐。1933 年 7 月，郑孝胥被关东军司令官兼驻"满洲国"特命全权大使武藤信义约至旅顺，"屏人谈至六时"②。不及旬日，武藤信义暴卒，帝制的问题，三个月后，又由武藤的继任者菱苅隆正式提出。10 月，日人与郑孝胥"密议尊号及宪法二事"，明确表示，"以应天顺人之义称帝制，不及复辟"③。1934 年 1 月，行将帝制之际，更特别要求："大典宜避复辟之嫌"④。

郑孝胥获知日本意图后，心情是极懊恨的。与武藤会谈次日，郑孝胥写下绝句二首。其一云："玉佩琼琚困縶羁，逃虚入海更安之？孟郊老去歌铜斗，却羡翻船踏浪儿。"其二云："渐苦龙沙岁月深，只将梦想寄山林。海波泪没无人处，安得成连为鼓琴！"隔日，又作一绝："意气当时几许狂，堪憎老境债教偿。残年况味浑参透，只是生离死别忙。"可见意气到底难平⑤。由懊恨、失意，而隐忍、趋附，而阿谀，还有更多胁迫下的屈服。1934 年 1 月，日本人传达东京意旨，称"日本宗旨已定，更向关内进展，为节节规取之计"⑥，郑孝胥已放弃抵抗。他与日人达成了共识，所能顾及的，仅剩下一点祖宗之礼⑦。

但郑孝胥还是因有碍于"日满一德一心"，被日本人抛弃了。1935 年 5 月，溥仪曾对日本人有一段表白，提及郑孝胥去职：

① 《郑孝胥日记》，第 2441-2442 页。
② 《郑孝胥日记》，第 2471 页。
③ 《郑孝胥日记》，第 2488 页。
④ 《郑孝胥日记》，第 2503 页。
⑤ 《郑孝胥日记》，第 2471 页。
⑥ 《郑孝胥日记》，第 2500 页。
⑦ 当日本人提出在帝制大典上，"祭天勿以太祖、太宗为配"时，溥仪无奈道："可通融，勿致恶感。"郑孝胥则主张"以肇祖为配；若废配天，则为悖礼"。见《郑孝胥日记》，第 2503 页。

　　郑总理是我十几年的亲信,对他的人品性格我是了如指掌的。可是近三年来,他以超然的态度在国务会议上一言不发,沉默寡言,自以为清高。去年在发表登极感想时对日本说,不能把"满洲国"永远当小孩子对待,流露出一种不满情绪,这是很不适当的。假若对关东军或日本的对满洲政策有不满之处,应堂堂正正地向关东军和日本政府提出来商量,或提出自己的主张,以尽其意才是应该的。然而他有话不摆在桌面上讲,却在报纸上流露内心的不满。这对身为一国的总理大臣来讲是颇不谨慎的行为。他对我虽忠心耿耿,但担任总理之职,他的才能和度量都是欠佳的。我打算此次内阁改组时,让他暂时退职去休养为好。①

　　始终关注着一局棋枰的陈宝琛,评价道:"夜起虽阔疏,尚有远志,视衮衮诸公乐不思蜀者有间。"②"尚有远志",适是日人忌恼郑孝胥处。

郑孝胥之死

　　1938 年 3 月 28 日下午,郑孝胥十二指肠宿疾发作,逝于长春柳条路寓中,终年 79 岁。"满洲国"给予他的葬礼以国葬的规格。"收京耿在念,大事殊未毕"③,郑孝胥去世后,自然出现许多盖棺论定式的评价。有声讨、鄙弃者,如汪国垣,谓郑孝胥"急功名而昧于去就","盖以自托殷顽,而不知受庇倭人,于清室为不忠,于民族为不孝"④,"殷顽犹可恕,托命外族不可恕"⑤。亦有交亲者,如李宣龚,"不随世变而毁誉",以为"蹉跎谋效忠,一往不受梏。于心故无负,世议乃尔酷。平生卑甘言,岂屑计谤讟。所忧人纪坠,败溃不可束"⑥。周达挽郑孝胥联,甚至称:"以杜牧之陈同甫相期,大事谁可担当,末座少年曾许我;与郑延平张忠武同志,老眼及看恢复,盖棺今日

①日本 NHK 广播协会编,天津编译中心译:《皇帝的密约:"满洲国"最高的隐秘》,第 106 页。
②陈宝琛 1934 年 12 月 25 日致胡嗣瑗书,辽宁省档案馆编《溥仪私藏伪满密档》,第 113 页。
③周达:《哭海藏先生》,《今觉盦诗》卷四。
④汪辟疆撰,王培军笺证:《光宣诗坛点将录笺证》(上册),第 26 页。
⑤汪辟疆:《光宣以来诗坛旁记》,第 84 页。
⑥李宣龚:《挽太夷年丈》,见《海藏楼诗集》(增订本),第 567 页。

是完人。"①而最为解人意者,莫过程康,诗云:"高名一代海藏楼,晚节千秋质九幽。片语救亡臣有策,终身为虏我何尤。宁将国命酬孤注,未必行藏不赘疣。谁识南台起长夜,陆沉久已志神州。"②

陈叔通与吴宓,分别有一诗、一文,综述郑孝胥,可视为两种评价的代表。陈叔通诗云:

> 苏戡功名士,讽人实自践。
> 往者蹴大藩,星火燎汉沔。
> 知事无可为,弃职匿京辇。
> 掉头入海藏,文字兴不浅。
> 夜起胡为乎,中热在荣显。
> 乘机策万全,引虎宁转眄。
> 甘为虎作伥,儿戏郊天典。
> 要君亦玩君,正如蚕缚茧。
> 哭子泪未干,还都愿虚展。
> 气盛灭理智,志荒逞才辩。
> 聊且快一朝,遑计唾骂免。
> 美谥与多金,泉路应颜腼。
> 姑舍更言私,长身似翘鹭。
> 自赋《郁轮袍》,峥嵘头角露。
> 遂涉名士夸,差异达官锢。
> 食不御肥鲜,衣不改韦布。
> 俭啬若故常,未以车代步。
> 吊贺却亲知,凶嘉唯礼具。
> 偶尔涉其庭,阒如老僧住。
> 诗骨天开张,气足与辞赴。
> 寸楷魏唐参,隶尤压缣素。

---

①参见叶参、陈邦直、党庠周合编《郑孝胥传》,第 176 页。
②程康:《哀郑重九》,《海藏楼诗集》(增订本),第 603 页。

> 犹忆叶家园,七十祝初度。
>
> 倘勿锡九龄,庶几保迟暮。
>
> 人事使之然,夫岂关运数。①

吴宓则总论郑孝胥为人与诗,道:

> 其人自信甚坚,勇于负责,志在经世。自许有军事及政治才。其政治之方向及办法,为借日本之援,图清帝之复辟。"聊以神州喻唇齿,忍看诸夏废君臣。"注重理智的生活与道德。主张积极地奋斗,至死乃休。其人不缠绵于感情,故集中无儿女爱情之诗。又性爽直,故诗亦明显。对古人今人,对友与敌,直下评断,无所隐讳。至其诗,自言"平生梦韦柳,一字不能到。次之为韩欧,阁笔难其奥"。自"道所历"甚明。总之,郑君是极兀傲人。故集中附录《名流诗话》灵睨曰:韩豪、苏旷,"而公诗如其书,纯以气胜,前无古人,则豪旷固是本色"。②

陈叔通与郑孝胥共事商务印书馆十年,熟稔人言,可谓不刊之论。吴宓从同情出发,自与其身份、身世有关,这段话,除"不缠绵于感情,故集中无儿女爱情之诗"一句有误外,亦可谓中的之语。

桑兵老师对"盖棺定论",认为:"历史人物的生死,一般是人物研究的起点和终点。实则对于历史人物的盖棺论定,由于各自的立场观念差异,往往形成罗生门式的演义,可以成为新的研究主题。"又认为:"秉承着盖棺论定的信念,以生命的终结为起点,无数的生者试图判断一个人一生的是非功过,结果仍然只是提供了四面看山的视角。努力客观的结果,还是制造新的主观。"③对郑孝胥言,无论在千古大变局的社会转型时期,世局如何难以取舍,后来人又如何不易权衡,作为历史人物,必须承担历史评价,而无论盖棺后,定论为何。他选择了复辟这条路线,必要承担这一种选择后的结果,承担与此相应的舆论议论,以及历史评价。

而对研究者言,申包胥也好,汉奸也罢,都不过是历史经验留下的标鉴,

①陈叔通:《书海藏楼诗后》,《百梅书屋诗存》,第 65-66 页。

②吴宓:《海藏楼诗》,吴宓著,吴学昭整理《吴宓诗话》,商务印书馆,2007 年,第 302 页。

③桑兵:《盖棺论定"论"难定:张之洞之死的舆论反应》,《学术月刊》,2007 年第 8 期。

社会舆论可以一贴了之,作为研究,却须在此之外,探讨这一个"处在现实的、可以通过经验观察到的、在一定条件下进行的发展过程中的人"①。"真正的辩证法并不辩护个人错误,而是研究不可避免的转变,根据十分详细研究发展过程的全部具体情形来证明这种转变的不可避免性"②。

马克思在《〈黑格尔法哲学批判〉导言》中说:"当旧制度本身还相信而且也应当相信自己的合理性的时候,它的历史是悲剧性的。当旧制度作为现存的世界制度同新生的世界进行斗争的时候,旧制度犯的是世界历史性的错误,而不是个人的错误。因而旧制度的灭亡也是悲剧性的。"③郑孝胥一生,终始归就儒术道统,民国肇建后,仍执着于君主立宪制度,不恤天下重诟,危言危行,但是,"收京耿在念,大事殊未毕"④,盖棺定论,成为汉奸。他以个体承担的方式,为中国近代历史提供了一种发展的可能,并呈现了这一可能的现实命运,这或是他作为历史人物存在的意义所在。

二 郑孝胥研究的进一步思考

如董丛林先生所言:"评价"是历史人物"研究"中一个重要方面的内容,甚至有时可以是一个归结性的环节,但决不是"研究"的唯一目的和归宿,甚至一般情况下也不应该作为主要的目的和归宿,更不是"研究"的全部意义之所在⑤。对于郑孝胥的研究,在本书论述范围而外,仍有更进一步思考之余地。

(一)

恩格斯说:"历史是这样创造的:最终的结果总是从许多单个的意志的相互冲突中产生出来的,而其中每一个意义,又是由于许多特殊的生活条

①马克思、恩格斯:《德意志意识形态》,《马克思恩格斯选集》第1卷,人民出版社,1972年,第73页。
②列宁:《进一步,退两步》,《列宁选集》第1卷,人民出版社,1972年,第507页。
③马克思:《〈黑格尔法哲学批判〉导言》,《马克思恩格斯选集》第1卷,第5页。
④周达:《哭海藏先生》,《今觉盦诗》卷四。
⑤董丛林:《陆荣廷的"多变"、"多面"性及研究要旨刍议》,《陆荣廷与旧桂系学术研讨会论文集》,广西人民出版社,2008年,第168-169页。

件,才成为它所成为的那样。这样就有无数互相交错的力量,有无数个力的平行四边形,而由此就产生出一个总的结果,即历史事变,这个结果又可以看作一个作为整体的、不自觉地和不自主地起着作用的力量的产物。"①

清室复辟是 20 世纪上半叶中国政治史上的一件大事。自 1912 年清朝覆亡,至 1945 年"满洲国"覆灭,前后历三十余年,复辟力量作为一种政治势力,对中国政局产生深刻影响。清季民初的政治生态,实相当复杂、多元。当时的政治走向,存在着多种可能性。"革命"只是其一,"改革"的声音还在,相较君主专制,君主立宪也并不绝对保守落后,具备着一定程度的"革命"性。特别是民国建立后的现实,并不如意愿中理想。如梁济认为,"辛亥革命如果真换得人民安泰,开千古未有之奇,则抛弃其固有之纲常而应世界之潮流,亦可谓变通之举。乃不惟无幸福可言,而且祸害日酷,且不止祸害一时而已,观今日之形势,更虐于壬子年百倍,直将举历史上公正醇良仁义诚敬一切美德悉付攦锄"②。

对于郑孝胥辈遗老言,一生浸淫于儒家政治文化,在此现实背景下,则尤"为中国文明而奋斗,至死亦甘"③,其政治诉求,自有其合理性。其惟礼教是崇,致力建设一个改良后的君主国家,亦未尝不是从帝制到共和之途上,寻求理想国度之一种表现,尽管"满洲国"并未按照这样的理念进行。郑孝胥之于中国近代历史的意义所在,或就在他以个体承担的方式,为中国历史提供了一种发展可能,以及这种可能的现实命运。

(二)

儒家政治文化讲求文化认同,所谓夷夏之辨,实质为文化之辨,有礼仪文教者谓之夏,无礼仪文教者谓之夷,而礼义之邦有教化原始夷狄之责任。作为义法,夷夏之辨妥善地处理了中国历史上的政治问题、民族问题、外交

---

① 恩格斯:《致约·布洛赫》(1890 年 9 月 21 日),黎澍主编《马恩列斯论历史人物评价问题》,人民出版社,1975 年,第 6 页。

② 梁济:《梁巨川遗书》,第 201 页。

③ 沈曾植语,据辜鸿铭《中国人复古运动》所引,详见陈鸿祥《王国维年谱》,齐鲁书社,1991 年,第 214 页。

问题等,使中国历史得以延绵二千余年,并且形成了包括日本、韩国及东南亚诸国在内的儒家文化圈。但是,以文化认同为核心的夷夏之辨,同时也导致中国历史一特别现象,即数次少数民族入侵,在武力成功之后,最终都会通过文化认同,取得统治合法权力,建立起新的"王朝正朔"。将政治认同的条件维系于文化认同,就出现朱学勤所说的"历史文化的结构性矛盾",即:"文化自矜与政治忠诚是否具有迟早会遭遇的内在矛盾"?文化自矜,确实为摆脱陈旧的政治忠诚打开了一条更为超越的出路,但这样的出路,是否会导向新的困境,也就是,为新的政治认同提供文化上的合理解释?关键的一环在于新王朝文化政策的变动,而出现这一历史条件并不困难①。

坚持以儒术治国的郑孝胥,在民国建立后,恪守纲常,图谋复辟,虽与前朝遗民面临的具体情境有所不同,但体现的文化深意,却属同一议论范畴。在道德评价而外,我们需看到,他的晚年经历及其政治舆论,正说明"文化自矜"在"为新的政治认同提供文化上的合理解释"之后面临的"尴尬"。他在"满洲国"宣扬无种族、无国际之王道,虽众所周知为自欺欺人,却是发自内心的对"孔孟仁义之说盛行于世"的真诚期待。这种期待,既体现着传统文化的极大包容性,又呈示着它在历史发展过程中,终究要面临的"尴尬"。历史情境或有类似,郑孝胥式的痛苦与矛盾,还会再呈现。根本而言,如何突破这一文化困境,解决这一难题;小而言,在这一文化困境中,如何自处,怎样发展,是为进一步思考之所在。

(三)

与历代王朝更替不同,民国肇建,由皇天后土而民主共和,政治文化发生根本改变。作为王朝政治文化的最后承载者,清末士大夫的分化与演变,格外值得关注与讨论。郑孝胥与他的旧日同僚、朋好、同志,如张謇、沈曾植、陈三立、张元济、严复、熊希龄等人,本共生于一张巨大的河床之上,却因一次次激潮迭变,被挤压,被裹挟,在流转、冲撞中,一次次疏离,或者聚合,以各自性情、境遇之不同,成为这张河床上,面貌、走向皆异的道道支流。而

---

① 参见朱学勤《从明儒困境看文化民族主义的内在矛盾》。

遭际乱世,徒"慨世乱之未已,悲民生之益穷"①,一生成功者少,失意者多,乃他们集体的命运。郑孝胥之经历,无疑是清末士大夫出处中一种。他一生以济世救国为己任,如无世变,势必以治世良臣,青史留名。即使民国后,他以遗老立世,仍"居之无倦,行之以忠"②,不恤天下重诟,辅弼逊帝溥仪,恢复儒术道统。郑孝胥可谓儒家最后的忠实践道者,其终始一生,都不曾脱离儒家政治文化之正轨。置笔思量,在彼时代优秀人物中,有谁可曾脱离这一正轨? 今天,已被称呼为知识分子的中国读书人,距离这一轨道,又位置何在?

同时,经过时光沙蚀,历史上所谓清遗老已渐失清晰面目,成为一种主观化认识。即使罗志田命名之"失语群体",亦有失准确处。讨论郑孝胥之经历及追求,不只在郑孝胥研究中为主要内容,而描述清末士大夫之存在、演化,亦为其重要内容。是为思考之第三方面。

---

① 《张謇全集》第五卷,第 449 页。
② 《论语·颜渊》。

附录 郑孝胥1931年前大事记

咸丰十年(庚申),1860年,1岁

　　闰三月十二日,出生于苏州胥门。时际太平天国运动,父郑守廉携母林氏避乱苏州,未几,归福建。

　　是年四月,太平军攻占苏州。

咸丰十一年(辛酉),1861年,2岁

　　在福建。

同治元年(壬戌),1862年,3岁

　　十二月,弟郑孝柽出生。

同治二年(癸亥),1863年,4岁

　　入塾,从叔祖郑世恭学习《尔雅》,能成诵。郑世恭,字虞臣,咸丰二年进士,曾主福州凤池、致用、正谊书院,工书。

同治三年(甲子),1864年,5岁

　　在福州。

同治四年(乙丑),1865年,6岁

　　在福州。

同治五年(丙寅),1866年,7岁

　　侍母林氏入京,居宣武门南之粉坊琉璃街福建莆阳会馆。

同治六年(丁卯),1867 年,8 岁

　　与弟郑孝柽从安徽士子李兆珍授读经书。

　　九月,母林氏逝。

同治七年(戊辰),1868 年,9 岁

　　在北京。

同治八年(己巳),1869 年,10 岁

　　在北京。

同治九年(庚午),1870 年,11 岁

　　在北京。

同治十年(辛未),1871 年,12 岁

　　在北京。

同治十一年(壬申),1872 年,13 岁

　　毕十三经。

　　是年,父郑守廉由庶吉士散馆引见,以主事用,签分工部行走,签掣吏部考功司主事。

同治十二年(癸酉),1873 年,14 岁

　　在北京。

同治十三年(甲戌),1874 年,15 岁

　　在北京。

光绪元年(乙亥),1875 年,16 岁

　　在北京。

光绪二年(丙子),1876 年,17 岁

　　正月,父郑守廉逝于北京。

　　五月,归福州,从郑世恭学习举业。

光绪三年(丁丑),1877 年,18 岁

　　在福州。

光绪四年(戊寅),1878 年,19 岁

　　在福州。

光绪五年(己卯),1879 年,20 岁

在南京,就两江总督沈葆桢馆。

九月,与吴赞诚次女吴学芳结婚。

是年入泮,受知于学师孙诒经。

是年春,吴赞诚乞病得请,卸船政。夏,居南京就医调养。

十一月,沈葆桢逝于南京。

光绪六年(庚辰),1880年,21岁

在南京。

冬,回福州应岁试。

是年识张謇。

是年六月,李鸿章奏请在天津设立北洋水师学堂,推举吴赞诚为总办。

光绪七年(辛巳),1881年,22岁

在南京。

光绪八年(壬午),1882年,23岁

二月,回福州。

九月,举乡试第一名,受知于主考宗室宝廷、副主考嘉定朱善祥,同榜中举有陈衍、林纾、高凤岐、卓孝复、方家树等。

是年在福州,与林葵、刘学崟等共会举文。

光绪九年(癸未),1883年,24岁

一月,赴京。

三月,应会试不中。

岁暮,受妻兄吴学廉聘,授其二子读书。

光绪十年(甲申),1884年,25岁

二月,长女郑景出生。

五月,吴赞诚病逝。十月赴安徽庐江料理丧事。十二月自庐江归福州,家眷留庐江。

是年在南京,与张謇、顾云往来。

光绪十一年(乙酉),1885年,26岁

四月,自福州北上,投直隶总督李鸿章幕。叶撰年谱云,"是岁归南京,旋就李文忠鸿章之聘,由南京北上,客天津李文忠幕中",有误。《海藏楼诗集》(增订本)附《郑孝胥年谱简编》,从叶撰年谱,亦误。

五月,到天津。

六月,在北洋水师营务处随办洋务。

十一月,进京,寓下斜街王仁堪宅,备会试。

是年,陈宝琛投闲,在福州。郑孝胥与商出处,乃有北上之行。

是年在天津,与严复、罗丰禄同僚。

在京,与王仁堪、王仁东、张謇、沈曾植、袁昶、丁立钧、陈与同、蒯光典、文廷式等清流一派人物来往。

光绪十二年(丙戌),1886 年,27 岁

三月,应会试不中。

四月,归津。

五月,离津。经上海,至安徽芜湖。

是年在京与陈衍论诗,始标榜"同光体"。

光绪十三年(丁亥),1887 年,28 岁

二月,在南京。

三月,长子郑垂出生。

五月、七月两赴上海,有日记《羁沪杂记》。

八月,赴镇江,有日记《京口之役记》。月末游金山、焦山。

十二月,参加薛庐聚会,入南京文人圈。

是年居南京。

光绪十四年(戊子),1888 年,29 岁

一月,至上海。

二月,入公司。

光绪十五年(己丑),1889 年,30 岁

一月,自南京北上。

二月,在北京,寓下斜街王仁堪宅。

三月,参加会试。

春夏间,考取内阁中书,座师翁同龢。

六月十一日,奉朱笔圈出记名,十二日到阁。

七月,次子郑禹出生。

秋,以中书改官同知,分发江南,归南京。

十月,与翁长森、顾云、邓嘉缉、蒋师辙同游摄山。

十一月,回京,寓下斜街。

十二月,始入值内阁中书。

是年在上海识赵凤昌。

在南京,与南京文士吴学廉、顾云、蒋师辙、邓嘉缉、翁长森、秦际唐等来往。

是年始存诗。

光绪十六年(庚寅),1890年,31岁

二月,充镶红旗官学堂教习。移寓官学。

三月,应会试不中。

八月,领事于方略馆。

是月,清廷任命李经方为出使日本大臣。

九月,出京,有出京诗十一首。抵福州。

十一月,与陈宝琛游鼓山,有《伯潜约游鼓山》、《听水楼携伯潜夜坐》诗。是月中下旬,北行南京。

冬,在南京。

是年在京,与张謇"定元白结邻之约,为皮陆倡和之诗"。

在京,有《枕上》诗,云"养生候密须逢子,学道心繁总着魔",诗后注:"学道之士,必以子时修炼。"参其日后经历,似自此时开始学道养生。

光绪十七年(辛卯),1891年,32岁

四月,自上海启程赴日本。月底抵东京,为驻日使署书记官,居东京麴町。

六月,李经方始发奏调折。

是月,李经方丁母忧。

七月,奉署理筑地、大阪副理事官札委。

是月,汪凤藻以翰林院编修赏二品顶戴署理驻日钦差大臣。

十一月,挚友陈与冏卒于京。

十二月,吴赞诚夫人卒,回国料理丧事。

是年,与使署翻译李维格同僚,从其学习英语。

参加日本"亚细亚协会"集会。

识日人水野贯田、西岛醇、长尾槙太郎。

是年,陈衍、林纾、林葵、周长庚、李宗言、李宗祎、高凤岐、王允皙等在福州结支社,一月数集,专赋七律唱和。

光绪十八年(壬辰),1892 年,33 岁

一月,在南京。

二月,往游镇江,晤王仁堪、林开謩、刘家立、汪凤藻、汪凤梁、文芸阁。

是月,叔祖郑世恭卒。

三月,为沈文肃祠建亭作《夜识亭记》。

五月,携眷赴日,居东京永田町日枝山下。

八月,留任筑地、大阪副理事官。

是月,汪凤藻至东京接任驻日公使。

九月,退亚细亚协会。

是年识沈瑜庆婿林旭。

光绪十九年(癸巳),1893 年,34 岁

一月,三子东七出生。

奉札委充驻扎神户兼管大阪正理事官。

二月,抵神户,赴神户兼管大阪正理事任。

五月,汪凤藻奏派郑孝胥接充驻扎神户兼管大阪正理事官。

六月,黄庆澄往神户游,与谈。

八月,赴大阪博览会,诣天王寺。

九月,名署中茅亭"怀人亭",以怀顾云、沈曾植诸友。有诗《怀人亭》并序。

十月,挚友王仁堪卒于苏州任上。

是月,长兄郑孝颖携子赴日游。

十一月,次女出生。殇。

十二月,挚友陈宗濂卒。

是年在日本,与顾云、沈曾植、袁昶有诗书往来。

识日人桥本海关。

光绪二十年(甲午),1894 年,35 岁

四月,焚鸦片十五篓及吸烟器具百余件,有《焚鸦片十余篓及吸器百许具于署之东隅仍洒灰于坎以灭其迹》诗记之。

六月,遣眷归国。

七月,归国。居南京,寄寓吴寓,暂候保案。

是月初一日,中日正式宣战。清政府命汪凤藻入京,随员悉给归装解散。

八月,李经方邀北上,不应。

九月,唐景崧署理福建台湾巡抚。

十月,就张之洞幕,委办洋务文案。时张之洞调署两江,兼署南洋大臣、江南将军,负责筹备南方防务。沈瑜庆、叶大庄、陈书、陈衍等友,皆在南京督署。

是月移居教敷营。

十一月,李经方邀赴日议和,拒。

三子东七殇。

是年,在天津报捐同知,指省江苏。

是年,张謇中状元,丁忧归南京。

光绪二十一年(乙未),1895 年,36 岁

二月,移居绵侠营,邻吴氏草堂。

二、三月间,送弟郑孝柽赴天津,独游杭州。

三月,中日签订《马关条约》。

四月,李鸿章招入幕,拒。

向张之洞两上说帖主战,并请设商务总局于江宁。

是月中日在烟台换约。二十六日,朝廷电谕唐景崧着即开缺,来京陛见,台省大小文武各员内渡。二十七日,唐景崧致电张之洞,乞准郑孝胥与徐赓陛渡台,以资襄助。

五月初三日,抵上海,赴台湾不果,回南京。

是月初二日,台湾宣告自主,成立"台湾民主国"。

闰五月,代张之洞草拟《吁请修备储才折》。

六月,四子郑胜出生。

是月,张謇来南京,与张之洞论商务。

九月,入京引见。

十月,在京拜谒翁同龢。

是月,强学会在北京成立。

十一月,在京。拟《创立陆军学堂》,由丁立钧、沈曾桐等联名上奏。

拟《论商务疏》,由王鹏运以《外患日深请讲求商务折》上奏。

代陈璧草拟《请派大员查办船政疏》、《印税疏》。

与沈曾植、丁立钧赴强学书局集会。

是月二十二日出京。

是月,刘坤一着回两江总督本任,张之洞着回湖广总督本任。

十二月,归南京。

是年,在南京与陈庆年识。

光绪二十二年(丙申),1896 年,37 岁

一月,奉张之洞札委,充洋务局提调及商务局差。

从张之洞游匡山,有《从广雅尚书登采石矶彭杨祠》、《芜湖道署燕集上广雅尚书》、《从广雅尚书登石钟山昭忠祠》、《复从游武昌西山九曲亭至陶桓公祠》诸诗。

是月,清廷从张之洞奏,于江宁创设陆军学堂,并附设铁路专门学校。

三月,与顾云、张謇、秦际唐、蒯礼卿、邓熙之、陈作霖、周石霙修禊吴园,有《上巳吴园修禊》诗记之。

六月,与梁鼎芬、况周仪、徐乃昌、刘世珩同游钟山定林寺,有《游定林观乾道题名》、《定林访碑图》记之。

七月,黄遵宪、汪康年、梁启超在上海创办《时务报》,汪康年任总理,梁启超任主笔。

清廷批准设立铁路总公司,任命盛宣怀为督办铁路总公司事务大臣,同时着王文韶、张之洞督率兴作。

九月，次女郑惠出生。

十一月，应允罗丰禄奏调出使英国。

是月，刘坤一上《为保荐江苏候补同知郑孝胥才具明敏请量为择用事》片。

是年于南京青溪畔筑屋，名濠堂，有《濠堂落成》诗记之。

光绪二十三年(丁酉),1897 年,38 岁

一月，上海商务印书馆开业，创办人夏瑞芳、鲍咸恩、鲍咸昌、高凤池。

三月，陈庆年应张之洞聘，来鄂任译书局总纂，兼任两湖书院分教，授史学。

四月，蒋黼、罗振玉等人在上海创办务农会会报《农学报》。

六月，由盛宣怀奏调，札委商会公所参赞。

七月，张之洞上《荐举人才折》，列名其中。

八月，陈季同、陈寿彭在上海创办《求是报》，陈衍为主笔。

九月，奉盛宣怀札委办理通、沪分机事宜。

是月租虹口寿椿里宅，名之海藏楼。

十一月，勘定盛宣怀缉《续经世文编·洋务卷》。

是月，复学英文。

五子郑何出生。

十二月，奉盛宣怀札委购料处。应张之洞、盛宣怀招，入湖北一行。

是年，识柯贞贤、罗振玉。

是年，在上海与时务报馆汪康年、梁启超、谭嗣同来往。

与农学报馆蒋黼、罗振玉来往。

光绪二十四年(戊戌),1898 年,39 岁

一月，奉盛宣怀札委充造册处总办。

应汪康年聘请，任《时务报》总主笔，主选外来文字。

六月，以张之洞奏保使才，奉旨来京预备召见。

月底赴鄂。

七月，赴京召见，条陈练兵、练官、练圣躬三事。以道员候补，派在总理各国事务衙门章京上行走。

八月,戊戌事变,乞假南归。在京上奏折《敬陈变法大要》与《破除习气并举萨镇冰疏》。

九月,到上海。

十月,赴武昌,复入张之洞幕府。

三女郑能出生。

十二月,总办汉口至黄河南岸铁路。

是年上海亚细亚协会创立,参与创办事宜。

是年,光绪帝下"明定国是"诏,宣布进行维新变法。

蒋黼、罗振玉、汪康年、狄宝贤、邱宪在上海创办东文学社。王国维为社员。

光绪二十五年(己亥),1899 年,40 岁

六月,三女郑能殇。

八月,移家武昌大潮街湖舍。

十月,日人宗方小太郎来访。

十二月,随张之洞往青山观操行军队。有诗作《洪山登南皮尚书阅兵台》。

是年起主办京汉铁路南段总办,兼办汉口铁路学堂,寓居汉口。

是年,与江汉关道岑春蓂识。

与陈衍、沈曾植论诗,倡"三关"、"三元"之说。

光绪二十六年(庚子),1900 年,41 岁

二月,修筑盟鸥榭,为燕客谈诗之所。

三月,准调铁路护营保护路工。时,义和团起。

五月,直隶中部卢保铁路被破坏。

七月,奉张之洞札委,总办湖北全省营务处。佐张之洞筹画保全东南半壁之策,草拟案牍,每至夜半方归。有感愤诗四首记之。

是月,清廷发布宣战诏书,正式向十一国同时宣战。八国联军攻占天津、北京,西太后挈光绪帝出京西逃。政府宣战后,刘坤一、张之洞等与英、美等国驻上海领事订立《东南互保章程》。

唐才常设自立军反清,在汉口事败被捕处死。

八月,奉张之洞札委,任武建军监操官。

十二月,上谕改革,新政开始。

是年,与岑春冀交密。

光绪二十七年(辛丑),1901 年,42 岁

一月,识上海女伶金月梅。

是月,何嗣焜卒。

三月,张之洞荐举深知灼见办事实有成效者九人,列名其内。

是月,谕令设立督办政务处,派庆亲王奕劻、大学士李鸿章、昆冈、荣禄、王文韶、户部尚书鹿传霖为督办政务大臣,刘坤一、张之洞"遥为参预"。

四月,以张之洞《保荐人才折》,着吏部带领引见。

协助张之洞起草《江楚会奏变法三折》。

五月,兄郑孝颖、郑孝思与侄郑友荃卒。

六月,以"票匪保案",加二品顶戴。

奉督署札委,任学务处总办。

七月,妹伊簑(萱)卒。

是月,《辛丑条约》签订。

八月,迎两兄家眷至鄂,居汉阳。

九月,李鸿章卒。

十月,上谕"刘坤一、张之洞、袁世凯共保东南疆土,尽心筹画,均属卓著勋劳,自应同膺懋赏","两江总督刘坤一着赏加太子太保衔,湖广总督张之洞、署直隶总督袁世凯均着赏加太子少保衔"。

是年,刘坤一、张之洞联衔会奏《江楚会奏变法三折》,请整顿中法、仿行西法。

光绪二十八年(壬寅),1902 年,43 岁

三、四月间在沪,以随员身份,从吕海寰、盛宣怀与各国议定《商约》。

六月,作小说《函髻记》。

是月上谕,张之洞着充督办商务大臣。

七月,挚友丁立钧卒。

九月,张之洞调署两江,随往南京。

小女文渊出生。

十月,署理四川总督岑春煊保荐郑孝胥才识闳深,请擢用。

十一月,奉张之洞札委总办两江营务处。

十二月,奉张之洞札委充江南制造局总办。卸铁路事,赴上海。

是月,岑春煊奏请郑孝胥派充川省商矿大臣。

是年,长尾槙太郎移居上海,受聘商务印书馆编译室任主任。

光绪二十九年(癸卯),1903 年,44 岁

一月,上谕着发往四川,随同岑春煊办理川省商务、矿务。

五月,由岑春煊奏调入桂。时,岑春煊调补两广。

奉岑春煊札委,任洋务处督办、营务处总办。

闰五月,奉岑春煊札委,任行营文案。

代岑春煊拟劾巡抚王之春、广西布政使汤寿铭、按察使希贤等电奏。

六月,奉委任湖北新军武建军统领。

是月,武建军两旗自武昌出发。郑孝胥往广州接统,月末,率武建军起程赴桂。

七月,奉上谕,加恩着以四品京堂候补,督办广西边防事务,并准专折奏事。

八月,抵龙州。

是月,严复译著《群己权界论》由商务印书馆出版发行。

九月,武建军抵镇南关。

是月,护理广西巡抚丁体常奏请郑孝胥管理龙州铁路事宜。

十月,因广西巡抚柯逢时减饷、武建军水土不服,奏请另简边帅,并撤回武建军。奉旨仍责成认真筹办,毋许推诿。所有边防月饷,毋庸减发,着岑春煊会商柯逢时妥筹办理。

十一月,移驻龙州。

十二月,奉旨监管龙州铁路。

是月,署理两广总督岑春煊、督办广西边防郑孝胥、广西巡抚臣柯逢时奏请严饬各省按期筹解广西协饷。

是月,日俄战争爆发。

光绪三十年(甲辰)，1904年，45岁

一月，设通力局，武建军护行车渡。

三月，奏陈筹改营制饷章变通办法，暨推广制造局各事宜。

四月，所设龙州银号开业，名"新龙"，官商合办。

五月，柳州兵变。

翁同龢卒。

八月，发行武建钞票五千，交新龙银号。

是月，与法越南总督派员议内河行船事宜。

九月，派陆荣廷往柳、庆助剿。签订中越《行船过界草约》。

致岑春煊电，请饬电局安设边防西路电线，自镇边、归顺、水口而抵龙州，东路电线则由龙州通宁明，抵爱店隘。

是月，边防将弁学堂开学。

十月，电奏告病，乞开去督办边防差。有《十月十七日奏辞督办边防》、《十九日又作》诗感怀。

十一月，龙州浮桥落成，名利民桥。有《十一月十三日浮桥落成纪事》诗记之。

是年为边饷所累，屡奏辞边防督办，并请以督办边防之任责成本省督抚，使筹饷防边合为一气，防边不为饷项掣肘。

添募湖南勇丁，备补军中缺额。

是年，上海商业会议公所改组建立上海商务总会。严信厚为总理，徐润为协理，周晋镳为坐办。

光绪三十一年(乙巳)，1905年，46岁

一月，国学保存会在上海创办《国粹学报》，邓实任总纂。

二月，办龙州小学堂，并在各州推广。

办龙州学社，任社长。

是月，孟森到幕。

广西按察使刘心源着开缺，以余诚格补授。太平思顺道着张鸣岐补授。

三月，奏陈边事三条。一，电线宜设，东自上思通广东，西自百色通云南；二，炮队宜练，先成陆路炮队、过山炮队一二营以增步队之力；三，农工宜兴,岁由边防筹款五千两,送学生十二人赴日本学农务、工商。

四月,建造武建军纪念碑。

送家人北旋。

是月,岑春煊上《奏为遵旨会议举人替换郑孝胥无论特简督办或改巡抚均应先有边饷事》折。

七月,武建军调粤,改编营制。

八月,长女郑景与金邦平结婚。

九月,上《奏陈制械为练兵根本,请饬练兵处限年赶造折》。

辞边防差,离龙州。

是月,署理两广总督岑春煊、广西巡抚李经羲上《奏为委任署理太平思顺道庄蕴宽暂行接办边防大臣郑孝胥及边饷请毋延欠事》,请裁去督办名目,一切责成边道,而统辖于巡抚。以太平思顺道向驻龙州,接壤越边,兼统边军,办理防务形势。并请广西边饷每年奏定五十万两,由两广鄂湘四省分认筹解,广东、湖北应协饷银十三万两,湖南应协饷银十二万两,照议立案。是月奉旨,广西边防事务现归太平思顺道办理,着责成广西巡抚:每隔一年,巡边一次,考察交涉事宜及民间疾苦,随时整顿,以固边疆。

十月,到广州。驻留十日后往上海。

在上海,晤老友张謇、沈曾植、陈宝琛等。

是月,日本文部省颁布《关于准许清国学生入学之公私立学校之规程》。

清政府设立"考察政治馆"。

十一月,参加皖、赣、闽、浙四省自办铁路总会事宜会议。

自沪归福州展墓。叶撰年谱云,"冬日龙州北行归福州,有十二月初一日梅亭展墓之作。十二月初九日,渡海至上海",误。

在福州,为林文忠公祠书御制碑文。

十二月,返上海。

是年,孟森在龙州著《广西边事旁记》,商务印书馆付印,严复作跋。

清廷派载泽、戴鸿慈、端方等五大臣分赴东西洋各国,考求一切政治,以期择善而从。

光绪三十二年(丙午),1906 年,47 岁

一月,赴烟台视金月梅,与约往苏州,就海藏楼文案之馆。

二月,为中国公学开校礼演说,勉励诸生"力守目下共和之法,就平等中选举办事之员,授以权限,明其义务,相率服从,以为天下学界自治之表率"。胡适于是年就读中国公学。

三月,大亿公司成立,被推举为总理。

迎金月梅到沪,居春晖里。

是月,孟森、孟昭常兄弟赴日本。

中国公学学生、同盟会成员姚宏业投江。

四月,为商务印书馆选编《国文读本》。

闰四月,挚友顾云卒。

六月,搬谦吉东里四百八十一号新屋。

七月,在张园为报馆公会演说预备立宪。

得学部照会,列头等咨议官。

是月,清廷宣示预备立宪。

岑春煊补授云贵总督。

端方调补两江总督兼南洋大臣。

八月,与刘垣、沈同芳、王清穆、张謇、王同愈、陆尔奎诸人发起成立宪政研究公会。

九月,宪政研究公会改名为预备立宪公会。

十月,以陈宝琛推举,为车桥厂闽省代表。

十一月,预备立宪公会召开第一次大会,被选举为会长。张謇、汤寿潜被选举为副会长。

赴湖北,在汉口晤林绍年。还至南京,谒端方。月末,返上海。

是年识王国维。

是年,中国公学成立。

光绪三十三年(丁未),1907 年,48 岁

一月,入端方幕。

赴江宁教育总会学界特设劝迎会,演说教育完备之期甚远,宜为出洋高

等之预备,及高等小学卒业后可就各种实业专门之预备。

获法国殖民部赠安南龙式三级十字勋章。

是月,岑春煊调署四川总督。

二月,得端方照会,正式担任中国公学监督。

三月,江宁教育总会设立法政讲习所。

是月,岑春煊补授邮传部尚书。

四月,为法政讲习所开学演说,阐发"欧洲以科学立国,非一时所能及;能使国人悉有法政之知识,亦足以暂图自存"之意。

补授安徽按察使。辞。

调补广东按察使。辞。

是月,端方上《保郑孝胥请破格录用由》折。

岑春煊补授两广总督。

五月,恽毓鼎奏劾瞿鸿禨暗通报馆,授意言官,阴结外援,分布党羽,瞿鸿禨着开缺回籍。

六月,应沈同芳、周廷弼、刘垣邀,游无锡周新镇,观商业学堂、缫丝厂、当铺。同行郑孝柽、李家鏊、孟昭常。有《沈友卿周顺卿刘厚生招游惠山》诗记之。

张謇邀赴通州开大生有限公司股东会,被推举为董事。参观大生纱厂、育婴堂、商品陈列馆、师范学堂、植物苑等。继赴如皋、扬州,访梅花岭史阁部墓,入天宁寺,游小金山、平山堂、法海寺,至镇江,访曹家麟花园,观承志中学校、植物园。

是月,袁世凯调任军机大臣兼外务部尚书。

谕令"考察政治馆"改为"宪政编查馆"。

七月,岑春煊以恽毓鼎奏劾着开缺,寓上海。

九月赴汉口,与盛宣怀晤谈合并汉阳铁厂、大冶铁矿、萍乡煤矿事。同行代表汤寿潜、蒋抑卮、蒋汝藻、沈铭清、苏宝森、刘垣。

是月,清廷谕令各省筹设咨议局。

十月,复被选举为预备立宪公会会长。

被福建同乡会选举为正会董。

诣愚园各埠华商大会,议商法草案事。

政闻社成员张嘉森、黄可权来访,欲联络预备立宪公会,组织成立国会期成会。

是年,郑孝胥创办日辉织呢商厂,自任总理,樊棻、叶璋、丁维蕃、熊定保为发起人。

是年,清政府内部发生权争,史称"丁未政潮"。

光绪三十四年(戊申),1908年,49岁

二月,次女郑惠卒于天津。叶撰年谱称"三女惠卒于天津",误。

辞中国公学监督。夏敬观接任。

三月,预备立宪公会议设国会研究所。

四月,国会研究所召开第一次会议。

复被选举为福建同乡会会长。

六月,以预备立宪公会名义,两次致电北京宪政编查馆。

得端方照会,委充劝业会总理,并被推举为副会长。

七月,各省代表联名上书清廷,请速开国会。

八月,日辉织呢厂正式开工。

是月,清政府颁布《钦定宪法大纲》,宣布开设议院以九年为限。

九月,中国公学成立董事会。张謇为总董,熊希龄副之。郑孝胥为董事之一。

十月,担任福建同乡会督催咨议局事。

主持预备立宪公会举哀会,并作《述哀》文。是月,光绪帝、慈禧太后相继薨。有《啼血诗》三首志哀。

十一月,辞预备立宪公会会长。

是月,宣统帝登极,载沣以摄政王监国。

十二月,日辉织呢厂始试造毛绒线。织呢厂批发所开办。

是年,海藏楼在南阳路落成。

是年,交通银行成立。郑孝胥为交通银行题写"交通银行"名,沿用至今。

宣统元年(己酉),1909年,50岁

正月,清廷诏令各省于本年内一律成立咨议局。

二月,挚友高啸桐卒。

清廷下诏,宣示朝廷一定实行预备立宪、维新图治之旨。

闰二月,预备立宪公会开特别会,议设福建分会。

商务印书馆召开股东会,任会议议长。与张元济、高凤池、印锡璋、高凤谦、鲍咸恩、夏瑞芳一起被推举为董事。

五月,瑞澂补授江苏巡抚。

端方调署直隶总督,张人骏署两江。

宣统皇帝据宪政编查馆奏定的《宪法大纲》,宣布自为大清国陆海军大元帅,所有一切权任事宜,在未亲政前由监国摄政王代理,设军谘处。

六月,奉天巡抚程德全致函邀游奉天。

八月,草《创立华侨公会议》稿,使郭任智集合同志。事无果。

是月,张之洞卒。

九月,撰《孔教新编》。

是月,各省咨议局开幕。

十月,参加中国公学新生合并会。

得李家鳌自奉天来书,与言锦齐铁路事。

是月,上谕端方照部议革职。

各省咨议局代表在上海集会,商讨请愿速开国会。

十一月,预备立宪公会选举,朱福诜任正会长,张謇、孟昭常为副会长。

是月,东三省总督锡良与奉天巡抚程德全致电岑春煊,正式邀请郑孝胥赴东。年末,郑孝胥自上海抵奉天,为筹划锦瑷铁路及葫芦岛筑港事宜。

是年,居海藏楼,有《海藏楼杂诗》三十四首志感。

是年日辉织呢厂董事屡议招股及扩充销路办法。虽召开宣传茶会,在报纸杂志上发布广告,亦遍寄各省商会、教育会、自治会,仍销路不畅。五月,以厂契为抵押,向义善源、交通银行、浚川源银号、兴业银行、大清银行办理贷款二十五万。

宣统二年(庚戌),1910 年,51 岁

正月,在奉天,拟订锦瑷铁路借款包工合同二十款。

二月，自奉天至天津，议商锦瑷铁路借款正合同。居颜氏园。

三月，议定借款包工合同，返奉。

四月，得锡良照会，主持锦瑷路事。照会系宣统元年十二月签发。

代拟锡良《密陈筹办葫芦岛不冻口岸情形折》，请旨饬部拨款自筑，以振危局。

是月二十日离奉天，经天津返上海。

是月，锡良札饬各局，嗣后东省军队、巡警及各项军学堂制办军衣操服，务须前赴陆军粮饷局军装制造厂购用日辉华呢。

五月，代锡良拟电奏，请赶于日俄协约未布以前将锦瑷、张恰二路同时定议。

是月，日辉织呢厂招股不足，欲援大生纱厂之案，改为官商合办，将从前南洋拨存该厂之二十万两改为官股，派员会同经理，不果。

是月，程德全调任江苏巡抚。

上谕，仍俟九年筹备完全，再行降旨定期召集议院。

六月，移居徐家汇之虹桥路。

是月，锡良为日辉织呢厂拨款二万两，其中股银一万，借款一万。

中国公学改为监督行事办法，以夏敬观为监督，驻学办事，各教员、职员皆由监督聘订，别定严肃规则。

七月，自沪赴奉。

随锡良入京，居贤良寺。有《七月二十三日入都居贤良寺》诗。

代锡良拟奏呈锦瑷借款包工合同底稿，又附片密陈一件。

代锡良拟《葫芦岛筑堤购地开工情形由》折。

代锡良、瑞澂拟会奏折稿，请朝廷实行借债造路政策。

八月，代锡良拟复李经羲并致各督抚一电，仍请锡良、瑞澂以借款修路之策为天下倡。

返奉天。

赴连山，至葫芦岛视察。有《中秋葫芦岛夜起》诗记之。

九月，代锡良拟《议复熊希龄奏稿》。

赴青岛、秦皇岛、大连察看海堤。

代锡良拟联衔电奏,请仍将内阁、国会同时并举,以慰民望。

十月,谕旨定于宣统五年实行开设议院。

十一月,赴苏州,晤程德全,谈政团联结之法,并陈就岁入之款择要举办宪政,大借外款专办铁路,以求将来之发达之"开通改革政策",建议程与锡良、瑞澂、丁宝铨、李经羲联名奏陈。

经汉口,为瑞澂拟统一官制办法。

是月到京。

刘婉秋到京。

代锡良拟《葫芦岛建筑海堤派员筹办购地开工情形折》。

是月,日辉织呢厂告急。

十二月,寓北京前门内石碑胡同。

是月,瑞澂奏三等官制说。

盛宣怀任邮传部尚书。

是年,郑孝胥往来于东北、天津、北京之间,《十一月十八日出山海关》有"今年辽沈频来往,每出榆关一抚膺"之句。

与赵熙多有诗书往还。

冬,在京参与访古诗社活动,有《人日立春罗挨东邀集四印斋是王佑遐侍御故宅》诗。

是年春,陈衍、赵熙(尧生)、胡思敬、江瀚(叔海)、江逸云、曾习经(刚甫)、罗惇曧(挨东)、胡铁华诸人在北京结访古诗社。每于人日、花朝、寒食、上巳,往天宁寺、崇效寺、慈仁寺、法源寺、花之寺等地,挈茶果饼饵集焉。晚则饮于寓斋若酒楼,分纸即为纪事诗。次集易地,汇缴前集之诗,互相品评。其主人轮流为之。

宣统三年(辛亥),1911 年,52 岁

二、三月,在京。犹推动锦瑷路事,宣传借债造路。刘廷琛、赵熙、文斌在其策说下,均有折奏上。

二月,在北京后孙公园同志讲演会演说财政及借债造路之策。

三月,被选举为商务印书馆新一届董事。

是月,黄兴领导广州起义。

四月,代赵尔巽拟《请特准随时入觐折》稿。

代盛宣怀拟谕旨二道。又为拟收回商办铁路奏稿。

是月出京抵沪。

是月,清廷设立责任内阁。庆亲王奕劻为总理大臣,盛宣怀为邮传大臣。

端方充川汉、粤汉铁路督办大臣。

清政府与德、英、法、美四国银行签订川汉、粤汉铁路借款合同。

五月,应盛宣怀、端方电招入京,会商川汉、粤汉铁路事。上铁路包工策。其时,四川保路风潮已起。

补授湖南布政使。

摄政王载沣召见,论交通要义及"借债造路为变法之本"策。

是月,宪友会在北京召开成立大会。

六月,请训。召对,陈内阁统一政策及造路预算案。

是月离京抵沪。月末自沪赴长沙。经汉口,晤端方、瑞澂。

日辉织呢厂停工。

闰六月,抵长沙。初八日接印。

杨文鼎调陕西巡抚,余诚格调湖南巡抚。

瑞澂密电派赴京,为厘定颁行外省官制备咨询。李宣龚随同前往。

是月末自长沙赴京。经汉口,晤瑞澂、端方。

七月,初一日奉端方照会,为川汉、粤汉铁路总参赞。

初三日抵京,居舍饭寺。

谒载泽,谈统一国库及理财行政分科之法。

晤盛宣怀,谈四川抗路事,为拟办法节略以商于载泽。

是月,端方着任四川总督。郑孝胥拒赴川之请。

岑春煊着即前往四川,会同赵尔丰办理剿抚事宜。

八月,谒载泽,为酌应陈之策。

为盛宣怀拟稿,请发上谕,"赦从匪之学生、兵士及许匪首以悔罪自投"。

奉旨着即请训,迅速回任。

是月,革命党人在武昌发动起义,成立湖北军政府,推黎元洪为都督。

袁世凯任湖广总督。

九月,离京。初八日到沪。有《续海藏楼杂诗》八首志感。

应汤寿潜请,致电萨镇冰,劝"暂息兵力,勿残同类"。电稿由赵凤昌托丹麦领事拍发。

是月,资政院劾盛宣怀,奉旨革职,永不叙用。

清廷宣布袁世凯为内阁总理大臣。

程德全投向革命,为苏州都督。

汤寿潜为杭州都督。

袁世凯组成内阁,为总理大臣。张謇任农工商部大臣。

十月,谢客不出。

剪发。

是月,端方被所部叛兵杀于资州。

杜俞着署理湖南布政使,并帮办湖南军务。

载沣辞去监国摄政王职位。

清廷以袁世凯为议和全权大臣,袁世凯命唐绍仪为议和总代表。

各省军政府推举伍廷芳为议和代表,与清内阁代表谈判。

十一月,严复来访。时在上海为北方议和代表。

张嘉森来访,致国民协会章程。

是月,孙中山归国,抵上海。

孙中山在南京就任中华民国临时大总统。

改用阳历,以中华民国纪元。

十二月,逊位诏下。皇帝将统治权公诸全国,定为共和立宪国体,由袁世凯以全权组织临时共和政府,与民军协商统一办法。

是年上半年在京城,与赵熙、陈宝琛、林纾、陈衍、罗惇曧、胡思敬、林思进、温肃、曾习经、潘之博、冒广生、梁鸿志等,诗酒宴集,有花之寺、陶然亭、南河泊、积水潭、极乐寺、崇效寺、法源寺宴集诸诗。其时,又多书画题咏诗。

作《觇国谈》三篇。

是年武昌起义后,避居沪上海藏楼,密切关注时局变化。

民国元年(壬子),1912年,53岁

2月12日,清宣统帝下诏逊位。

3月,袁世凯在北京就任中华民国临时大总统。

6月,被选举为商务印书馆董事。

入读经会(社)。是月,沈瑜庆首开社,首集社员有陈树屏、王仁东、刘宣甫、杨小宋、吴学廉。叶撰年谱以《病起读经会》诗,系于1913年,误。

9月,袁世凯颁布《整饬伦常令》。

10月,康有为学生陈焕章谋诸沈曾植、朱祖谋、梁鼎芬等,在上海成立孔教会。

11月,孔教会在上海设立总会事务所。经袁世凯政府批准,在全国各地设立分会。

是年,居海藏楼,避不见常客。

与沈曾植、陈三立有诗歌唱和。有《答沈子培》诗:"行逢宿草何妨哭,留阅兴亡只两翁。"时沈曾植亦戒断常客。有答陈三立《同登海藏楼》之作:"恐是人间干净土,偶留二老对斜阳。"

是年与闻复辟。经沈耕莘、姚赋秋介绍,与日人宗方小太郎、西本省三、水野梅晓开始来往。

陈衍在梁启超主编的《庸言》杂志上发表《石遗室诗话》。

民国二年(癸丑),1913年,54岁

2月,隆裕皇太后卒。

是月,孔教会发行《孔教会杂志》作为机关刊物。

3月,宋教仁被刺。两日后卒。

在上海寓居之前清同人开超社,首集社员有缪荃孙、左绍佐、吴庆坻、瞿鸿禨、沈曾植、王仁东、周树模、陈三立、吴士鉴、林开謩。

4月,主持商务印书馆股东常会。被选举为董事。

5月,拒绝福建省议会议员任民政长之请。

6月,袁世凯发布尊孔祀孔令。

7月,江西都督李烈钧在江西湖口宣布独立,成立讨袁军总司令部,发表讨袁电告,发起"二次革命"。

是月,沪上战事亦起。

9 月,拒绝熊希龄北上之邀。时熊希龄为内阁总理兼财政总长。

是月,孔教会在山东曲阜召开第一次全国孔教大会,举行大规模祭孔活动。

10 月,拒绝张謇出办美国巴拿马赛会之邀。其时,张謇为熊希龄内阁农商总长,筹备巴拿马赛会事务。

是月,袁世凯当选中华民国正式大总统。

11 月,拒绝张謇治理东三省水利之邀。

是月,袁世凯下令解散国民党,国会自此停顿。

孔教会推康有为任总会会长,张勋任名誉会长,陈焕章为主任干事,总会迁至北京。

是年,担任商务印书馆董事会主席。

是年与姚文藻、宗方小太郎、西本省三、波多博、西田耕一、水野梅晓来往密切。

与王仁东、林开謇、刘宣甫、吴学廉、陈树屏、杨小宋、刘树屏等作读经会。

是年,日辉织呢厂售归江苏官有。

升允西行库伦,策划联合蒙古王公,发檄讨袁,意借俄蒙声势,进逼张家口,而自纠合甘肃旧部,东取秦晋,收京师。继以日人游说,往东京联络。

民国三年(甲寅),1914 年,55 岁

1 月,袁世凯下令解散国会,停止参众两院议员职务。

4 月,赴通海垦牧公司开股东会,被举为董事。

5 月,参加商务印书馆股东常会,被选举为董事。

是月,袁世凯公布《中华民国约法》,成立参政院。撤销国务院和秘书处,在总统府内成立政事堂。长婿金邦平任政事堂参议。

是月,第一次世界大战全面爆发。

8 月,拒绝赵尔巽清史馆名誉总纂之请。

9 月,袁世凯颁发《祭孔令》,公开恢复前清祭孔规定。

是年,与闻宗社党复辟活动。叶撰年谱云是年“闭门不与世事,所作多

题画咏史之诗",所作多题画咏史是实,闭门不与世事则非。

与沈瑜庆、李宣龚、陈树屏、陈曾寿、孟森、赵凤昌、长尾雨山等交往密切。

是年,读经会活动至 5 月。

国史馆开馆,王闿运为馆长。

清史馆开馆,赵尔巽为馆长。

肃亲王善耆、恭亲王溥伟、升允、蒙古贵族巴布扎布,在日本首相大隈重信、黑龙会会首头山满、财阀大仓喜八郎支持下,在日本成立"宗社党"。

民国四年(乙卯),1915 年,56 岁

1 月,日本公使向袁世凯政府提出二十一条。

3 月,瞿鸿禨在上海组织寓居之前清同人开逸社,首集社员有瞿鸿禨、冯煦、缪荃孙、吴庆坻、沈曾植、王仁东、陈三立、陈夔龙、王乃征、沈瑜庆、朱祖谋、杨钟羲、林开謩、张彬。

4 月,与丁宝铨、于式枚、余诚格、许汝棻同游苏州天平山,有《三月十七日丁衡甫于晦若余寿平许鲁山同游天平山范文正祠》诗记之。

5 月,被选举为商务印书馆董事。

8 月,筹安会成立。杨度为理事长,孙毓筠为副理事长,严复、刘师培、李燮和、胡瑛为理事。

9 月,郑孝柽任安徽省政务厅厅长。

是月,陈独秀在上海创办《青年杂志》。

12 月,中华革命党淞沪司令长官陈其美在上海发动"肇和"兵舰起义,炮轰江南制造局。

是月 12 日,袁世凯复辟帝制。25 日,蔡锷、唐继尧通电各省,宣告云南独立,组织护国军,讨伐袁世凯。

是年 2 月,与壬午同年开始一元会。初次与会者冯煦、朱祖谋、王乃征、陈三立、李鞠农、唐元素、杨钟羲。

与沈瑜庆、李宣龚、林开謩、陈曾寿、陈树屏、丁宝铨、吴学廉、高凤谦、赵凤昌等交往密切。

与姚文藻、日人西本省三、神尾茂、西田耕一等来往。

民国五年(丙辰),1916 年,57 岁

1 月,为吴昌硕作《缶庐诗序》。

3 月,袁世凯被迫取消帝制,复称大总统。

是月,陆荣廷通电广西独立,宣布讨袁。

5 月,被选举为商务印书馆董事。

郑垂奉父命随升允往青岛。

6 月,袁世凯逝于北京。有《书事》诗。

黎元洪任总统,任命陆荣廷为湖南督军,陆荣廷不就,率军进粤,驱逐龙济光,自任广东都督。

7 月,拒绝段祺瑞任国务员之邀。

是年,以时局变动,与闻复辟活动益深入。

与王乃征、朱祖谋、唐晏、杨钟羲、章梫、李瑞清、郑绩臣、郑尧臣等作一元会。

与沈瑜庆、李宣龚、陈树屏、丁宝铨、吴学廉、刘体藩、孟森、陈衍、许汝棻、王仁东、郑孝柽等交往密切。

与日人西本省三、西田耕一、宗方小太郎、波多博、水野梅晓等来往。

是年鬻书所得凡二千七百四十五元七角,又银二百两。

民国六年(丁巳),1917 年,58 岁

1 月,升允自青岛来上海,下榻海藏楼。

3 月,识日人林出贤次郎。

陆荣廷北上过沪来访,送洋四千元、金表一枚、香云纱一匹,辞不受。

是月,章炳麟在上海发起亚洲古学会,以"联同洲之情谊,沟通各国之学说,研究亚洲文学,联络感情"为宗旨,日人平川清风、西本省三、植村久吉等参加第一次大会。

4 月,陆荣廷在京。是月,接受黎元洪任命为两广巡阅使。

5 月,被选举为商务印书馆董事。

是月,陆荣廷经徐州,参加张勋第四次徐州会议。

黎元洪免去段祺瑞国务总理兼陆军总长职。

6 月,为升允拟致张勋书,鼓励张勋勿以调停为事,立建龙旗,宣言复

辟,将共和政体一概划除。

是月,安徽督军张勋进京调停,徐州十三省区联合会电请黎元洪退职。

汤寿潜卒。

7月,得溥仪发布谕令,着迅速来京,预备召见。

是月1日,张勋拥溥仪为帝,复辟帝制,自任首席内阁议政大臣,兼直隶总督、北洋大臣。同日,黎元洪电令各省兴师讨逆。段祺瑞组织讨逆军,4日在马厂誓师出发,12日收复北京,溥仪再次宣布退位。14日,段祺瑞重新担任国务总理,黎元洪通电辞职。

8月,副总统冯国璋就任代理大总统职。

是月,中国对德奥宣战。

9月,孙中山在广州就任中华民国军政府陆海军大元帅。

10月,南北战争开始,陆荣廷授意两广督军陈炳焜、谭浩明通电全国,声明两广自主。两广割据。

11月,俄国十月革命爆发。

12月,悬溥仪所赐"贞风凌俗"匾额于楼上东屋。

郑垂赴桂,担任陆荣廷顾问。

是年,识日人内藤虎。

与姚赋秋、元会东、升允、波多博、宗方小太郎等来往密切。

与冯煦、王乃征、杨钟羲、章梫、唐晏、宋文蔚、沈瑜庆、朱祖谋、李详、王式、俞志韶、何天柱等作一元会。

与沈瑜庆、李宣龚、岑春煊、陈曾寿、丁宝铨、吴学廉、李经迈、李详、刘体藩、孟森、唐晏、王式、王仁东、赵凤昌等交往。

是年唐晏、宋文蔚在上海创办丽泽书社,召集青年学子讲学,聘请郑孝胥、沈曾植、冯煦为书社课师,为阅卷,并主讲。叶参是年入社。

南社内部因对"同光体"的评价问题发生争论,社长柳亚子"提倡唐音、标榜布衣之诗",朱玺提倡"宋诗",被柳亚子驱逐出社。成舍我支持朱玺,亦被驱逐。

民国七年(戊午),1918年,59岁

2月,郑垂自桂归沪,与德人司格礼、日人宗方小太郎联络,为桂军筹饷械。

四子郑胜卒。

3 月，段祺瑞对川、湘、粤各省用兵，南北战争开始。

4 月，被选举为商务印书馆董事。

是月，曹锟致电北京政府，请与南方停战议和。

广东非常国会通过《中华民国军政府组织大纲修正案》，改组军政府，改元帅制为总裁合议制。

5 月，广东非常国会通过《修正军政府组织法》，孙中山提出辞去护法军政府大元帅。

6 月，王仁东卒。有《哭旭庄》诗。

8 月，吴佩孚等通电反对段祺瑞"武力统一"，随后广州护法军政府复电赞成和平。

9 月，冯国璋代理总统任满，北方国会推选徐世昌为大总统。

10 月，徐世昌就任大总统。

挚友沈瑜庆卒。

11 月，第一次世界大战结束。

12 月，唐晏立有恒心字社，为课字。叶撰年谱系于 1920 年，误。

是年，开始学习画松。

与唐晏、王乃征、王式、杨钟羲、章梫、邹嘉来、宋文蔚、张诜侪、余肇康、冯煦、朱祖谋、俞志韶、刘复礼等作一元会。

与沈瑜庆、陈曾寿、丁宝铨、李经迈、刘体藩、孟森、陈衍、吴昌硕等交往密切。

与姚文藻、元会东、日人林出贤次郎、西本省三、长井江衍、宗方小太郎等往来。

是年于南北动乱中，欲借陆荣廷、日人、德人之力，谋复辟活动甚力。

民国八年（己未），1919 年，60 岁

是年 1 月，巴黎和会召开，北京政府派代表参加。

2 月，应《上海周报》主笔西本省三约，赴日本俱乐部参加《上海周报》成立六年纪念会。

南北议和在上海举行,和谈破裂。

5月,被选举为商务印书馆董事。

是月,五四运动爆发。

严复到沪治病。

6月,北京政府迫于国内压力,拒签《凡尔赛和约》。

7月,海藏楼安设电话机。

9月,丽泽文社改名晦鸣文诗社,课文兼课诗。叶撰年谱系于1920年,误。

10月,郑垂赴桂。

是月,中华革命党改组为中国国民党,孙中山任总理。

是年六十岁,有诗作《六十感愤诗》,有"种松待听涛,日夜某之祷"句。陈宝琛作《郑苏龛布政六十寿序》,称"自国变后,避地海滨,鬻字自给者八年","君何所需于世,而世之待君者或犹无穷也。今海之内外皆知有海藏楼,即予之夙心,亦岂望君老于诗人?然君诗,年谱也,语录也,亦史料也,可以鼓人才,厚人道,正人纪。盖必如是,始可以为诗人,夫亦有所受之也,请以质诸世之知苏龛者"。

是年与曹经沅始交往。

是年与邹嘉来、冯煦、王乃征、杨钟羲、王式、余肇康、宋文蔚、唐晏、章梫、俞志韶、朱祖谋、吕景端、陈衍、吴庆焘、何书农等作一元会。

与李宣龚、陈重威、刘体藩、罗振常、陈衍、唐晏、许汝棻、赵凤昌等交往密切。

与西本省三、波多博、平川清风、宗方小太郎有联系。

民国九年(庚申),1920年,61岁

3月,郑垂奉陆荣廷派遣,往奉天联络张作霖。

5月,被选举为商务印书馆董事。

7月,北方直皖战争爆发。

8月,南方发生粤桂战争。

唐晏卒。

9月,李瑞清卒。

11 月,孙中山返广州,通电恢复军政府,开始第二次护法运动。

12 月,应罗振玉邀,列名上海京旗生计维持会分会发起人。

是月,徐世昌任命陆荣廷为两广边防督办,谭浩明为广西督军。

是年,朱大可问诗,始有交往。

与朱祖谋、王乃征、邹嘉来、宋文蔚、张诜侪、余肇康、杨钟羲、吴庆焘、陈重威、王式、唐晏、邹嘉来等作一元会。

是年与李宣龚、陈重威、吴学廉、曹经沅、罗振常、唐晏、吕季操等交往密切。

是年与日人林出贤次郎、西本省三等有来往。

民国十年(辛酉),1921 年,62 岁

2 月,赴沈曾植宅中贺万寿,集者还有冯煦、王秉恩、沈曾植、邹嘉来、余肇庆、朱祖谋、吴庆焘、王乃征、杨钟羲、胡嗣瑗、陈曾寿、陈曾任、沈颎。是为首次参加上海遗老集体活动。

与李经迈联名向溥仪举荐金梁、载涛清查皇室产业。

是月,上海逸社重开。

3 月,奉军入关。

4 月,逸社首集,与社者有王秉恩、邹嘉来、余肇康、朱祖谋、王乃征、杨钟羲、章梫、胡嗣瑗、陈曾寿、陈夔麟。

5 月,被选举为商务印书馆董事。

孙中山在广州组成政府,任非常大总统。

6 月,第二次粤桂战争再起。各地桂军纷纷脱离陆荣廷。7 月,陆荣廷通电下野,退往龙州。

8 月,粤军攻占龙州,陆荣廷取道越南,转往上海流亡。

广州国会非常会议通过北伐决议。

10 月,严复卒。

邹嘉来卒于苏州。

12 月,次子郑禹任京华印书局总经理。

是年 4、5 月,日人芥川龙之介两次来访。

是年,与京剧旦角王灵珠始往来。

冬,参加陈夔龙组织的逸社消寒会。与会有王秉恩、余肇康、朱祖谋、杨钟羲、章梫、陈夔麟、王乃征。

与冯煦、王秉恩、邹嘉来、朱祖谋、余肇康、陈重威、王乃征、张诒侪、章梫、杨钟羲、宋文蔚、吴庆焘、王式、沈子培、林开謩等作一元会。

与陈重威、吴学廉、刘体藩、罗振常、王灵珠、周达等交往密切。

与日人西本省三、波多博、宗方小太郎有联系。

民国十一年(壬戌),1922 年,63 岁

2 月,陈宝琛北上过沪,往火车站迎至海藏楼。

4 月,第一次直奉战争爆发,张作霖败退出关。

5 月,被选举为商务印书馆董事。

6、7 月间,为抵制取缔皇室优待条件呼吁,倡议上海诸老公函致京、津各处,联合同志,并为拟公函。又致函张勋、柯绍忞,致电徐世昌,称"公素以保护皇室自任,今虽去职,海内犹属望于公,发言亦较有力,若能抗言力阻,并商之各国公使,出为证人,则议案即使通过,事实不能照行,即为有效"。

10 月,郑垂两赴青岛,为商议满蒙协进会与南方联合事。

11 月,沈曾植卒。

12 月,郑垂从溥伟自青岛赴大连,半月后归沪。有《题恭邸移居大连诗后》诗记之。

是月,溥仪大婚。

是年,为陆荣廷印刷地方钞币,并书三事以付:一注重外交,二经理财政,三严办土匪。其时,陈炯明退出广西,陆荣廷重新占据广西。

与冯煦、王秉恩、陈重威、宋文蔚、朱祖谋、章梫、杨钟羲、王式、余肇康、王乃征、张诒侪等作一元会。

与李宣龚、陈重威、黄葆戉、刘体藩、罗振常、王灵珠、许季实、周达、朱大可等交往密切。

与日人西本省三、宗方小太郎等有来往。

民国十二年(癸亥),1923 年,64 岁

2 月,为上海广肇公学批阅字课。

是月,宗方小太郎卒。

4 月,溥仪谕命杨钟羲、景方昶、温肃、王国维在南书房行走。

5 月,被选举为商务印书馆董事。

6 月下旬,日本中东协会会长宫川一贯游说郑孝胥赴日,郑垂代父往,于 8 月初归。

8 月,列名东方学会发起人。东方学会由罗振玉倡议发起并撰写学会《简章》。

以陈宝琛推荐,入京觐见溥仪,居宣武门外虎坊桥蕉岭会馆,旋返上海。有《孝胥以戊戌九月出京至庚戌七月入京凡十三年有诗纪之辛亥九月出京至癸亥七月入京亦十三年且出京皆以九月入京皆以七月悟而嗟叹自念生逢世乱穷老无所就复为此诗》记之。

10 月,北京大选,曹锟以贿选当上总统。

是年与冯煦、王秉恩、宋文蔚、陈重威、朱祖谋、章梫、王式、王乃征、杨钟羲、余肇康、林开謩等作一元会。

与李宣龚、高向瀛、黄葆戉、吴学廉、刘体藩、罗振常、王灵珠、周达、陈衍、赵凤昌、朱大可、郑孝柽等交往密切。

与日人波多博、西本省三、津田静枝来往。

民国十三年(甲子),1924 年,65 岁

1 月,入京觐见溥仪,月底返沪。

2 月,再入京,奉溥仪谕,赏戴花翎。着在懋勤殿行走,管理内务府。

3 月,派为小朝廷总理内务府大臣,佩带内务府印钥。加恩赏戴头品顶戴。

3、4 月间,为商务印书馆策划刊印《四库全书》。

4 月,在北京故宫晤见印度诗人泰戈尔,并在御花园四神祠前合影。

赴天津,与段祺瑞晤谈。

郑垂赴河南洛阳,为维护皇产,争取吴佩孚支持。

5 月,参加瓶社雅集。

6 月,开去小朝廷总理内务府大臣之缺,仍在懋勤殿行走。自 3 月至 6 月,主持内务府改革,裁减人事机构,筹划抵押物品于银行,存款得息,为皇室自筹生计。

9 月,赴洛阳为吴佩孚祝寿。

是月,罗振玉派为南书房行走。

陆荣廷再次通电下野。

第二次直奉战争,直系告败。

10 月,冯玉祥倒戈,发动"北京政变"。

林纾卒。

11 月,胡适来访。

段祺瑞出任执政,以交通属,不就。

是月,奉军入京。5 日,冯玉祥逼宫,溥仪被迫搬离紫禁城。29 日,与陈宝琛、罗振玉、庄士敦等奉溥仪进入日本使馆,有诗及日记叙其事。

民国政府成立清室善后委员会,会同清室近支人员,办理公私产审查,及接收保管公产。李煜瀛任委员会委员长。

12 月,出京返沪。

是年与王庚始有来往。

在京,与陈宝琛、多成禄、金梁、佟济煦、周达、林纾、王灵珠、周信芳、溥儒等交往。

民国十四年(乙丑),1925 年,66 岁

2 月,自沪赴津,随侍溥仪,任驻津备顾问,任事总务处。居广东路一百六十二号陈恂叔宅中楼上。

是月,溥仪出北京,定居天津日租界内张园。

广州革命政府宣布东征。

3 月,自津返沪。

是月,孙中山于北京逝世。

5 月,续作读经会(亦作温经会),以星期日聚会,首会到者有王乃征、吴学廉、陈重威、许汝棻、罗振常、郑孝柽、叶葱奇、郑垂。

被选举为商务印书馆董事。

7 月,赴津。

是月开始为溥仪进讲《通鉴纪事本末》。

是月,中华民国国民政府在广州成立,汪精卫为国民政府主席,随之成立军事委员会。

8月,中华民国国民政府军事委员会决议,黄埔军与在广东的各地方军统一编组为"国民革命军"。

9月,为吴佩孚作寿联:"捕龙蛇、搏虎豹;超鸿濛,混希夷。"

10月,俄国白军将领谢米诺夫、蒙古人多布端(包文渊)来访。

是月,国民革命军第二次东征,讨伐陈炯明。

故宫博物院在北京紫禁城成立。

11月,自津返沪。月底赴津。

是月,奉系将领郭松龄倒戈反奉。

在沪,与冯煦、朱祖谋、王乃征、陈重威、宋文蔚、章梫、余肇康、王式、李宝章、庄清华等作一元会。

是年,参与郭则沄在天津组织的冰社雅集,又号"栩楼吟集"。栩楼,郭则沄所居。与者陈宝琛、陈衍、胡嗣瑗、周学渊等。

与李宣龚、黄葆戉、曹经沅、李兆珍、李继武、胡嗣瑗、罗诚、罗振常、王灵珠、陈宝琛、许汝棻、周学渊等交往密切。

与日人吉田茂、波多博、水野梅晓等有来往。

民国十五年(丙寅),1926年,67岁

1月,郑垂赴汉口联络吴佩孚。

是月,张作霖宣布东三省独立。

2月,国共两党发动民众讨伐吴佩孚。

3月,溥仪临视广东路所居。

4月,与段祺瑞晤谈。

是月,张作霖奉直联军从天津进入北京。

段祺瑞自北京逃回天津。

6月,吴佩孚到京。

张作霖出京。

蒋介石就任北伐军总司令。

7月,自津返沪。

是月,蒋介石率国民革命军北进讨伐北洋政府。

8 月,中旬赴津。在沪北行前有《秋风》诗。

是月售字所得近二千八百元。

是月,张謇逝于南通。

11 月,自津返沪。

12 月,至津。

是月,张作霖在天津就任"安国军总司令"。

是年,在津与曹经沅、王庚、章士钊来往。重九日有《行严揖唐缵衡次公见和重九诗》,有"垂老从亡者,知为举世非。诸公胡不弃,异趣或同归"句。

与郭则沄、林葆恒、李兆珍、陈宝琛、周学渊、余建侯等交往密切。

在沪,与王秉恩、宋文蔚、余肇康、陈重威、吴庆焘、朱祖谋、王乃征、章梫、王式、吴学廉等作一元会。

民国十六年(丁卯),1927 年,68 岁

3 月,康有为逝于青岛。

4 月,离津赴沪。

5 月,离沪赴津。

是月始,为溥仪进讲《通鉴辑览》。

6 月,王国维逝世。为作挽诗《王忠悫公国维挽诗》。

是月,张作霖就职海陆军大元帅。

7 月,与郭则沄、周学渊、唐友兰、查而崇同游李氏园。有《七月二日偕查峻丞郭啸麓唐立庵刺船淼薮》诗记之。

10 月,请溥仪设书局纂《大清政要》。

是月 24 日,离津。28 日,至沪。

11 月 23 日,离沪。26 日,至津。

是月,吴昌硕卒于上海。

是年在天津,赁居广东路,每日午夜即起,晨诣张园行在进讲,因号所居为夜起庵,有《夜起庵杂诗》、《夜起庵赋》,并刻"夜起庵"章。

是年在天津,陈孝威问诗,自是交密。

与金邦平、曹经沅、陈宝琛、王庚、周学渊、郭则沄、林葆恒等来往密切。

在沪,作一元会。

民国十七年(戊辰),1928 年,69 岁

3 月,夫人吴学芳逝于上海。

4 月,自津至沪。

5 月,徐志摩、胡适来观作字。

是月 19 日,离沪。24 日,至津。

溥仪派令总管外务事宜。

6 月,张作霖在回沈阳途中被日本关东军炸死。

7 月,国民革命军将领孙殿英发掘清东陵,斫棺暴骨,大量珍宝被盗运。

9 月,偕郑垂赴日本,月余归,有东游诗。

是月 18 日,离津。22 日,抵神户。

10 月 27 日,自日本返沪。

11 月 16 日,离沪。20 日至津。

12 月,张学良宣布奉吉黑三省改悬青天白日满地红旗,改保安委员会为东北政务委员会。

是年,西本省三卒,有挽诗。

是年与曹经沅、王庚、陈宝琛、佟楫先、王灵珠、吴矿、周学渊、周达、郭则沄等来往密切。

与陈孝威交密。

与日人太田外世雄来往频繁。

民国十八年(己巳),1929 年,70 岁

1 月,梁启超卒。

3 月,离津赴沪。

4 月,在沪度七十岁生日。自沪至津。

是月,溥仪派郑垂承办外务事宜。

5 月,郑垂为溥仪进讲英文近史。

6 月,在日本公园公会堂演说"孔、孟重义轻利之旨"。

8 月,溥仪任前奥国海军游击男爵嚣俄·阿克第为顾问。

10 月,移居英租界二十一号路耀华里第五弄口六十二号屋。与陈宝琛

比邻。

11 月,溥仪赐书"夜起庵"匾。

是月离津赴沪。

11 月,胡适赠北京新出土《唐仵君墓志》。

12 月,在沪。林出贤次郎来访,其乃日本驻华使馆参赞。

是年欲借前奥国海军游击男爵嚣俄·阿克第于欧洲成立震旦会。

是年在津,与曹经沅、王庚、陈孝威、陈宝琛、吴矿、周学渊、郭则沄、郭宗熙、李宣倜等交往密切。有《侗伯立之立庵同出观荷》、《侗伯立之向元同游柳墅公园》、《侗伯立之同游李园》、《九日中原露台登高示同游诸子》、《十月初九日侗伯立之向元同游罗氏菊圃》诸诗记游。

与日人太田外世雄有来往。

在沪,作一元会。

民国十九年(庚午),1930 年,71 岁

1 月,自沪赴津。

资助英国记者罗斯创办的《世界诚报》出版。

4 月,离津赴沪。

5 月,自沪赴津。

始为溥仪进讲《论语》,至 10 月毕。

9 月,郑孝柽移居福州衣锦坊洗银营巷二号。

11 月,自津至沪。

在沪,与王乃征、朱祖谋、吴学廉等作一元会。

是年与曹经沅、王揖唐、陈孝威、陈宝琛、吴矿、夏瑞符、杨虁彝、周学渊、黄葆戊、周达等交往密切。

与日人太田外世雄、水野梅晓有来往。

民国二十年(辛未),1931 年,72 岁

4 月赴沪。售海藏楼。

为宁波育王寺书"古松堂"匾。

5 月,离沪,返津。

6、8 月,两赴北京觅房。

9 月,代溥仪起草致日本陆军大臣南次郎书。次月,溥仪家庭教师远山猛雄携书赴日。

是月 18 日,九·一八事变发生,日军占领奉天。22 日,关东军召开会议,通过"满蒙问题解决策案",决议"在我国支持下包括东北四省及蒙古地区树立以宣统帝为首之中国政权"。25 日,罗振玉奉板垣电召,赴奉天。并与熙洽、张海鹏等人策划迎接溥仪到东北。28 日,东北边防军司令部参谋长熙洽出任"吉林省长官公署"长官,宣告"独立",同南京政府与张学良政权脱离关系。

10 月,奉天特务机关长土肥原贤二奉关东军命令到天津,协助溥仪逃离天津。

11 月 10 日夜,易西服,随侍溥仪,逃离天津寓所,在白河岸乘"比治山丸"号汽船启程。次日晨,在大沽口换乘大连"淡路丸"号汽船。有《淡路丸舟中》诗记之。13 日,随侍溥仪在营口登陆,赴汤冈子,寓温泉旅馆对翠阁。19 日,迁移到旅顺。

是月,陈宝琛自北京来天津。

是月 6 日,日本陆军大臣指示,"鉴于拥立宣统帝运动会刺激各国,务期慎重"。7 日,关东军强硬向日本政府表明,"必须为建设同中国本土所有政权完全绝缘的新国家而迈进"。

是月 8、10 日,土肥原两次策划天津暴乱,借机诱挟溥仪出逃天津。

10 日,日本在奉天设立自治指导部。于冲汉出任部长。次年 1 月,自治指导部颁布《告东北四省三千万民众书》,号召满蒙独立。至 3 月"满洲国"建立,自治指导部撤销。

12 月,为溥仪进讲《左传》。

是月在大连租屋。居文化台山谷中一宅,名为遐谷,有诗《文化台得宅在岩谷间名之曰暇谷以诗纪之》。

是月 11 日,日本内阁重组,成立以犬养毅为总理的政友会内阁。

是月,国联理事会通过决议,决定组织调查团,就日本武装入侵中国东北问题进行实地调查。次年初,以李顿为首的国联调查团到达中国;10 月,国联的报告书公布。1933 年 2 月 14 日,国联通过调查报告;次日,日本入侵热河;3 月 28 日,日本宣布退出国联。

是年在津,与曹经沅、王揖唐、陈孝威、陈宝琛、王灵珠、吴矿、李宣倜等交往。

与日人太田外世雄有来往。

在沪,与朱祖谋、陈重威、俞志韶、王式、黄孝纾等作一元会。

是年,溥仪为二妹韫龢与郑孝胥长孙郑陇斀指婚。次年 4 月,二人结婚。

主要参考文献

A

爱新觉罗·溥仪:《我的前半生》,东方出版社 2007 年

B

卞孝萱、唐文权编:《辛亥人物碑传集》,团结出版社 1991 年

C

岑春煊:《奏为保荐江苏特用道郑孝胥才识闳深请擢用事》(光绪二十八年十月二十八日),档号:04-01-12-0620-074,缩微号:04-01-12-117-2656。国家清史工程数字资源总库

岑春煊:《奏请特派郑孝胥充川省商矿大臣事》(光绪二十八年十二月十八日),档号:04-01-12-0622-016,缩微号:04-01-12-118-0434。国家清史工程数字资源总库

岑春煊、郑孝胥、柯逢时:《奏请严饬各省按期筹解广西协饷事》(光绪二十九年十二月初八日),档号:04-01-01-1062-042,缩微号:04-01-01-161-1626,国家清史工程数字资源总库

岑春煊:《奏为遵旨会议举人替换郑孝胥无论特简督办或改巡抚均应先有边饷事》(光绪三十一年六月初十三日),档号:04-01-01-1073-096,缩微号:04-01-01-163-1888,国家清史工程数字资源总库

岑春煊、李经羲:《奏为委任署理太平思顺道庄蕴宽暂行接办边防大臣郑孝胥及边饷请毋延欠事》(光绪三十一年九月初一日),档号:04-01-01-1074-001,缩微号:04-01-01-163-1988,国家清史工程数字资源总库

岑春煊:《乐斋漫笔》,中华书局 2007 年

陈宝琛著,刘永翔、许全胜校点:《沧趣楼诗文集》,上海古籍出版社 2006 年

陈鸿祥:《王国维年谱》,齐鲁书社 1991 年

陈灝一:《睇向斋谈往》,上海书店出版社 1998 年

陈灝一:《睇向斋秘录(附二种)》,中华书局 2007 年

陈夔龙:《梦蕉亭杂记》,上海古籍出版社 1983 年

陈庆年:《横山乡人丛稿》(稿本),上海图书馆藏,编号:827670-705

陈三立著,李开军校点:《散原精舍诗文集》,上海古籍出版社 2003 年

陈叔通:《百梅书屋诗存》,中华书局 1986 年

陈旭麓、顾廷龙、汪熙主编:《辛亥革命前后》,盛宣怀档案资料选辑之一,上海人民出版社 1979 年

陈衍:《石遗室师友诗录》,周骏富辑《清代传记丛刊·学林类》39,台北明文书局 1986 年影印版

陈衍著,郑朝宗、石文英校点:《石遗室诗话》,人民文学出版社 2004 年

陈义杰整理:《翁同龢日记》,中华书局 2006 年

陈曾寿著,张寅彭、王培军校点:《苍虬阁诗集》,上海古籍出版社 2009 年

崔自默整理:《郑孝胥年表》,《福建文史资料》第五辑,福建人民出版社 1981 年

D

戴执礼编:《四川保路运动史料》,科学出版社 1959 年

丁体常:《奏请候补四品京堂郑孝胥管理龙州铁路事宜事》(光绪二十九年八月初六日),档号:04-01-01-1061-015,缩微号:04-01-01-161-

0991,国家清史工程数字资源总库

丁文江、赵丰田编:《梁启超年谱长编》,上海人民出版社 1983 年

《东三省铁路计划书》,中国社会科学院近代史研究所藏,编号:甲 350-45

(日)东亚研究所编,韩润棠、张廷兰、王维平等译,孙毓棠校订:《异民族统治中国史》,商务印书馆 1964 年

董小川:《"门户开放政策"研究的新视角》,《光明日报》,2000 年 12 月 15 日

端方:《奏设日辉织呢商厂折》(光绪三十三年三月初九日),军机处录副奏折,中国第一历史档案馆藏,档号:3-144-7133-58

端方:《保郑孝胥请破格录用由》(光绪三十三年四月初五日),军机处录副奏折,中国第一历史档案馆藏,档号:3-103-5480-8

端方:《奏粤臬郑孝胥病请开缺由折》(光绪三十三年七月初六日),军机处录副奏折,中国第一历史档案馆藏,档号:3-103-5485-11

F

樊增祥著,涂晓马、陈宇俊校点:《樊樊山诗集》,上海古籍出版社 2004 年

付祥喜:《乙未"台民自主"首倡者考辨》,《广东教育学院学报》2007 年第 6 期

G

葛春蕃:《古今之际:晚清民国诗坛上的同光派》,复旦大学 2007 年博士学位论文

耿云志:《张謇与江苏咨议局》,中国社会科学院近代史所编《近代中国与世界:第二届近代中国与世界学术讨论会论文集》(第 3 卷),社会科学文献出版社 2005 年

龚鹏程:《中国诗歌史论》,北京大学出版社 2008 年

谷林:《书边杂写》,辽宁教育出版社 1995 年

顾廷龙、戴逸主编:《李鸿章全集》,安徽教育出版社 2008 年

广东省社会科学院历史研究室等编:《孙中山全集》,中华书局 1981、

　　1982 年

郭继武:《东南互保与晚清政局》,中央民族大学 2010 年博士学位论文

郭世佑:《晚清政治革命新论》,湖南人民出版社 1997 年

郭卫东:《论丁未政潮》,《近代史研究》1989 年第 5 期

国家档案局明清档案馆编:《戊戌变法档案史料》,中华书局 1958 年

H

何绵山:《闽文化概论》,北京大学出版社 1996 年

贺国强:《近代宋诗派研究》,苏州大学 2006 年博士学位论文

洪桂己编纂:《近代中国外谍与内奸史料汇编》,国史馆 1986 年

胡聘之:《奏为推举许珏、郑孝胥二员堪备使才事》(光绪二十三年七月二十
　　八日),档号:04-01-13-0390-002,缩微号:04-01-13-031-1395,国
　　家清史工程数字资源总库

胡平生:《民国初期的复辟派》,台北学生书局 1985 年

胡思敬:《国闻备乘》,中华书局 2007 年

黄庆澄:《东游日记》,上海古籍出版社 2005 年

黄体芳著,俞天舒编:《黄体芳集》,上海社会科学院出版社 2004 年

黄毅编:《袁氏盗国记》,台北文海出版社 1967 年

J

吉林省档案馆编:《九·一八事变》,档案出版社 1991 年

纪映云:《关于郑孝胥的诗艺追求及其与同光派之关系》,暨南大学 2004 年
　　硕士学位论文

《锦瑷铁路草约暨关系文件》,中国社会科学院近代史研究所藏,编号:甲
　　350-46

(日)芥川龙之介著,秦刚译:《中国游记》,中华书局 2007 年

敬安著,梅季点辑:《八指头陀诗文集》,岳麓书社 1984 年

K

孔祥吉、(日)村田雄二郎:《罕为人知的中日结盟及其他:晚清中日关系史
　　新探》,巴蜀书社 2004 年

L

黎仁凯等:《张之洞幕府》,中国广播电视出版社 2005 年

黎澍主编:《马恩列斯论历史人物评价问题》,人民出版社 1975 年

李清馥:《闽中理学渊源考》,冯天瑜、彭池、邓建华编《中国学术流变——论
　　著辑要》,湖北人民出版社 1991 年

李经方:《奏为委派候补内阁中书郑孝胥署理筑地大坂副理事官事》(光绪
　　十七年六月初五日),档号:03-5280-011,缩微号:400-0596,国家清史
　　工程数字资源总库

《李经羲、张之洞、岑春煊等致郑孝胥电》,中国社会科学院近代史研究所
　　藏,编号:甲 64

李瑞清著,段晓华点校整理:《清道人遗集》,黄山书社 2011 年

李细珠:《张之洞与清末新政研究》,上海书店出版社 2009 年

李翔:《"国民革命"概念演变考论——以 1897-1927 年为中心》,《南京社会
　　科学》2008 年第 12 期

辽宁档案馆编:《溥仪私藏伪满秘档》,档案出版社 1990 年

梁济:《梁巨川遗书》,华东师范大学出版社 2008 年

梁启超:《饮冰室合集》,中华书局 1989 年

梁启超:《梁启超全集》,北京出版社 1999 年

林志宏:《民国乃敌国也:政治文化转型下的清遗民》,台北联经出版事业股
　　份有限公司 2009 年

刘成禺:《世载堂杂忆》,辽宁教育出版社 1997 年

刘坤一:《奏为保举江苏候补同知郑孝胥办差讲求实效事》(光绪二十二
　　年),档号:04-01-12-0577-048,缩微号:04-01-12-110-0347。国家
　　清史工程数字资源总库

刘以芬:《民国政史拾遗》,车吉心主编《民国轶事》第 2 卷,泰山出版社
    2004 年

刘厚生:《张謇传记》,龙门联合书局 1958 年

陆荣廷与旧桂系学术研讨会论文编辑委员会编:《陆荣廷与旧桂系学术研
    讨会论文集》,广西人民出版社 2008 年

罗振玉著,黄爱梅编选:《雪堂自述》,江苏人民出版社 1999 年

罗振玉、王国维著,王庆祥、萧立文校注:《罗振玉王国维往来书信》,东方出
    版社 2000 年

(澳)骆惠敏编,刘桂梁等译,严四光等校:《清末民初政情内幕——〈泰晤士
    报〉驻北京记者、袁世凯政治顾问乔·厄·莫理循书信集》(上卷),知
    识出版社 1986 年

M

马陵合:《清末民初铁路外债观研究》,复旦大学出版社 2004 年

马陵合:《晚清外债史研究》,复旦大学出版社 2005 年

孟森:《广西边事旁记》,商务印书馆 1905 年

孟森著,孙家红整理:《粤行随笔》(附:日记残稿),《中国典籍与文化论丛》
    第十三辑,凤凰出版社 2011 年

宓汝成编:《中国近代铁路史资料》(第三册),中华书局 1963 年

绵山遗老编辑,首阳山人撰述:《宣统末路　民国要人与宣统之关系》,上海
    东亚书局 1925 年

P

庞俊撰,张晖整理:《海藏楼诗庞石帚先生评语辑钞》,张晖《朝歌集》,浙江
    大学出版社 2014 年

Q

戚其章主编:《中日战争》(第一册),中华书局 1989 年

戚其章:《论乙未割台的历史背景》,《历史研究》1994 年第 6 期

钱永贤、耿明、邵白整理:《庞鸿书讨论立宪电文》,《近代史资料》总 59 号

钱仲联主编:《广清碑传集》,苏州大学出版社 1999 年

钱仲联校注:《沈曾植集校注》(上、下),中华书局 2001 年

《清宣统朝中日交涉史料》,沈云龙主编《近代中国史料丛刊》第 62 辑,台北
文海出版社 1963 年

R

日本 NHK 广播协会编,天津编译中心译:《皇帝的密约:"满洲国"最高的隐
秘》,中国文史出版社 1989 年

S

沙孟海:《近三百年的书学》,徐建融、刘毅强主编《海派书画文献汇编》,上
海辞书出版社 2013 年

上海市工商行政管理局、上海市毛麻纺织工业公司毛纺史料组编,中国科学
院经济研究所、中央工商行政管理局资本主义经济改造研究室主编:
《上海民族毛纺织工业》,中华书局 1963 年

沈洁:《殉还是不殉:辛亥年清朝遗民们的窘迫》,《读书》2010 年第 2 期

沈瑜庆:《涛园集》,沈龙云主编《近代中国史料丛刊》第 6 辑,台北文海出版
社 1966 年

沈瑜庆、陈衍纂修:《福建通志》,江苏广陵古籍刻印社 1986 年

沈家本撰,韩延龙等整理:《沈家本未刻书集纂补编》上,中国社会科学出版
社 2006 年

《升允函稿》,中国社会科学院近代史研究所藏,编号:甲 291

T

汤志钧编:《康有为政论集》(下),中华书局 1981 年

W

汪凤藻:《奏为派令郑孝胥接充驻扎神户兼管大坂正理事官刘庆汾兼充筑

地副理事官事》(光绪十九年五月二十一日),档号:04-01-12-0559-138,缩微号:04-01-12-106-3353,国家清史工程数字资源总库

汪辟疆:《光宣以来诗坛旁记》,辽宁教育出版社 1998 年

汪辟疆撰,王培军笺证:《光宣诗坛点将录笺证》,中华书局 2008 年

王澄主编,李义兴副主编:《中国书法全集》第 78 卷,荣宝斋出版社 1993 年

王柯:《"汉奸":想象中的单一民族国家话语》,《二十一世纪》2004 年 6 月号,总第八十三期

王仁堪:《王苏州(仁堪)遗书》,沈云龙主编《近代中国史料丛刊》第 14 辑,台北文海出版社 1973 年

王雅林主编:《生活方式概论》,黑龙江人民出版社 1989 年

王揖唐著,张金耀校点:《今传是楼诗话》,辽宁教育出版社 2003 年

王芸生编著:《六十年来中国与日本》第三卷、第五卷,生活·读书·新知三联书社 1980 年

王中秀、茅子良、陈辉编著:《近现代金石书画家润例》,上海画报出版社 2004 年

吴宓著,吴学昭整理:《吴宓诗话》,商务印书馆 2005 年

吴趼人:《当代名人轶事大观》,世界书局 1923 年

吴瀛:《故宫尘梦录》,紫禁城出版社 2005 年

X

夏东元编著:《盛宣怀年谱长编》,上海交通大学出版社 2004 年

夏敬观撰,张寅彭校点:《学山诗话》,张寅彭主编《民国诗话丛编》第 3 册,上海书店出版社 2002 年

谢章铤著,陈庆元主编:《谢章铤集》,吉林文史出版社 2009 年

熊月之:《辛亥鼎革与租界遗老》,《学术月刊》2001 年第 9 期

徐临江:《郑孝胥前半生评传》,学林出版社 2003 年

许全胜撰:《沈曾植年谱长编》,中华书局 2007 年

Y

阎步克:《士大夫政治演生史稿》,北京大学出版社 2003 年

严复著,王栻主编:《严复集》,中华书局 1986 年

姚明辉编撰,戴海斌整理:《姚文栋年谱》,《近代史资料》总 125 号

杨国强:《晚清的士人与世相》,生活·读书·新知三联书店 2008 年

杨晓波:《郑孝胥诗歌研究》,华东师范大学 2004 年博士学位论文

叶参、陈邦直、党庠周合编:《郑孝胥传》,民国丛书第一编第 88 册,上海书店 1989 年

易惠莉:《郑观应评传》,南京大学出版社 1998 年

殷应庚著,黄健整理:《柯逢时年谱》,《江汉考古》1989 年第 1 期

喻大华:《〈清室优待条件〉新论——兼探溥仪潜往东北的一个原因》,《近代史研究》1994 年第 1 期。

余英时:《现代儒学的回顾与展望》,生活·读书·新知三联书店 2004 年

庾裕良等编:《广西会党资料汇编》,广西人民出版社 1989 年

(日)园田一龟著,黄惠泉、刁英华译:《分省新中国人物志》,良友图书印刷公司 1927 年

苑书义、孙华峰、李秉新主编:《张之洞全集》,河北人民出版社 1998 年

恽毓鼎著,史晓风整理:《恽毓鼎澄斋日记》,浙江古籍出版社 2004 年

Z

章伯锋译,邹念兹校:《日本与宗社党的关系》,《近代史资料》总 35 号

章开沅、田彤:《东南精英与辛亥前后的政局》,《史林》2005 年第 4 期

章开沅:《张汤交谊与辛亥革命》,《历史研究》2002 年第 1 期

张謇著,张謇研究中心、南通市图书馆编:《张謇全集》,江苏古籍出版社 1994 年

张朋园:《立宪派与辛亥革命》,吉林出版集团有限责任公司 2007 年

张谦:《海藏书法抉微》,选自崔尔平编《明清书法论文选》(下),上海书店出版社 1994 年

赵园:《明清之际士大夫研究》,北京大学出版社 1999 年

赵园:《制度·言论·心态——〈明清之际士大夫研究〉续编》,北京大学出版社 2006 年

郑观应著,夏东元编:《郑观应集》,上海人民出版社 1988 年

郑孝胥:《盛宣怀档铁路总公司为总办汉口铁路局郑苏堪来函事卷》,上海图书馆藏,编号:117669

郑孝胥:《广西边防大臣郑奏桂省边防应行分年筹办各事宜折》,《东方杂志》1905 年第 2 卷第 6 期

郑孝胥:《致程德全札》,《郑孝胥与日俄战争相关信札·电奏稿·地图等》,西泠拍卖 2013 年春季拍卖会近现代名人手迹专场,Lot 2140

郑孝胥:《为禀报到湘任事日程叩恩折》(宣统三年闰六月初十日),军机处录副奏折,中国第一历史档案馆藏,档号:3—152—7459—42

郑孝胥著,黄坤、杨晓波校:《海藏楼诗集》(增订本),上海古籍出版社 2003 年

郑孝胥家信,中国社会科学院近代史研究所藏,编号:甲 102

周佳荣:《近代日人在华报业活动》,香港三联书店有限公司 2007 年

周秋光编:《熊希龄集》,湖南出版社 1996 年

周言:《王国维与民国政治》,九州出版社 2013 年

中华人民共和国财政部、中国人民银行总行编印:《清代外债史资料(1853-1911)》(中册),1988 年

中国公学:《中国公学第一次报告书》,商务印书馆 1907 年

中国第二历史档案馆编:《中华民国史档案资料汇编》第一辑,江苏古籍出版社 1979 年

中国国家博物馆编,劳祖德整理:《郑孝胥日记》,中华书局 1993 年

中国科学院历史研究所第三所主编:《锡良遗稿》奏稿,中华书局 1959 年

中国社会科学院近代史研究所、中华民国史组编:《胡适来往书信选》,中华书局 1979 年

中央档案馆编:《伪满洲国的统治与内幕——伪满官员供述》,中华书局 2000 年

朱兴和:《现代中国的斯文骨肉:超社逸社诗人群体研究》,上海三联书店
　　2014 年

朱学勤:《从明儒困境看文化民族主义的内在矛盾》,《书屋》2000 年第 8 期

庄士敦著,陈时伟等译,马小军校:《紫禁城的黄昏》,求实出版社 1989 年

(日)宗方小太郎报告,章伯锋译:《宗社党的复辟活动》,《近代史资料》总
　　48 号

邹念兹译:《张勋与佃信夫》,《近代史资料》总 35 号

后 记

当 2006 年去读博士时,我从来没想过,以后会去从事历史学的教学与研究,那时,文学出身、做行政工作的我,想法很简单,就是多读些书,多明白些人情事理。2011 年 4 月,我借调到京工作,次年 9 月结束,回到学校。学校的人事变动很大,同时,在京一年多,我个人的生活和想法也有很大变化。慎重考虑后,我向学校提交了辞职报告,申请去历史学院,做一名专职教师。在辞职报告中,我说,每个人心中都有一个自己的理想生活方式,但少有机会和条件去实现,感谢在我的人生经历中,能适时地出现这么一个契机,让我开始生命的另一种追求。是的,从那时到现在,五年过去了,我对现在的状况,还算满意。

这部书,是在博士论文的基础上完成的。当年,仅凭着一腔对历史和人物的兴趣,我选择了这个题目。现在看来,这个兴趣多么模糊,又多么执着。模糊,是因为我没经历过科班的历史学习,对近代历史,对郑孝胥生活的这七十多年,没有一个比较清晰的完整认识。执着,大概是天性吧,因为不明白、不清晰,反而更努力去看书,想要知道个究竟。在论文撰写的过程中,我逐渐体会着学习历史的不易,也意识到,常说"文史不分家",实际上,文、史的差异还是很大的。"文以载史,史以文传",或者"以文证史,以史说文",都只是说它们的关系很密切,真要作起研究来,文还是文,史还是史。

　　学业实是在懵懂的状态下完成的。记得那时，董丛林师常对我说，"要写实了"，但什么是"实"，怎么写才"实"，虽然跟董师讨论得很热闹，其实是没理会老师的意图，很久后才恍然，老师的"虚"和"实"指的是什么。那时候，我总深陷在郑孝胥究竟是怎样一个人的思考中，百思以求其解，董师是在提醒我，要把功夫和重点，落在考证人物的生平事功上。史学自有史学的规范和着眼点，读书这五年，初步培养起了我的史学意识和对历史的领悟力。

　　学业完成了，对论文的补充和完善，一直没有停止。2012 年底到 2013 年底，我在中国社会科学院近代史研究所做访学，合作导师是社会史研究室的李长莉主任。做访学的目的，是为了调整辞职后的状态，集中一段时间，读书学习，为以后的教学作准备，也想着在这段时间，给论文定下稿。我要特别感谢李老师，她理解我的想法，让我在近史所的这一年里，没有一点干扰地专心看档，做我自己想做的事情。在近史所，还认识了档案馆的馆长马忠文老师。马老师在新修《清史》中撰写郑孝胥传，对郑孝胥有研究。他将他手头上的资料，都毫无保留地给了我，并和我探讨对郑孝胥的认识。与他交谈，总有收获。

　　2015 年 11 月，我去了一趟上海，到上海图书馆，查阅郑孝胥总办汉局的函档。我在大学好友英姿家住了十三天，每天坐地铁去图书馆，在二楼的古籍阅览室，抄一整天的档案，直抄得头蒙眼花。英姿见我午饭都不吃，就把早饭做得跟午饭一样丰盛。闭馆的日子，我俩去黄埔江边，去南京路，我自己又去了南阳路和三山会馆。在上海，抄了很多珍贵的资料，与英姿聊了很多珍贵的话。

　　补充资料的时间有点长。2015 年，我的左眼做了一个手术，不能写作，只能做些资料搜集工作。全身心地投入到写作中，是从 2016 年初开始的。写作还算顺利，没有出现大的困难，八九年来的想法已经比较成熟，几年来搜集的资料，也都尽量地体现在文字中了。

　　写这篇后记，让我想起这些年里发生的很多事。首先要感谢董师，几年来，他耐心指教，热诚鼓励，使我有信心有勇气在探索自己的兴趣问题上坚持到现在。董师待人谦和，然有原则，做学问认真严谨，他的品格与学术风范,值得我终生学习。我还要感谢社科院近史所的徐秀丽老师,徐老师参加了我的论文答辩会,她的指正与鼓励,严肃、亲切。她向我介绍史景迁的著作,认为我可以借鉴史景迁的研究思路和写作方法。我在近史所的访学,是徐老师帮助联系的,在近史所的那一年,周二到所日,我有时会去徐老师的办公室,她一如既往地鼓励和指教,她说传统的历史叙事方法正需要好文笔,博士论文出版了,就可以展开学术讨论了。这些话,令我感到温暖,是我前进的动力。

在学院就读的五年里,苑书义先生、王宏斌老师、戴建兵老师、武吉庆老师、徐建平老师,都曾给予我指导和帮助,在此,亦向他们致以深深的感谢。犹记得苑先生亲授《马恩列斯论历史人物评价问题》与罗荣渠的《现代化新论》,老人家年近八旬,坐在书桌前,思维敏捷,声若洪钟,我与文通师兄、孙慧师妹坐在他斜对面的长沙发上,伊老师总在我们落座时倒好清茶或者咖啡。苑先生关心我们的论文,课上讨论结束后,一定会让我们挨个儿汇报进展,并用关切的眼睛看着我们,问,还有什么问题呀。

这些年来,在论文写作和资料收集上,我得到过很多人的帮助。2007年11月,我去台湾参加学术会议,中研院的陈三井先生得知我想见林志宏先生,不辞烦劳,一早到会场来,带我去中研院,林先生则备好《清遗民与近代中国政治文化的转变》书稿,在中研院等候。林先生诚挚、慷慨地将他的学识与见解分享于我,临别,又将手头正使用的胡平生《民国初期的复辟派》送我,说是大陆可能不好买到。最感动的是,陈先生不仅招待午饭,领我参观图书馆,还亲自送我回会场。

2009年4月底,中山大学的桑兵老师来学校开史学年会,我向他请教。桑老师不吝赐教,他说,"郑是能员,是干事的","干事的人是不愚忠的",又说,"郑有什么特征,话说在最后,不在前先说,等你研究完了以后就有了",并告诫我,"你写的郑不是真的,但你写郑是真的","写什么不重要,要看你怎么去写",这些让我豁然开朗的话,言犹在耳。

2014年1月,我去福州,福建师范大学的钟怀杰老师亲自陪同我到偏僻的港头镇南郑村,寻访郑氏祠堂和老宅,夫妇俩照顾我的食住行,无微不至。福建商学院的施安老师陪同我到福清,与南郑村的郑兆福、郑训基两位老先生见面,他带着相机,为我拍下全部资料和整个过程。在福州,我还拜访了福建教育出版社的苏碧铨老师,见到了热情的孙汉生副社长和林冠珍老师。此行之前,近史所的吕文浩老师介绍我认识了小苏老师。几位老师希望我能出一本学术注释较少的郑孝胥传,初因眼睛手术,后因书稿要作为教育部的项目结项,在完善和补充的过程中更加强了学术性,精力不济,内容也怕重复,只好打消了计划,内心甚觉愧对三位老师的期待。福建之行,要特别提到我十多年的网上好友陈碧珍。碧珍是福建人,她为帮助我寻找郑氏后人,辗转找到福建师范大学的李延贵老师。在福建师大,我听不少人说历史系的郑宝谦先生是郑孝胥的后人,但他生活孤僻,不与人交往,很难接近,李老师恰好是郑先生的学生,并与郑先生有来往。获此消息,既感动,又喜出望外。李老师热情、实在,为我约定了拜访时间,并陪同前往。郑先生极少见客,为有好的谈话效果,李老师还仔细叮嘱我一些细节。与郑先生的谈话,比预想的顺利、充实,老先生声明他是宫巷郑,不是郑孝胥的后人,他很关心我对郑孝胥的认识,并讲了他自己的一些研究。郑孝胥后人虽未找到,但福州朋友的一片情谊,珍重万分,至今想来,还无比温暖。

这部书稿作为教育部和学校资助项目的结项成果,还曾接受中国社会科学院近代史研究所马忠文老师、河北大学历史学院范铁权老师、河北省社会科学院历史所朱文通师兄、河北师范大学历史文化学院徐建平老师的审阅,他们提出的审稿意见和修改建议,具体、中肯,对我最后的定稿,帮助很大,在此一并表达我诚挚的谢意!

我还要感谢近史所档案馆的茹静老师和现已在北京大学历史系任助理教授的韩策同学,在档案馆抄阅资料时,每遇字不能识、句不能解,就向他俩求助,那一年时光,很美好。

最后,感谢学校和学院的领导,你们的理解、关心和帮助,使我这个十分怵头变化的人,顺利完成从行政到教学的工作转变。感谢我的亲人和朋友,你们的陪伴,是我永远的依恃。南山与秋色,气势正相高,就让这部书成为我学术生涯的起点吧。

2017 年 9 月 2 日